中国社会科学院文库
历史考古研究系列
The Selected Works of CASS
History and Archaeology

中国社会科学院创新工程学术出版资助项目

中国社会科学院文库·历史考古研究系列
The Selected Works of CASS · History and Archaeology

北魏开国史探

RESEARCH OF THE FOUNDING OF THE NORTHERN WEI DYNASTY

楼 劲 著

中国社会科学出版社

图书在版编目（CIP）数据

北魏开国史探 / 楼劲著 . —北京：中国社会科学出版社，
2017.9（2018.1 重印）
　ISBN 978-7-5203-0650-8

　Ⅰ.①北… Ⅱ.①楼… Ⅲ.①中国历史—研究—北魏
Ⅳ.①K239.210.7

中国版本图书馆 CIP 数据核字（2017）第 143862 号

出 版 人	赵剑英
责任编辑	李炳青
责任校对	李　莉
责任印制	李寡寡

出　　版	中国社会科学出版社
社　　址	北京鼓楼西大街甲 158 号
邮　　编	100720
网　　址	http://www.csspw.cn
发 行 部	010-84083685
门 市 部	010-84029450
经　　销	新华书店及其他书店
印　　刷	北京君升印刷有限公司
装　　订	廊坊市广阳区广增装订厂
版　　次	2017 年 9 月第 1 版
印　　次	2018 年 1 月第 2 次印刷
开　　本	710×1000　1/16
印　　张	21.75
插　　页	2
字　　数	325 千字
定　　价	89.00 元

凡购买中国社会科学出版社图书，如有质量问题请与本社营销中心联系调换
电话：010-84083683
版权所有　侵权必究

《中国社会科学院文库》出版说明

《中国社会科学院文库》（全称为《中国社会科学院重点研究课题成果文库》）是中国社会科学院组织出版的系列学术丛书。组织出版《中国社会科学院文库》，是我院进一步加强课题成果管理和学术成果出版的规范化、制度化建设的重要举措。

建院以来，我院广大科研人员坚持以马克思主义为指导，在中国特色社会主义理论和实践的双重探索中做出了重要贡献，在推进马克思主义理论创新、为建设中国特色社会主义提供智力支持和各学科基础建设方面，推出了大量的研究成果，其中每年完成的专著类成果就有三四百种之多。从现在起，我们经过一定的鉴定、结项、评审程序，逐年从中选出一批通过各类别课题研究工作而完成的具有较高学术水平和一定代表性的著作，编入《中国社会科学院文库》集中出版。我们希望这能够从一个侧面展示我院整体科研状况和学术成就，同时为优秀学术成果的面世创造更好的条件。

《中国社会科学院文库》分设马克思主义研究、文学语言研究、历史考古研究、哲学宗教研究、经济研究、法学社会学研究、国际问题研究七个系列，选收范围包括专著、研究报告集、学术资料、古籍整理、译著、工具书等。

中国社会科学院科研局
2006 年 11 月

目　录

前言 …………………………………………………………… (1)

第一章　北魏开国时期的文明程度：记载与评估 ………… (1)
　一　南朝国史系统对道武帝以来文明程度的贬抑 ………… (2)
　二　北朝国史系统评述北魏前期文明程度的问题 ………… (16)
　三　判断北魏开国之际文明程度的若干证据 ……………… (29)

第二章　谶纬与北魏的建立及其国号问题 ………………… (50)
　一　"当涂高"等魏兴之谶的流行及其影响 ……………… (52)
　二　"五胡运终""真人出"与魏兴之谶的关联 …………… (65)
　三　"代、魏之辩"及其背后的政治博弈 ………………… (76)
　四　国号为"魏"与天兴定制的主旨 ……………………… (90)

第三章　经学、《周礼》与天兴建制及儒家化北支传统 …… (94)
　一　北魏开国建制取鉴儒经尤其是《周礼》的状况 ……… (96)
　二　汉魏以来经学与政治的互动背景 ……………………… (113)
　三　魏晋以来取鉴于《周礼》的建制故事 ………………… (128)
　四　胡、汉合作与儒家化北支传统的形成 ………………… (149)

第四章　道武帝所定"律令"及其制度形态 ……………… (167)
　一　五胡时期及天兴所定"律令"的含义 ………………… (168)

二　天兴"律令"深受汉制影响 …………………………（175）
　　三　天兴"律""令"应均是科条诏令集 ………………（183）
　　四　北魏律令体制的起点与制度形态…………………（196）

第五章　天兴庙制所示拓跋早期"君统"与"宗统" ……（201）
　　一　天兴庙制与拓跋氏早期历史的清理………………（202）
　　二　太庙庙数的选定与道武帝所承君统和宗统………（211）
　　三　宫中另立五帝庙与神元以来的君长传子制………（223）
　　四　神元以下七帝之祀与烈帝、昭成帝兄弟相及……（235）
　　五　宫中祖神之祀与旁支诸帝的地位…………………（242）
　　六　天兴庙制与《序纪》内容析要 ……………………（251）

第六章　《元和姓纂》所叙拓跋昭成帝及其子孙史事 …（258）
　　一　《姓纂》记洛阳元氏源流及其叙次之异 …………（259）
　　二　昭成帝及其子孙史事与拓跋君统之争……………（266）
　　三　口碑、史乘互动与《姓纂》崇昭成之史源 ………（277）
　　四　昭成帝评价的阶段性及"三十九世"说由来 ……（288）

第七章　探讨拓跋早期历史的基本线索…………………（293）
　　一　北魏的历史地位与研究拓跋早期历史的重要性………（293）
　　二　拓跋早期历史研究的若干重大问题………………（299）
　　三　拓跋部向专制皇权国家体制发展的基本线索……（308）
　　四　拓跋早期史料与史学的"模糊区域" ……………（321）

前　言

海内外学界对于北魏开国史的关注，一段时期以来呈现持续高涨之势。在我国大陆地区，自20世纪90年代严耀中先生对北魏前期制度的探讨①，何德章先生对北魏建立之初政治和经济史诸问题的研究②；到进入21世纪后李凭先生在"平城时代"名下展开的一系列讨论③，尤其是田余庆先生对北魏开国前后历史的揭示和梳理④，皆在以往基础上步步深入，不断把对北魏建立和发展过程的认识推向新的广度和深度。与此同时，又有阎步克、张金龙、张鹤泉、梁满仓、罗新等先生，相继讨论了北魏前期包括其开国之际的政治文化、制度建置、民族关系等一系列问题⑤。以上这些研究成果，也包括本人讨论北魏开国史的相关文章在内，大都侧重于政治

---

① 严耀中：《北魏前期政治制度》，吉林教育出版社1990年版。
② 何德章：《中国魏晋南北朝政治史》，人民出版社1994年版；何德章：《中国经济通史》第三卷《魏晋南北朝》，湖南人民出版社2002年版；作者另有《北魏国号与正统问题》《鲜卑代国的成长与拓跋鲜卑初期汉化》《北魏初年的汉化制度与天赐二年的倒退》等专题论文，均为北魏开国史研究的重要成果。
③ 李凭：《北魏平城时代》，社会科学文献出版社2000年版，上海古籍出版社2011年修订版。
④ 田余庆：《拓跋史探》，生活·读书·新知三联书店2003年版，2011年修订版。
⑤ 阎步克：《品位与职位：魏晋南北朝官阶制度研究》，中华书局2002年版；阎步克：《服周之冕——周礼六冕礼制的兴衰变异》，中华书局2009年版；张金龙：《魏晋南北朝禁卫武官制度研究》上、下册，中华书局2004年版；张金龙：《北魏政治史》多卷本，甘肃教育出版社2008年版；张鹤泉：《魏晋南北朝都督制度研究》，吉林文史出版社2007年版；梁满仓：《魏晋南北朝五礼制度考论》，社会科学文献出版社2009年版；罗新：《中古北族名号研究》，北京大学出版社2009年版；罗新：《黑毡上的北魏皇帝》，海豚出版社2014年版。

史和相关制度来展开观察和思考。更早些时候，中国台湾学者如孙同勋、郑钦仁、逯耀东、康乐、张继昊、蔡金仁等先生，则先后对北魏建立以来的政治、制度、思想文化及胡、汉关系等问题作了深入研究，其路向似主要是围绕北魏的文明发展进程和南北朝关系来对此作出诠解①。至于在中古史研究上成果累累的日本学者，如谷川道雄、窪添庆文、川本芳昭、前田正名、松下宪一等先生，则相继研究了北魏开国前后的制度、政治与社会、十六国至北朝的民族关系，以及相关史地问题，其共性是较多着眼于隋唐来提出问题，并对相关领域的历史走向作了深入探讨。②

以上各位先生所代表的研究成果，不仅显著改善、加强了以往显得薄弱的北魏建立过程及其历史发展的研究，而且也在资料、理论和方法上有所突破。可以认为，北魏乃至整部北朝史的讨论，已因此而奠定了前所未有的广阔基础，进入了一个新的阶段。需要特别指出的是，相较于以往更多地集中于民族关系、"汉化"进程和社会性质问题的研究取向，近些年来以田余庆先生《拓跋史探》为代表的一批新成果，已更为全面地看到了当时民族关系展开的各个方面，也更为深入地考虑了影响北魏一朝治乱兴衰走向的相关事件和要素，更多地致力于探讨当时政治、经济、文化综合发展的结构

---

① 逯耀东：《从平城到洛阳：拓跋魏文化转变的历程》，台北联经出版事业有限公司1985年版；郑钦仁：《北魏官僚机构研究》及《北魏官僚机构研究续篇》，台北稻乡出版社1995年版；康乐：《从西郊到南郊：国家祭典与北魏政治》，台北稻乡出版社1995年版；张继昊：《从拓跋到北魏——北魏王朝创建历史的考察》，台北稻乡出版社2003年版；孙同勋：《拓跋氏的汉化及其他：北魏史论文集》，台北稻乡出版社2005年版；蔡金仁：《北魏皇位继承不稳定性之研究》，台北花木兰文化出版社2010年版。其中孙同勋和郑钦仁先生早年分别出版过《拓跋氏的汉化》（《台大文史丛刊》之三，1962年）、《北魏中书省考》（《台大文史丛刊》之十四，1965年），后来又相继对此作了修订和补充。

② ［日］窪添庆文：《魏晋南北朝官僚制研究》，东京汲古书院2003年版；［日］松下宪一：《北魏胡族体制论》，札幌北海道大学出版会2007年版。谷川道雄、前田正名、川本芳昭三位先生的相关研究已有汉译本：［日］谷川道雄：《隋唐帝国形成史论》，李济沧译，上海古籍出版社2004年版；［日］前田正名：《平城历史地理学研究》，李凭、孙耀、孙蕾译，上海古籍出版社2012年版；［日］川本芳昭：《中华的崩溃与扩大：魏晋南北朝》，余晓潮译，广西师范大学出版社2014年版。

问题，并对如何切实观察北魏历史发展的立场和方法展开了反思，改变了以往在线索勾勒上多少有些简单化和直线化的状态。这些方面的突破，对于长期以来因资料稀缺模糊而举步维艰的北魏开国史研究，对于进一步认识北魏历史的起点，梳理由此奠定的发展脉络和框架，揭示其为何能够结束五胡乱局而逐渐安定北方，从而说明南北朝最终走向统一的趋势和隋唐王朝的历史渊源，无疑都具有积极推动并开创局面的意义。其最为突出的标志，即是整部北魏和北朝史研究，已从过去略显陈旧晦暗变得熠熠生辉，在目前的整个中古史研究中占据了重要地位。

不过总体看来，无论是兼及，还是专门讨论北魏开国史相关问题，学界现有成果似还存在着以下不足：

一是对拓跋早期及北魏开国之际史料的解读还缺乏共识，尚待建立、完善相对客观，可以帮助判断有关史事虚实或扭曲之况的参照系。

二是在"汉化""封建化"这两个对北魏和北朝史研究具有基础意义的范畴上，其内涵和表述都还存在着不少问题，有必要深入讨论其前提、内涵及限度。

三是尚未建立起拓跋代国到北魏建立的内在联系，亟须揭示这一历史过程的多个侧面，明确其间继承和发展的脉络。

四是还有不少重要史实和领域存在悬疑或空白，尤其是一些因研究预设有误而导致的问题，更应走出认识误区，澄清研究的前提，尽可能取得进展。

这些问题的存在，不仅制约了对北魏建立和发展过程诸多特殊性的认识，而且势必会妨碍整部北朝史乃至魏晋南北朝史的深入开展。对此的讨论，需要学界同人持之以恒地作出努力，在相关领域积累成果、凝聚共识，以逐步求得解决。不过事有轻重缓急，有些问题应是先须补足或突破的关键环节。就北魏建立而言，以往研究往往特别强调其统治者的种族属性，更多地将其看成一个从野蛮阶段一跃而闯入文明时代的"异族政权"来加以讨论；而很少将其视为一个按华夏政治合法性理论而开创的王朝，尤其不是将其当作两汉魏晋或殷周那样易代递嬗而脉络相承的"传统王朝"来看待的。这两种视角在观察的对象上当然是重合或内涵交叉的，但后一种切入点，仍有可能导致与以往相当不同而同样具有重大意义的结论。

正视这种不同，丝毫无碍于北魏统治者所属的种族，更不会因此低看胡、汉和胡、胡关系在北魏史上特殊重要的地位。这里之所以要提出考察视角的变换问题，并且将其视为目前推进相关研究的某种关键，首先是要提醒学界：在多年以来都把北魏看作一个入主中原的"异族政权"，因而一直主要围绕民族关系来研究其文明进化和历史发展的各个方面，并已得到大量高论卓见以后，换个角度来考虑其是否也是一个像周、汉、魏、晋那样建立、发展和在不断自我辩护中完善起来的王朝？其中发生的各种问题，包括其"汉化""封建化"进程及相应的民族矛盾、民族融合等，是否也是在传统王朝所具的框架中展开，并与其他各种事件同样表现为王朝兴衰起伏的一个部分？无论如何都是有其必要的。

无可否认的是，我国历史上许多王朝的建立，都程度不同地发生了统治者种族的变更，商、周、秦、汉本皆如此；而各少数民族建立的政权，也经常是以王朝的形式表现出来的。也就是说，我国历史上出现的大量王朝或政权，实际上都同时存在着"异族政权"和"传统王朝"这两个侧面、两种属性，只是其具体表现有所不同罢了。对北魏以及辽、金、元、清这类政权来说，深受诸种内亚因子影响只是其一个侧面，按中国传统王朝来展开统治则是其另一个侧面。因而从研究方法来看，对其历史发展进程的讨论如果仅限于其中一面，只看到其含有胡族体制成分，却忽略了其中亦多华夏体制的成分，那就肯定会发生问题。即便要强调其"异族政权"的属性特别重要而居于主导地位，那也只能建立在其作为"传统王朝"的一面已得到必要考察，并已作了充分比较和衡量的基础之上。再就研究立场而言，古来正统史观的影响，外患尤甚的近现代事态的触动，社会进化论和民族主义的风靡和发酵，以及折中了历史和现实诸种考虑而建构起来的民族关系史框架，诸如此类因素的叠加，都很容易让史家在明明是两种属性并存的王朝或政权面前，却执着地偏于一点而非兼顾两面。由此再看北魏历史尤其开国史研究，学界长期以来都不约而同地略过了其作为"传统王朝"的一面，而把其"异族政权"的属性视为不言自明的重点，其中存在的问题和得失，确实是很有必要加以讨论和反思的。

具体到北魏这个少数民族建立的政权或王朝，只要综合各种特点和条件，即可发现在中古史上出现的诸多北族政权中，北魏作为一个"传统王朝"的属性，可以说是十分突出和典型的，故其本来就更需要，也更值得学界从这个角度来加以认识，而不能限于其"异族政权"的一面就概括其余。

首先，秦汉以来出现的多个北族政权，在对待华夏或中华文化的态度、坚持自身种族文化立场，在其治下实际发生的民族关系和民族融合态势等方面，的确都千差万别，表现出相当不同的类型①。相比之下，尤其是较之辽、金以来的北族政权，北魏倾心于华夏文化的态度最为坚定，其种族立场的弱化甚至演向了完全抛弃自身种族属性的结局，其治下各族的融合则最为彻底。在这个公认的事实背后，显然存在着一系列可供进一步探究的问题，不仅令人重新考

---

① ［美］卡尔·奥古斯特·魏特夫《中国社会与征服王朝》（*Chinese Society and the Dynasties of Con-quest*，1951年）一书，即就此区分和提出了"渗透王朝（Dynasties of Infiltration）"和"征服王朝（Dynasties of Conquest）"两种类型和概念，并认为前者主要存在于汉代以来，后者主要存在于五代以后，而前者的典型即是北魏。此前的相关研究则有［美］欧文·拉铁摩尔：《中国的亚洲内陆边疆》（*Inner Asian Frontier of China*，1940年），唐晓峰译，江苏人民出版社2004年版；日本东亚研究所：《异民族统治中国史》，此书原版于1944年，韩润棠等译，商务印书馆1964年版。后来部分美国汉学家着眼于清史研究对此加以发挥，即所谓"新清史"派。参见刘凤云、刘文鹏《清朝的国家认同——"新清史"的研究与争鸣》，中国人民大学出版社2010年版。撇开相关研究、讨论和评价中掺杂的非学术因素，应当肯定北族政权的这种不同和类型确是客观存在的。

虑其所以如此的原因，包括汉、唐这两个重要王朝及其影响的异同所在；且亦引人深思北魏自身的种种特点，及其兴衰存亡对于北方草原各族尤其东胡族系的冲击。无论如何，北魏实为我国历史上最富于"传统王朝"特征的"异族政权"，即便形成这个事实的过程也有波澜起伏，但其总体特征如此，恐怕是没有什么问题的。

其次，北魏的建立，不仅孕育期长，建国路径也非同一般。鲜卑拓跋部约在东汉末年徙至河套以东匈奴故地，至西晋末方始崛起而活跃于历史舞台。这百年中，拓跋氏渐以云中盛乐一带为中心，贴近、接触中原文化而发育发展，既有农牧兼营、相对稳定的经济生活，又渐巩固了其作为相关部族盟主的地位。这些都为其后来崛起立国提供了重要基础①。更值得注意的是，拓跋氏在五胡乱起不久即与西晋连衡而建立了代国，还要再经近百年的酝酿、发展，方由拓跋珪建立了北魏王朝。这样的孕育过程和建国路径，迥然不同于五胡和辽、金等政权，而是有些近似后来的元朝和清朝，但其入主中原前立国建制展开统治的时间却远较蒙古、后金为长，立国之前密近中原地区的百年孕育又尤非后来者可比。可以断定，正是代国建立前后近两百年的独特历程，直接决定了北魏建立的诸种特殊性，使其形成了较之元朝和清朝更为典型的传统王朝特征，这一点同样没有什么问题。

最后，也更为重要的是，北魏统治者在建制施政时，的确是更多地以"王朝"统治自居的。关于王朝地位或性质的判断，汉代前后显然是其标准演化最为重要的界标，我国古代王朝的合法性学说或正统理论，正是在两汉四百余年历史中经历了最为重要的定型过程，从而为魏晋至隋唐提供了界定一个王朝"合格"与否的基本标

---

① 田余庆先生《拓跋史探（修订本）》（生活·读书·新知三联书店2011年版）的"前言"指出："没有拓跋部在代北百余年的发育，也就没有足以逐步统一北方的担当者，没有比较稳固的北魏政权，这样，自然也不会有后来的隋唐。"田先生所述的"百余年"，是兼及代国时期而言的，其中也包括了拓跋神元帝以来，以云中盛乐为中心的发展期。

准。而北魏作为一个天然具有双重性质的政权和王朝，在其建立之时，显然同样面临着"异族政权"还是"传统王朝"的定位问题，这种定位本身就是当时统治者在国策选择上的根本问题，而其所作抉择如何通过相应的制度安排和政策措施付诸落实，又直接决定了这两种属性间冲突、协调的基本方向和方式，也就构成了其历史展开的核心内容。而大量证据都表明，在皇始、天兴年间北魏建立时，其统治者所作抉择和建制施政，很大程度上就是按汉魏以来的统治合法性理论来展开的，无论是其自我期许还是政治实况，都说明当时要建立一个"传统王朝"的一面，压倒了其作为一个"异族政权"的一面。当然在北魏建立以后，类此的定位问题也还在随形势、条件的变化而数度重现，但其总的取向和轨迹，却终究还是在建国之初所定轨道上前进，这才导出了其目的之一是要彻底成为中原正统"王朝"的孝文帝改革。

上面几点虽仅简略言之，却也可见北魏史研究的内在要求，是两面兼顾方合正道，偏于一端绝不可取，转换视角极有必要。即就北魏开国时期的研究现状而言，正视当时统治者在定位问题上作出的政治抉择，认真看待其为建立一个合乎"正统"要求的王朝而落实的各项政策、制度，包括拓跋珪自认黄帝后裔，上比武王革命等象征性举措，这些方面的史实和问题，都代表了目前该领域亟待加强又有可能取得重要突破的薄弱环节。倘若仍像以往那样简单视其为"异族政权"的粉饰托附，继续落入旧式史家以"沐猴而冠""造伪作假"讥刺了事的窠臼，不仅无助于揭示其背后存在的历史内涵和深远影响，实际上也难以真正把握对当时来说至关重要的胡、汉和胡、胡关系态势。

这里有必要指出，民族矛盾和民族关系是在王朝框架下展开，还是在异族政权中展开，实在不是一种可以忽略的区别。汉以来形成的王朝框架，在处理民族问题时的确存在着缺陷和扞格。至于西晋，各族大量内徙和"徙戎论"的出现，适足以表明初步建立的大一统王朝体制尚未消化掉早先圣哲强调的"夷夏之辨"和"尊王攘夷"原则；但与此同时，却不可否认这一体制在汉以来民族关系及周边影响上取得的巨大成功，及其理论基础和框架结构仍有调整扩容的充分可能和余地，否则五胡、北魏乃至隋唐的历史走向就不可理解了。从汉以来着力加以演绎和巩固的王朝体制来看，唯有德者居之的"天子"所治理的"天下"，本质上就需要淡化种族而强调教化，"溥天之下，莫非王土"，尤其是"率土之滨，莫非王臣"，实际已为多民族统一帝国提供了最为适宜的理论和体制内核。由此角度考虑汉、唐之间的民族关系和民族融合，实质上也就是要把各族人等一并纳入王朝体系，重新建构起合乎"王者无外"和"天下一家"理念的统治格局。

但这一切在近现代民族国家纷纷涌立的潮流及相应发展起来的民族关系理论中，却是无法接受和不可理解的。似乎只有根据统治者种族属性来确定国家的性质，据其族所处野蛮或文明的阶段来确定其社会的性质，方能足够明快透彻地解释其历史基础和发展方向。毋庸讳言，长期以来在北族政权研究中居于主导地位的"汉化"或"封建化"概念，多少都受到了这种潮流和理论的影响，故无论其具体表述和内涵如何调整，终究还是要以"异族政权"的定位为其逻辑起点。以此为出发点勾勒和重建的历史进程，也就总是会在这种预设蕴含的民族关系和社会进化态势下展开，却不免会把大量难以被其涵盖的历史现象，包括其民族关系和社会进化借以展开的历史途径，以及当时统治者所作抉择和王朝体系进一步扩容等问题，摒弃在同样应予充分重视的视野之外。在这个意义上看，如果不能兼顾两面而是继续偏于一端，如果还是完全抛开王朝继承和发展的客观事实来看待问题，那就谈不上准确地理解这一段历史，谈不上准确地理解其中的民族关系和民族融合进程，也无助于对其时发生的"汉化""封建化"进程的认识。

正是基于上述事实和考虑，这些年来笔者研习魏晋南北朝史的一个重点，即是充分汲取前人研究成果，在这两种视角和出发点之间往复比对，着重从目前仍显得十分薄弱的"王朝"发展的角度来重新考虑北魏开国史相关问题。希望能以此为个案，为打通汉、唐王朝体制的递嬗发展，揭示我国历史上北族所建诸王朝的异同，也为进一步认识北魏民族关系和民族融合，解释为什么是北魏结束了五胡乱局而统一了北方这个根本问题，提供个人的一得之见。如果说本书在北魏开国史研究上提供了某些新见，其"新"主要也是就此而言。

大体说来，本书所涉选题和内容均是围绕于此来展开的。自谓其中较之前人研究或有寸长的，约有下列四端：

一是在北魏前期基本史料的解读上提出了一些构想。魏收书中的北魏前期历史记载，因北族汉化和保守倾向的反复交替，以及与之相关的种种事端而多经改写，又曾因"国史之狱"等事件被反复扰动，历来皆被视为疑信参半而是非难定。本书则提出：应在综合运用文献、考古、人类学资料和方法的基础上，先以其中承自《国书》而扰动相对较少的物化现象和制度等方面记录为基础，再据当时拓跋改革、润饰旧俗和立足中原巩固统治的实际需要，来判别相关记载可能发生的扭曲程度，同时尽可能弄清当时社会发展的实际状态和文明程度，以及相关传说与史载相互影响的互动关系，才有可能建立相对客观和中立，可资鉴别《魏书·序纪》《太祖纪》等处记载虚、实和真、伪的参照系。书中第一章《北魏开国时期的文明程度：记载与评估》、第五章《天兴庙制所示拓跋早期"君统"与"宗统"》和第六章《〈元和姓纂〉所叙拓跋昭成帝及其子孙史事》，便集中体现了笔者在这方面所作的努力。

二是提出了"儒家化北支传统"这一命题。自汉武帝起逐渐确立独尊儒术的国策，至魏晋古文经学基本取代今文经学的官方地位以来，儒学所示统治理念和模式及其对政治过程和各项制度的渗透、影响，在不同时期和地区是逐渐展开和不断深化的。本书即基此揭示了北魏开国建制取本儒经尤其是托附《周礼》，以此来处理一系列现实问题的状态，并认为其基本精神，后来已贯穿于整部北朝史，尤其是为北魏孝文帝改革及北周的周官改制所继承，故其实际已开启了政治和制度儒家化进程在北朝展开的独特传统。这一传统上接汉魏以来政治与经学互动发展的态势，下启隋唐以来的"王道"政治，又因其面临和必须处理的民族关系格局而具种种特色。表现为经常依据儒经大幅度改制以解决现实问题和标榜正统，又更多地着眼于胡、汉各族群的合作和共治，以强调共同崇尚的文化而非种族区别的方式，在此过程中完成其社会和各项重要制度的改革发展。这一传统的形成和发展，不仅对于北魏和北齐、周、隋历史，也对南朝和唐宋历史具有重大影响，书中第三章《经学、〈周礼〉与天兴建制及儒家化北支传统》，即系统讨论了相关问题。尽管学界对此评价不一，笔者仍认为这不仅是个人学术生涯的重要创获，而且是近年中古史研究最为重要的成果之一，相信学术史终将对这一命题的价值作出结论。

三是在北魏基本政治结构及胡、汉关系格局的认识上有所推进。本书在前人研究的基础上进一步明确：建立专制皇权体制，即是拓跋代至北魏政治与社会各方面不断发展、进化的轴心。正是其各项政策、制度围绕这一轴心的不断调整演进，不仅决定了拓跋部首领"从酋长到皇帝""从推选制到传子制""从部落联盟向传统王朝"等重大变迁，且亦在此过程中，逐渐完成了拓跋部治下部落民转为国家编户、部落组织变为宗主督护制等一系列过渡，更具体展示了"汉化"或"封建化"所蕴有的民族融合和社会改造内涵。也正是在此过程中，北魏前期以来的基本政治结构，表现为拓跋皇族、帝系七及九姓、诸部大人和汉人豪宗之间的纵横捭阖和分化组合，各集团又因地域、血缘和来附先、后而呈现了不同的作用、地位。而这自然意味着胡、汉关系的错综和复杂，尤其必须注意到胡、胡和汉、汉关系状态对于胡、汉关系和北朝统治格局的重大影响。书中第四章《道武帝所定"律令"及其制度形态》、第七章《探讨拓跋早期历史的基本线索》对之讨论相对较多,其他各章多少也涉及了这些问题。

四是对北魏建立的思想背景及相关史事作了进一步考订。由于北魏开国史事资料极为稀缺,悬疑之处甚多,非详为考订辨析极难进一步讨论,本书各章的基本内容,实际上都是在这类琐屑的考证中逐渐形成,由此修正某些前人成见或结论的。如书中第二章《谶纬与北魏的建立及其国号问题》,即缀拾和考订了当时若干谶纬的流变和影响,通过揭示这个前人关注不够而内涵丰富的侧面,把北魏建立及其定国号为"魏"而又"代、魏"兼称的相关问题,放到了汉魏以来特定政治文化、思想潮流和易代传统的发展背景之下,以此来解释代国至北魏发展的某些历史悬疑和脉络。另如对南朝和北朝国史系统所记北魏早期文明程度的分疏,对天兴辇舆、浑仪、尺度所蕴知识、技术和思想观念的考索,对《周礼》和"郑学"影响北魏开国建制之况的揭示,对以往罕有涉及的北魏前期经学之况的讨论,对道武帝时期胡、汉合作之况不同于以往的释证,对天兴所建四套庙制及其所蕴拓跋君长世系内涵的探寻,对昭成帝地位及其评价演变过程的考察,对道武帝时所定"律令"形态和性质及十六国、北朝法制史脉络的梳理,对神元帝以来传子制浴血发展的轨迹和发展阶段的诠解,凡此之类,莫不如此。

这样盘点下来,所得固亦不少,但尚存的问题也还很多,有待今后继续考虑和琢磨。即便在所得之中,恐亦难免不妥或谬误。书中许多内容,笔者曾先后写成文章发表于刊物,也正是想求教于学界同人,以期修正和完善自己的一得之见,更希望能共同切磋,使相关研究能够不断深入。

魏晋南北朝这个政局动荡、战火纷飞、南北对峙及诸种事态错综复杂的时期,最终既然是在"以北统南"的大势之下迎来隋唐的,这也就注定了作为北朝史主体部分的北魏,在其中占有一个特殊重要的地位。因而"以北统南"的背后，实有深厚而丰富的历史发展内涵，其影响也不会只是限于战争胜负和政权的吞并更替，而是必然按其自身演化的逻辑，及于与之相关的各个领域。也就是说，隋文帝开皇九年灭陈统一南北，以及统一以后隋朝速亡和唐初以来的历史，归根结底仍须以贯穿于魏晋南北朝历史的基本脉络来加以解释。在笔者看来，这条脉络即是汉代以来社会定型过程所生身份等级、土地占有、民族关系、意识形态等重大结构性问题的逐渐消解、变迁和不断调整其处理方式的过程。此期南、北各朝的兴衰起伏及诸重要事态的生灭轮回，要皆围绕着这一过程的展开态势而被注定。简而言之则有如下几点：

首先，是社会基础的整合。在更为复杂多端的族群现实下，势须协调和整合士、庶、胡（蛮）、汉各色人等之间的关系，把统治建立在一套更具包容性的社会秩序基础上。其次，与之相应则是各项重要制度的调整，即在社会不断变迁的形势下，势须淘汰和完善官制、选举、律令、礼仪以至户籍、土地、赋役等各项制度，以理顺和规范国家与社会的关系。最后，是意识形态的开新。在经学自身发展变化并与其他多种思想观念相互激荡之时，势须再度凝聚和诠释其所崇尚的统治理念和准则，以此指导政治和形成国策。

可以认为，正是两汉社会和政治定型过程在这些方面形成的种种问题，及其相互关联发展不断逸出和冲击当时的王朝体制，才导致了魏晋以来一统局面和整个统治体系的危机，并在一时措置难使这些基本问题得到解决的前提下，出现了五胡之乱和南、北分裂的动荡时期。同理，也正是南、北双方在上述基本方面的竞争、交流和调整、发展，共同促成了中华民族的再造，肇画了隋唐王朝的规模。因而基本社会秩序、相应的重要制度和意识形态方面的问题展开和调整进程，实应视为魏晋南北朝各种纷繁事态中最为夺目的线索。由此观照汉魏直至隋唐的一系列独特事态，诸如门阀士族、民族融合、土地关系、行政体制、法律系统、礼典制作及经学、玄学、宗教以至文学艺术、方技术数等方面，都不约而同地在此期间经历了相关因素和问题从发生、发展到衰变、终结的完整周期，完成了对今后历史具有重大意义的转折变迁。诸如此类周期的显著存在，恐皆不仅与上述线索紧相关联，而且也是被其具体进程内在地决定着的。故其又在很大程度上奠定了唐宋以来中华民族继续发展的基础，也就直接关系着整部中国古代史前、后期的转折，影响了中国历史递嬗演进直至近现代的走向和态势。

在这条波澜壮阔而又有其纹理可寻的历史长河中，较之直承魏晋的南朝一脉，北朝的事态显然呈现了更多的历史变数。上面所述汉、唐间历史主线的展开和诸多事态的发展周期，也正是在北朝，因其特有的民族关系问题而呈现了更大的波动，表现了更多对于汉魏以来相关趋势的批判和总结，其具体过程也就要来得更为开放、笃实和更多创造。由此看来，"以北统南"大势的形成，实应理解为北朝的基础整合、制度调整和观念开新进程，已在其最为重要的基本面上汲取了包括南朝在内的众多因子，最终又已优于南朝的结果。而若追根溯源，北朝历史的走向，无论是上述线索和事态在较长时段中逐渐积累的进化发展，还是短时段内发生的倒退或曲折，当然都已蕴伏在北魏开国史及其后续发展之中。

因此，北魏开国史的探讨，不仅对于北魏史和南北朝史研究来说十分重要，且可在很大程度上视之为理解整部中国古代史前、后期转折变迁的一个重要关节点。若再考虑拓跋部入主中原建立北魏，对于东北亚民族关系和民族迁徙格局实有重大影响，则其所涉范围和问题的广阔，就更不言而喻了。即此可见，本书论列的种种问题，主要是就其作为一个"传统王朝"的角度集中作了必要的考辨和梳理，以期为学界提供、补充若干新见；若从着眼于大或取法乎上来要求，以北魏开国史应有的涵盖面来说，则是远远谈不上周全完整的。笔者愿与学界同好共勉,对于北魏开国史上的那些史料中仍属有迹可循,问题尚可置喙展开的地方,锲而不舍地谱写新篇,继续推进这一领域的学术开拓。

第一章　北魏开国时期的文明程度：
记载与评估

对于北魏开国史的研究，一个具有基础性的问题，便是要适当评估拓跋政权进据中原之时达到的文明程度。无论是对于皇始、天兴北魏建立之际种种问题的认识，还是对《魏书》相关记载的解读，多少都要以此为前提，才能在面临当时那些文质相糅，粗精兼具，各处所载又有出入的现象时，不至于失去判断其事真伪、是非的基准而无所适从。更何况，要全面、深入地认识整部北魏史，首先就要尽可能准确地建构其起点；要以"汉化"或"封建化"来概括其总体发展进程，就势必要了解其在什么基础上展开；要弄清北魏为什么能在中原地区建立起巩固的统治，也总须较为具体地把握其究竟具备了什么样的条件。而所有这些显然都离不开一定的物质基础、技术手段、知识水平和观念形态。

因此，对拓跋氏入主中原时文明程度的估价，其意义并不限于北魏开国史，而是多方面地影响着对北魏前期以来全部历史的研究；对于探讨我国历史上的北族政权及其社会发展进程来说，其中所涉或许也会具有某种共同的意义。本章即拟初步考察北魏皇始、天兴以来的文明程度及相关问题，以有助于学界对此的进一步讨论。

一 南朝国史系统对道武帝以来文明程度的贬抑

关于北魏道武帝以来的文明程度，南、北国史系统的记载错杂不一，就今人仍可看到的而言，其观察认知的局限斑斑可见，总体估价显然偏低。以下即对南朝国史的相关记载加以分析，以见其要。

南朝国史系统对道武帝以来文明状态的记载，可以《南齐书》卷五七《魏虏传》下列叙述为典型：

> ……什翼珪始都平城，犹逐水草，无城廓，木末始土著居处。佛狸破梁州、黄龙，徙其居民，大筑郭邑。截平城西为宫城，四角起楼，女墙，门不施屋，城又无堑。南门外立二土门，内立庙，开四门，各随方色。凡五庙，一世一间，瓦屋。其西立太社。佛狸所居云母等三殿，又立重屋，居其上……殿西铠仗库屋四十余间，殿北丝绵布绢库，土屋一十余间。伪太子宫在城东，亦开四门，瓦屋，四角起楼。妃妾住皆土屋，婢使千余人，织绫锦贩卖，酤酒，养猪羊，牧牛马，种菜逐利。太官八十余窖，窖四千斛，半谷半米。又有悬食瓦屋数十间，置尚方作铁及木。其袍衣，使宫内婢为之。伪太子别有仓库……

这段记载因十分具体、翔实，向被学界珍视，但其中的问题也很明显。上引文中的"什翼珪"，即道武帝拓跋珪，"珪"是其汉译名，其鲜卑名音约是"涉圭"。《南齐书》循刘宋国史而以拓跋什翼犍为拓跋珪之父①，又把"涉圭"当作拓跋珪之

---

① 见《宋书》卷九五《索虏传》。在《魏书》卷一《序纪》中，昭成帝什翼犍是献明帝拓跋寔之父，道武帝拓跋珪则是拓跋寔的遗腹子。以下所引"正史"皆中华书局点校本1983年版，不一一注出。

"字",书之为"什翼珪",似乎体现了一种以父名为氏的理解①。至于"木末"和"佛狸",则被其分别视为明元帝拓跋嗣和太武帝拓跋焘的"字"。鲜卑名当然是无所谓"字"的,"嗣""焘"亦应是意译,而"木末""佛狸"则是音译②。从这些名称中不难体会:南朝国史系统对拓跋氏政权的历史与现状既有一定了解,又存在着严重的隔膜而导致对其有所扭曲。是故这段记载所说道武帝、明元帝和太武帝时期的有关状况,也就难免会有失真之处。

"什翼珪始都平城,犹逐水草,无城廓。木末始土著居处。"意即道武帝以来拓跋部族过的还是逐水草而居的游牧生活,到明元帝时才开始定居。这当然完全不符合道武帝时期的实际状况,却集中表明了南朝对北魏建立之况仅知一鳞半爪的局限,也反映了南朝国史系统刻意抑低拓跋氏文明程度的倾向。

从其记载和史源来看,南朝国史系统唯有《宋书》和《南齐书》为拓跋魏立有专传③,而所载较为翔实系统的,则自明元帝拓跋嗣始,说明其自此方有直接的信息渠道和相关情报的收集机制④。至于此前拓跋诸事,其所记大体皆属追溯而来源多端。其中有的来

---

① 这种理解,可能与《三国志》卷三〇《乌桓、鲜卑、东夷传》裴注引王沉《魏书》称乌桓、鲜卑部族"以大人健者名字为姓"相关,部分欧亚民族中常见的"父名姓"亦属此类,"父名姓"即源出父系祖先名字的姓氏,用以表示其为"某某之子"或"某某之裔",其与"以王父之名为氏"的华夏旧习似亦存在着关联。

② 参见罗新《北魏太武帝的鲜卑本名》,载氏著《中古北族名号研究》,北京大学出版社2009年版。

③ 《宋书》卷九五《索虏传》记事至泰豫元年止,在北魏为孝文帝延兴二年;《南齐书》卷五七《魏虏传》记事至永元三年止,为北魏宣武帝景明二年;《梁书》不为之立传,当与北魏宣武帝以来双方关系再绝而信息遮蔽,再通使时魏已灭亡相关。

④ 《宋书·索虏传》载,义熙十三年刘裕西伐后秦,败拓跋嗣援姚兴军十万骑,"于是遣使求和,自是使命岁通"。自此江东政权方正视北魏,并在双方和战通使的过程中,对其有了得自正面考察、收集的情报。

自西晋国史①，有的原出前秦等国②，还有许多是得自长期以来的传闻③。而传闻自易虚虚实实，如《宋书》卷九五《索虏传》载北魏开国之事：

> 先是，鲜卑慕容垂僭号中山，晋孝武太元二十一年，垂死，开率十万骑围中山。明年四月，剋之，遂王有中州，自称曰魏，号年天赐。④

这里"开"指"拓跋开"，应是"拓跋珪"的同音异译，东晋孝武帝太元二十一年的"次年"是安帝隆安元年，也就是道武帝皇始二年。《魏书》卷二《太祖纪》载此年三月围中山，四月全歼中山城出战步卒六千，十月"中山平"；次年六月，定国号为魏，十二月帝登位，大赦，改年天兴，七年后再改年天赐。显然，江东史官唯知拓跋珪于隆安元年克燕都中山后建立了北魏，却不知其当时年号

---

① 如桓帝拓跋猗㐌、穆帝拓跋猗卢援晋得封之事，今仍可见于《晋书》卷五《怀帝纪》《愍帝纪》及卷六二《刘琨传》等处。

② 如昭成帝拓跋什翼犍被前秦俘至长安之事，即与《十六国春秋辑补》卷三五《前秦录五》所载相合，而绝不同于《魏书》卷一《序纪》。汤球：《十六国春秋辑补》，商务印书馆1958年版。

③ 如《宋书》卷九五《索虏传》载"索头虏姓托跋氏，其先汉将李陵后也"；《南齐书》卷五七《魏虏传》述为："魏虏，匈奴种也，姓托跋氏。"李陵降匈奴，故述其"李陵后"或"匈奴种"其实相同，而此说起源，如《后汉书》卷九〇《乌桓、鲜卑传》载和帝永元中击破匈奴，"北单于逃走，鲜卑因此转徙据其地。匈奴余种留者尚有十余万落，皆自号鲜卑，鲜卑由此渐盛"。《三国志·乌桓、鲜卑、东夷列传》裴注引王沉《魏书》述此略同。不难看出其还是一种传闻。

④ 《南齐书》卷五七《魏虏传》所载略同。其又载北魏明元帝拓跋嗣年号太常，太武帝拓跋焘年号太平真君，文成帝拓跋濬年号和平。且载献文帝拓跋弘年号天安，景和九年太子拓跋宏生而改年皇兴。可见刘宋以来史官对北魏献文帝以前年号之改皆不甚留意，皆仅载其一而不及其余，有可能是其原始记录上北魏文成帝以前每帝仅载一个年号。至于献文帝时忽载改年之事，当是因拓跋宏就是后来的孝文帝，萧齐统治几乎与其在位相始终，其诞生改年之事遂为《南齐书·魏虏传》所补记。又，刘宋废帝永光元年八月改元景和，十一月被弑，十二月明帝登位改元泰始，北魏皇兴元年其实是泰始三年。故所谓"景和九年"，要么是"九"为"元"之讹，南朝史官弄错了北魏改元皇兴的时间；否则就应是"景和三年"之误，也就是南朝史馆中这份关于北魏改年皇兴的记录的问题，当因其作者不知或不承认刘宋明帝登位改年所致。

天兴。从其记包围和克定中山的时间有其史影而皆不确,即可断其所据必为传闻,是故"天赐"这个年号之误,当因相关信息最终是在天赐年间传至江东,记录者但知此时拓跋珪年号天赐而不知其前已改易之故。当时北魏南向之势鲜及河南,其西南、东南则有赫连氏、后秦及南燕阻滞,东晋又值桓氏之乱、刘裕崛起的变局而外顾不暇,故北魏建立的消息,不仅需历多年所辗转传至建康,且有可能就是在江东政局暂定的义熙初年,朝廷复又关注刘裕而尤其留意北方形势时,方被载入史乘。

正是在这种信息不畅而传闻异辞,史官下笔需在较大程度上进行判断加工的背景下,才出现了拓跋珪建都平城而"犹逐水草,无城廓"这种怪异的叙说。从中不难看出,江东政权对当时河北大势的了解,基本上仍是对永嘉南渡、五胡乱华印象深刻部分的复制:一个十足野蛮却控弦数十万的游牧部族南抵平城,又马不停蹄地进入中原灭掉了后燕,然后才学习、进化,到拓跋嗣以来始"土著居处"。这个印象约略合乎道武帝当年南征北战不遑宁处之态,却又充满了无知和偏见。其底色显然还是长期以来皇皇华夏面对北族的文化优越感,又因中原失鹿、江东偏安而更增政治色彩。江东政权要以神州正朔自居,就尤其需要放大南、北之间"文明"与"野蛮""发达"与"原始"的反差,这不能不使上述文字大大抑低了拓跋氏在当时所处的文明进阶,使之与其说是事实的叙说,不如说是一种意象的构拟。

河套以东地区汉代早置郡县,各有编户,魏晋以来则一直处于农、牧交错进退之中,尤其南缘的桑干河上游地区,更明显呈现了胡、汉杂居而农业不断恢复发展的态势[①]。被北魏尊为始祖的神元帝拓跋力微,约在3世纪中叶进入盛乐一带,到4世纪末道武帝迁都平城,这一百多年中,拓跋部实际上一直集中活动于魏晋的新

---

① 参见[日]前田正名《平城历史地理学研究》第二章"居民结构"第二节"1至4世纪桑干河流域的居民结构",李凭等译,上海古籍出版社2012年版。

兴、雁门郡一带，其中心区域相当稳定且渐向东南移动，生产、生活方式均在深刻变迁之中。多年以来，考古学界在今包头、呼和浩特、察右后旗南至大同地区，发掘了不少2世纪末至4世纪初以来，族属上或可归为鲜卑拓跋部的墓葬，其形制和随葬品也体现了这种变化的趋势。如洞室墓取代土坑墓、轮修泥质陶及陶器数量、类型增多、铁镞代替骨镞，以及铜镜、丝织品、漆器等典型的中原物品不断出现①。这些都可以说明拓跋部进入该地区后，早已脱离了原始状态，其经济、社会显非单纯游牧②。尤其是墓葬陶器数量和类型的普遍增加，更与游牧生活格格不入，且足与西晋末自拓跋部归附于刘琨的箕澹劝其"内收鲜卑之余谷"一语相证③，说明的是其农耕定居成分迅速增长的态势④。

---

① 参见魏坚《内蒙古地区鲜卑墓葬的发现与研究》第十一章"内蒙古地区鲜卑墓葬的初步研究"，科学出版社2004年版；山西大学历史文化学院、山西省考古研究所、大同市博物馆：《大同南郊北魏墓群》下编第二章"墓葬分期与年代"，科学出版社2006年版。

② 大同雁北师院北魏墓群M2为砖室墓，考古发掘从中发现的，除一套伎乐胡俑甚为著名外，还有三件陶毡房模型，被认为是目前经科学发掘发现的时期最早（约398—494年）的穹庐实物模型；另有四件陶牛和一件陶猪模型以及陶碓、灶、磨、井各一，则是农耕定居生活特有的家畜、用具。这些随葬品反映的观念形态，显然是在北魏定都平城以前兼有农、牧的生活方式中形成的。参见大同市考古研究所刘俊喜主编《大同雁门师院北魏墓群》第四章"砖室墓M2"、第六章"结语"及所附图片彩版三四、三九，文物出版社2008年版。另2005年全国十大考古发现之一，山西大同沙岭北魏墓葬M7号，发掘者认为其女主人是卒于太延元年的破多罗太夫人，而破多罗部即道武帝以来没奕干所统的鲜卑别部，其部众在天兴四年及太武帝始光四年先后迁至平城。其墓壁画显示男女主人皆着窄袖交领袍服，兼有鲜卑和汉服特点。壁画上亦毡帐与庑殿建筑并存，发掘者认为："这是当时拓跋鲜卑人并用的两种居住方式。"见大同市考古研究所《山西大同沙岭北魏壁画墓发掘简报》，《文物》2006年第10期。笔者认为当时这类毡帐有可能仍在游猎等场合使用，进入墓葬则是"君子不忘其初"的意思，恐不能视为当时拓跋人的主流居住方式。

③ 《晋书》卷六二《刘琨传》。

④ 《魏书》卷二《太祖纪》载登国三年六月大破库莫奚，"获其四部、杂畜十余万"；十二月西征至女水，讨解如部，"获男女杂畜十数万"。《魏书》卷一〇三《高车传》载其登国三年破库莫奚后渡弱落水西行讨解如部；卷一〇〇《库莫奚传》则载其东部宇文之别种也，"登国三年，太祖亲自出讨，至弱洛水南，大破之，获其四部落，马、牛、羊、豕十余万"。可见《魏书·太祖纪》载征伐所获不称"牛羊""马牛羊"而称"杂畜"者，是因为其中包括了"豕"，而养猪与制陶同为农耕定居的标志性现象。据此则3世纪末，东自弱落水（今西拉木伦河）一带的宇文别种和库莫奚部，西至女水（今内蒙古武川县境内）一带的高车解如部，云（转下页）

这显然是拓跋部已毗邻中原，受其影响更为全面而深入的结果。而这类影响的集中表现和基本载体，首先是人口状态。《晋书》卷六二《刘琨传》载其西晋末主政并州，屡结拓跋猗卢以抗刘聪，曾得其来附数万众：

> 寻猗卢父子相图，卢及兄子根皆病死，部落四散。琨子遵先质于卢，众皆附之。及时，遵与箕澹等帅卢众三万人，马牛羊十万，悉来归琨，琨由是复振。

其后文载箕澹劝琨安抚此众以成大业时，又说明其为"久在荒裔"的"晋人"。箕澹当时所说的"内收鲜卑之余谷"，显然是以猗卢属下与之杂居的有如此众多的"晋人"为背景的。至于其来源，如《魏书》卷二三《卫操传》载其代人，曾为晋征北将军卫瓘通使于拓跋部①，后归附之：

> 始祖崩后，与从子雄及其宗室乡亲姬澹等十数人，同来归国，说桓、穆二帝招纳晋人，于是晋人附者稍众。桓帝嘉之，以为辅相，任以国事。

此处提到的"姬澹"，应当就是《晋书·刘琨传》所述的"箕澹"，其与卫操等十余人，都是神元帝以后附于拓跋部的"晋人"，到桓

（接上页）中盛乐北部的不少部族皆已兼有某种定居农耕成分。考虑到神元帝身后拓跋分为东、中、西三部，至穆帝时三部合一，而西拉木伦河流域乃是昭帝拓跋禄官属地，女水流域则是穆帝拓跋猗卢属地；道武帝复国后不久的这次征伐，恐正是要申明其对桓帝、穆帝时期代国地域的继承性。由此再联系汉以来这一地区的历史和上述拓跋部墓葬陶器的增加趋势，可推这些地区养猪的历史应不是4世纪末才开始的。

① 《魏书》卷一《序纪》载卫瓘用计贿赂，离间神元帝属下"大人"杀害自晋北归的"太子"沙漠汗。卫操或即其间往来用事者。其事在《晋书》卷三六《卫瓘传》述其离间务桓、力微之事时，亦有所反映。

帝拓跋猗㐌和穆帝拓跋猗卢之时，其数量已"稍众"。《魏书·卫操传》附子《卫雄传》则载雄与姬澹曾分任穆帝左、右辅相，后亦述其穆帝死后南附刘琨之事：

> 六脩之逆，国内大乱，新、旧猜嫌，迭相诛戮。雄、澹并为群情所附，谋欲南归，言于众曰："闻诸旧人忌新人悍战，欲尽杀之，吾等不早为计，恐无种矣。"晋人及乌丸惊惧，皆曰："死生随二将军。"于是雄、澹与刘琨任子遵率乌丸、晋人数万众而叛。

从"晋人附者稍众"，到"乌丸、晋人数万众"而被姬澹统称为"晋人"①，是其数量增加迅速而生活方式相近，"旧人""新人"集团的结构关系便是在此基础上形成的②。由此足见大量"晋人"已是拓跋部治下的重要组成部分，其中如卫操等人所任之"辅相"，虽不必为真，却也反映"新人"已在各方面对拓跋部有较大影响。

尤其值得注意的是，当时"新人"战力的强悍，应可说明其时已兼有农牧的拓跋部落生活已相当散漫，反倒是这些来附者的组织状态较为强固。《晋书·刘琨传》载箕澹说琨安抚来附猗卢部众时，称"此虽晋人，久在荒裔，未习恩信，难以法御"，亦体现了这一点。由此再看《魏书》卷一《序纪》载穆帝九年卫雄等南附刘琨

---

① 《魏书》卷一一三《官氏志》载"乌丸"为"诸方杂人来附者"的统称。《资治通鉴》（上海古籍出版社1987年版）卷八九《晋纪十一》建兴二年三月石勒平幽州，"刘琨请兵于拓跋猗卢以击汉。会猗卢所部杂胡万余家谋应石勒，猗卢悉诛之，不果赴琨约"。这万余家"杂胡"，就其同属"四方来附杂人"而言，亦可归为"乌丸"。其"谋应石勒"与"晋人"归附刘琨一样，都是种族文化相近，且勒、琨当时皆有某种大义名分之故，这也反映了当时拓跋治下诸"乌丸"汉化程度不一且为数众多之况。

② 田余庆《拓跋史探（修订本）》（生活·读书·新知三联书店2011年版）所收《代北地区拓跋与乌桓的共生关系——〈魏书·序纪〉有关史实解析》八"拓跋内乱与乌桓动向"曾对"旧人""新人"作过讨论，并指出穆帝身后其间的矛盾，同时也"是新人、旧人之间已有相当融合的表现"。

之事：

> 卫雄、姬澹率晋人及乌丸三百余家，随刘遵南奔并州。

与上引诸处所载相参，这就出现了"数万众""三万人"与"三百余家"的差别[①]。以当时盛行的宗主督护之况，联系上述卫操与"宗族乡亲"归附拓跋之事，即可推断三百余家应该是宗主之家，而三万人或数万众则大体是其庇护的部民数量[②]。又《魏书》卷二三《莫含传》载其繁畤人，本为刘琨从事，穆帝拓跋猗卢被晋封为代公后为之辅佐：[③]

> 入代，参国官。后琨徙五县之民于陉南，含家独留……其故宅在桑乾川南，世称莫含壁，或音讹，谓之莫回城云。

穆帝从刘琨处得到位于勾注、陉北的桑干河上游马邑、阴馆、楼烦、繁畤、崞五县之地，徙诸部十万家实之，其事《魏书·序纪》《晋书·怀帝纪》及《宋书·索虏传》俱有明文。"含家独留"，说明五县徙民后，仍有像莫含家族那样杂居于诸拓跋南徙部落之间

[①] 《资治通鉴》卷八九《晋纪十一》建兴四年三月载穆帝拓跋猗卢身后乱局，述其时卫雄等率之归附刘琨者有"晋人及乌桓三万家、马牛羊十万头"。则又有"三万家"之说，《通鉴》所载当出于《刘琨集》之类的资料。

[②] 《魏书》卷二《太祖纪》载天兴元年"徙山东六州民吏及徒何、高丽杂夷三十六万，百工伎巧十万余口，以充京师"。《魏书》卷一一〇《食货志》载其事为："分徙吏民及徒何种人、工伎巧十万余家以充京都，各给耕牛，计口授田。"这里的十万余家与《太祖纪》所载的四十六万余口，应当也是因计家计口不同的缘故，由于当时"计口授田"，故其家规模显已缩小。

[③] 《魏书·序纪》载桓帝十一年，"晋假帝大单于，金印紫绶"；穆帝三年"晋怀帝进帝大单于，封代公"；八年"晋愍帝进帝为代王，置官属，食代、常山二郡"。《晋书》卷五《怀帝纪》永嘉六年八月辛亥"刘琨乞师于猗卢，表卢为代公"；同卷《愍帝纪》建兴三年二月丙子，"进封代公猗卢为代王"。《资治通鉴》卷八七《晋纪九》载封代公之事在永嘉四年十月，《考异》引《刘琨集·与丞相笺》则述此时晋欲封猗卢为代公，因道途不通而搁置。

者。"莫含壁"或"莫含城",皆指其备有高墙工事,这类坞堡壁垒十六国以来已遍置于北方地区,史界熟知其为大族豪强在战乱中耕战自守的据点,常以此为中心而构成自给自足、军民合一的完整体系。由此遂可推知《魏书·卫雄传》等处所载的乌丸、晋人"三百家""数万众",说明的正是其杂居于北族部落间,包括在桓帝时期、穆帝以来南徙桑干河上游地区后,仍以诸酋首豪宗为首各拥部曲徒附的组织形态。

即此可见,桓、穆帝初建拓跋代国时的经济、社会和政治结构,都已不再单纯而已相当复杂,远非逐水草而居的游牧生活可概括。此外还应注意的是,桓、穆二帝不仅创立了拓跋代国,还开启了一系列与农耕定居生活相关的传统。刻石立碑即是其中之一,见于文献的,如《魏书·序纪》载桓、穆二帝援晋并州刺史司马腾,大破刘渊之军:

> 桓帝与腾盟于汾东而还,乃使辅相卫雄、段繁于参合陂西累石为亭,树碑以记行焉。

《魏书·卫操传》则载其桓帝死后"立碑于大邗城南,以颂功德"①。且载此碑至献文帝皇兴年间出土于大邗城,"文虽非丽"而记桓帝功业,其中述及桓、穆帝率军援救司马腾之事,以及桓帝死

---

① 《魏书·序纪》上引文载立碑记行在桓帝十年,至十一年帝又率轻骑援司马腾,"晋假桓帝大单于,金印紫绶。是岁桓帝崩……后定襄侯卫操,树碑于大邗城,以颂功德"。《魏书·卫操传》则载其为桓帝"辅相",又载穆帝三年操死后其子卫雄为穆帝"辅相"。碑文则记桓帝死于晋惠帝永兴二年六月二十四日,是立碑必在此后,又载卫雄、卫操同时为桓、穆二帝"辅相"而"承命会议,咨论奋发"。据此,似桓帝去世前、后,分别由卫雄、卫操立有二碑,前者在参合陂(今内蒙古凉城县东北之岱海)西累石为亭树之,后者在大邗城(今山西忻州市西北)。然《序纪》述"辅相卫雄、段繁"树碑,又似其碑乃穆帝命其辅相卫雄所立,二处所载实同为一碑。

后部众悲悼之况，事为《资治通鉴》所采信①。另有近代所出"猗卢残碑"拓片，田余庆先生断之为刘琨暂葬拓跋猗㐌所立的标识碑②。残碑尚余"王猗卢之碑也"六个大字及部分纹样，从其末一字为语气助词"也"，似可判断此碑规制实与现知魏晋碑刻题额皆有所异，定其为功德碑或标识葬地之碑均非甚惬③。但无论如何，结合"大邗城碑"来看，自桓、穆二帝创立拓跋代国，即开始形成了"树碑以记行"的传统④，这恐怕是没有问题的。

作为秦汉以来的习俗，以汉字刻石立碑，其背后自然有着"晋人"的影响，不过诚如"大邗城碑"的建立所示，下令主导碑刻

---

① 《资治通鉴》卷八六《晋纪八》永兴二年六月："汉王渊攻东嬴公腾，腾复乞师于拓跋猗㐌，卫操劝猗㐌助之，猗㐌帅轻骑数千救腾，斩汉将綦毋豚。诏假猗㐌大单于，加操右将军。甲申，猗㐌卒。"此即《魏书·序纪》所载桓帝十一年之事，所述桓帝死日当据《魏书·卫操传》所载大邗城出土碑文。

② 参见田余庆《拓跋史探（修订本）》所收《关于拓跋猗卢残碑及拓本题记二则——兼释残碑出土地点之疑》一文，田先生亦曾注意到"桓帝猗㐌与穆帝猗卢兄弟，居然都有碑石为后人所道，是难得的巧合"。

③ 《魏书》卷一〇六上《地形志上》肆州驴夷县下记有"代王神祠"。《魏书》卷一〇八之一《礼志一》载道武帝时"于云中及盛乐神祠旧都祀神元以下七帝"；又载明元帝永兴三年"诏郡国于太祖巡幸行宫之所，各立坛，祭以太牢"；"后二年，于白登西太祖旧游之处，立昭成、献明、太祖庙"。《魏书》卷二八《和跋传》载跋代人，世领部落，道武帝时被族诛，后太武帝西巡五原回程至犲山时，忽遇风暴云雾，"群下佥言跋世居此土，祠冢犹存，其或者能致斯变"。又《晋书》卷一一〇《慕容儁载记》述其称帝后自蓟城迁于邺，"使昌黎、辽东二郡营起庼庙，范阳、燕郡构祧庙"。以上记载表明鲜卑尤其是拓跋部确有于祖宗"旧游之处"设坛祭祀之俗，建立王朝后仍建庙以祀。笔者认为书有"王猗卢之碑也"的残石，即当联系此俗视之。

④ 《魏书》卷一三《皇后列传·文帝皇后封氏传》载："高宗初，穿天渊池，获一石铭，称桓帝葬母封氏，远近赴会二十余万人。有司以闻，命藏之太庙。"是桓帝勒石的又一例证。《魏书》卷二《太祖纪》天兴二年二月破高车杂种三十余部，"还次牛川及薄山，并刻石记功，班赐众臣各有差"；《魏书》卷三《太宗纪》载永兴五年七月，"幸薄山，帝登观太祖游幸刻石颂德之处，乃于其旁起石坛而飨飱焉"。《水经注》卷三《河水》记有太武帝太平真君三年，因仇池杨难当来附而在阴山南麓广德殿"刻石树碑，勒宣时事"，且存其辞，为崔浩所作。《水经注》卷一一《滱水》述其"东过博陵县南"时，记徐水流至东山之西岸、南崖之南岸及东崖之水际有三"御射碑"，其中的太武帝太延元年"御射碑"，其拓本今犹藏于国家图书馆，即所谓《太武帝东巡碑》，铭文载太武帝东巡回程演示远射之事。而后文成帝御射立碑之事，《魏书》卷五《高宗纪》载和平二年三月帝弯弓射箭越灵丘南山，遂"刊石勒铭"，记其箭"出山三十余丈，过山南二百二十步"。凡此之类，皆承桓、穆二帝树碑之习而来。

的仍可以是代王拓跋猗卢，遂足视为拓跋统治者当时汉化渐深的证据，也是其治下已兼有农耕而居处愈定的反映①。此外，修筑都城的传统似亦始于穆帝拓跋猗卢，《魏书·序纪》载穆帝六年之事：

> 城盛乐以为北都，修故平城以为南都。帝登平城西山，观望地势，乃更南百里，于灅水之阳黄瓜堆筑新平城，晋人谓之小平城，使长子六修镇之，统领南部。

这里的"城盛乐以为北都"，或即《序纪》载昭帝拓跋禄官分拓跋为东、中、西三部时，穆帝统其西部所居的"定襄之盛乐故城"，其最早应是汉代的成乐县城，神元帝三十九年迁于此地时，应已利用过此城②。"修故平城以为南都"，则在汉魏以来白登山附近的雁门郡平城故址上修筑，这也就是后来道武帝建立北魏的定都之地。"新平城"则筑于其南百里的灅水北岸黄瓜堆，又称"南平城""小平城"，是其扼守新得勾注、陉北之地的南境重镇。

此二都三城之筑，在拓跋猗卢被晋惠帝封为"代公"，取得桑干河上游五县后三年，堪称拓跋代国的奠基之举③。田余庆先生即

---

① 欧亚草原各部族早有石刻，除镌刻岩画外，匈奴时期所竖石刻人像今仍多见于草原。镌有文字的草原碑刻则出现于突厥时代。故碑刻本身虽不一定与农耕相关，"树碑记行"却一定是有关部族势力范围相对稳定，其经济、社会发展到一定程度的体现。参见岑仲勉《突厥集史》卷一六《突厥文碑（译文类）注释》附录的汤森（即丹麦学者 V. Thomsen）《蒙古之突厥碑文导言》一文，中华书局1958年版；耿世民：《古代突厥文碑铭研究》之"引论"，中央民族大学出版社2005年版。
② 《后汉书》志二三《郡国志五》云中郡条述其所属有成乐县，且载："成乐，故属定襄。"是"定襄之盛乐"汉代必已有城，这应当就是神元帝拓跋力微三十九年进入此地及穆帝分统一部时所居的"故城"，穆帝六年筑北都亦应在此。
③ 此亦为后来东胡一系南面建国往往多都并立的滥觞。另须指出的是：欧亚草原地区自匈奴时期以来垒石筑屋者不少，最典型如2012年度全国十大考古发现之一的新疆博尔塔拉蒙古族自治州温泉县阿墩乔鲁遗址，距今约四千年，包括有大型垒石屋基和石栅、石堆墓群及祭祀遗址。2011年夏笔者曾与本院考古所同人前往考察，亲见其垒石屋基（长22.5米、宽18米）所示廊道与厅、室结构。这表明草原部族类于"王庭"的权力或祭祀中心，在建筑上仍可达到相当复杂的程度和较高水平。

指出了其对拓跋以后政治、经济、社会发展所具有的战略意义[1]，殷宪先生则强调了其同时也在拓跋部的发展史上，开启了一个修筑都城的新时代[2]。自此《序纪》载拓跋诸帝筑城之事已屡见不鲜[3]，是为拓跋代时期"国都"意识自觉抬头的体现。需要明确的是，这些筑城之举均是确凿的史实，除和林格尔县土城子[4]、大同市操场城考古发掘提供的某些线索外[5]，《水经注》卷三《河水》关于盛乐和云中宫的记载亦可为证：

> 河水屈而流，白渠水注之，水出塞外，西迳定襄武进县故城北……白渠水西北迳成乐城北。《郡国志》曰："成乐，故属定襄也。"《魏土地记》曰："云中城东八十里有成乐城。"今云中郡治，一名石卢城也。白渠水又西迳魏云中宫南，《魏土地记》曰："云中宫在云中县故城东四十里。"

据郦氏此处所记，白渠水西北流经的"成乐城"，即是《续汉书·

---

[1] 参见田余庆《拓跋史探（修订本）》所收《文献所载代北东部若干拓跋史迹的探讨》一"方山西麓的祁皇墓"。

[2] 参见殷宪《拓跋代与平城》二"拓跋三都"，载《学习与探索》2010年第3期。

[3] 如其载惠帝时："以诸部人情未悉款顺，乃筑城于东木根山，徙都之。"烈帝拓跋翳槐复位后："城新盛乐城，在故城东南十里。"昭成帝时："二年五月，朝诸大人于参合陂，议欲定都灅源川，连日不决，乃从太后计而止……三年春，移都于云中之盛乐宫。四年秋九月，筑盛乐城于故城南八里。"这几处城址究竟在何地至今尚存悬疑，但就其大体方位而言，自穆帝筑"北都"盛乐以来，其后烈帝所筑"新盛乐城"及昭成帝四年所筑"盛乐城"皆属异地新筑而又相距不远，皆应在汉成乐县城一带。

[4] 土城子考古发掘可证汉成乐城遗址二期夯土层，为东汉以后晚至西晋所修补，在时期上当可涵盖神元帝直至穆帝"城成乐以为北都"之举。参见《内蒙古和林格尔县土城子古城发掘报告》，收入《考古》编辑部编辑《考古学集刊》第六集，中国社会科学出版社1989年版。

[5] 操场城考古发现北魏平城夯土墙体及有关文化堆积与汉城叠压，这一现象亦可涵盖穆帝"修故平城以为南都"之举。参见山西省考古研究所、大同市考古研究所、大同市博物馆、山西大学考古系《大同操场城北魏建筑遗址发掘报告》，《考古学报》2005年第4期；王银田：《试论大同操场城北魏建筑遗址的性质》，《考古》2008年第2期。

郡国志五》载汉定襄郡的成乐县城，《魏土地记》述其约在北魏云中郡城东八十里①，此即神元帝入驻及于穆帝统领一部时所居的"定襄之盛乐故城"。而白渠水再向西流北岸的"云中宫"，《魏土地记》载其约在北魏云中县故城东四十里，这也就是《魏书》中经常提到的"云中大室""云中旧宫"②。从后来道武帝迁都平城，先修宫为城再逐渐扩展的态势来看③，这个"云中宫"恐怕也可像前述"莫含壁"那样称"城"④，乃是《魏书·序纪》载烈帝至昭成帝时，在"定襄之盛乐故城"附近先后异地所筑的两处"盛乐城"之一，也就是所谓"云中之盛乐"⑤。

以上所述，既有考古或传世遗迹可凭，又多可与魏晋以来文献记载相证，而非只是北朝国史系统的一面之词，足见桓、穆二帝建立拓跋代国时期所达到的文明程度已相当可观。尽管此后自平文帝治下控弦百万，直至道武帝成功复国，拓跋代又曾经历了三起三落的兴衰演变，其治下的人口结构及政治组织形态或波动较大，但像制陶、积谷、树碑、筑城等事所反映的经济、社会发展，恐无可能急剧退化，而是必将在战乱以后持续累进。这也就是道武帝建立北魏和进取中原所得凭恃的基础、条件。而按前引《南齐书·魏虏传》载拓跋珪时尚"逐水草"

---

① 《魏书》卷一〇六上《地形志上》载朔州云中郡"秦置"，所属唯北魏末年孝武帝时设置的延民、云阳二县。由此推想其郡治应沿袭了东汉云中郡治云中县城的旧址，亦即后文述《魏土地记》所载的"云中县故城"所在。

② 如《魏书》卷三《太宗纪》："太祖长子也，母曰刘贵人，登国七年生于云中宫。"其后文又载永兴五年五月乙亥，"行幸云中旧宫之大室"；泰常五年七月丁未，"幸云中大室"。同书卷四上《世祖纪上》始光三年六月，"幸云中旧宫，谒陵庙"。

③ 参见王银田《试论大同操场城北魏建筑遗址的性质》，《考古》2008年第2期；张庆捷：《大同操场城北魏太官粮储遗址初探》，《文物》2010年第4期。

④ 《魏书》卷四四《罗结传》载其太武帝时年一百十岁归老，"赐大宁东川以为居业，并为筑城，即号曰罗侯城，至今犹存"。亦其例。

⑤ 如《魏书·序纪》载昭成帝三年"移都于云中之盛乐宫"，卷四上《世祖纪上》始光元年八月，蠕蠕六万骑入云中，"攻陷盛乐宫"。所谓"移都盛乐宫""攻陷盛乐宫"，其"宫"与"城"显属同义。

而"无城廓",至拓跋嗣时方"土著居处"之说,则所有上述史实,皆无可能存在于世。在与其命运攸关的拓跋崛起史上,南朝国史系统居然可以因其特定立场和文化优越感而写下如此远离事实的荒唐一笔,江东政权之所以不敌北方而终为所吞,于此亦可窥其一斑了。

显然,对北魏开国之际文明程度的估价,更多扭曲、虚构的不是北朝国史系统,而恰恰是各方面局限尤大的南朝国史系统。即便在双方已经交战或通使,南朝已不能不多方了解北魏之况①,其记载在和、战之类的大事上已相当翔实②,但一旦涉及文明程度,其局限和扭曲还是没有多少改变。像前引《南齐书·魏虏传》后文述太武帝拓跋佛狸时期的平城宫室之况,显属使者目击所得,然其一一记录的平城宫室之况,诸如南门内立二"土门"③,"妃妾住皆土屋"之类,字里行间专挑其"卑陋"之处不欲放过,其所传递的,难道不正是"夷狄之有礼,不如诸夏之无也"的理念④?要之,比之江东建康同类建筑的瑰丽辉煌,当时平城的这些宫室诚然只配称

---

① 南朝记载北魏典章文物,多自太武帝拓跋焘说起。这一方面是因为北魏自此已统一北方,南朝对之关注和资料收集必已加强;另一方面也是南朝习惯把太武帝时期的制作归功于河西士人大批进入平城的缘故。

② 如上引《南齐书·魏虏传》述其"太官八十余窖,窖四千斛,半谷半米",显然是使者作为重要情报予以记录的,其况已可证于考古发掘。2007年发掘的大同操场城北魏二号建筑遗址,为圆形粮窖五个,其中L1号尚存2.7立方米的炭化小米和黍子,此即"半谷半米"之证。L201号窖在层位上打破了一座汉代砖构房屋,则其应始建于道武帝时。参见张庆捷《大同操场城北魏太官粮储遗址初探》,《文物》2010年第4期。

③ 这两个土门,即可与《魏书》卷二《太祖纪》载天赐三年"筑澷南宫,门阙高十余丈"之事相证。天兴元年既定国号为"魏",其本义即为高阙,以合图谶"当涂高"之说,故同属附会这一图谶的曹魏,其邺城南门阙亦以巍峨著称,如曹植《铜雀台赋》述登台眺望许都,"建高门之嵯峨兮,浮双阙乎太清"。是为天赐筑澷南宫门阙高达十余丈的背景。

④ 刘俊喜主编《大同雁门师院北魏墓群》第六章"结语"五"石质葬具"也引用了《南齐书·魏虏传》这段叙述平城宫室的文字,并已指出其中"流露出南朝人对北方少数民族建筑的贬抑之意"。

为"土屋",但在今存太武帝时期文物所示的工艺水平基础上[①],出现在南朝使者挑剔目光中的这些"土屋",究竟又能"卑陋"到哪里去呢[②]?结论自不待言,在这里扭曲了事实而硬要为北魏戴上"原始""野蛮""落后"等帽子的,也还是特定的政治需要和文化优越感在作祟[③]。

二 北朝国史系统评述北魏前期文明程度的问题

在北魏开国之际文明程度的估价上,北朝国史系统也有自己的问题。这主要是由于北魏国史关于道武帝、太武帝以来的记载,皆自孝文帝以来修订方渐定型,而孝文帝以来的汉化改革路线,又不能不对以往制度典章等事采取批判立场的缘故。

---

① 大同操场城东、西街北魏宫室遗址调查,发现有北魏前期和汉代两种瓦、陶残片。其中属北魏的筒瓦多表面施釉,内有布纹,尺寸较大;汉代筒瓦则多绳纹无釉,形态较小而制作甚粗。陶器规制和质地亦有类此的精、粗之别,其余建筑构件之类亦然。由于北魏宫城是道武帝截汉代平城西部开始建设的,这些瓦、陶器所示状态,雄辩地证明了北魏道武帝以来平城在建筑和器物工艺上远较汉代平城县城华美的事实。参见殷宪《大同北魏宫城调查札记》,收入氏著《平城史稿》,科学出版社2012年版。此外,纽约大都会博物馆及东京国立博物馆等处所藏太武帝太平真君年间所制金铜佛像,其工艺精美有目共睹;河北蔚县文博所藏之释迦寺陈列室的太武帝朝石雕佛坐像、九级四面石塔等,皆形制甚大,纹样繁缛而雕刻甚精,正可视为稍后文成帝时开凿云冈昙耀五窟的技术、工艺基础。

② 如《水经注》卷一三《㶟水》记明元帝神瑞三年在平城所建白楼:"楼甚高竦,加观榭于其上,表里饰以石粉,皬曜建素,赭白绮分。"又记太武帝始光二年寇谦之建议兴造的大道坛庙:"其庙阶三成,四周栏槛,上阶之上,以木为圆基,令互相枝梧,以版砌其上,栏陛承阿,上圆制如明堂,而专室四户。"《水经注》卷三《河水》则记太武帝时在阴山南麓所建广德殿之况:"其殿四注两夏,堂宇绮井,图画奇禽异兽之象。殿之西北,便得焜煌堂,雕楹镂桷,取状古之温室也。"其后文记仇池杨难当来附,崔浩撰辞刻碑以记,有"峨峨广德,奕奕焜煌"之句。而《南齐书·魏虏传》载"白楼"为"土台",且述其为"佛狸至万民世增雕饰"时所筑。

③ 从上引《水经注》述明元帝时所建"白楼"而《南齐书》述为"土台"度之,所谓"土屋",当是就其规制不甚高壮而外墙施以赭粉而言。退一步说,按照《左传》《国语》所示史例,若太武帝时平城建造确如相关文物所示及《水经注》所记"白楼""大道坛庙"之具有较高技术和工艺水平,而其妃妾住皆"土屋"也的确名副其实的话,那这位记录的使者或史官正应敬佩有加且如临大敌,才合乎华夏史官传统。此亦可见当时南朝史馆记北朝史事特严华、夷之别的局限。

《魏书》卷六二《李彪传》载其孝文帝太和十一年起参与史馆著作之事：

> 自成帝以来至于太和，崔浩、高允著述《国书》，编年序录，为《春秋》之体，遗落时事，三无一存。彪与秘书令高祐始奏从迁、固之体，创为纪、传、表、志之目焉。

是北魏早期史事载于《国书》，因其为编年之体，自必详于治乱兴衰而略于典章经制①；又因屡经国史之狱及政治上汉化、保守的波折②，而"遗落时事，三无一存"。故自李彪等改体后，必当多方增补③。不过此时其删补润色的基调之一，无疑是要"厚今薄古"，以北魏前期史事反衬孝文帝功业及其改革的必要④。

此旨当然并非史臣可以自作主张，而正是孝文帝本人的意旨，是其亲自决定的改革路线使然，是为之反思北魏前期历史的必要基调。《魏书》卷一〇八之一《礼志一》载太和十五年四月"经始明堂，改营太庙"时，帝曰：

---

① 《史通》卷二《内篇·二体第二》述编年之体，"论其细也，则纤芥无遗；语其粗也，则丘山是弃；此其所以为短也"。浦起龙通释，王煦华整理：《史通通释》，上海古籍出版社2009年版。马端临《文献通考》自序述《资治通鉴》编年叙事，"详于理乱兴衰而略于典章经制。非公之智有所不逮也，编简浩于烟埃，著述自有体要，其势不能以一得也"。亦抒此理。中华书局1986年版。《魏书》卷二四《邓渊传》载其北魏开国之际受诏撰《国记》，"造十余卷，惟次年月起居行事而已"。可见其初撰之况。

② 参见田余庆《拓跋史探（修订本）》所收《〈代歌〉、〈代记〉和北魏国史——国史之狱的史学史考察》。

③ 《魏书》卷五七《高祐传》载其与李彪等奏改国史之体，即有"皇始以降，光宅中土，宜依迁、固大体，令事类相从，《纪》、《传》区别，《表》、《志》殊贯，如此修缀，事可备尽"之语。《魏书》卷三八《王慧龙传》附《王遵业传》载孝明帝时与司徒左长史崔鸿同撰《起居注》，"乃诣代京，采拾遗文，以补《起居》所阙"。《魏书》卷四四《孟威传》载其尤晓北土风俗，孝文帝以来"以明解北人之语，敕在著作，以备推访"。《北齐书》卷二四《孙搴传》载其通鲜卑语，孝明帝时"崔光引修国史"。凡此之类，可见孝文帝以后补缀代北旧事之一斑。

④ 《魏书》卷六二《李彪传》载其宣武帝时表陈修撰国史之旨，强调孝文帝"有大功二十，加以谦尊而光，为而弗有，可谓四三皇而六五帝矣，诚宜功书于竹素，声播于金石"。即蕴此意。

> 仰惟先朝旧事，舛驳不同，难以取准。今将述遵先志，具详礼典，宜制祖宗之号，定将来之法。

所述先朝旧事"舛驳不同，难以取准"，至是则通盘改革，以为"将来之法"，其自我作古的褒贬抑扬之意可掬。《魏书》卷五三《李冲传》载太和十七年诏崇宫室有曰：

> 我皇运统天，协纂乾历，锐意国方，未遑建制，宫室之度，颇为未允。太祖初基，虽粗有经式，自兹厥后，复多营改。至于三元庆飨，万国充庭，观光之使，具瞻有阙。朕以寡德，猥承洪绪，运属休期，事钟昌运，宜遵远度，式兹宫宇。

时值迁都洛阳前夕，所说道武帝以来宫室"粗有经式"，不足以敷上国规制，与前引《南齐书·魏虏传》述平城"土屋"意相仿佛。其所说明的是一段时间以来孝文帝营构平城明堂、太庙等礼制建筑的背景[①]，同时也有为迁都张本之意。

又《文馆词林》卷六六五《后魏孝文帝迁都洛阳大赦诏》，对道武帝建都平城以来的声教文物，除肯定其"开诞龙功，丕新五绩"外，又作了一段总结性评述：

> ……土非沃壤之区，甸乖三千之域，虞夏之所弃绝，殷周之所莫顾，得之不足以居众，有之不足以广驭。地非物象之所生，气靡中和之所致，处堵人劳，在阴志惨。故令礼让弗兴，虞芮递竞。皇始之初，冠裳遍陈，槐棘森列，制同囊则，未盈纪历，寻复颓褫。业以戎马，化未文典，皇居既然，八荒奚

[①] 参见王银田《北魏平城明堂遗址研究》，《中国史研究》2000年第1期。

式？岂三祖之匪德，宁二宗之弗叡？抑亦土气使之然，五方之俗不可革故也。遂使龙章阙于宇极，六典湮于司牒，有国百年，经纶仍缺。①

此诏着眼于迁都，刻意渲染代北"土气"之瘠，连带强调了平城时期典章文物的缺失不伦，如果不是其中有"皇始之初，冠裳遍陈，槐棘森列"之句，就几乎是承认了南朝国史系统对平城风貌的评述。从中不难体会，在太和年间的改革过程中，尤其是自孝文帝亲政以来厉行汉化后，已因此而日益滋长了一种抑低道武帝以来文明程度的倾向。

由于孝文帝时代对于北魏此后历史的深刻影响，以至于整部北朝后期东、西魏和北齐、周、隋史，很大程度上都是在继承其历史遗产的基础上发展过来的，上述倾向自然也已渗透于北魏国史及北齐、隋、唐本此而撰的各部《后魏书》②。具体如《魏书》卷一〇八之一《礼志一》：

太祖南定燕赵，日不暇给，仍世征伐，务恢疆宇。虽马上治之，未遑制作，至于经国轨仪，互举其大，但事多粗略，且兼阙遗。高祖稽古，率由旧则，斟酌前王，择其令典，朝章国范，焕乎复振。

这里强调道武帝定制的"事多粗略，且兼阙遗"，正是要突出孝文帝时期的"朝章国范，焕乎复振"。《魏书》卷一一三《官氏志》总结道武帝至孝文帝时期的官制沿革曰：

自太祖至高祖初，其内外百官屡有减置，或事出当时，不

---

① 罗国威整理：《文馆词林校证》，日藏弘仁本，中华书局2001年版。
② 参中华书局点校本《魏书》末附宋刘恕等所上《魏书目录叙》。

为常目，如万骑、飞鸿、常忠、直意将军之徒是也。旧《令》亡失，无所依据。太和中，高祖诏群僚议定百官，著于《令》。今列于左……

其以孝文帝太和定《令》为界略前而详后的内容裁剪，不只是道武帝以来"旧《令》亡失"之故，也是以孝文帝改革为北魏一代官制发展里程碑的必然[①]。

隋唐时期续修的几部《魏书》，皆因不满魏收书而别有旨趣义例，但在北魏早年文明程度的估价上，持论仍袭孝文帝以来论调而一以贯之。《隋书》卷五八《魏澹传》载其隋文帝时受诏另撰《魏史》，"自道武下及恭帝，为十二纪，七十八传，别为史论及例一卷，并目录合九十二卷"。且载澹书义例与魏收书之别，其中第二条指责魏收照录道武帝所尊二十八帝谥号，认为除神元、平文、昭成、献明帝尚有可容外，余皆应删。其理由是：

> 魏氏平文以前，部落之君长耳。太祖远追二十八帝，并极崇高，违尧舜宪章，越周公典礼。但道武出自结绳，未师典诰，当须南、董直笔，裁而正之，反更饰非，言是观过。所谓决渤澥之水，复去堤防，襄陵之灾，未可免也。

所谓"平文以前，部落之君长耳"；"道武出自结绳，未师典诰"。显然已因讲究宗法等种种原因，而全然不顾拓跋部自神元帝进据盛乐，及桓、穆二帝被封代王以来文明进化的诸多史实。其贬抑过甚的论调在隋代的新形势下已经要比孝文帝时走得更远，实际已与南朝国史系统述道武帝时"尤逐水草"说相同。

又《魏书》卷一〇五之三《天象志三》载天赐二年十月丁巳

[①] 参见楼劲《对几条北魏官制史料的考绎——太和年间官制整改与官制诸令的若干问题》，载《中国社会科学院历史研究所学刊》第一集，社会科学文献出版社2001年版。

月掩在室，"夫室星，所以造宫庙而镇司空也。占曰：'土功之事兴。'"其下载其验词：

> 明年六月，发八部人自五百里内，缮修都城，魏于是始有邑居之制度。

今存《魏书·天象志三》和《天象志四》为宋人所补，其所取或即唐初张太素《魏书》的《天文志》①。而魏收书卷二《太祖纪》载此事为："筑灅南宫，门阙高十余丈；引沟穿池，广苑囿；规立外城，方二十里，分置市里，经涂洞达。"显然，在平城当时"规立外城""分置市里"的意义上，张太素书述"魏于是始有邑居之制度"似无不可；但若考虑十年前定都平城前夕，道武帝即"徙山东六州民吏及徒何、高丽杂夷三十六万，百工伎巧十万余口，以充京师"②，且又"计口授田"而以农耕编户方式安置此类，那此语有意无意地还是略过了天赐三年以前，平城众多人口"邑居"所必有的规划制置之法。这也就与《南齐书·魏虏传》述道武帝时定都平城，"犹逐水草"，魏澹书述"道武出自结绳"十分接近了。由此也可看出，到隋唐循孝文帝开辟的方向最终完成了南北统一大业后，当摆脱了"夷狄"身份的人们再次回顾历史时，以往南、北国史系统出于不同立场而对北魏早年文明程度的贬抑，确是极易趋于

---

① 见中华书局点校本《天象志三》卷首《校勘记》引"宋人校语"。《旧唐书》卷一九一《方伎僧一行传》载其"姓张氏，先名遂，魏州昌乐人，襄州都督郧国公璟之孙也。父擅，武功令。一行少聪敏，博览经史，尤精历象、阴阳、五行之学……初，一行从祖东台舍人太素，撰《后魏书》一百卷，其《天文志》未成，一行续而成之"。是张太素书的《天文志》乃由僧一行最终续成。

② 此次徙民时道武帝尚未迁都平城，故学界也有认为是徙至盛乐者，但一般都认为是徙至平城。然则道武帝迁都平城之举，在这次大规模徙民时谋略已定，而半年以后的正式迁都平城则是在安置山东徙民的基础上展开的。参见宿白《平城实力的集聚和"云冈模式"的形成与发展》，收入云冈文物保管所编《云冈石窟》（一），《中国石窟》丛书，文物出版社1991年版；[日] 前田正名《平城历史地理学研究》第二章"居民结构"二"太祖时期" 2 "四世纪末年的大规模徙民"。

合拍一致的。

这种贬抑论调的递嬗推进之势，在隋文帝"复废周官，还依汉魏"之时就已明显化了。《隋书》卷一二《礼仪志七》载隋初改周车服之制时，参与其议的太常少卿裴政奏曰：

> 窃见后周制冕，加为十二，既与前礼，数乃不同，而色应五行，又非典故。谨案三代之冠，其名各别。六等之冕，承用区分，璪玉五采，随班异饰，都无迎气变色之文。唯《月令》者，起于秦代，乃有青旂赤玉、白骆黑衣，与四时而色变，全不言于弁冕。五时冕色，《礼》既无文，稽于正典，难以经证。且后魏以来，制度咸阙。天兴之岁，草创缮修，所造车服，多参胡制。故魏收论之，称为违古，是也。周氏因袭，将为故事，大象承统，咸取用之，舆辇衣冠，甚多迂怪。今皇隋革命，宪章前代，其魏、周辇辂不合制者，已敕有司尽令除废，然衣冠礼器，尚且兼行。乃有立夏衮衣，以赤为质；迎秋平冕，用白成形。既越典章，须革其谬。

裴政批评北周冕制而牵出北魏，述其早年"制度咸阙"而"多参胡制"，且引魏收书中的"违古"之论以助其说，其所述是否事实另当别论[1]，却的确是要证明"皇隋革命"而"须革其谬"的天经地义。故其看待北魏早年典章文物的立场、方法和观点在当时颇有代表性，俱承孝文帝以来的基调而更有过之，这也反映了唐初所修《五代史志》之所以继承和发展了北朝一脉这类看法的总体背景[2]。

不过南、北国史系统对此的立场和记载毕竟有别。南朝关注的

---

[1] 参见阎步克《服周之冕——周礼六冕礼制的兴衰变异》第八章"北朝冕服的复古与创新" 2 "周礼、伪孔传之间：魏齐冕制"，中华书局 2009 年版。

[2] 如《魏书》卷一〇八之四《礼志四》述："太祖世所制车辇，虽参采古式，多违旧章。"至《隋书》卷一〇《礼仪志五》述其辇制，已改为"未知古式，多违旧章"。从"参采古式"到"未知古式"，相去甚远。

是当下北方的军、政要况，于其早年史事尤其文明发展的枝节可以说兴趣缺乏，故史官对此的记载皆以寥寥数语一笔带过，其旨归是要肆其文化优越感。而北朝国史系统当然不能对自身传统漠然视之，故其史官对北魏开国前后历史的记载，在删补笔削之余仍要远比南朝国史系统丰富。即便是在孝文帝以来"厚今薄古"的强烈氛围中，对祖宗的功业总也还是要在肯定的前提下展开反思，对其声教文物也就不是一概归之为"鄙陋"[①]，而是着眼于当下改革的需要而凸显其"粗略"和"不典"。据其仍然存留的大量史事即可知晓，这无非是在发展阶段的意义上相对而言，并不像南朝国史系统所记那样是一种"绝对的贫困"。

"粗略"和"不典"及与之相类的字眼，确是今存北朝史乘评述北魏早年典章文物的两大要点，但其参照系实际上都是孝文帝改革以后的状况和思想观念。故其内涵很不简单，需要具体分析方能知其准确之况。也就是说，所谓"粗略"，往往仍可包含相当精细的内容，"不典"更无妨其制、其物在设计制作上煞费苦心甚或美轮美奂。

即就"粗略"而言，前引孝文帝迁都洛阳诏极述平城地气之瘠、制度之陋，但也承认了皇始以来的"冠裳遍陈，槐棘森列"，以示其时人物、典制亦臻一时之盛。天兴以来平城的建筑亦经精心营构，《魏书》卷二三《莫含传》附《莫题传》即留下了重要的记录：

> 太祖欲广宫室，规度平城四方数十里，将模邺、洛、长安之制，运材数百万根。以题机巧，征令监之，召入与论兴造之宜。

[①] 《魏书》卷六二《李彪传》载其上表陈修史之事有曰："唯我皇魏之奄有中华也，岁越百龄，年几十纪。太祖以弗违开基，武皇以奉时拓业，虎啸域中，龙飞宇外，小往大来，品物咸亨。自兹以降，世济其光，史官叙录，未允其盛。"可见一斑。

运材数百万根，以擅长工程、制作的莫题监工，道武帝又亲自与之讨论兴造之宜，说明了其费功甚巨、规模宏大而设计组织尤为讲究，这也就是前面所述平城双阙高畠，从宫室到诸宗教建筑俱甚可观的由来。尤值注意的是，当时对平城的总体规划，参考了邺城和洛阳、长安之制而又多有创辟。如其"四方数十里"，已与长安斗城之形及洛阳南北九里而东西六里之况不同[①]。又邺城唯有七门[②]，而《魏书》卷二《太祖纪》载天兴二年八月"增启京师十二门"。这都表明其综合取舍了长安、洛阳和邺城营构的某些要素，而其综合取舍的依据，应当就是《周礼·考工记》中的"匠人营国，方九里，旁三门"之说。当时之所以仿照了东汉至西晋洛阳的"左祖右社"格局[③]，显然也是因为其不仅是前朝故事，更是《周礼·地官司徒篇》等经典一致肯定的宗庙和社稷方位的缘故[④]。另如前面提到的天赐三年筑灅南宫时，又"规立外城方二十里，分置市里，经涂洞达"，显然是天兴以来平城营构的延续，并在汉魏以来基础上真正奠定了中古都城坊里制度的基本格局，其恐怕同样是按儒经所示城市理念加以贯彻的结果[⑤]。像这样依据经典

---

① 参见李遇春、姜开任《汉长安城遗址》，《文物》1980年第10期；徐金星、杜玉生：《汉魏洛阳故城》，《文物》1981年第9期。

② 关于曹魏、后赵、前燕以来的邺北城规制，参见俞伟超《邺城调查记》，《考古》1963年第1期；中国社会科学院考古研究所、河北省文物研究所邺城考古工作队：《河北临漳邺北遗址勘探发掘简报》，《考古》1990年第7期。

③ 《魏书》卷一〇八之一《礼志一》载天兴二年十月太庙告成，是月"置太社、太稷、帝社于宗庙之右"。

④ 《周礼·地官司徒》小司徒条职文："建国之神位，右社稷，左宗庙。"《考工记》述匠人建国，"左祖右社"；《礼记·祭义》亦称"建国之神位，右社稷而左宗庙"。以下所引凡属十三经者皆据阮元《十三经注疏》本，中华书局1980年版，不一一注出。

⑤ 《周礼·地官司徒篇》小司徒职文："掌建邦之教法，以稽国中及四郊、都鄙之夫家、九比之数，以辨其贵贱、老幼、废疾，凡征役之施舍与其祭祀、饮食、丧纪之禁令。"笔者认为：此其所示都城及四郊、都鄙人户严密编组和加以管理的原则，及其后文"族师""闾胥""闾师"等处职文的相关规定，即北魏平城至洛阳终于形成整齐地排列于城内南部的封闭式坊里制度的经典依据。

所载王者建国的准则,再综合前朝都城故事来精心创制和设计施工的状态,如果要说其"粗略",自然只能是与迁都洛阳以后相较而言。

又如《魏书》卷一〇九《乐志》载神元以来音乐之况:

> 自始祖内和魏晋,二代更致音伎;穆帝为代王,愍帝又进以乐物;金石之器虽有未周,而弦管具矣。逮太祖定中山,获其乐悬,既初拨乱,未遑创改,因时所行而用之。世历分崩,颇有遗失。

上引文中的"未周""未遑"等语,即是点出其制"粗略"的关键字眼。但与《南齐书》说道武帝时"犹逐水草",魏澹书说其"出自结绳"相比,其述神元帝至道武帝时期的伎乐发展还显得比较客观。北魏始祖神元帝被魏、晋赐以"音伎",事虽不可考,却合乎汉魏以来朝廷常赐北族首领鼓吹仪仗的制度①。穆帝为代王而"愍帝进以乐物",则可证于前引"大邗城碑"记述的"金龟②箫鼓,韬盖殊制,反及二代,莫与同列。并域嘉叹,北国感荣,各竭其心,思扬休名"之文。其中的"箫鼓"即"乐物","韬盖"为舆辇、华盖之类,从其前后文可知其必为朝廷所赐,且有前面所述其

---

① 《晋书》卷三六《卫瓘传》载其泰始年间都督幽州,"于是幽、并东有务桓,西有力微,并为边害。瓘离间二房,遂致嫌隙,于是务桓降而力微以忧死。朝廷嘉其功,赐一子亭侯"。是拓跋力微在当时北族中并非一般部落大人而已颇具代表性,且其况已为西晋朝廷所掌握。

② "金龟"应指印钮,《魏书·序纪》载拓跋猗㐌援司马腾有功,"晋假桓帝大单于,金印紫绶"。《晋书·愍帝纪》等处既载晋帝先后封穆帝猗卢为代公、代王,依法亦须赐印。1956 年在内蒙古凉城县小坝子滩沙虎子沟出土的金银器窖藏中,有多件狼、狐、马形金饰牌,其中一件镌有"猗㐌金"字样;另有"晋乌丸归义侯""晋鲜卑归义侯"金印和"晋鲜卑率善中郎将"银印,皆为跪式驼钮。这是穆帝拓跋猗卢前后乌丸、鲜卑各部受晋之赐的实物证据。参见张景民《内蒙古凉城县小坝子滩金银器窖藏》,《文物》2002 年第 8 期。

他文献所载及考古实物为之佐证①。由此看来，《魏书·乐志》称穆帝被封代王后，"金石之器虽有未周，而弦管具矣"，不失为平实的记载，其中是包含了"金龟箫鼓"等一系列内涵的。至于其下文所述道武帝平定后燕都城中山而"获其乐悬"，更是确凿的史实，足与晋、宋书《乐志》所载伎乐聚合流散之况相证②。这也可见上引文述其"未周""未遑"及"颇有遗失"，并非真是说其时乐舞之制因陋就简而无所建树，从其后文载道武帝至太武帝时乐舞创作及其制置增广之况即可知晓，这种特意点明其"粗略"的笔调，无非要为孝文帝以来大兴礼乐之举张本，是相对于后来其制逐渐完备的状态而言的。

"不典"大意是说驳杂不纯，更是基于特定观念、标准而言的。《魏书》卷五九《刘昶传》载太和十九年孝文帝颁行《品令》，亲临光极堂大选有曰：

> 我国家昔在恒代，随时制作，非通世之长典……今班镜九流，清一朝轨，使千载之后，我得仿像唐虞，卿等依稀元凯。

孝文帝这里指责平城时期的选官之法"非通世之长典"，也说明了北朝国史系统后来每每强调道武帝以来典章文物杂糅"不典"的基调所由。但其显然并不是说以往选官没有复杂而完整的制度，而是

---

① 其前文述"桓帝经济"之事，称"存亡继绝，荒服是赖，祚存不辍"。这应当是指桓帝因援司马腾有功受晋之封，故赐"金龟箫鼓，轺盖殊制"，而致"并域嘉叹，北国感荣"。碑文此处所述"二代"，当以神元帝为一代，其诸子章帝、平帝、思帝包括昭帝为一代，只是赐神元帝诸子一代音伎的可能已是刘汉或前赵。

② 《宋书》卷一九《乐志一》述东晋乐悬："晋氏之乱也，乐人悉没于戎虏，及胡亡，邺下乐人，颇有来者……太元中，破苻坚，又获乐工杨蜀等，闲练旧乐，于是四箱金石始备焉。"《晋书》卷二三《乐志下》所述大体与同而稍详。又《晋书》卷一二三《慕容垂载记》载其发兵征长子慕容永而平之，"永所统新旧八郡，户七万六千八百，及乘舆服御、伎乐珍宝悉获之，于是品物具矣"。《十六国春秋辑补》卷四四《后燕录三·慕容垂》系此事在建兴九年，而其文略同。以上即为《魏书·乐志》述"太祖定中山，获其乐悬"的背景。

针对其"清、浊同流,混齐一等,君子、小人,名品无别",相对于现行《品令》已对之一一分疏而"班镜九流,清一朝轨"的状态而言的。前引《魏书·礼志一》载太和十五年"经始明堂,改营太庙"时,孝文帝曰"仰惟先朝旧事,舛驳不同,难以取准"。其事虽有不同,其义与之相通。《礼志一》后文载太和十六年罢撤白登庙之祭,诏称:"白登庙者,有为而兴,昭穆不次。故太祖有三层之宇,已降无方丈之室。又常用季秋,躬驾展虔,祀礼或有亵慢之失,嘉乐颇涉野合之讥。"又载太和十九年议圆丘郊祭之礼时,诏曰:"两汉礼有参差,魏晋犹亦未一。我魏氏虽上参三皇,下考叔世近代都祭圆丘之礼,复未考《周官》,为不刊之法令。"显然都是同一个意思。但事实上,正如这些事例所示,无论是官制、选举还是太庙、白登庙及南郊圆丘之制,道武帝以来都有相当完备的制度,且曾"上参三皇"而下考"近代",经过通盘斟酌和审慎设计[①]。至于其所以驳杂不纯,则无非是因立足现实"有为而兴",寓有强化专制体制和协调胡、汉关系等特定目的。这才使之无法完全兼顾应经合义的"典雅",又尤其会随北族汉化或封建化目标、重心的转移,而使统治者难以容忍其"不典"而续有更作了。

与"粗略"相比,"不典"无疑是一个更具主观意味的表述,严格说来其只能说明文明的状态,而无法衡量文明的程度。在北族的发展过程中,在诸制"粗略"尚无暇弥补时,要求其一蹴而就"典雅",不仅完全不可能,而且完全不正确。况且何为"典雅"?以何为"典"?诸如此类的问题,足以把问题导向纷纭不决,孝文帝以来典章改作在逐渐形成共识之前经历的蹉跎坎坷,实际上都已

[①] 如圆丘之制,《魏书》卷一〇八之一《礼志一》载天兴元年道武帝即皇帝位,立坛兆告祭天地,定制"祀天之礼用周典"。其后南郊之制续有损益,至孝文帝太和十二年改筑圆丘,十三年及十五年亲祀圆丘,皆曾综据经传、故事调整其制。故孝文帝述以往"未考《周官》",乃是其为标榜正统、刻意复古而不满旧制的过分之论。关于当时庙制之况,详见本书第五章"天兴庙制所示拓跋早期'君统'与'宗统'"。

证明了这一点①。对北魏早年典章文物"粗略"和"不典"的总结性概括，正是在有关共识的形成过程中逐渐定型的，且因两者确实相互缠绕而难分难解，而被一起视为某种进化过程的阶段性特征。发展到这一步，以往诸种"粗略"和"不典"背后本来寓有的丰富内涵，其曾经贯注的精细设计和堂皇用意，自会在后起而又更加华丽炫目的形式和内容面前黯然失色，并将不可避免地随社会迅速变迁而被不断抽离、省略、遗忘。以至于这段历史最终存留于后世的，除与"粗略""不典"这类概括相连的种种意象外，尚堪考证的大都只剩一些错杂散落的干瘪碎片了。

在人类从野蛮步入文明，再不断进至更高水平的过程中，后一阶段评估前一阶段为"粗略"和"不典"，显然是一个具有规律性的现象。这种评述尽管有其合理可信的一面，但在面向未来总结历史之时，在具体衡量各时期的文明程度时，却也必须高度警惕其内在蕴含着的另一侧面。即其总是秉持着革故鼎新的政治诉求，特别是因其愿景式的意识形态和不断后置的文明参照系，而内在地蕴有否定过去的立场和态度，极易导向对传统价值的大幅贬抑。北朝国史系统亦不例外，入主中原的北族实际上尤其需要在否定之否定中前进，其汉化、封建化进程一直是如此发展过来的，这种贬抑而非褒扬过去的倾向，也就不能不在其每个改革关头不断重现，成为一种随改革进展而陆续强化的势头。孝文帝改革的毅然决然及其彻底性的空前绝后，正可视为这种势头积累过程独特而又为时已久的果实。也正是因为其改革的全面、深入而又影响巨大，包括其对国史系统的改革、定型在内，遂亦更大程度地决定了北魏国史及诸后续之作的相关记载。

---

① 《魏书》卷七八《孙绍传》载其延昌中上表论宣武帝以来《令》的制定，指出其往往蹉跎不决的原因是："主议之家，太用古制，若全依古，高祖之法，复须升降，谁敢措意有是非哉！以是争故，久废不理。"所谓"主议之家，太用古制……以是争故，久废不理"，可谓孝文帝以来改制的常态。例多，不赘举。

三 判断北魏开国之际文明程度的若干证据

以上讨论表明，在北魏开国前后社会发展状态和文明程度的估价上，南、北国史系统除不同程度地存在着信息来源上的局限外，更受到了特定立场的限制。尽管双方的出发点并不相同，方式和态度也有差异，但其最终呈现出来的，毕竟都是贬抑的基调。这就使得南、北双方的叙说在这一问题上多可互证且增添了"可信"色彩，即便具体记载仍有重大出入，过去形成的"原始""野蛮"及"粗略""不典"之类的概括，也因其在根本上合乎北朝后期至隋唐对拓跋魏历史的认识需要，而被接受和明确下来，并在南北统一的新形势下趋于合流和被放大了。

南、北国史系统在看待北魏早年历史时存在的这些"识障"，包括隋唐时期在追溯有关历史时对之的继承，应当说并非隐晦不明。是故现代学者理应破其"识障"，在客观、中立的立场上和更好的资料条件下，准确地估价当时实际达到的文明程度，以便推进对一系列相关问题的认识。但研究现状却并非如此，面对错综的记载和史实，不少学者仍在将信将疑中继续因袭着南、北国史系统叙说北魏开国历史时的贬抑基调。这也说明现代人在认识历史时，同样可能像隋唐时人那样，且更可能因某种线性进化的观念而在旧"识障"上更增新的"识障"。以至于人们一开始就不愿去考虑：入主中原建立王朝和巩固统治，而非像无数游牧部落那样南下掳掠一票就退回草原，起码要在文明积累和社会进化上达到何种程度才有可能。既然如此，那些本来足以反映当时某些实际状况的证据，自然就会容易被忽略，并且湮没在大量"原始""野蛮"之类的记载或叙说之中了。以下即将列举和分析其中一些典型的证据，以便判断北魏开国时期设计制作的文物典章究竟处于一种什么样的水平。

《隋书》卷一〇《礼仪志五》述周、隋车辂之制时，有一段提到道武帝以来所制皇后辇舆的重要记载:[①]

> 及平齐，得其舆辂，藏于中府，尽不施用。至大象初，遣郑译阅视武库，得魏旧物，取尤异者，并加雕饰，分给六宫。有乾象辇，羽葆圆盖，画日月五星、二十八宿、天街、云罕、山林奇怪及游麟、飞凤、朱雀、玄武、驺虞、青龙，驾二十四马，以给天中皇后，助祭则乘。又有大楼辇车，龙辀十二，加以玉饰，四毂六衡，方舆圆盖，金鸡树羽，宝铎旒苏，鸾雀立衡，六螭龙衔軛，建太常，画升龙日月，驾二十牛。又有象辇，左右金凤，白鹿仙人，羽葆旒苏，金铃玉佩，初驾二象，后以六驼代之。并有游观小楼等辇，驾十五马车等，合十余乘，皆魏天兴中之所制也。宣帝至是，咸复御之。复令天下车，皆以浑成木为轮。开皇元年，内史令李德林奏：周、魏舆辇乖制，请皆废毁。高祖从之。唯留魏太和时仪曹令李韶所制五辂，齐天保所遵用者；又留魏熙平中，太常卿穆绍议皇后之辂……

这里所述辇舆的形制部分，明显是按实物记载下来的，其况与《魏

[①] 前引大同市考古研究所《山西大同沙岭北魏壁画墓发掘简报》述其墓中脱落的彩绘漆皮残片上，有岁星纪年的题记，有的绘有车舆，另有手握麈尾的男女主人图。其北壁画有盛大的车马出行图，其车为"高大的马车，顶部呈伞盖状，车前有帷帐，车后有斜插的旌旗"，其上绘有神兽像六帧，西壁甬道顶部有伏羲、女娲像。东壁北侧绘有一辆"红项通櫋牛车，车厢后垂帘及地，前面有一女子手牵着缰绳双车同行"。南壁西部绘有双轮双辕车八辆，其中六辆为"装满货物的小车"；另有"一辆较高大的红色顶卷棚车，上有帐幔一道覆盖车厢，车后挂及地红色垂帘；紧接着还有一辆呈庑殿顶式的车辆，形制较小"。此墓下葬的太延元年上距天兴元年仅三十七年，故这些车辆实可视为天兴辇舆同期之物，其规制显然难与皇家所用相比，但其伞盖、帷帐、旌旗之类约略仍相仿佛，其彩绘漆皮及壁画上亦多表现中原文化母题，题记的岁星纪年则可与天兴辇舆车盖所绘星官互证。

书》卷一〇八之四《礼志四》载道武帝时期所制车辇多可相证[①]。这就表明：北魏天兴元年由董谧主持"轩冕"制作之时所造的十余具皇后辇舆，叠经太和、熙平之时的舆制改革而仍沿用了下来，其间或不免有所修缮"雕饰"，却仍陆续使用到了北周末年。从上引文足以看出，其规制、制作的壮观华美，绝非"简陋""粗略"可概括。尤其所雕饰之天上地下日月星官、山怪奇禽、四方神兽之类，显属中原流行的意象而非胡人的观念[②]；"象辇""太常"等名物，则为《周礼》等典籍所载王及王后车辂之名及其标帜[③]；其余

---

① 《魏志》述"太祖世所制车辇，虽参采古式，多违旧章。今案而书之，以存一代之迹"。此亦按实物描述而与《隋志》大同小异。如其述乾象辇："羽葆，圆盖华虫，金鸡树羽，二十八宿，天阶、云罕，山林云气，仙圣贤明，忠孝节义，游龙飞凤，朱雀、玄武、白虎、青龙，奇禽异兽可以为饰者，皆亦图焉。太皇太后、皇太后、皇后助祭郊庙则乘之。"其中与《隋志》异者，除"天街"作"天阶"，"游麟"作"游龙"外，又多出了圣贤、孝义之像，或是大象时"并加雕饰"所去。又《魏志》述其"太皇太后"等助祭郊庙乘之，则是魏收等"案而书之"之语，可证其自道武帝以来至孝文帝时文明太后冯氏、孝庄帝时灵太后胡氏及北齐神武娄后皆用之。又《南齐书》卷五七《魏虏传》载其车服："有大小辇，皆五层，下施四轮，三二百人牵之，四施绲索，备倾倒。辎车建龙旗，尚黑。妃后则施杂采幰，无幢络。太后出，则妇女着铠骑马近辇左右。虏主及后妃常行，乘银镂羊车，不施帷幔，皆偏坐垂脚辕中。"其述大小辇制亦有可与《魏志》所载互证者。

② 其中如日月星象、山怪、麟、凤及四方神兽等母题自马王堆汉墓帛画至魏晋以来墓砖、壁画已甚多见。左思《吴都赋》述"青琐丹槛，图以云气，画以仙灵"是也。"天街（阶）、云罕"亦应为天象，《晋书》卷一一《天文志》载武帝时太史令陈卓总甘、石、巫咸星图，其中二十八宿之"昴、毕间为天街，天子出，旄头罕毕以前驱，此其义也"。《史记》卷一一七《司马相如列传》载其作《子虚赋》，述天子"建干戚，载云罕"，《索隐》引张揖云："罕，毕也。"文颖曰："即天毕，星名，前有九旒云罕之车。"这应当就是"天街、云罕"之所指。"白鹿仙人"之"鹿"多见于出土鲜卑牌饰，然其既为仙人所骑，则必来自道教。葛洪《神仙传》卷四《卫叔卿》述其汉武帝时"乘云车，驾白鹿，从天而下"。《太平御览》卷九〇六《兽部十八·鹿》引南朝孙柔之《瑞应图》述"黄帝时，西王母使使乘白鹿，献白环之休符"。中华书局1960年版。《文苑英华》卷八四九《道二》收录的卢照邻《益州至真观主黎君碑一首》则述"白鹿仙人，列瑶坛于八表"。中华书局1966年版。北宋李诫《营造法式》卷三三《彩画作制度图样上·骑跨仙真第四》绘有骑鹿仙人图样，是其必为唐宋间彩画作重要母题，唯其鹿非白色耳。浙江人民美术出版社2013年版。

③ 《周礼·春官宗伯篇》巾车职文述"王之五路"，一为"玉路"，"建太常，十有二旒"，三为"象路"。又载王后五路为重翟、厌翟、安车、翟车、辇车。而天兴所制则以"太常十二旒"用于皇后大楼辇车；以"象辇"为皇后之象路，又皇后而用"乾象辇"，且其所用"羽葆"，乃聚翟尾为之，显然也附会了《周礼》王后重翟等辂制。这种混淆王及王后车辂（转下页）

"升龙日月""金铃玉佩"之类，亦皆汉晋以来直至隋代舆辂惯常之制①。由此即可真切地体会到：道武帝时期的车服，更大程度上不是像前引裴政所述的"多参胡制"，而应当说其"多参汉制"才对。

需要特别注意的是，这些辇舆的使用时期，自天兴初年至隋文帝"废毁"长达近二百年，这应当是天兴时期手工业技术及工艺达到较高水平的铁证。《考工记》曰："一器而工聚焉者，车为多。"这是说车辆制作集中了各种技术、工艺，足为一时期工匠水平的缩影②。对于北族来说，车辆与其游牧迁徙关系密切，而又特须求其坚固耐用③。北魏帝室十姓中的乙旃氏，姚薇元先生考其出于高车

（接上页）制而又杂糅诸端的状态，应当就是《魏志》述其"参采古式，多违旧章"之所指。黎瑶渤《辽宁北票县西官营子北燕冯素弗墓》述二号墓南壁绘有持器物仪仗之侍女十二人，其后绘有轩车，车中有一女子，是为北燕贵族女子乘坐轩车之证。《文物》1973年第3期。

① 如《后汉书》志二九《舆服志上》载乘舆诸车，皆"龙首衔轭，左右吉阳筩，鸾雀立衡，虡文画辀，羽盖华蚤，建大旂，十有二斿，画日月升龙"。《晋书》卷二五《舆服志》载："五路皆有锡鸾之饰，和铃之响，钩膺玉瓖，龙辀华轙。"《隋书》卷一○《礼仪志五》载开皇所定玉辂之制："青质，以玉饰诸末。重箱盘舆，左青龙，右白虎，金凤翅，画虡文鸟兽。黄屋左纛，金凤在轼前，八鸾在衡，二铃在轼。龙辀前设部尘，青盖黄里，绣饰。博山镜子，树羽，轮皆朱斑重牙。左建旂，十有二旒，幓旒皆画升龙，其长曳地。右载闟戟，长四尺，广三尺，黻文。"天兴所制舆辇之规制雕饰，不少皆与之相仿。

② 皇甫谧《帝王世纪》第十《星野》："及黄帝受命，始作舟车，以济不通。"《世本·作篇》有"奚仲作车"之说，《左传·定公元年》述奚仲为"薛之皇祖……夏车正"。《淮南子·齐俗训》则以奚仲为尧时工匠。《宋书》卷一八《礼志五》认为"奚仲乃夏之车正，安得始造乎"，以为是"上古圣人见转篷，始为轮，轮行可载，因为舆"。是古人多以为舆车的发展史贯穿于黄帝至尧、夏时，为文明发展的产物。贝尔纳《历史上的科学》第二篇"古代世界中的科学"第三章"农业和文化·走向生产经济"："纺线是第一种利用转动的工业操作。很可能，它本身又做了轮的使用的先声，而轮又在下一个时期内，转变了力学、工业和运输。"亦强调了其与文明发展的联系。伍况甫等译，科学出版社1959年版。

③ 盖山林《中国岩画》第二章"北方草原山地的千里画廊·锡林郭勒草原的马和车辆岩画"指出："车辆岩画是我国北方草原地带青铜至早期铁器时代（夏商周到春秋战国）常见岩画题材之一。"广东旅游出版社1996年版。

部族①，然则拓跋部于大轮高车的制作，亦可谓渊源有自。至桓、穆帝建立代国时，大邗城碑述其"辒盖殊制"，前已述其当是晋愍帝封其为代公、代王所赐②，从此拓跋氏的制车技术当已兼取中原及北族之长。且考古发掘表明，早在东汉时期漠南一带的鲜卑族群，就已掌握了相当成熟的金属、玉石加工和玻璃珠烧制技术③，故在制作天兴辇舆的相关构件和饰品时，拓跋部自身的技术储备应已具备一定基础。况道武帝进取河北，徙山东六州民吏及杂夷三十六万以充京师，其中包括"百工伎巧十万余口"，又为之提供了更为充分的技术支持。故其天兴所制诸辇的工艺水平，当不逊色于后赵、前秦④，坚固程度则尤为突出⑤，其设计、雕饰又处处渗透了

---

① 姚薇元：《北朝胡姓考》（修订本）内篇"魏书官氏志所载诸胡姓"第一"宗族十姓"九"叔孙氏"。中华书局2007年版。

② 《晋书》卷三三《石苞传》载其晋初"加侍中，羽葆鼓吹"；《晋书》卷三七《宗室安平献王孚传》附《义阳成王望传》载其武帝时"假羽葆鼓吹"。其余所载大臣宗室假羽葆鼓吹之例不少。可推拓跋桓、穆二帝被赐大单于金印紫绶及加封代公、代王时亦有可能赐以羽葆鼓吹。

③ 魏坚：《内蒙古地区鲜卑墓葬的发现与研究》第十五章"内蒙古东大井和七郎山鲜卑墓地出土金属器物的金相学研究"分析了两墓地出土的28件金属器物，报告认为其中除铜镜、五铢钱等显属中原传去外，其余如铜镯、杯、镞、镜、镦、指环、牌饰、管状饰、金花饰、金牌饰、泡饰、饰片、铁甲片、刀、鸣镝、环等，大多属东汉晚期拓跋鲜卑族所"制作"，其工艺包括了冶炼、铸造、锻打、错银、镀金等。其书第十六章"内蒙古东大井和七郎山鲜卑墓地出土饰物及石制品研究报告"鉴定了墓地出土的大量玉石珠饰，其中提到察右中旗七郎山墓地共出土了83粒黑绿、淡绿、黑灰、灰黄色、珍珠色、黑珍珠色玻璃珠饰，认为其为人工制成，"掌握了二次焙烧、中间色彩层处理、多种着色元素分别应用等较复杂的玻璃珠饰烧制工艺"。

④ 《晋书》卷一〇七《石季龙载记下》载其命石宣祈于山川，"乘大辂，羽葆、华盖，建天子旌旗"；卷一一三《苻坚载记上》载其平诸国后，欲示人以侈，"宫宇车乘、器物服御，悉以珠玑、琅玕、奇宝、珍怪饰之"；卷一一五《苻登载记》载其继坚即位，"立坚神主于军中，载以辒輬，羽葆青盖，车建黄旗"。《水经注》卷一三《漯水》述宁先宫之东次，"下有两石柱，是石虎邺城东门石桥注也。按柱勒，赵建武中造，以其石作工妙，徙之于此。余为尚书祠部，与宜都王穆罴同拜北郊，亲所经见。柱侧悉镂云矩，上作蟠螭，甚有形势，信为工巧。去子丹碑则远矣"。宁先宫始造时期不可考，这类构件应是道武帝以来从邺城运至平城，此必与其时宫室雕饰相配方得用之。从中亦可看出，其雕工比之代表中原地区最高水平的"子丹碑"尚有距离。

⑤ 后秦太庙屋梁陆续为隋、唐太庙所用，至开元初已朽坏，事见《旧唐书》卷九六《姚崇传》。《文献通考》卷一一七《王礼十二·乘舆车旗卤簿》则载唐高宗时所制玉辂历四百余年而仍"完壮"，宋仁宗庆历时集天下良工别造者，则因"乘之动摇不安"而废；元丰中再造者仍"尤极工巧"，但其制作才成即坍塌而碎。此亦可体会《南齐书·魏虏传》载北魏大、小辇"四施缊索，备倾倒"之语含讥刺，且足见唐时玉辂制作尤存北朝以来制车传统，至宋已"不能窥其法"矣。

中原流行的意象特别是儒经所示相关理念，可以说综合体现了北魏开国时期的观念发达程度和技术水平。

从天兴所制舆辇中，亦可看到当时对星象的关注。以皇后而乘"乾象辇"，固然是拓跋部缺少男尊女卑观念和淆乱帝、后辂制传统的表现，但"乾象"也就是"天象"，其上所绘的七曜、二十八宿与天街、云罕，表明了这类天象知识在北魏开国时期已从太史灵台之秘，化作了某种普世的统治观念。而这其中蕴含的，自然是其天文星历已达较高水平的事实。《魏书》卷二《太祖纪》天兴元年十一月：

> 诏尚书吏部郎中邓渊典官制，立爵品，定律吕，协音乐；仪曹郎中董谧撰郊庙、社稷、朝觐、饗宴之仪；三公郎中王德定律令，申科禁；太史令晁崇造浑仪，考天象；吏部尚书崔玄伯总而裁之。

可见在北魏开国建制时，观象天历之术，是与官制爵品、礼仪律令等基本制度放在同等位置上看待的。《魏书》卷九一《术艺晁崇传》载其辽东襄平人，家世史官，本为慕容垂太史郎，参合陂之战时被俘，因其善天文术数，为颇通天文的道武帝亲待①。后遂"从平中原，拜太史令，诏崇造浑仪，历象日月星辰"。晁崇及当时太史官在这方面的具体成绩，今犹可见于《魏书》卷一〇五之一至四的《天象志》②，其中《天象志一》载有道武帝时的"天变""日

---

① 《宋书》卷九五《索虏传》载拓跋珪"颇有学问，晓天文"。以南朝国史而述北虏之主"颇有学问"，其语分量不轻。

② 《魏书·晁崇传》载其与弟懿被道武帝猜忌赐死，在帝克姚兴军还至晋阳之时。《太祖纪》系此在天兴五年十一月，则《天象志》所载此后观象占验之辞为其他太史官所为。《魏书》卷九一《术艺张渊传》载其先以星占事前秦、后秦及赫连氏时分别为灵台令、太史令，太武帝平统万后亦以渊为太史令。又载："先是，太祖、太宗时太史令王亮、苏坦，世祖后破和龙，得冯文通太史令闵盛，高祖时太史令赵樊生，并知天文。"是晁崇以后任太史令者有王亮、苏坦，且北魏前期掌观象星历者，多为其罗致的各国太史官。

变"记录六条,《天象志二》载同期"月变"记录三十六条。《天象志三》及《天象志四》所载,前已指出其为宋人补佚之张太素《魏书·天文志》文①,其中《天象志三》正文载有道武帝时的"星变"记录十九条②。这些观象记录最早的是皇始元年六月,显然是《魏书》卷二《太祖纪》载登国十年十一月晁崇等被俘,不久即"与参谋议,宪章故实"后的履职行为。自此其各条记录要节具备而方位明确,对象分类有其体系,连续追踪观测之迹甚显,又皆有占验之辞,足见晁崇"造浑仪,考天象"以来,北魏太史观象占验之制规模已备而运行正常。同时亦可据此推知其必有录送史官之法,方得被邓渊、崔浩、高允诸人陆续撰入《国书》③,使之留存后世而为李彪以来修《志》者所据。

在华夏知识系统中,天文星历之学特征鲜明而地位甚高,会聚了宇宙论、统治观和天算、历法、观象、占候及相关机械制作等多种术数技巧方面的知识、技能。如果说车辆制作主要是各种工艺、技术水平的代表,那天文星历几乎就是古代整个知识系统的缩影,是以形而上的学问体系指导形而下的技术、组织的典型④。而《魏书·天象志》所载则表明,无论是其知识构成还是相关设置,北魏开国时期晁崇以来的太史署,显然直承后燕,又得精通术数星象的

---

① 中华书局点校本校勘记述其"记月变即采《志二》所载,记星变似兼采已亡之《魏书·》三、四和《宋书·天文志》"。

② 此卷载月变与星变,正文以外又有小字原注,似兼采了《宋书·天文志》的内容,共计星变为三十一条,正文所记十九条。从其与《宋志》所记多有吻合又不尽一致,亦可证其必为当时实录而非后世所补。

③ 《魏书》卷四八《高允传》载崔浩国史之狱时:"世祖召允,谓曰:'《国书》皆崔浩作不?'允对曰:'《太祖纪》,前著作郎邓渊所撰;《先帝纪》及《今纪》,臣与浩同作。然浩综务处多,总裁而已,至于注疏,臣多于浩。'"所谓"《太祖纪》"当时应称"《烈祖纪》"。

④ 参见江晓原《天学真元》第三章"天学与王权"I"问题:天学在古代中国特殊地位之观察",辽宁教育出版社1991年版;陈遵妫:《中国天文学史》上册第二编"中国古代天文学"第三章"中国历代天文学简介",上海人民出版社2006年版。

崔玄伯诸人擘画而通体浸透了中原特色①，与汉魏以来太史官之所事大体相同。

现在再看晁崇当年"造浑仪"的下落，《隋书》卷一九《天文志上》"浑天仪"目载：

> 后魏道武天兴初，命太史令晁崇修浑仪，以观星象。十有余载，至明元永兴四年壬子，诏造太史候部铁仪，以为浑天法，考璇玑之正。其铭曰："于皇大代，配天比祚。赫赫明明，声列遐布。爰造兹器，考正宿度。贻法后叶，永重典故。"其制并以铜铁，唯志星度以银错之。南北柱曲抱双规，东西柱直立，下有十字水平，以植四柱。十字之上，以龟负双规。其余皆与刘曜仪大同，即今太史候台所用也。

据此则晁崇造浑仪未讫而死，至明元帝永兴四年方续成其事②，其制有取于前赵刘曜之仪，其创新部分最重要的是以十字水平为底③，十字之上置龟以负双规，又有东西四柱及南北曲柱辅助支撑其规于四周，实际已奠定了今后一千多年中浑仪的基本结构④。其铭文"于皇大代，配天比祚"及"爰造兹器，考正宿度"云云，表明其确实是北魏开国时期设计，贯注了汉魏以来天文星历之学的基本理

---

① 晁崇造浑仪、考天象亦由崔玄伯总裁，其时玄伯之子崔浩亦在秘书。《魏书》卷三五《崔浩传》载其"少好文学，博览经史，玄象阴阳，百家之言，无不关综，研精义理，时人莫及"。天兴中给事秘书，转著作，明元帝时常"命浩筮吉凶，参观天文，考定疑惑"。神瑞二年力阻太史令王亮、苏坦迁都之议。故天文术数为崔玄伯、崔浩父子之家学，二人与天兴以来太史建制关系甚深。

② 《旧唐书》卷三五《天文志上》载开元十三年僧一行主持造成新浑仪，上疏称："今灵台铁仪，后魏明元时都匠解兰所造。"《新志》"解"作"斛"。

③ 前引大同市考古研究所《山西大同沙岭北魏壁画墓发掘简报》述其南壁西部所绘八辆车舆，车辕下皆"以十字形架支撑"。晁崇以来所制浑仪相对于刘曜仪的创新之处是以十字水平为其基座，或者即由其车规制皆以十字形架为底盘的状态推演而来。

④ 北京建国门观象台博物馆所存之明清浑仪，仍以十字水平交点上立圆柱支撑双规为基本结构，唯东西四柱演为龙形而去南北曲柱而已。

念。另值注意的是其以铜铁为之，错银以示星度，这也是鲜卑族早已掌握的技术①。当然其工艺至天兴已趋于精良，足与上面所述的天兴辇舆之况相证，且亦直至隋代仍为太史候台所用。故此天兴浑仪与上面所述的辇舆，可称是证明北魏开国时期文明程度在十六国基础上更有过之的两大实物。

晁崇以来设计制造的这件浑仪，在今魏收书中不见有载，但在隋唐文献中屡被提到。《开元占经》卷一《天地名体·天体浑宗》：

> 后魏太史令晁崇修浑仪，以观星象，按其仪以永兴四年岁次困敦创造，传至后魏末，入齐，往周、隋，至于大唐，历年久远，仪盖日以倾坠。太史者，历正也，自景云三年奉勅重令修造。

这里交代了天兴以来所造浑仪，直至唐睿宗景云三年方因仪盖倾斜而敕重造②。在其整整三百年的使用期中，天文星历之学和浑仪之说皆有变化发展，而此仪始终未被取代、废毁，此必因其设计、结构已甚合理，所寓天学理论与实用性高度统一而难超越取代之故。

---

① 魏坚《内蒙古地区鲜卑墓葬的发现与研究》第三章"商都县东大井墓地"述其北部SDM4号墓出土有一件直口圆唇直腹平底的铜镦（SDM4：1），中部凸起有一弧形箍，近口部有钉孔。其书第十五章"内蒙古东大井和七郎山鲜卑墓地出土金属器物的金相学研究"对此物的鉴定，述其为"铸造成型"，且"表面铸有花纹"，其"箍处花纹内错嵌有很细的银丝"，口沿处的小孔"是与整体同时铸成的"。此即当时鲜卑有关部族已熟练掌握了金属铸造及错银技术的实证。

② 《旧唐书》卷七九《李淳风传》载其为《晋书》及《隋书》天文、历律、五行志主撰者，贞观初入直太史局，上言"今灵台候仪，是魏代遗范，观其制度，疏漏实多"。以下述其由来，大略采自刘焯《浑天论》。太宗遂命其另造浑仪，"至贞观七年造成，其制以铜为之，表里三重，下据准基，状如十字，末树鳌足，以张四表焉"。可见其十字基座仍袭魏仪，"双轨"则已增为"三重"，即由六合、三辰、四游仪组合而成。又《旧唐书·天文志上》载李淳风此仪自贞观七年造成，"太宗令置于凝晖阁以用测候，既在宫中，寻而失其所在"。故有《开元占经》所述景云三年敕重造之事，然《旧志》无景云三年之事，唯述开元十三年僧一行主持造成新仪而备载其制。

《天体浑宗》后文引隋代刘焯《浑天论》有曰：[①]

> 璇玑玉衡，正天之器，帝王钦若，世传其象。汉之孝武，详考律历，则落下闳、鲜于妄人共所营定。逮于张衡，又寻述作，亦体制不异。闳等虽闳制莫存，而衡造有器。至吴世，陆绩、王蕃并更修铸，绩小有异，蕃乃事同。宋有钱乐之。魏初晁崇等总用铜铁，小大有殊，规域经模，不异蕃造。观蔡氏《月令章句》、郑玄注《考灵曜》，势同衡法，迄今不改。[②]

由此可见，北魏传下来的这件浑仪，堪称凝聚了汉代以来天文星历之学和相关制作的深厚传统。其显然是自张衡所造浑仪一脉相承发展而来，具体即自张衡以来，蔡邕、郑玄皆秉其法，又有感其于有器无书而续有阐论[③]。此后天文星历之学，精华几皆萃聚至江东孙吴治下[④]，陆绩、王番依衡之法续加修铸。至晋灭吴后，其仪必已

[①] 刘焯为隋《皇极历》重要作者，又曾详观这件浑仪，焯所撰《浑天论》中指责其"赤黄均度，月无出入；分、至所恒，定气不别；衡分刻本，差轮回守；故其为疏谬不可复言"。且述"焯今立术，改正旧浑，又以二至之景，定去极晷漏，并天地高远，星辰运周，所宗有本，皆有其率"。即反映了相关理论的发展变化。

[②] 今《开元占经》脱误处多，此处其载《浑天论》述"宋有钱乐之"语意未尽而续以晁崇浑仪之事，其间必有脱文。钱乐之元嘉十三年铸铜浑仪，其事详见《隋书》卷一九《天文志上》"浑天象"目。

[③] 《晋书》卷一七《律历志中》载蔡邕灵帝光和时与刘洪共修《乾象历》，至"建安元年郑玄受其法，以为穷幽极微，又加注释焉"。是蔡、郑皆精通历法深谙天文。刘焯《浑天论》后文亦述："昔蔡伯喈于朔方上书曰：'以八尺之仪，度知天地之象，古有器而无书，常欲寝伏仪下，案度成数，而为立说。'"足见蔡邕于此运思之深。

[④] 《三国志》卷五七《吴书·陆绩传》载其博学多识，"星历算数无不该览"，曾作《浑天图》阐论天学。《开元占经》卷一《天地名体·天体浑宗》引有其与庐江王蕃的浑天象说。《晋书》卷一一《天文志上》且载孙吴虞耸、姚信及葛洪亦传宣夜说，又载晋武帝时太史令陈卓总甘、石、巫咸星图以为定纪，而卓本孙吴太史官而入晋者。又盖天之说存于《周髀算经》，而其上题署整理注释此书而流传至今的，即是孙吴赵爽（君卿）。凡此足见陆绩、王蕃、姚信、陈卓、虞耸、赵郡卿等并为吴地天学名家，古来浑天之论、宣夜之说、星官之图、《周髀》之书，皆赖此六人而传。是汉来天象星占之学，精华实已萃聚于吴。

入洛,而后又为刘曜摹造,再转辗而为晁崇知其规制①,在此基础上综合诸家之说重新设计制造。再被北朝历代沿用,直至隋唐方因制定新历所需及相关理论和实际的发展而议重修②。故若北魏开国建制与后来诸制相对而言确可称为"粗略""不典"的话,那也不应由此而忘却其绝对水平仍极可观,诸如天文星历和浑仪制造之类,则更渊源淳正、所承深厚而多所创新,可以代表当时相关领域的最高水平。

天兴辇舆及其观象、浑仪之况,已足表明低估北魏开国时期的文明程度,将其所制典章文物贬为原始简陋或粗略不典的看法,是多么主观且远离了事实。同时它们也提示,当时奠定开国规模的诸多制作,除技术、工艺上相当精致外,其背后也都有整套知识体系和意识形态为其支撑或指导。尽管其在记载中大都文字寥寥难辨其态,但其依例仍当与辇舆、浑仪的设计制作大体处于同一水平,细加考辨且可发现,其中贯注的思想内容甚至要来得更为精致而复杂。

如《魏书》卷二《太祖纪》载天兴元年八月:

> 诏有司正封畿,制郊甸,端径术,标道里,平五权,较五量,定五度。

这里所述包括了两部分内容:一是"正封畿"至"标道里",为确

---

① 《隋书》卷一九《天文志上》"浑天仪"目下,载萧梁华林重云殿前所置铜仪,上有镌题,即为"刘曜光初六年史官丞南阳孔挺所造,则古之浑仪之法者也"。且载其规制甚详,可参。是刘曜所制浑仪经历后赵、前秦、后秦,至东晋末刘裕北伐时南入南朝,西魏灭梁时方再入北,晁崇知其规制应别有途径。由此联系《宋书·魏房传》载道武帝拓跋珪曾被前秦俘至长安,而其又"颇晓天文"之事,其中仍有想象空间。

② 这方面的记载,除上引刘焯所述外,《旧唐书·李淳风传》载其对北魏浑仪的评述,亦与唐初修历相关,故其贞观时"又论前代浑仪得失之差,著书七卷,名为《法象志》以奏之"。《旧唐书·天文志上》载僧一行定历而再造新仪,亦批评魏仪"规制朴略,度刻不均;赤道不动,乃如胶柱;不置黄道,进退无准。此据赤道月行以验入历迟速,多者或至十七度,少者仅出十度,不足以上稽天象,敬授人时"。这类讨论虽评魏仪而其实是对汉以来千余年中浑仪之制的总结。

立京畿范围，在其上规划田制、阡陌、沟洫以督课农耕。其所对应的，即是《魏书》卷一一〇《食货志》载道武帝既定中山，徙诸吏民及伎巧百工于平城，"各给耕牛，计口授田"后的以下内容：

> 天兴初，制定京邑，东至代郡，西及善无，南极阴馆，北尽参合，为畿内之田，其外四方四维置八部帅以监之，劝课农耕，量校收入，以为殿最。①

其背后显然存在儒经所示畿服、郊甸说的影响②，贯注了《周礼》"体国经野"所示的王者建国理念，同时又意味着户籍、土地、赋役和宗主督护等一系列制度的建立。二是"平五权"以下，是要制定新的度量衡③。其中同样浸透了儒经所示的有关理念，《古文尚书·舜典》（今文在《尧典》）述虞舜正月禅尧之位，二月即"同律度量衡"，王莽、曹魏皆曾仿此为之④。天兴元年八月诏"平五

---

① 《魏书》卷五八《杨播传》附《杨椿传》载道武帝平中山后，置"八军"，各配兵五千；可与《食货志》所载"八部帅"之制相证。又《元和郡县图志》卷一四《云州》条亦载："后魏道武帝又于此建郡，东至上谷军都关，西至河，南至中山隘门塞，北至五原，地方千里，以为甸服。"中华书局1983年版。

② 参见胡渭《禹贡锥指》卷二〇"五百里甸服"以下诸条。《清经解》本，凤凰出版社2005年版。

③ "五权"即铢、两、斤、钧、石，"五量"即龠、合、升、斗、斛，"五度"即分、寸、尺、丈、引。详见《汉书》卷二一上《律历志一上》；《夏侯阳算经》卷上《辨度量衡》所引"古法"，钱宝琮点校《算经十书》本，收入《李俨、钱宝琮科学史全集》第四册，辽宁教育出版社1998年版。

④ 《汉书》卷九九上《王莽传上》载其始建国元年正月朔，"即真天子位，定有天下之号曰新。其改正朔，易服色，变牺牲，殊徽帜，异器制"。卷九九中《王莽传中》又载其当时策群司，命太师"考景以晷"，太傅"考声以律"，国师"考量以铨"，国将"考星以漏"，司马"考方法矩"，司徒"考圜合规"，司空"考度以绳"，即包括了度量衡在内，其制今犹多有"新莽嘉量"实物及铭文可证。《三国志》卷二《魏书·文帝纪》裴注引《献帝传》载曹丕登位告天后，制诏三公议改正朔，易服色，殊徽号，"同律、度、量"，大赦天下。此其动机亦如王莽，与汉为尧后说和曹氏自承出自颛顼，以舜为祖之事相关。然其时间诸处所载不一，《晋书》卷一六《律历志上》载杜夔造律尺在魏武时；《宋书》卷一一《律历志上》载在黄初中，却称时帝为魏王；《三国志》卷二九《魏书·方技杜夔传》载其定钟律事亦在魏武时。

权,较五量,定五度",显然也是踵此故事,且因度量衡制自身的性质,对此后各项制度的运作和宫室器物的营造有着广泛影响。

需要指出的是,当时所定尺度,也有实物留存至隋。《隋书》卷一一《律历志上》载有王莽至隋初的十五组尺度,且以西晋荀勖所造"晋前尺"为基准,记录了其各自长度,其中即包括了北魏先后所造的三种尺度:①

> 七、后魏前尺,实比晋前尺一尺二寸七厘。
> 八、中尺,实比晋前尺一尺二寸一分一厘。
> 九、后尺,实比晋前尺一尺二寸八分一厘
> ……此后魏初及东、西分国,后周未用玉尺之前,杂用此等尺。②

其末句十分清楚地交代了"后魏前尺"乃是"后魏初"所制,也就是天兴元年八月以来"定五度"之物③。这里不妨就其特点略加说明,以见当时确定度量衡制的理论和方法背景。

---

① 《隋志》前文载"律管围容黍",述隋平陈后牛弘等"参考古律义,各依时代,制其黄钟之管,俱径三分,长九寸",后各列其容黍之数:"后魏前尺黄钟,容一千一百一十五……后魏中尺黄钟,容一千五百五十五;后魏后尺黄钟,容一千八百一十九;东魏尺黄钟,容二千八百六十九。"是其时北魏三尺确有实物存世之证。

② 省略号处文字为:"后周市尺,比玉尺一尺九分三厘;开皇官尺,即铁尺,一尺二寸。"据其后文所述,此二尺长度应与北魏"后尺"略同,后周市尺周太祖时所制,至周武帝保定中周玉尺行后仍行用于民间,长度相当于玉尺的一尺九分三厘;周太祖时又命苏绰仿南朝刘宋尺制"铁尺",至开皇初,取后周市尺"著令以为官尺,百司用之,终于仁寿",其长度相当于后周铁尺的一尺二寸。故"开皇官尺"长度与后周市尺相等,其定为官尺的行用时间却不在"此后魏初及东、西分国,后周未用玉尺之前,杂用此等尺"的范围之内。故对此二句引文从略。

③ 《隋书·律历志上》后文提到了"刘曜浑天仪尺"及刘宋"钱乐之浑天仪尺",可见浑仪上有尺度乃是当时的传统。而前引《隋书·天文志上》则述晁崇以来设计制作的浑仪,除若干创新处外"其余皆与刘曜仪大同",是其在永兴四年完工时,上面必亦刻有尺度。且其铭文既述"于皇大代,配天比祚……贻法后叶,永重典故",则其尺度自然不应是刘曜浑尺,而是后魏前尺。今《魏书·天象志一》载太和五年正月庚辰"日晕,东西有珥;南北并白气,长一丈,广二尺许"。《天象志三》泰常八年正月,"彗星出奎南,长三丈,东南扫河"。就都是以刻于此浑仪上的后魏前尺的长度单位为准的。

《隋志》记载的十五组尺度大体可以分为三类：第一类即充当其基准的"晋前尺"，也就是泰始十年荀勖所造律尺，长度与此前的王莽铜斛尺、东汉建武铜尺及其后的祖冲之铜尺一致，其尺度理论和方法都属于"依《周礼》制尺"的系统。第二类是较之加长七厘至七分一厘不等的周汉魏晋南朝所用之尺，包括晋时田父所献周时玉尺，以及梁法尺、梁表尺、汉官尺、曹魏杜夔律尺、晋后尺、刘宋钱乐之浑仪尺、北周铁尺、隋调律尺、刘曜浑仪尺、萧梁俗间尺。其尺度理论和方法，与周汉以来调律、测景、浑仪及某些古器物相关而参差不齐。第三类是长度较"晋前尺"大增的北朝所用之尺，即后魏前尺、中尺、后尺及北周市尺、隋开皇官尺、东魏尺、与蔡邕铜籥相当的北周玉尺、隋开皇十年万宝常所造律尺。其长度自北魏三尺较"晋前尺"猛增二寸七厘、二寸一分一厘、二寸八分一厘，至东魏尺所增更达五寸八毫，再至北周玉尺和隋万宝常律尺，又降为仅增一寸五分八厘和一寸八分六厘。[①]

　　故此期尺度的变化主线是：周汉以来所用尺度，都要比王莽时刘歆至西晋荀勖所制之尺长七厘至七分一厘不等，到王莽至西晋皆依《周礼》确定尺度，其长已被缩短，其变化幅度要皆不到一寸[②]。这种状况自北魏前尺起有了重大变化，其尺长度忽较荀勖尺大幅增加了二寸以上，至东魏其所增达五寸八毫而至顶点，再到周、隋方有所回落。由此即可断定，北魏前尺设计制作之法并未现成择取周汉以来，包括前赵刘曜所制"浑仪尺"在内的各种尺度，必另辟蹊径而自成一格，其后的中尺、后尺至东魏尺正是循用其法而陆续加长的。至于北周至隋的回落，则显然是因西魏灭梁和蔡邕

---

　　① 《隋志》所载十五组尺度的状况，《晋书》卷一六《律历志上》"审度"末史臣案语亦有所概括。

　　② 王国维《观堂集林》卷一九《记现存历代尺度》曾述汉、唐尺度代有增益，"原因实由魏晋以来以绢布为调"而统治者惧其短耗，又欲多取于民之故。中华书局1959年版。但从《隋志》所载十五组尺度的长度变化状况可知，尺度增大、变化的直接原因是尺度理论和造尺方法，多取于民显然只是其众多背景之一。

铜龠尺的影响所致，故其尺度长短介于周汉以来传统和北魏三尺之间。这条变化曲线显然直接决定了隋唐以来的尺度，也就区分了整部中国古代度量衡史的前、后期，而其关键的转折点，正是天兴元年开辟的制尺之法。

尽管北魏前尺的制作过程史已失载，但孝文帝以来制尺之况仍存大概。《魏书》卷七下《高祖纪下》太和十九年六月戊午：

> 诏改长尺大斗，依《周礼》制度，颁之天下。

《隋志》所谓"后魏中尺"，即应是孝文帝此时所颁尺度[1]，其与"晋前尺"同样是据《周礼》而制[2]。《魏书》卷一〇七上《律历志上》载太和中高闾主持修订音律，十八年间曾上表力荐公孙崇"参知律吕钟磬之事"而蒙诏许，且载：

> 太和十九年，高祖诏以一黍之广，用成分体，九十黍之

---

[1] 《魏书》卷一〇九《乐志》载宣武帝正始四年公孙崇表奏音律之事，述孝文帝时高闾所制钟石管弦略以完具，"值迁邑崧瀍，未获周密，五权五量，竟不就果"。是太和十九年只颁行了尺度。《魏书》卷五八《杨播传》附《杨津传》载其延昌末为华州刺史，"先是，受调绢匹，度尺特长，在事因缘，共相进退，百姓苦之。津乃令依公尺度其输物"。此"公尺"即"官尺"，当即太和十九年所颁者。

[2] 魏晋以来皆以荀勖制尺的"积黍起度"之法为依《周礼》，但今本《周礼》及《考工记》中，却并无"积黍起度"的任何文字，而只能确定其为刘歆制尺之法。案应劭《风俗通义》卷六《声音》多处引用刘歆《钟历书》，其佚文与《汉书》卷二一上《律历志上》所述略有出入，岂此书述积黍起度说为出于《周礼》？笔者以为制尺而"依《周礼》"，应是取其尺度出于律管之说，因为积黍起度应是古法，其具体积黍计量及其参校之法，才真正决定了尺度的长短，《周礼》即明确了以律管为度量基准的原则。《周礼·春官宗伯》典同职文："掌六律六同之和，以辨天地四方阴阳之声，以为乐器……凡为乐器，以十有二律为之数度，以十有二声为之齐量。"郑注："数度，广长也；齐量，侈弇之所容。"其前的大师职文："掌六律六同，以合阴阳之声。"郑注已释有"黄钟长九寸，其实一龠"云云的大段文字。郑玄的这些注文都是要阐明《周礼》以律管定尺度的原则，而其恐均为承刘歆弟子杜子春、郑众所作《周官注》及《解诂》而来。其后诸处所载不同时期据乐律、圭表、浑仪或古器物定尺，实际上都是着眼于其关键的参校物而言的。《宋史》卷六八《律历志一》载宋太祖"以雅乐声高，诏有司考正，和岘等以影表铜臬暨羊头秬黍累尺制律"。正体现了积黍起度须综考律、表及古器物之况。

长，以定铜尺。

可见是年六月戊午颁行之尺，即为公孙崇据孝文帝此诏所制①，其法与刘歆《钟律书》所述略同②，荀勖制"晋前尺"亦承刘歆此法③。《魏书·律历志上》又载：

> 景明四年，并州获古铜权，诏付崇以为钟律之准。永平中，崇更造新尺，以一黍之长，累为寸法。寻太常卿刘芳受诏修乐，以秬黍中者，一黍之广即为一分。而中尉元匡以一黍之广度黍二缝，以取一分。三家纷竞，久不能决……而芳尺同高祖所制，故遂典修金石。

这表明宣武帝至孝明帝时制尺，都遵循了"积黍起度"之法，但公孙崇、刘芳及元匡在如何计量黍之长广时皆有不同④，遂致争竞不决。《魏书》卷一九上《景穆十二王列传上·广平王洛侯传》附《元匡传》载其孝明帝时奉诏制尺讫，请集朝士议定是非：

> 太师、高阳王雍等议曰："伏惟高祖创改权量已定，匡今新造，微有参差……又侍中崔光得古象尺，于是亦准议令施用。仰惟孝文皇帝，德迈前王，睿明下烛，不刊之式，事难变

---

① 其后文述宣武帝永平中，公孙崇"更造新尺"，已寓此意。
② 《汉书·律历志上》载其尺度"本起黄钟之长。以子谷秬黍中者，一黍之广度之，九十分黄钟之长，一为一分"。意为子谷秬黍一黍之广，适与九十分之一的黄钟律管之长相当，故可相校以定尺度。
③ 《宋书》卷一一《律历志上》载荀勖"部佐著作郎刘恭，依《周礼》更积黍起度，以铸新律"。
④ 《魏书》卷一九上《景穆十二王传上·广平王洛侯传》附《元匡传》载宣武帝时御史中尉王显奏劾元匡议尺度时失大臣体而语有欺诈，其中提到"计崇造寸，积黍十二，群情共知；而芳造寸，唯止十黍，亦俱先朝诏书"。

第一章　北魏开国时期的文明程度：记载与评估　　45

改。臣等参论，请停匡议，永遵先皇之制。"诏从之。①

是孝明帝此时为此前三家争竞做了结论，所谓"永遵先皇之制"，不仅否决了元匡尺，也否决了宣武帝时公孙崇所制之尺，从而肯定了与孝文帝所制长度相同的刘芳尺。《隋志》所谓的"后魏后尺"，即应于公孙崇、元匡及崔光三人所制之尺求之②。由此再至"东魏尺"，《隋志》载其由来：

> 此是魏中尉元延明，累黍用半周之广为尺，齐朝因而用之。

可见其同样遵循了"积黍起度"之法，却是"累黍用半周之广为尺"的，这就解释了其长度在北魏"后尺"基础上再大幅增加的原因。元延明曾与崔光同定冠服，崔光死后又代其主持乐律金石之

---

① 上引《魏书·元匡传》载高阳王雍议文，加省略号部分为："且匡云：所造尺度，与《汉志》王莽权斛不殊。又晋中书监荀勖云后汉至魏，尺长于古四分有余，于是依《周礼》，积黍以起度量；惟（劲案：惟当是准之讹）古玉律及钟，遂改正之。寻勖所造之尺与高祖所定，毫厘略同。"这是元雍等人之议述元匡之语浮滥不实，为后文的"请停匡议"张本。故其中的"勖所造之尺与高祖所定毫厘略同"，意谓太和十九年尺与"晋前尺"长度相同，本属匡之妄语。《元匡传》前文载宣武帝时御史中尉王显弹劾元匡，一一列举其议尺度时之妄诞处，其中提到匡"复云：'芳之所造，又短先朝之尺。'臣既比之，权然相合"。意即刘芳尺本与太和十九年尺长度相同，元匡却说先朝之尺与荀勖尺相同而短于刘芳所造，故王显指斥匡语"浮滥，难可据准"。而《北史》卷一七《景穆十二王传上·广平王洛侯传》附《元匡传》概括元雍等议，载为"雍等议以为'晋中书监荀勖所造之尺，与高祖所定，毫厘略同。侍中崔光得古象尺，于是亦准议令施用。仰惟孝文皇帝德迈前王，叡明下烛，不刊之式，事难变改。臣等参论，请停匡议，永遵先皇之制'。诏从之"。则极易使人误解太和十九年尺与晋前尺"毫厘略同"。

② 吴承洛：《中国度量衡史》上编第七章"第三时期中国度量衡"第一节"隋志所记诸代尺之考证"，对此作了可贵的考订和整理，但其于"后魏前、中、后尺"云其"分用年代不可考"。上海书店出版社1984年影印版。其实前尺、中尺史载甚明，唯后尺难以确认。据上引《元匡传》之文，崔光所制尺此前既"亦准议令施用"，也就成了当时唯一曾得明令施用，且其长度与太和十九年尺有所不同的尺度。故其应当就是《隋志》所载的"后魏后尺"，盖因崔光在宣武帝末至孝明帝定制时的主导地位而影响、流传甚广。

事①，其相继制作之物后来基本上为北齐全盘沿袭②。由此可推其所定诸制，大体当循崔光而加损益，皆为孝文帝以来定制过程的继续，故又可断崔光制尺之法亦当积黍起度，而唯增加了"古象尺"为其参校物，其具体计量方式有别而已。③

　　经过以上梳理，足见刘歆至荀勖制尺准《周礼》而"积黍起度"，其法对于北魏制尺有着极大影响，至于其长度之所以大为增加，则与黍材及对此的计量方式有关。这种黍粒计量方式的变化或选择，则须取决于其参校之物，亦即直接决定其尺度长短合宜与否的标准物，而调律、测景即为其最为重要的参校标准，形形色色的古器物实际上也是用来帮助调律、测景的④。也就是说，在"积黍起度"的前提下，最终决定其如何"积黍"，决定其尺长短的，实际上是律管是否音调有序阴阳和谐，分、至日影是否合乎节气变化⑤。尤其重要的是这两者又可相互参校，因为其在刘歆、荀勖确认的"尺度本起黄钟之长"的理论中，本来就是内在相关的。也就

---

　　① 《魏书》卷二〇《文成五王传·安丰王猛传》附《元延明传》。《魏书》卷六七《崔光传》载其卒于正光四年。

　　② 见《隋书》卷一〇《礼仪志五》、卷一一《礼仪志六》所述北魏至齐车辂、冠服之制的沿革。

　　③ 崔光制尺之事史载不详，其罗致所得之"古象尺"，自是周汉以来之物，长度远比北魏前尺、中尺为短，若现成取此制尺奏上施用，那就要改变赋税制度及各种器制，是完全不可能发生的情况。由此观之，崔光所用"古象尺"，盖亦如景明时公孙崇获"古铜权"以为"钟律之准"，只是其制尺的参校物而已。

　　④ 《隋书》卷一六《律历志上》载十五组尺度中，第十二组以"宋氏尺"为代表，其下有"钱乐之浑天仪尺"、"后周铁尺"、"开皇初调钟律尺及平陈后调钟律尺"，继而云："此宋代人间所用尺，传入齐、梁、陈，以制乐律。与晋后尺及梁时俗尺、刘曜浑天仪尺，略相依近。"其载十五组尺度末为"梁朝俗间尺"，下引梁武帝《钟律纬》云："宋武平中原，送浑天仪、土圭，云是张衡所作。验浑仪铭题，是光初四年铸，土圭是光初八年作。并是刘曜所制，非张衡也。制以为尺，长今新尺四分三厘，短俗间尺二分。"是周汉以来其他诸尺以调律、测景参校之证。

　　⑤ 《魏书》卷一〇九《乐志》载神龟二年自江南入魏的陈仲儒论乐律之事："度量衡历，出自黄钟，虽造管察气，经史备有，但气有盈虚，黍有巨细，差之毫厘，失之千里。自非管应时候，声验吉凶，则是非之原，谅亦难定。"即抒此理。

是说，合宜的律管必须能够准确"候气"①，正如日影的长短必须准确反映节气的变换一样②，这才可以体现或合乎宇宙的至理和天上人间的根本规律，其背后则有诸经史所示的庞杂知识为其支撑和辩护。

在此基础上，考虑到北魏前尺与中尺、后尺长度相近，又迥然不同于周汉以来其他诸尺这个基本事实，即可推定天兴制尺必亦积黍起度，其参校物则为当时邓渊所定律吕、晁崇所定圭表、浑仪之类，且与其时推定的历法及其节气密切相关。由此再联系《魏书·太祖纪》载其整套开国建制活动：天兴元年七月"迁都平城，始营宫室，建宗庙，立社稷"；八月"正封畿，制郊甸，端径术，标道里，平五权、较五量、定五度"；十一月邓渊定律吕、协音乐，晁崇造浑仪、考天象；十二月道武帝即登大位议定行次，"五郊立气，宣赞时令，敬授民时，行夏之正"。其所贯彻的正是儒经所示的王者建国理念，尤其是王莽至魏晋以来依据《周礼》等书所示来证明王朝正统性的整套程序或符号系统。"同律度量衡"既是其中的重要一环，同时又与其他环节所意味的树圭表、正方位、测晷景、定律吕、宣时令，颁历法等事相互关联和证明，这也就为天兴尺度的制定，提供了基于经史所示理念、符号，旨在证明本朝正统性的整套参校方式。也正是因为这套参校方式自成体系又独具一格，北魏前尺才会较之刘歆、荀勖所制和周汉以来其他尺度大幅加长，同时又因孝文帝以来很难骤然改变这个独特的参校体系，"中尺""后尺"实际上仍在这一传统的笼罩之下，故其长度也就并未大变而是

---

① 《汉书》卷二一上《律历志上》述："夫推历生律制器，规圜矩方，权重衡平，准绳嘉量。"这是说历与律为制定度量衡的基准。又述："至治之世，天地之气合以生风，天地之风气正，十二律定。"是为律管候气术的理论基础。

② 《周礼·地官司徒》大司徒职文曰："以土圭之法测土深，正日景，以求地中。日南则景短多暑，日北则景长多寒，日东则景夕多风，日西则景朝多阴。日至之景尺有五寸，谓之地中。"此乃测景以定四时节气变化的理论基础。

稍有所增。①

　　因此，天兴实物传至后世而被《隋志》录存的"后魏前尺"，虽其所记简略唯留长度，其形制、工艺、铭饰之类一概无存，但具体考析之后，仍足断言其也像天兴辇舆、浑仪那样，可以综合地反映北魏开国时期诸典章文物实际达到的水平，尤其是支撑或指导其设计制作的意识形态和知识体系的复杂程度，包括当时拓跋统治集团在诸经史所示和实际需要之间所作的通盘驾驭和筹划。应当说，无论以何种标准来看，这都不仅是文明发展至较高水平的标志，而且是一种更为重要的标志。

　　上面所述天兴辇舆、浑仪、尺度之况，令人印象最为深刻的是，这三件至隋尚存实物，遂得幸存其记录的作品，都不约而同地表现了较之十六国时期进一步发展的状态，更展示了其相互之间原本存在着千丝万缕的联系。天兴辇舆车盖所绘图案中的众多中原文化母题，尤其是日月星官包括天街、云罕之类，综合说明了晁崇"造浑仪，考天象"的事出必然。而天兴制尺迥然不同于周汉以来尺度系统的状态，则显示了其必有特定调律、测景之法为其参校方式，从而补充了晁崇以来设计制作浑仪的背景及当时太史官履职之况，并且进一步牵涉当时定律吕，颁历法等一系列事实。而其所受经典史乘的明显影响，又反过来证明了天兴辇舆所备"太常九斿""升龙日月"之像的所来有自和基础深厚。故就总体而言，所有这些达到了较高知识和技术水平的实物，既可在东汉以来鲜卑墓葬所示金属加工等技艺，以及桓、穆帝以来车辆制作等传统中找到某些

---

① 《唐六典》卷三《户部》金部郎中员外郎掌"权衡度量之制"："凡度，以北方秬黍中者，一黍之广为分，十分为寸，十寸为尺，一尺二寸为大尺，十尺为丈。凡量，以秬黍中者容一千二百为龠，二龠为合，十合为升，十升为斗，三斗为大斗，十斗为斛。凡权衡，以秬黍中者百黍之重为铢，二十四铢为两，三两为大两，十六两为斤。凡积秬黍为度、量、权衡者，调钟律，测晷景，合汤药及冠冕之制则用之，内外官司悉用大者。"是唐代度量衡皆积黍为之，但其显然仍须与"调钟律，测晷景"参校，方得定其长短轻重多少，然后方能用于"合汤药及冠冕之制"。

前源，又可与道武帝进取中原以后的跨越发展相联系，说明其绝非孤立零散的偶然存在，而已与长期以来拓跋部的经济、社会和政治发展相互依存，其所构成和呈现出来的，乃是一个诸种知识、技术和意识形态内在相关的完整体系。

这就雄辩地表明，北魏开国之际从技术、工艺，到整套知识体系和意识形态的发展程度，均已足够支撑其在必要的规模气象上设计制作诸典章文物，顺利完成从僻居陉北的拓跋代国，到进据中原的大魏（代）王朝的转折过程。也正由于驾驭和完成相关制作的，乃是同一个统治集团和同一批设计、制造者，也就决定了北魏开国时期的诸多设计制作，无论其是否像辇舆、浑仪和尺度那样留存至后世而能知其细节，大体上都应处于同一水平，其间即便有差距也不致相去过远。在此认识的基础上，就必须承认现在集中见于《魏书》的天兴以来诸多建制，如官制、爵品、礼仪、律吕、宫室、学校、冠服等，在具体表述用词上虽经后世笔削规范或加润色，在其本来面目上却不应先验地认为其简陋不堪，甚至怀疑是后人曲为美化而无中生有。质言之，综合拓跋代至北魏建立时期的文明发展进程和天兴年间其实际达到的程度，在《魏书》所载北魏开国时期典章文物是否可信或被饰美的问题上，必须负起举证责任的实际上只能是质疑者，那种无须举证就把道武帝以来诸种建制归为粗糙简陋的倾向，再也不应继续下去了。

第二章　谶纬与北魏的建立及其国号问题

谶纬是对现象的构拟和解释，因此而包含了预言①，故其源头极为古老。大抵要经西汉今文家以阴阳灾异说演其理旨，绎其体系，至两汉之际遂与纬书相出入，且因纬书辅翼经学而政治影响骤然扩大②。特别是其中有关王朝兴替的部分，因其流传赖于世情民

---

① 这里所说的"谶纬"，是按史界习惯指纬书中的谶言及于星谶、谣谶之类，而不强调"谶""纬"之别。前人的相关讨论可参见陈槃《谶纬释名》和《谶纬溯源（上）》，二文俱载于《中央研究院历史语言研究所集刊》第十一本，上海商务印书馆1943年版；王利器：《谶纬五论》，收入所著《晓传书斋集》，华东师范大学出版社1997年版；钟肇鹏：《谶纬论略》第一章"谶纬的起源和形成"，辽宁教育出版社1992年版；吕宗力：《汉代的谣言》之"绪言"及"附录一：纬书与西汉今文经学"，浙江大学出版社2011年版。

② 顾炎武《日知录》卷三〇《图谶》条引《史记·赵世家》及《秦本纪》，以为谶记始于秦，且与方术密切相关。秦克诚点校，黄汝成集释：《日知录集释》，岳麓书社1994年版。但从《左传》等处所载谣谶来看，其源头显然还应更早。至于其在汉代的发展，《汉书》卷七五《眭、两夏侯、京、翼、李传》赞曰："汉兴，推阴阳言灾异者，孝武时有董仲舒、夏侯始昌，昭、宣则眭孟、夏侯胜，元、成则京房、翼奉、刘向、谷永，哀、平则李寻、田终术。此其纳说时君著明者也。察其所言，仿佛一端，假经设谊，依托象类，或不免乎'亿则屡中'。"所谓"察其所言，仿佛一端"，是指其已有旨归而成体系；"假经设谊，依托象类"，是指其构拟事理以为儒经之辅翼；"亿则屡中"，是说其预言多应验。故这段议论实际上交代了纬书形成的基础，具体如《翼奉传》述其元帝初元二年奏封事言灾异，说："《易》有阴阳，《诗》有五际，《春秋》有灾异，皆列终始，推得失，考天心，以言王道之安危。"郑玄《六艺论》（《毛诗正义》卷一《诗大序》"四始"条《孔疏》）引《春秋演孔图》云："《诗》含五际、六情。"又引《诗泛历枢》云："午亥之际为革命，卯酉之际为改正，辰在天门，出入候听。卯，《天保》也；酉，《祈父》也；午，《采芑》也；亥，《大明》也。"即是翼奉所述《齐诗》"五际"说后来进入《诗纬》之证。

意，常被视为天命气运的象征，遂成为此后政治正统理论的结构要件，又往往成为王朝易代改姓的舆论风向标①。在北魏道武帝拓跋珪开国建制取鉴的思想成分中，长期以来流传于北方地区的谶纬亦占有重要一席。而其来龙去脉及其影响之况，可说是从今人所知较少的另一侧面，反映了北魏建立的思想背景及其统治集团的特定立场和思考。

本章即拟从学界以往关心的北魏国号问题出发来观察这一侧面。据《魏书》卷二《太祖纪》等处所载，登国元年拓跋珪复立代国，不久即改号为魏；天兴元年入主中原后再议国号，仍定为魏而兼称代。定国号，历代皆公认为切关乎政权气运和大政方略，洵为北魏开国史的头等大事，故学界对此曾续有讨论。孙同勋先生即曾揭示了其中所寓的"代魏承汉"之旨②；何德章先生则对当时所以定国号为"魏"，及其蕴含的争统等意味深加开挖③；田余庆先生又从拓跋珪当时的政治处境和需要出发，对何文未尽的"代、魏之辩"问题作过补充④。这些讨论精彩纷呈，极大地推进了对北魏国号及相关问题的认识，但也还有继续置喙的余地，因为其事的来龙去脉仍不能说已十分清楚，现有之说也不无扞格难通之处。笔者以为其中症结，即因以往研究多少都忽略了"当涂高"等谶对拓跋珪定国号为魏的直接影响，遂使相关史实及其问题难以凸显而作合理解释。以下即请着眼于此继续前人的讨

---

① 两汉以来谶纬的影响，参见徐兴无《谶纬文献与汉代文化构建》第四章"谶纬文献中的天道圣统"，中华书局2003年版；吕宗力：《谶纬与十六国北朝的政治与社会》，收入吉林大学古籍研究所《1至6世纪中国北方社会、民族与边疆国际学术研讨会论文集》，科学出版社2008年版；姜望来：《谣谶与北朝政治研究》之"导言"，天津古籍出版社2011年版；孙英刚：《神文时代：谶纬、术数与中古政治研究》之"绪论"，上海古籍出版社2014年版。

② 孙同勋：《拓跋氏的汉化及其他——北魏史论文集》第二章"从太祖到显祖"，台北稻乡出版社2005年版。此书初版名《拓跋氏的汉化》，台湾大学历史学系1962年版。

③ 何德章：《北魏国号与正统问题》，《历史研究》1992年第3期。

④ 参见田余庆《拓跋史探（修订本）》所收《〈代歌〉、〈代记〉与北魏国史——国史之狱的史学史考察》一文。

论，以期进一步弄清问题，亦以此观察北魏开国建制背后的思想动态和政治风云。

一 "当涂高"等魏兴之谶的流行及其影响

关于天兴元年拓跋珪定国号为魏的直接依据，《魏书》卷二四《崔玄伯传》中已有交代。其载当时博议国号，玄伯之议末云：

> 夫魏者大名，神州之上国，斯乃革命之征验，利见之玄符也。臣愚以为宜号为魏。

这几句话是为其前面的论证作结，大意是说："魏"为盛名载于经典由来已久，称此名者有称雄中原为神州上国的传统，同时又是革命易代的征兆所示和九五之尊的天命所系，故须顺应、落实之而定国号为魏。由于其处处用典，蕴义甚富，遂须稍事解释以见其要所在。

"魏者大名"，典出《左传》闵公元年，是年晋侯封毕万于魏，为后来三家分晋魏国兴起之基①。战国以来魏国分野毕、觜、参宿，约略涵盖了拓跋珪奠立帝业的平城至邺城一带②；而当年魏国曾跨

---

① 其述是年冬，晋侯赐毕万魏地，为大夫。掌卜大夫卜偃遂曰："万，盈数也；魏，大名也。以是始赏，天启之矣。"以明魏兴之始。

② 《史记》卷二七《天官书》述二十八宿所应之州，《正义》："案《星经》：益州，魏地，毕、觜、参之分。今河内、上党、云中是。未详。"《汉书》卷二八下《地理志下》、《周礼·春官宗伯》保章氏郑注皆以毕为赵，而以觜、参为魏或晋之分野，当与《星经》系统相近。而《淮南子·天文训》则以胃、昴、毕为魏，而以觜、参为赵之分野，显属另一分野系统。对魏晋以来影响较大的乃是前者，《晋书》卷一一《天文志上》述其星官皆"太史令陈卓总甘、石、巫咸三家所著星图"而定，其述"十二次度数"，以"胃七度至毕十一度"为赵之分野，"毕十二度至东井十五度"为魏之分野。应由前一系统发展而来，而被后世奉为圭臬。

有黄河两岸,雄踞中原腹心而为神州上国①,自后国号为魏者类皆如此。故上引崔氏国号议文前两句的意思是清楚的:定国号为"魏",适可继承这个"大名"所象征的应天而兴、称雄中原传统,又扣合了拓跋珪当时都于平城,南据邺城而控驭河北的态势。崔氏继而所用的"革命""利见"二典,"革命"取义于《易·革卦》象传的"汤、武革命,顺乎天而应乎人"。拓跋珪灭燕称帝,正合此义而非禅让②,其在当时确是以"大运所钟"的"革命之主"自居的③。"利见"语出《易·乾卦》九五爻词:"飞龙在天,利见大人。"历来皆释之为王者受命而称"九五之尊"。这也契合了拓跋珪当时登位在即的现实④。"征验"和"玄符"在字面上亦甚易解,征即征兆,验即验证,玄指天意,符指契合。问题的关键在于:为什么定国号为"魏",竟会被崔氏看作拓跋珪革命易代征兆的验证,龙飞九五天命的凭据呢?

对此,仅以经典提到战国魏之兴起及其地为"神州上国"来解释,显然还有所未惬。从种种迹象来看,这是因为汉末流行的"当涂高"等预言魏将崛起易代的谶纬,在五胡时期复又流行且已深具影响。崔玄伯实际上是以经典所述战国魏事,来强调顺应这类谶纬定国号为魏的必要,至于"征验"和"玄符",则属汉魏以来习

---

① 《晋书》卷六五《王导传》载过江人士聚于新亭望北流涕,导愀然变色谓曰:"当共戮力王室,克复神州,何至作楚囚相对泣邪?"《世说新语》卷上之上《言语第二》亦载其事。可见当时"神州"多指中原而言。

② 战国秦汉以来"革命"与"禅让"常对举,为易代的两大模式,其思想背景可参楼劲《西汉时期"革命论"之退化与政治思想之转折变迁》,《中国社会科学院历史研究所学刊》第七集,商务印书馆 2011 年版。

③ 《魏书》卷二《太祖纪》天兴三年十二月乙未诏曰:"世俗谓汉高起于布衣而有天下,此未达其故也。夫刘承尧统,旷世继德……五纬上聚,天人俱协。明革命之主,大运所钟,不可以非望求也。"此诏针对其时有人觊觎帝位而发,遂循班彪《王命论》之义,自比于汉高帝而为"革命之主"。《魏书》卷二四《张衮传》述其疾笃上疏,自以"参戎氛雾之初,驰驱革命之会"。亦以拓跋珪灭燕称帝为"革命"。

④ 《易·乾卦》九二爻词:"见龙在田,利见大人。"然《崔玄伯传》载其国号议先已述"陛下应运龙飞",上引《张衮传》遗疏亦述其"陛下龙飞九五,仍参顾问";则此"利见"必非《乾》卦九二爻词而是九五爻词。

语，大体即指谶纬、祥瑞之类①；且其语气显示，把定国号为魏看作"革命之征验，利见之玄符"，在当时必有坚实的依据和广泛的基础。

关于"当涂高"等魏兴之谶在汉魏之际的流行，《三国志》卷二《魏书·文帝纪》载其禅汉之事，裴注引《献帝传》载延康元年十一月辛亥，"太史丞许芝条魏代汉见于谶纬者"。其中引自纬书而非专与曹氏相连者②，如《春秋汉含孳》有曰：

汉以魏，魏以征。

又《易运期谶》云：

鬼在山，禾女连，王天下。

此外，《三国志》卷四二《蜀书·周群传》载其父周舒深明术数：

时人有问："《春秋谶》曰：'代汉者当涂高。'此何谓也？"舒曰："当涂高者，魏也。"③

---

① 《文选》卷四八《符命》录扬雄《剧秦美新》，述"大新受命，上帝还资，后土顾怀，玄符灵契，黄瑞涌出"。李善注："玄符，天符也；灵契，地契也；黄瑞，谓王莽承黄虞之后，黄气之瑞也。"即指谶纬、祥瑞等天地意志的象征。中华书局1977年影印版。《后汉书》卷一上《光武帝纪上》载"宛人李通等以图谶说光武"。李贤注："图，《河图》也。谶，符命之书。谶，验也。言为王者受命之征验也。"又《三国志》卷二《文帝纪》裴注引《献帝传》载太史丞许芝条魏代汉之谶，末云："臣职在史官，考符察征，图谶效见，际会之期，谨以上闻。"所谓"考符察征"即考玄符、灵征。视谶纬、祥瑞为王者受命的"玄符""征验"，至南北朝皆甚流行。如《梁书》卷一《武帝纪上》载齐帝禅位玺书有曰："灵瑞杂沓，玄符昭著。至于星孛紫宫，水效孟月，飞鸿满野，长彗横天，取新之应既昭，革故之征必显。"其"灵瑞""玄符"所指可见。

② 许芝所引其余各条，或明言"魏公子"，或称"许昌"，或隐含曹丕之名，皆只适用于曹魏。

③ 《三国志》卷四二《蜀书·杜琼传》载其少受学于任安而精术数，谯周问其"昔周征君以为，当涂高者，魏也。其义何也"？琼答曰："魏，阙名也，当涂而高，圣人取类而言耳。"周征君即周舒，因其数被征不起故称。上引许芝条上魏代汉之谶，其中谈到白马令李云上事有云："当涂高者，魏也。象魏者，两观阙是也。当道而高大者魏，魏当代汉。"所释甚明。

由此可见，"代汉者魏""魏王天下"等谶纬，在当时已传于各地为人熟知。由于记载散佚，相关文句至今唯留一鳞半爪，故已很难知晓其前后文及其总体状况。但有一点是清楚的：在"当涂高"之类的谶记中，除直接与曹氏挂钩为其代汉服务者外，还有一部分显然并不与具体姓氏相连，而只是泛泛预言魏将崛起而王天下。其实际运用如《三国志》卷六《魏书·袁术传》裴注引《典略》曰：

> 术以袁姓出陈，陈，舜之后，以土承火，得应运之次。又见谶文云："代汉者，当涂高也。"自以名字当之，乃建号称仲氏。

"术"形为当涂立木，其字公路，故可释为"当塗高"之谶所指①。这也说明此谶实可为各种有心人利用，至于"鬼在山，禾女连，王天下"之类的谶言，更可不与"代汉"相连而发挥影响。

曹魏代汉以后，仍然流播于世并有一定影响的，主要就应是这类谶记。《艺文类聚》卷六二《居处部二·阙》引王隐《晋书》曰：

> 汉末，博士敦煌侯瑾善内学，语弟子曰："凉州城西有泉水当竭，当有双阙起其上。"魏嘉平中，武威太守起学舍，筑阙于此。②

侯瑾既善"内学"③，则其汉末预言凉州城西"当有双阙起其上"，

---

① 《后汉书》卷一三《公孙述传》载光武帝与述书言图谶，称："代汉者当塗高，君岂高之身邪？"是两汉之际公孙述已引此《春秋谶》，以证己身膺有符命，其部分理由显然亦是"述"字形作途中立木。同时亦可推知当涂高之谶确有不与曹氏相连的各种表现方式。
② 汪绍楹校：《艺文类聚》，上海古籍出版社1999年版。
③ 《三国志》卷二三《魏书·常林传》裴注引《魏略·清介吉茂传》述建安时"科禁内学及兵书"。《太平御览》卷六四二《刑法部八·徒作年数》引《晋律注》谓"有挟天文图谶之属，并为二岁刑"。《唐律疏议》卷九《职制篇》："诸玄象器物，天文、图书、谶书、兵书、七曜历、太一、雷公式，私家不得有，违者徒二年（私习天文者亦同）。其纬、候及《论语》谶不在禁限。"此即魏晋"内学"所指及直至唐代相关法律规定的要况，图谶为其重要部分。

亦应与"当涂高"之谶相关①。不过到齐王芳时武威太守在此地筑学舍双阙，以应谶厌之，自然已无关乎"代汉"或"曹氏"，而是反映了"当涂高"等谶在曹魏代汉以后仍有"王者再出"之义②，故魏人明其利害者仍郑重视之。

又《晋书》卷三九《王沈传》附子《王浚传》载其都督幽州，八王乱后据有幽冀而其势甚盛，永嘉以来遂承制置公卿官，以至设坛告类，立皇太子。其后文曰：

> 浚以父字处道，为"当涂高"，应王者之谶，谋将僭号。胡矩谏浚，盛陈其不可。浚忿之，出矩为魏郡守。前渤海太守刘亮、从子北海太守搏、司空掾高柔并切谏，浚怒，诛之……时燕国霍原，北州名贤，浚以僭位事示之，原不答，浚遂害之。由是士人愤怨，内外无亲。

由此足见王浚欲应"当涂高"之谶谋位，在当时实是一件牵动甚广的大事。王浚后来曾被石勒奉上尊号而"许之"，旋即被石勒袭破幽州，俘至襄国处斩。石勒为之所上"尊号"是否"大魏皇帝"？今已不得而知③，然浚既以"当涂高"应谶，则其欲定国号为魏的可能实难排除。无论如何，这都说明西晋末年五胡乱起时，"当涂高"等魏兴之谶不仅仍在流行，且已进一步与曹氏代汉脱离了干系，又必因王浚一类人物对此的宣扬、利用而放大了其影响。尤其值得注意的是，由于王浚永嘉时领乌桓校尉，又曾先后与鲜卑务勿

---

① 王隐《晋书》记此事，或为前凉张本。张寔为张轨世子，嗣位称元年在愍帝建兴三年，时王隐当仍在世。

② 《三国志》卷三《魏书·明帝纪》青龙三年十一月记事，裴注引《搜神记》，述魏初兴时"张掖之柳谷有开石焉"，上有图文，至太和以来愈显。晋武帝泰始三年张掖太守具石图上，所示大略皆司马氏代魏之征。这也反映了河西一带自曹魏代汉以来的潜流涌动。

③ 《晋书》卷一〇四《石勒载记上》及《十六国春秋辑补》卷一二《后赵录二》载勒奉上尊号而袭杀王浚在愍帝建兴二年，而皆不载其所上帝号。

尘及拓跋猗卢之子曰律孙相结①，则其身应魏兴之谶而谋登位称帝的要况，或已传至代北流播扩散，这也为后来拓跋珪改代为魏之举提供了因缘。

由此判断，王浚之后的胡汉酋豪创基开国而定号为魏，恐都与"当涂高"等魏兴之谶的流行和影响分不开。《晋书》卷一〇五《石勒载记下》载勒死弘立，石虎执国柄为权臣：

> 弘策拜季龙为丞相、魏王、大单于，加九锡，以魏郡等十三郡为邑，总摄百揆。季龙伪固让，久而受命，赦其境内殊死已下，立季龙妻郑氏为魏王后，子邃为魏太子。

其后文又载其时石生、石朗起兵关洛以抗石虎，石虎率军讨平之，还襄国而"大赦，讽弘命己建魏台，一如魏辅汉故事"。从封魏王，加九锡，到建魏台，行魏辅汉故事，石虎的这些举措必应有其考虑。

《晋书》卷一〇四《石勒载记上》载建兴元年石勒以邺城"魏之旧都"而风俗殷杂②，颇难其镇抚之选，经再三考虑后：

> 以石季龙为魏郡太守，镇邺三台。季龙篡夺之萌兆于此矣。③

---

① 《魏书》卷一一四《释老志》载务勿尘为拓跋文帝沙漠汗"入宾于晋"的"从者"，后登仙于伊阙之山寺。

② 《水经注》卷一〇《浊漳水》述邺城："本齐桓公所置也，故《管子》曰：筑五鹿、中牟、邺，以卫诸夏也。后属晋，魏文侯七年始封此地，故曰魏也。汉高帝十二年，置魏郡，治邺县，王莽更名魏城。后分魏郡，置东、西部都尉，故曰三魏。"故所谓"魏之旧都"，所指非惟曹操魏国之都，亦战国魏都也。

③ 《十六国春秋辑补》卷一二《后赵录二》亦载此事，唯石虎名前有"征虏将军"四字，"萌"则作"谋"。四库全书辑本《十六国春秋》卷一二《后赵录二》载此"镇邺三台"前多"代桃豹"三字。

石虎本是率军定邺的大将，石勒犹豫之后方命其为魏郡太守而镇抚魏之旧都，何以竟会催萌石虎的"篡夺之谋"？事甚隐微而史载不详，但其应当就是石虎后来称魏王的缘起。推想当时必有为之陈说符命，结合邺城故事而说"当涂高"及"魏王天下"等谶者。故其后来所为，亦与曹魏代汉程序的前半段如出一辙，《晋书》卷一〇五《石勒载记下》且载当时石弘确曾"斋玺绶亲诣季龙，谕禅位意"①。不过，石虎终究未按禅让模式由魏王登位魏帝，而是下书称"皇帝之号非所敢闻，且可称居摄赵天王，以副天人之望"。此举既然是要"副天人之望"，且稍后"季龙以谶文'天子当从东北来'，于是备法驾行自信都而还，以应之"②；似可推断此前石虎的确还有其他考虑，特别是要让自己登位合乎那些更足证明其为真命天子的谶记，这恐怕就是石虎当时改变主意的原因③。原本驱动其"为魏王、建魏台"的魏兴之谶，其重要性似乎是被"天子自东北来"等其他谶记压倒了。④

　　石虎在五胡群雄中始称魏王而未能循此克终，继其而称魏帝的，是灭掉石赵而仍据邺城的冉闵。《晋书》卷一〇七《石虎载记下》载冉闵为石虎之养孙，其父冉良魏郡内黄人，为虎养子而易姓

---

①《晋书》卷一〇五《石勒载记下》载其值东晋咸和五年称赵天王，当年即登皇帝位，改元建平。故石弘所欲禅让者非赵天王而是皇帝之位。《十六国春秋辑补》卷一五《后赵录五》载延熙元年七月，石虎"改顿邱为魏国，沿（原注：一作'分'）魏郡至（原注：一作'立'）黎阳，石宏有怨言，季龙幽之"，弘遂斋玺绶谕禅让意，而为石虎拒绝。当时虎曰："弘昏昧愚暗，处丧无礼，不可以君临万国，奉承宗庙，便当废之，云何禅让！"这些记载较之《石勒载记》所载，多出石虎改顿丘为魏国、分魏郡立黎阳及"云何禅让"等事，其背后必有曲折。揣石虎至此已弃禅让易代而取嗣赵模式。

②《晋书》卷一〇六《石虎载记上》。据此可见此前石虎称帝尚缺乏权威谶文的支持。其后文载石虎两年后"称大赵天王，即位于南郊"，则是各种条件包括相应谶文祥瑞俱备的体现。

③《晋书》卷一〇七《石虎载记下》载其永和五年即帝位后不久即死，在其称天王十三年后，而终未改国号。

④《十六国春秋辑补》卷七《前赵录七》载刘曜时得白玉，上有文字"皇亡皇亡败赵昌"云云，群臣多视为大赵当昌之征，而刘均抗疏："今大赵都于秦雍，而勒跨全赵之地，赵昌之应，当在石勒，不在我也……欲陛下勤修德化以禳之，纵为嘉祥，尚愿陛下夕惕以答之。"此类即石勒、石虎循前定国号为"赵"的谶记。

石。后文载闵称帝之事：

> 永和六年，杀石鉴，其司徒申钟、司空郎闿等四十八人上尊号于闵……于是僭即皇帝位于南郊，大赦，改元曰永兴，国号大魏，复姓冉氏，追尊其祖隆元皇帝，考瞻烈祖高皇帝……

冉闵定国号为魏，同时复姓冉氏，追尊父瞻、祖隆，这些举措与其原先所拟姓、号有别①，并非宿构而是新近定策。据其后文载闵当时崇礼尚儒，清定九流，准才授任，"于是翕然，方之为魏晋之初"。则其择定国号为魏，似有仿魏、兴魏之意。

《晋书》卷一一〇《慕容儁载记》述冉闵登位后，曾遣常炜使于前燕，儁命封裕诘冉闵有何祥应而称大号，炜曰：

> 天之所兴，其致不同，狼乌纪于三王，麟龙表于汉魏。寡君应天驭历，能无祥乎！且用兵杀伐，哲王盛典，汤武亲行诛放，而仲尼美之。魏武养于宦官，莫知所出，众不盈旅，遂能终成大功。暴胡酷乱，苍生屠脍，寡君奋剑而诛除之，黎元获济，可谓功格皇天，勋侔高祖。恭承乾命，有何不可？

这也表明冉闵之登位，确曾引据祥瑞谶记之类，又尤其以魏武帝出身卑微而终成大功自比②，则其仿魏、兴魏乃是实情。考虑到其本

---

① 《十六国春秋辑补》卷一九《后赵录九》载石鉴在石虎死后登位，"青龙元年正月，石闵欲灭二石之号，议曰：'孔子曰：易姓而王七月者，七十有三国，继赵李。谶书悁然。且德星镇卫，宜改号大卫，易姓李氏。'又大赦，改元。闰月，废鉴杀之，诛虎孙三十八人，尽殪石氏"。此"孔子曰"云云，为谶纬借托之语，是冉闵本欲应"继赵李"之谶，定国号为卫而改姓李氏。内黄之地西周在卫，战国属魏，闵先欲应"德星镇卫"之象定国号为卫，然改姓李氏毕竟勉强，而难应"继赵李"之谶。

② 《十六国春秋辑补》卷一六《后赵录六》载曾为石勒元从十八骑之一的桃豹"尝攘臂大言曰：'大丈夫遭魏太祖，不封万户侯，位上将者，非丈夫也'"。魏武在十六国时期甚受推重，盖以其出身不明，为人养子而能立王业之故。

魏郡人，又执柄邺城①，则为之陈说符命者，自亦当引"魏王天下"等谶为其"应天驭历"之证②。也就是说，冉闵定国号为魏与复姓冉氏、追尊父祖，均应是其确认自身发迹符于"当涂高"等魏兴之谶的结果③。

冉闵以后再以魏为国号的有丁零翟辽。《魏书》卷九五《徒何慕容廆传》附《慕容垂传》载其事：

> 先是，丁零翟辽叛垂。后遣使谢罪，垂不许，辽怒，遂自号"大魏天王"。有众数万，屯于滑台，与垂相击。辽死，子钊代之。及垂征克滑台，钊奔长子。④

翟辽所称的"大魏天王"，犹石勒、石虎之称"大赵天王"，是以

---

① 《三国志》卷一《魏书·武帝纪》载曹操自建安元年以来即据许昌，十七年天子诏割河内、东郡、钜鹿、广平、赵地"以益魏郡"，自此魏郡已体制尤殊，在操后来为魏公、魏王所封十郡中类同王畿。

② 地缘和分野在决定五胡受命应谶等事时常起重要作用。如《十六国春秋辑补》卷六《前赵录六》载刘曜登位后定行次事："太保呼延晏等曰：'今宜承晋，母子传号，以光文本封卢奴，中山之属城，陛下勋功懋于平洛，终于中山，中山分野属大梁，赵也。宜革称大赵，遵以水行，承晋金行，国号曰赵。'曜从之。"其"革称大赵"的重要原因是其大业成于中山，而"中山分野属大梁，赵也"。其后文载刘曜末有"皇亡皇亡败赵昌"之谶，中书监刘均释其"赵昌"当指石勒，亦以"勒跨全赵之地"为说。

③ 罗新、叶炜《新出魏晋南北朝墓志疏证》（中华书局2005年版）五三"染华墓志"述其高祖即冉闵，"魏郡内黄人也，其先帝喾之苗裔，周文王之少子，冉季之后"；又述冉闵为石赵重臣，"赵祚既微，遂升帝位，号曰魏王王。群臣依皇图，奏改族，因即氏焉"。是石闵最终姓冉与其定国号为魏事正相连，闵因其父为魏郡内黄人，又附会其宗为周文王之裔孔子七十二弟子之一的冉季之后，而当时群臣奏改其氏所据的"皇图"，应即帝王图谶，其意似正是要以冉闵出于魏地而应"当涂高"魏兴之谶。

④ 《资治通鉴》卷一〇八《晋纪三十》太元十七年六月载慕容垂击破翟钊后："钊单骑奔长子，西燕主慕容永以钊为车骑大将军、兖州牧，封东郡王。岁余钊谋反，永杀之。初，郝晷、崔逞及清河崔宏、新兴张卓、辽东夔腾、阳平路纂皆仕于秦，避秦乱来奔，诏以为冀州诸郡，各将部曲，营于河南，既而受翟氏官爵。翟氏败，皆降于燕。燕主垂各随其材而用之。"此处"清河崔宏"即北魏天兴建制的主持者崔玄伯，是其曾为翟魏臣属，故必熟谙其称"魏"及西燕与后燕相争故事。这一点似可帮助理解崔玄伯在天兴议国号时的有关言论。

"魏"为国号，以"天王"为天子号①。时在慕容垂称帝改元后的建兴三年②，而两年前，拓跋珪登国元年正月复立代国后不久，已"改称魏王"③。

翟辽是与慕容垂结盟于河南的丁零酋豪翟斌的从孙，翟斌拥垂称帝后被封河南王，建兴元年被诛，其部众由翟斌兄子翟真率领，从邺城周围北走邯郸、行唐。真旋被杀而余部两分：一部拥真从弟翟成为主，至次年皆被慕容垂坑杀于行唐；另一部由真子翟辽统领，南下至邺城以南的黎阳，对后燕叛、附不定。《晋书》卷一二三《慕容垂载记》备述上列诸事，又述垂即位后亲率诸军南攻黎阳翟辽，辽之部众多燕赵人而相率归附：

> 辽惧，遣使请降。垂至黎阳，辽肉袒谢罪，垂厚抚之。④

从"遣使请降"到"肉袒谢罪"，皆表明其所用为敌国之体。如《史记》卷三八《宋微子世家》载武王克殷而纣王赴火而死，"微子乃持其祭器，造于军门，肉袒面缚，左牵羊，右把茅，膝行而前"。《左传》宣公十二年载楚庄王克郑都后，郑襄公"肉袒牵羊以逆"，谢罪求和。以此相衡，"辽肉袒谢罪"，似可表明其入黎阳后实已自命王者，遂得与后燕体同敌国。

又《晋书》卷一三《天文志下》载太元十二年六月、十月及十三年正月，太白屡昼见；十二月，荧惑在角、亢而其色猛盛：

---

① "天王"在《春秋》中指有天下之王，即周天子。五胡时期统治者靳准、石勒、苻坚、翟辽、吕光、姚兴、慕容盛、高云、冯跋等人皆用此号。
② 《晋书》卷一二三《慕容垂载记》及《十六国春秋辑补》卷四四《后燕录三》载此年辽在黎阳称魏王后，再"徙屯滑台"。《元和郡县图志》卷一六《河北道一》卫州黎阳县条，述"黎阳镇故城，在县东南一里，古翟辽城也，翟辽于此僭号"。
③ 《魏书》卷二《太祖纪》系此在登国元年四月。
④ 《十六国春秋辑补》卷四四《后燕录三》亦载其事而系年于建兴二年。

占曰："荧惑失其常，吏且弃其法，诸侯乱其政。"自是后，慕容垂、翟辽、姚苌、苻登、慕容永并阻兵争强。①

这类天象，皆被当时太史官视为前秦淝水大败后，北方复陷分崩离析之局的征兆。"诸侯乱其政"一语表明后列诸人各有其国，则翟辽占据黎阳后虽还未登"大魏天王"之位，却已被公认为淝水之战后北方割据群雄中地位尤著者之一。黎阳一带战国属魏，汉至西晋皆属魏郡②，辽入黎阳两年后在此称大魏天王，其前必有舆论准备和称制之实③。由此再考虑建兴元年翟辽据有黎阳一带魏旧之地，与拓跋珪登国元年正月复立代国同属一年，与四个月后珪改号为魏亦应几乎同时；似可推断当时拓跋珪与翟辽皆创基开国，有争抢"魏"号之势。将之联系"当涂高"等谶在当时的影响④，就不能不令人想到，他们很可能也是在争应"魏王天下"之谶。其亟欲应谶得运之态，与石虎刻意备驾出信都而还襄国，以应"天子当从东北来"之谶相类。

上述五胡时期称魏为王的例子，均应深受"当涂高"等魏兴之

---

① 《晋书》卷一二《天文志中》载孝武帝太元十三年十二月戊子："辰星入月，在危。占曰：'贼臣欲杀主，不出三年，必有内恶。'是后慕容垂、翟辽、姚苌、苻登、慕容永并阻兵争强。"是其时月变示此，亦与星变相类。

② 见《汉书》卷二八上《地理志上》和《晋书》卷一四《地理志上》之魏郡条。谭其骧先生主编之《中国历史地图集》第四册《东晋十六国时期》图7至10标黎阳在后赵仍属魏郡，前燕已置黎阳郡。据前引《晋书·慕容垂载记》及《十六国春秋辑补·后赵录》等处所载，立黎阳郡应在石虎时。

③ 《隋书》卷三三《经籍志二》史部霸史类著录"《吐谷浑记》二卷"，其下原注述"梁有《翟辽书》二卷"，与《诸国略记》等书俱"亡"。是翟辽建国后亦有国史，此亦足见其国建制颇有气象，且有史官记其诸事。

④ 《晋书》卷一〇四《石勒载记上》载有中山丁零翟鼠建兴四年叛勒，为勒所破，遂"保于崞关，奔于代郡"。《晋书》卷一一〇《慕容儁载记》述丁零翟鼠及冉闵将刘准等，于燕王三年率其所部降，儁"封鼠归义王，准左司马"。胡三省《通鉴释文辨误》卷五穆帝永和七年"翟鼠率所部降燕"条以为："翟鼠者，翟斌之种类也。"然则斌为鼠族裔，其族人久在中山，当是丁零各部中受华夏文化影响最深的一部，又转辗臣属刘曜、石勒、冉闵等，其部人遂得晓知"当涂高"等谶及其对王浚、石虎、闵魏的影响。此亦翟辽后来称"大魏天王"的因缘之一。

谶的影响。相比之下，拓跋珪登国元年改称魏王确似有些勉强，因为其显然并不具备其他各家多少都发迹于邺城或魏郡的共性，这一方面表明拓跋珪改代为魏取据的谶记本可不与公认的"魏"地相连；另一方面也不能不减弱了其以此陈说符命时的说服力。天兴元年再议国号的始末，本身也说明尽管各国已视之为魏①，但拓跋珪以魏王自居还需要更多的凭据。由此即可体会到崔玄伯国号议中，特意点明"慕容永亦奉进魏土"一事的重要性所在②，而天兴元年正月拓跋氏相继克中山、邺城，则为其再开大议，定国号为魏提供了更加坚实的理由。③

在讨论以上这些国号称"魏"的事例时，有一个事实不能不特别引起关注。即当时南北群雄鼎立之势，确易令人以为是汉末以来"天下三分"局面的再演。在此局面中，崛起于北方的五胡政权居于中原有类曹魏，又天然与出身卑微而奋起争雄的曹氏易生共鸣，也亟欲如曹魏号令天下，先统一北方再图吞吴灭蜀。《晋书》卷一

---

① 《十六国春秋辑补》卷四四《后燕录三》载建兴二年刘显兄弟乖争，"魏张衮言于魏王珪曰"云云。《晋书》卷九《孝武帝纪》载太元二十年十一月，"魏王拓跋珪击慕容垂子宝于黍谷（《校勘记》谓为'参合'之讹），败之"。这类记载皆来自崔鸿书而原出其各自国史，可见自登国元年四月拓跋珪"改称魏王"后，南北各国皆已以魏国、魏王视之，其国号并非悬而未决。

② "永奉进魏土"，即《魏书·太祖纪》载登国六年七月燕、魏交恶后，拓跋珪"乃遣使于慕容永，永使其大鸿胪慕容钧奉表劝进尊号"。"劝进尊号"即自为属下，等于是"奉进"其所居上党一带战国魏地之土。《太祖纪》后文又载登国七年十二月"慕容永遣使朝贡"，一年多后即是慕容垂灭西燕的建兴九年和拓跋珪登国九年。可见慕容永因深受后燕威胁，方以奉上尊号屈己为臣而求援于拓跋珪。

③ 田余庆先生前引文曾提出两个问题："一个是崔玄伯为什么以'慕容永进奉魏土'作为他所持称魏的理由之一？另一个是登国元年四月，拓跋珪何以在甫称代王后数月即匆匆改称魏王？这两个问题是互相关联的。"田先生释前一问题，认为应与拓跋珪当时取魏旧土相关而未详其说；释后一问题，认为应是拓跋珪对与己争位的拓跋窟咄附慕容永一事作出的反应。笔者认为其"相互关联"的纽结，即在于魏兴之谶的影响。登国元年改代为魏，盖因拓跋氏欲应此谶而翟辽亦欲应谶号魏；崔玄伯举慕容永进奉魏土为证，则是因为自来雄豪应此谶而定国号为魏者，唯有拓跋氏未居"魏土"。前所注出的崔玄伯曾为翟魏臣属后又入燕，甚熟国号为"魏"典故及西燕、后燕相争之事，亦可帮助理解这一点。

○二 《刘聪载记》述太史令康相为其解释天象有曰：[1]

> 蛇虹见弥天，一岐南彻，三日并照，客星入紫宫。此皆大异，其征不远也。今虹达东西者，许洛以南不可图也。一岐南彻者，李氏当仍跨巴蜀，司马叡终据全吴之象，天下其三分乎！月为胡主，皇汉虽苞括二京，龙腾九五，然世雄燕代，肇基北朔，太阴之变其在汉域乎……

其"天下三分"之说，显然是以李蜀、东晋喻刘蜀、孙吴，自以"皇汉"比于曹魏。

又《晋书》卷一〇五《石勒载记下》附石弘事迹，述石勒晚年以中山王石虎为伊、霍之任，程遐、徐光忧之：

> 光复承间言于勒曰："陛下廓平八州，帝有海内，而神色不悦者，何也？"勒曰："吴、蜀未平，书轨不一，司马家犹不绝于丹杨，恐后之人将以吾为不应符箓。每一思之，不觉见于神色。"光曰："臣以陛下为忧腹心之患，而何暇更忧四支乎！何则？魏承汉运，为正朔帝王，刘备虽绍兴巴蜀，亦不可谓汉不灭也。吴虽跨江东，岂有亏魏美？陛下既苞括二都，为中国帝王，彼司马家儿复何异玄德，李氏亦犹孙权。符箓不在陛下，竟欲安归？此四支之轻患耳……"

其下文即以石虎为危及宗庙的心腹之疾。很明显，刘聪之时"天下三分"的判断，至此已更为明确和流行，以致石勒为之忧心，汲汲于自身是否应乎"符箓"而为正统，而徐光也确已比国为当年天命所归的曹魏。永嘉以来北方群雄的这种三国鼎立的形势判断，及其

---

[1] 《十六国春秋辑补》卷四《前赵录四》载此事系于聪麟嘉元年，当晋愍帝建兴四年。

自比曹魏的争统冲动，应可帮助理解王浚之所以看重"当涂高"之谶，以及石虎之所以称魏王而建魏台之事。当然这类判断和冲动还在随形势继续变化[①]，对于与魏地关系密切的雄豪来说，这也构成了他们欲仿曹魏称雄天下而纷纷应谶称魏为王的背景之一[②]。

由上所述可见，"当涂高"之谶在曹魏代汉以后的继续流播，盖与波谲云诡的魏晋易代之况相关；至于其在五胡时期复又流行和深具影响，则是晋末终陷易动难安乱局的深刻反映，又与"天下三分"恍若重现而曹魏之盛屡被唤醒的现实相连。在群雄风云际会，争膺天命历谶而纷纷称王的潮流下，此谶既已屡伏屡起，并被胡汉酋豪接踵利用、落实，也就可推其终于成了当时流行的诸多谶记之中，持续性最强而影响不断高涨的一个。既然如此，登国元年拓跋珪复立代国后不久即改号为魏，及至天兴元年再议国号而仍定为魏，皆与此谶的影响及拓跋氏欲应此谶密切相关，也就不难理解了。

二 "五胡运终""真人出"与魏兴之谶的关联

自汉魏之际，"当涂高"等魏兴之谶成为曹氏代汉的重要舆论准备，再到五胡时期，王浚、石虎、冉闵、翟辽及拓跋珪应谶称魏之举，此谶所寓内涵显然不会一成不变，而应在被不同对象相继利用和发挥的过程中有所发展。原来其与曹氏相连的内容自会迅速剥落，有关"王者崛起"的意味势将不断突出，并被诸多需要和际遇

[①] 《晋书》卷一一一《慕容暐载记》述其登位后的建熙七年，辅政大臣慕容恪、慕容评上疏欲还政，暐报有曰："今关右有未宾之氐，江吴有遗烬之虏，方赖谋猷，混宁六合，岂宜虚己谦冲，以违委任之重？"所谓"关右之氐"已指苻秦，当时形势与石勒时已经不同，然其大意仍与石勒相类。

[②] 俞正燮《癸巳存稿》卷七《魏书》条述："列传八十四以李雄配晋，则以蜀、晋配蜀、吴，而元魏比曹魏也。又于《刘聪》等传序，申明吴、蜀不得为三分。云吴、蜀，言三分，同于溺人之笑。"俞氏此讥可谓以不狂为狂，自比曹魏而以李汉、东晋比刘蜀、孙吴，乃是刘聪、石勒以来的习惯。

累加其义而变迁，这是合乎谶纬自身的演化逻辑的。到崔玄伯称之为"革命之徵验，利见之玄符"，此谶实已包含了更为丰富、宏大的政治含义，或者说是应谶者的某种自我期许或政治目标。

要了解这一点，就必须考虑"当涂高"等魏兴之谶与同期流行的其他一些谶记的关系。其中最为抢眼的，即是"五胡运终"和"真人出"之谶。两者与魏兴之谶同有长期的发展历程，皆适应晋末以来形势而流播变迁，五胡后期以来彼此又并联发酵，从而迅速放大了其各自所寓的意蕴和影响，也就一起对天兴元年拓跋珪再定国号及相关建制发生了重大影响。以下即请述其流变及其后来的关联之况。

自汉武帝开西域而中原所染胡风渐深，至东汉羌胡大量内徙而问题丛生，遂有关于胡人作乱的"服妖"之兆①，相关现象至晋已被视为破国乱华之征。《宋书》卷三〇《五行志一》：

> 晋武帝泰始后，中国相尚用胡床、貊盘，及为羌煮、貊炙。贵人富室，必置其器，吉享嘉会，皆此为先。太康中，天下又以毡为絈头及络带、袴口。百姓相戏曰："中国必为胡所破也。"

正是在此背景下，当年石勒倚啸于洛阳上东门，王衍见而异之，才会说："向者胡雏，吾观其声视有奇志，恐将为天下之患。"驰遣收之而不得②。"中国必为胡所破"之类的谣谶，实际已把戎狄乱华释为气数天命所定。迨至晋末以来，五胡纷纷称王，遂又基此而形成了胡酋为王亦属应谶受命的氛围，前面所述石勒和徐光口中的

---

① 《后汉书》志十三《五行志一》："灵帝好胡服、胡帐、胡床、胡坐、胡饭、胡空侯、胡笛、胡舞，京都贵戚皆竞为之。此服妖也。其后董卓多拥胡兵，填塞街衢，虏掠宫掖，发掘园陵。"

② 《晋书》卷一〇四《石勒载记上》。

"符箓",似正反映了这一类谶记符命之说的存在①。合箓应谶被当时公认为标志着天命正统所在,五胡统治者于此自然尤为敏感。

晋末胡酋争登大位而倏忽更迭,及至石虎末年大乱,冉闵杀胡而群雄复争,可谓丧乱频仍而血流漂杵。哀鸿遍野之际,遂有"胡运将衰"之说兴起,犹如漫漫长夜中微现的一丝晨曦。《晋书》卷一○七《石季龙载记下》述其永和三年以来大兴土木之事:

> 沙门吴进言于季龙曰:"胡运将衰,晋当复兴。宜苦役晋人,以厌其气。"季龙于是使尚书张群发近郡男女十六万,车十万乘,运土筑华林苑及长墙于邺北,广长数十里。

所谓"胡运将衰,晋当复兴",应是当时流行有关气运兴替的谣谚。无良僧人吴进的解释,是要迎合胡主对之的反应,但苦难更深之势必然引出更大的期望。《十六国春秋辑补》卷三一《前秦录一》载石赵末年大乱,苻洪拥众十余万与姚氏争夺关中:

> 于是安定梁楞等,并关西民望说洪曰:"今胡运已终,中原丧乱,明公神武自天,必继踪周、汉,宜称尊号,以副四海之望。"②

从"胡运将衰"到"胡运已终",催动这类谣谚如此流变衍化的,正是世间对太平天下的渴望和对丧乱苦难的诅咒,这应当也影响了

---

① 《晋书》卷一一○《慕容儁载记》述其将即位,有"凡城献异鸟,五色成章"。群臣为其陈说祥瑞有曰:"神鸟五色,言圣朝将继五行之箓,以御四海者也。"其后文又载慕容儁自谦之辞:"吾本幽漠射猎之乡,被发左衽之俗,历数之箓宁有分邪?"此"历数之箓"显然也就是群臣咸称的"五行之箓",当时似尚未将之与五胡相连,后来有把"五胡"与"五行"相配而相继膺箓之谶,即是由此发展而来。

② 此事不见于《晋书》卷一一二《苻洪载记》。

冉闵杀胡这种惊世之举①。

又《晋书》卷一一四《苻坚载记下》载其即位时，曾有术士王彤为之陈说图谶：

> 谨案谶云："古月之末乱中州，洪水大起健西流，惟有雄子定八州。"此即三祖、陛下之圣讳也。又曰："当有艸付臣又土，灭东燕，破白虏，氐在中，华在表。"案图谶之文，陛下当灭燕，平六州。愿徙洴陇诸氐于京师，三秦大户置之于边地，以应图谶之言。

此处已把"胡乱之末"明确称"谶"，其内涵发展上颇值注目的一点，是说苻氏以氐帅灭燕而兴，领有中原，而华夏人士则被摒于江表边地，可见这是胡乱趋于巅盛时的谶言。把上面这些谣谶综合到一起，即可体会其间孕育着五胡相继乱华而其运将终之说的雏形。

此说较为完整的样态，当已流行于前秦后期。《晋书》卷一一四《苻坚载记下》述苻坚被姚苌俘至新平缢死前事：

> 苌求传国玺于坚曰："苌次膺符历，可以为惠。"坚瞋目叱之曰："小羌乃敢干逼天子，岂以传国玺授汝羌也。图纬符命，何所依据？五胡次序，无汝羌名。违天不祥，其能久乎！玺已送晋，不可得也。"

姚苌自以为"次膺符历"，苻坚讥其并无"图纬符命"可据，故述

---

① 《晋书》卷一〇七《石季龙载记下》载冉闵攻石祇时，"道士法饶进曰：太白经昴，当杀胡王，一战百克，不可失也。"后文又载自季龙末年以来，冉闵与羌胡相攻，无月不战，"诸夏纷乱，无复农者。闵悔之，诛法饶父子"。是冉闵尽诛胡人，似有"大白经昴"之象为征，且有"道士"法饶为说，其时恐必引及"胡运将衰"之谶。"道士"在当时亦指沙门，僧人以"法"冠名其时多见，法饶之说与上述沙门吴进之语有相通处，可见佛教人士在当时这些谣谶传播中的作用。

"五胡次序，无汝羌名"。这就明确了五胡崛起在当时流行的某些图谶上有其名称位序①。苻坚所述玺已送晋一事则尤值玩味②：传国玺作为天命重宝南归建康，象征的是以往谶记所示"氐在中，华在表"之局已告终结；也就显示了五胡依次应箓合籙，至此实已运极道消，现在要揭开的是天命重归华夏的新时代。

从后赵之末的血流漂杵，至前秦平定北方大部，乱久之后稍得安定而人心思治，却又因其南伐华夏忽焉溃败，遂再陷乱局。五胡相继应箓而其运将终、大乱将止之谶，即是被这种跌宕起伏的苦难历程催化出来的，是晋末以来百年乱离民心思定的集中体现，也是由民心凝成的平难定乱、拨乱反正天意的集中体现。而其更为系统的表述，见于《晋书》卷八七《凉武昭王李玄盛传》：

> 义熙元年，玄盛改元为建初，遣舍人黄始、梁兴间行奉表诣阙曰："昔汉运将终，三国鼎峙，钧天之历，数钟皇晋……臣闻历数相推，归余于终，帝王之兴，必有闰位。是以共工乱象于黄农之间，秦项篡窃于周汉之际，皆机不转踵，覆餗成凶。自戎狄乱华，已涉百龄，五胡僭袭，期运将杪，四海颙颙，悬心象魏。故师次东关，赵魏莫不企踵；淮南大捷，三方欣然引领……"

李玄盛上表的义熙元年，已在拓跋珪再定国号为魏六年后，其内容

---

① 万绳楠整理的《陈寅恪魏晋南北朝史讲演录》第六篇"五胡种族问题"（一）"五胡次序"说已及此。黄山书社1987年版。罗新《十六国北朝的五德历运问题》一文对其所蕴五胡政权相继膺箓的内涵作了抉发。《中国史研究》2004年第3期。

② 《晋书》卷八《穆帝纪》永和八年八月、卷七九《谢尚传》皆载冉魏亡时，传国玉玺经其督护戴施、大将蒋干等人辗转送晋。《太平御览》卷六八二《仪式部三·玺》引《燕书》则载蒋干携传国玺诣晋求救，因"黄雾四塞，不得进，易取行玺始得去"。似当时东晋迎归者实为"行玺"而非传国玺。其事扑朔迷离，考虑到前秦必自有玺，前燕则有元玺年号，慕容永别有传国玺而形制不同，北凉又有神玺、天玺年号等事，苻坚所述"玺已送晋"之语，当可表明其已视东晋为正朔所在，而非魏晋以来传国玺之真实下落。参见［日］田中一辉《玉玺的行踪——正统性的冲突》，收入《第九届中国中古史青年学者国际会议论文集》，武汉大学，2015年。

典型地反映了在此前后北方的政治气候。表中所述"历数相推,归余于终"及"五胡僭袭,期运将杪",仍是五胡相继膺箓,冥冥之中有其定数的意思。五胡既依次膺箓,也就势必包含了膺箓完毕而气尽运终的内涵,而胡运告终又自然具有归复华夏之义。此表强调的"归余于终""期运将杪",即指出了这个转折点的来临。其中基于前秦以来有关谶记更进一步的内容,是强调了五胡为"闰"而"周、汉"为正,这不仅发挥了当年关中民望对苻洪所说的"继踪周、汉"之义,更揭示了五胡之后华夏复兴的理论依据,也就部分说明了苻坚所以会说送玺于晋的缘由。

"五胡运终"之谶作为前秦以来民心天意的集中体现,显然甚易与"当涂高"等其他谶记相连而发酵,又不能不兼具华夏复兴之谶的性质。五胡皆为闰位而气数已尽,自然会使顺应这类谣谶预言而崛起的王者,累加一重终结五胡统治,复行华夏正朔而拨乱反正的天职。另可一提的是,李玄盛表中接着五胡运终而述"四海颙颙,悬心象魏","象魏"固可泛泛指代朝廷,却又直接是世人熟知的"当涂高"之谶所指,在欲应此谶称魏为王的有心人那里,这自然是易作曲解之语。也就是说,时人言事上表每称"待罪象魏""心系魏阙"云云①,其实皆可像汉魏以来官职称"曹",以及歌谣词中有"汝曹奈何"等习语成谶那样,直接释为魏兴之征②。是故

---

① 《艺文类聚》卷六二《居处部二·阙》引"文子曰:老子云:身处江海之上,心在魏阙之下"。此典必常为人所用,且因其出老子之口而可现成释为谶记。又《文馆词林》卷六九五《东晋元帝改元赦令》有曰:"将以雪皇家之耻,荡鲸鲵之害,然后谢责象魏,归身藩臣,生死之志毕矣。"

② 《三国志》卷四二《蜀书·杜琼传》载谯周问其曹魏代汉之征,琼对曰:"古者名官职不言曹,自汉以来名官尽言曹,吏竟属曹,卒言侍曹。此殆天意也。"《晋书》卷二八《五行志中》载魏明帝时京师歌兜铃曹子,唱曰:"其奈汝曹何?"以此为曹氏将亡之征。所谓谶记不少皆如此附会而来。又《艺文类聚》卷六二《居处部二·阙》引梁陆倕《石阙铭》、沈约《建阙表》,皆以江左不立双阙,以牛头山两峰代之为"有欺耳目,无补宪章";"非所以经世成务,垂业后昆"。而北魏则有同曹魏高筑其阙,《魏书》卷二《太祖纪》载天赐时筑澶南宫,其门阙亦"高十余丈"。北魏刻意高筑门阙之举,显然是其应"当涂高"之谶国号为"魏"的产物,东晋刘宋不建双阙恐亦与此相关,而其间反差亦足成为有心者口实。

"五胡运终"而四海"悬心象魏",似已预示了此谶与"当涂高"等谶后来终于被相连解释的结局。无论如何,"五胡运终"和"当涂高"之谶一旦并联发酵,就势必同时放大其各自所具的政治内涵和影响,使膺此登位者更增真王临世而再造正统的神圣意味。这对五胡后期称魏为王者,尤其是对拓跋珪天兴元年再定国号为魏,应当也产生了重大影响。

论至五胡运终而真王出世,就不能不看到与"当涂高"之谶相连而传播的,还有"真人出"之谶。前已述石虎曾先后运用过"当涂高"及"天子自东北来"之谶,其"天子"二字亦作"真人"[1],说明两者曾一并流行于世。其实二谶早在曹魏代汉时即被相连而用,《三国志》卷二《文帝纪》裴注引《献帝传》载当时太史丞许芝条上曹魏代汉之谶,其中即有《易运期谶》曰:

> 言居东,西有午,两日并光日居下。其为主,反为辅。五八四十黄气受,真人出。[2]

若再往前推溯,"真人"之称多见于《庄子》《列子》,似是先秦道家针对儒家"圣人"而标举的另一种完人。稍后的方术之士则以之为水火不侵,与天地同寿的仙真之人[3],在东汉以来道经中,则渐定位为天上"神人"之下的地上治理者[4]。大概也正是自东汉以

---

[1] 《隋书》卷六九《王劭传》载其周隋易代时陈诸谶记祥瑞,引《易稽览图》有"五月贫之从东北来立"之语,释曰:"'贫之'当为'真人',字之误也。"是纬书本有此说。《晋书》卷九五《艺术黄泓传》载其永嘉乱后与高瞻避地幽州,说瞻附慕容廆有曰:"谶言真人出东北,倪或是乎?宜相与归之,同建事业。"亦然。石虎先用魏兴之谶而称魏王,后来改用"真人出"及"赵王"之谶,不用禅让而自行登位,亦表明"真人"在当时已寓圣王出世而干戈易代之义。

[2] 《三国志》卷二《魏书·文帝纪》载其延康元年七月甲午大飨六军及谯父老百姓于邑东,裴注引《魏书》曰:"设伎乐百戏,令曰:'先王皆乐其所生,礼不忘其本。谯,霸王之邦,真人本出,其复谯租税二年。'"可见禅位前曹丕即自以为谯出之"真人"。

[3] 《史记》卷六《秦始皇本纪》三十五年卢生说始皇之语。

[4] 参见王明《太平经合校》卷十八至三四《太平经钞乙部》之《阙题》、卷四二《丙部之八》之《九天消先王灾法第五十六》,中华书局1960年版。

来,"真人"又与先秦以来"大人""圣人"的某种含义相连而成谶①,著名的有预言光武帝出世的"白水真人"之谶②。上面所述汉末及石虎之事,则表明其在汉魏之际及永嘉乱后又已活跃起来。

关于"真人出"之谶对五胡群雄的影响,除前述石虎一例外还可举出一些。如《晋书》卷一一〇《慕容儁载记》载其登位所据之谶:

> 初,石季龙使人探策于华山,得玉版,文曰:"岁在申酉,不绝如线,岁在壬子,真人乃见。"及此,燕人咸以为儁之应也。③

在曾用"真人出"之谶的群雄中④,拓跋珪受此影响显然要来得更深。《魏书》卷一〇九《乐志》叙天兴以来掖庭中唱"真人代歌",即可为证。田余庆先生正是由此出发而论北魏国史的种种问题,且已指出:代歌以"真人"命名的原因当在谶记,其中最为重要的一

---

① 《开元占经》卷一四《月占四·月犯石氏中官一》引"《石氏》曰:月犯黄帝座,大人忧;其中黄帝座,大人易,天下乱"。是《石氏星经》中"大人"已近乎"天子"。赵在翰辑《易乾凿度》(钟肇鹏、萧文郁点校《七纬》本,中华书局 2012 年版)卷上记孔子曰:"大人者,圣明德备也……大人者,圣人之在位者也。夫大人者,与天地合其德。《易》曰:见龙在田,利见大人。又曰:飞龙在天,利见大人。言德化施行,天地之和,故曰大人。"是《易纬》将《易》卦爻辞中的"大人"释为"圣人之在位者",其义与"真人将起"之谶的"真人"相同。

② 参见[日]吉川忠夫《六朝精神史研究》第一部分"从汉走向六朝"第二章"真人与革命",王启发译,江苏人民出版社 2010 年版。

③ "申""酉"皆地支,故为连续两年之称,慕容儁燕王元年的前一年为戊申年,元年为己酉年,即"岁在申、酉,不绝若线"之所指。三年后其称帝的元玺元年适为"壬子"年,是为"真人乃见"。

④ 另如《晋书》卷一三〇《赫连勃勃载记》述其统万宫殿大成,"于是赦其境内,又改元曰真兴"。所谓"真兴",当时应寓"真人兴起"之意。又《晋书》卷六《元帝纪》末云:"秦时望气者云'五百年后金陵有天子气'。故始皇东游以厌之,改其地曰秣陵,堑北山以绝其势。及孙权之称号,自谓当之。孙盛以为:始皇逮于孙氏四百三十七载,考其历数,犹为未及。元帝之渡江也,乃五百二十六年,真人之应在于此矣。"此必孙盛《晋春秋》之语,似"真人出"之谶对司马睿建立东晋亦有影响。

条记载见于《魏书》卷一〇五之三《天象志三》皇始元年记事：①

> 先是，有大黄星出于昴、毕之分五十余日。慕容氏太史丞王先曰："当有真人起于燕赵之间，大兵锵锵，其锋不可当。"冬十一月，黄星又见，天下莫敌。

星占因多所预言而常为谶，故魏晋以来易代时，条上谶纬的多是太史官。《天象志》所载北魏开国之际的天象，应自《国记》据皇始以来晁崇等太史官的原始记录相传而来。当时显然是把"真人起于燕赵之间"的星谶，视为拓跋珪入主中原之征的，故上引文实际上是拓跋珪以"真人"自居的写照。

颇值注意的是，类此的天象和谶记在曹魏代汉时也已被运用。《三国志》卷一《魏书·武帝纪》建安五年末官渡战后记事有云：

> 初，桓帝时有黄星见于楚、宋之分，辽东殷馗善天文，言：后五十岁，当有真人起于梁、沛之间，其锋不可当。至是凡五十年，而公破绍，天下莫敌矣。

是曹操挟天子以令诸侯以来，即被认为应验了"真人出"之谶，这也就是前述曹丕亦自居"真人"，代汉时则同时列举"当涂高"与"真人出"之谶的由来②。同时还须看到，汉桓帝时殷馗的星占之辞，与《魏书·天象志三》载慕容氏太史丞王先的占辞，内容相当

---

① 田余庆先生《〈代歌〉、〈代记〉和北魏国史》一文已据中华书局点校本《校勘记》，指出《魏书·天象志三》《天象志四》皆出张太素书。在田先生出《拓跋史探（修订本）》时，还在文中补充了"真人出"之谶在东汉以来的渊源。生活·读书·新知三联书店2011年版。

② 《太平御览》卷一七八《居处部六·台下》引王嘉《拾遗记》曰："魏文帝时，黄星炳夜，乃起毕、昴，台以祀星。"是曹丕时黄星亦再现。

一致而套路略同，可见这类天象解释渊源有自[①]，实际上属于一个自有规则和传承、发展脉络的知识系统。这一点提供的启示是，从曹魏当年据"当涂高"和"黄星见，真人出"等谶以行易代之事，再到拓跋珪援引同类谶记定国号为魏而登位称帝，其间发生的不少雷同，恐怕正是这些谶记在这一百多年中相互缠绕演变，共同影响王朝易代现实的结果。

当然天兴前后的情况毕竟已与曹魏不同，其突出的一点，即"当涂高"等魏兴之谶及"真人出"之谶，现在已与"五胡运终"之谶并联发酵。《魏书·天象志三》在述上引黄星之征前，还有一段关于彗星的记叙：

> 太祖皇始元年夏六月，有星彗于髦头。彗，所以去秽布新也。皇天以黜无道，建有德，故或凭之以昌，或由之以亡。自五胡蹂躏生人，力正诸夏，百有余年，莫能建经始之谋而底定其命。是秋，太祖启冀方之地，实始芟夷涤除之，有德教之音，人伦之象焉。终以锡类长代，修复中朝之旧物，故将建元立号，而天街彗之，盖其祥也。

当时记录的这一星占和验辞，不仅把拓跋珪灭后燕而"建元立号"的活动，塑造成"黜无道、建有德"、吊民伐罪的圣主所为，且亦直接将之与五胡乱华"百有余年"，亟待"芟夷涤除"的使命联系了起来。不难看出其背后隐隐可辨而矗立着的，正是与"建元立号"相关的"当涂高"等魏兴之谶，以及预告圣主再世而大乱将止的"真人出"和"五胡运终"之谶。

[①] 《开元占经》卷九《日占五·日蚀早晚所主四》引《甘氏》曰："日将入而蚀，大人出兵，赵、燕当之，近期三月，远期三年。"前已指出"大人"与"真人"之说的关联，《甘氏星经》此占，可以说部分反映了殷钜与王先占辞所取本的来源。又《唐六典》卷四《礼部》郎中、员外郎掌诸祥瑞，原注"大瑞"即包括"黄星真人"。可见黄星与真人相连，其释至唐已为定说而修入格令，唯其"真人"之义已有所变化。

另外值得注意的是，前引文中的这一彗星占验之词，似又上承前秦太史官释其时星象所示燕、代气运而来。《十六国春秋辑补》卷三四《前秦录四》载建元九年四月太史令张猛为苻坚释天象有曰：

> 尾，燕之分野；东井，秦之分野。彗起尾、箕而扫东井，灾深祸大。此十年之后，燕灭秦之象。二十年后，当为代所灭。①

这段记载说明皇始、天兴之际的这类星谶，也像前举太史官释"黄星"一事那样，绝非凭空造作而是自有其知识系统为之支撑，是术士不断观天占测和追踪星象所示动态的体现。张猛释当时彗星之象为十年后"燕灭秦"，二十年后代灭燕之征，建议尽诛慕容暐父子及诸鲜卑酋帅，坚虽"不纳"，却于建元十二年发兵灭代，可见其君臣对此都是认真对待的。拓跋珪对之的态度要更为严肃，其登国元年草创之际"复为代王"，未始不是受此"代"将灭燕之谶的影响；尤其皇始元年亲率大军南下灭燕，上距建元九年适为二十二年，即显露了其顺应"二十年后"灭燕之谶的痕迹。

据《魏书·天象志三》所载，也正是此年六月彗星再现，上天若曰二十年后灭燕之期已到。其间是否巧合已难深究，但其灭燕之役自必因此而更天理昭然。只是现在形势已变，登国元年改代为"魏"以来，诸谶记流传演变之况，尤其拓跋珪所欲取而达成的目标均已与时俱进，也就不能再简单重复张猛所释，而须综诸谶纬符命，结合其胸中预期说此天意，这也就是《天象志三》释皇始彗星之徵所以如此的由来。而其内容应可确凿地表明，"当涂高"等谶的国号为"魏"之义，与"真人出"之谶的"圣主临世"意蕴，还有"五胡运终"之谶的"拨乱反正"内涵，至此确已相互缠绕

---

① 《晋书》卷一一三《苻坚载记上》亦载其事，张猛作"张孟"，其星占之辞甚简，唯有"彗起尾箕，而扫东井，此燕灭秦之象"十四字。

连为一体，共同构成了拓跋珪入主中原再定开国规模的重要思想基础。从这一点出发来观察，拓跋珪之所以一直自居为"大运所钟"的"革命之主"，当时其与崔玄伯等汉士谋臣之所以强调"旧邦新命"而尤重继往开来，天兴开国建制之所以格局气象更为宏大而刻意有别于五胡时期，也就庶几可得其运思入微而多所创辟的着眼所在了。

要之，在皇始、天兴之际据此再定国号时，"当涂高"等魏兴之谶至少已经历了一百多年的发展演变。其在曹魏代汉时，即与源头同样久远的"真人出"之谶相连运用，晋末以来两者似已若即若离，其各自内涵皆当有所分化、延伸。迨至丧乱已甚、血火洗劫之余而人心思治，"胡乱中国"的谣谚变而为"五胡运终"之谶，"真人出"已成有道圣王再出而平乱救世的预言，"当涂高"等魏兴之谶又因屡被胡汉群雄利用而影响愈大。到拓跋珪克邺灭燕入主中原，先前其改国号为魏的意义终于全部呈现，尤其是经崔玄伯等当世人杰的诠释发挥后，这三类久经衍化发育的谶记，才真正获得了可以一并落实其所寓意涵的王者和国度。就是说，到魏王拓跋珪所统魏国已成锐不可当之势，其原先凭以证明气运所在而骤改国号的"当涂高"等谶，也就注定要汇集和承载起"真人出"及"五胡运终"等谶的意涵，从而不仅可以继续说明其所受天命，更集中寄托了其平定大乱、重建正统的期许。现在回头再看前引崔玄伯国号议，其所以坚持国号为魏，以之为合乎"革命之征验，利见之玄符"之举，又喻拓跋珪为龙飞于天的九五至尊和吊民伐罪开建新朝的周武圣王，其背景、用意大略在此。而其所说的"征验""玄符"，也正是按其当时通行之义，来特指"当涂高"等据以确定国号为魏而内涵则已更为宏富的谶记，以及与之相应的黄星之瑞的。

三 "代、魏之辩"及其背后的政治博弈

至此已可确认，在考虑北魏国号问题，理解当时设计施行的整

套制度时,"当涂高"等谶记所示,实际是一种影响最为直接而不可或缺的要素。对于本来就与此相应的一系列建制,也包括"代、魏之辩"之类的问题来说,一旦离开了这一要素作释,就不免隔了一层而多滞碍,也就难以厘清、阐明各种现象背后的事实。一言以蔽之,拓跋氏定国号为魏的直接原因,无非如魏晋以来易代立国者之所为[①],是要应谶以示其为天命、人情所归。而在其背后发挥作用的,正是前面所述谶纬在汉以来王朝正统理论体系中的重要地位,以及"当涂高"等谶在魏晋以来的流行和在五胡时期明显增大的影响。至于前人研究所示拓跋氏当时何以定国号为魏的种种实际需要,事实上也首先是与这些谶记相连来加以考量和取舍的。

天兴元年再议国号的缘起即如此。其时拓跋氏已入据中原,称帝在即,确有检讨既往国策,再定未来规制的必要。其所以并不直接沿用已达十多年的"魏"号,而命群臣再议,一个重要的缘由是东晋遣使前来[②],目的则不外是要部分恢复当年拓跋猗卢被封代王时双方建立的关系[③]。这就骤然凸显了称"魏"、称"代"的不同现实含义。大体说来,称"代"即接过西晋的封号,继承桓、穆二帝以来的政治遗产,且便在东晋及北方诸拥晋力量间纵横捭阖;而应"当涂高"等谶继续称"魏",就势须强调此谶包含的代汉而兴、王

[①] 如《宋书》卷二七《符瑞志上》载东晋元帝登位之兆,吴亡后江东犹有帝王气,有谣言曰:"五马游度江,一马化为龙。"又有谶书曰:"铜马入海建业期。"又载晋宋易代时太史令骆达奏陈天文符谶,引《金雌诗》云:"磊火有心水抱之,悠悠百年是其时。"释曰"火,宋之分野;水,宋之德也"。《南齐书》卷二八《崔祖思传》:"宋朝初议封太祖为梁公,祖思启太祖曰:'谶云:金刀利刃齐刘之。今宜称齐,实应天命。'从之。"《梁书》卷五一《处士陶弘景传》载"义师平建康,闻议禅代,弘景援引图谶,数处皆成'梁'字,令弟子进之"。凡此足见其时易代及定国号每据图谶之况。

[②] 前引何德章先生之文已指出了这一点。

[③] 《魏书》卷二《太祖纪》皇始元年:"是岁,司马昌明死,子德宗僭立,遣使朝贡。"其后文载诏议国号在天兴元年六月丙子。《魏书》卷二四《崔玄伯传》载天兴元年国号议的缘起:"时司马德宗遣使来朝,太祖将报之,诏有司博议国号。"其事不见于《晋书》卷一〇《安帝纪》,然以江东政权当时邻接后燕、南燕的地缘关系推之,安帝遣使远交近攻颇有可能,只是其绝非"朝贡"罢了。

者崛起之义，亦即无视晋的存在而仍标举华夏。尽管两者均可兼有终结五胡之乱而恢复正统的内涵，但为魏必含承汉之义，称代则属得国于晋，是称魏还是称代？东晋来使此时触发的，便是这个关系到拓跋氏所承符命统绪和政治资源，连同今后国策选项的重大问题。

现在再看《魏书》卷二《太祖纪》载天兴元年六月丙子"诏有司议定国号"之事，即可看出其集中体现了这两种不同的选择，及其背后存在的政治博弈：

> 群臣曰："昔周秦以前，世居所生之土，有国有家，及王天下，即承为号。自汉以来，罢侯置守，时无世继，其应运而起者，皆不由尺土之资。今国家万世相承，启基云代。臣等以为若取长远，应以代为号。"诏曰："昔朕远祖，总御幽都，控制遐国，虽践王位，未定九州。逮于朕躬，处百代之季，天下分裂，诸华乏主，民俗虽殊，抚之在德。故躬率六军，扫平中土，凶逆荡除，遐迩率服。宜仍先号，以为魏焉。布告天下，咸知朕意。"

"群臣"之所以力主称"代"，除其他可能的理据外①，是要特别强调拓跋珪的王业承自神元帝以来的云代之地，尤其是桓、穆二帝被封的代国，以此扣合尧舜以来至于三代的"无土不王"之典，其所反映的很像是大人豪酋利在封建继及的立场②。但以"宜循先号为

---

① 前述前秦太史令张猛为苻坚释彗星之象，其中二十年后燕为代所灭的预言，即应是天兴元年议国号时"群臣"欲"以代为号"的凭据之一。

② 《史记》卷一六《秦楚之际月表》序，感慨秦末陈涉、项羽、刘邦更替为王和汉家受命之事，盛称高帝"愤发其所，为天下雄，安在乎无土不王"？是"无土不王"说汉初以来已甚流行，其目的是要掐灭布衣平民像陈胜、刘邦那样"奋发其所，为天下雄"的念头。《史记集解》此条引《白虎通》曰："圣人无土不王，使舜不遭尧，当如夫子老于阙里也。"可见"无土不王"说到东汉已发展为官方确认的一种口径，前面所述五胡群雄定国号以应谶合箓，每以地缘、分野为据，也受到了此说的影响。而天兴诸北族大人既欲封建世继而不乐皇权专制，自尤须凭此为据。遂有鉴于汉末曹操"应运而起，不由尺土之资"，西晋则反其道而复古分封的历程，在国号议时着力菲薄"汉以来"之事而崇扬三代分封之法，其中实已含有反对国号为"魏"而主张承晋称"代"之义。

魏"为最终结论的诏文，则把拓跋氏践位之源溯至远祖，既以合乎"无土不王"之义，更着眼于"当涂高""真人出"及"五胡运终"之谶所示，刻意凸显拓跋珪为顺天应人、平乱救难的命世之主，所传递的应是其亟欲强化自身地位，厉行皇权专制的倾向。

对照《魏书·太祖纪》上引文与当时定国号的其他记载，即可明白拓跋珪此诏要旨，正来自前文所提到的崔玄伯之议。《魏书》卷二四《崔玄伯传》载其议全文处处针对上面所引"群臣"之语发论，亦可佐证"群臣"主要是指北族"大人"。其中最关紧要的陈述，是说"国家虽统北方广漠之土，逮于陛下，应运龙飞，虽曰旧邦，受命惟新"，故亟应把"登国之初，改代曰魏"的定策贯彻到底。就是说，应谶而定国号为"魏"，象征的是拓跋珪重新"受命"而继往开来，也就尤其必须起用新人、革新政治而开创新局①。崔玄伯之议基于"当涂高"等魏兴之谶而活用"旧邦新命"之典，实际已把拓跋珪比同革命易代的周武王②，其所树之义更切实际，也更堂皇高远而合乎拓跋珪当时的胃口。与此同时，对"群臣"出于自身立场，以圣王封建屏藩压近世罢侯置守，把三代"无土不王"和汉魏"应运而起"对立起来的看法，崔玄伯此议也作了开解调和，并且建议国号仍可代、魏并称犹如殷、商。这又兼顾了双

---

① "虽曰旧邦，受命惟新"一语，典出《诗·大雅·文王》"文王在上，于昭于天，周虽旧邦，其命惟新"。历代释此"新命"，或如《礼记·大学》将此与"汤之《盘铭》'苟日新，日日新，又日新'"及《康诰》"作新民"之说相互发明。或如《孟子·滕文公·上》劝人效法文王而修治礼义，以为"子力行之，亦以新子之国"。或引《易传·系辞上》"日新之谓盛德"而生生不息为说。玄伯显亦以此喻拓跋珪，珪南征灭燕时称"何恤乎无民"而重用汉士，上引定国号诏文处处以盛德开创之主自矜，固然是应"当涂高"与"真人出"及"五胡运终"之谶而来，但其实质性内容在此。

② 《魏书》卷二《太祖纪》载皇始二年八月伐燕，诸将因时疫咸思还北，帝曰："斯固天命，将若之何！四海之人，皆可与为国，在吾所以抚之耳，何恤乎无民！"又载九月甲子晦，太史令晁崇以"昔纣以甲子亡，兵家忌之"，称进兵不吉。帝曰："纣以甲子亡，周武不以甲子胜乎？"所谓"抚之在德"，即为上引定国号诏文要旨；"周武以甲子胜"，说明拓跋珪当时已自比圣王。皇始二年八月以来崔玄伯已为黄门侍郎参掌机要，草创制度，此类言论背后必有其影响在内，当时诸大政包括定国号诸事，其亦与帝反复筹之。

方立场，遂被拓跋珪通盘接受。

　　在称"代"或"魏"的问题上，"群臣"强调"国家万世相承"而"启基云代"，与拓跋珪及崔玄伯越过云代，直溯其源于"幽都""广漠"，二说看似相类而重点不同，当可视为双方分歧的要害所在。神元帝力微据有云中以来，拓跋君位传子制方启其渐而仍多兄终弟及，与晋联手抗胡而被封为大单于及代公、代王的桓、穆二帝，在拓跋珪此时清理和确认的君位传承世系中，本是旁系而非直系①。在此背景下，强调桓、穆帝创辟代国的重要性，等于是强调君位兄终弟及的价值，隐隐是要维护和延续拓跋君长的推举传统。这与拓跋珪现在力欲明确父子直系相继的君位传承秩序，以建立专制皇权为中心改造以往政治和社会体制的意图，显然是尖锐对立的。而强调"国家基业"始自远祖，不啻是说代国的创立同属先辈基础上的产物，桓、穆二帝的功业，由此即被泛化和湮没于历代祖宗功业的一长串清单中了。

　　当时有两件事佐证了拓跋珪和崔玄伯确是如此运思谋划的：一是在天兴元年所建庙制中，桓、穆二帝明确不在太庙和宫中五帝庙祭祀之列，甚至也未入云中、盛乐神元以下七帝之祀，而只是在端门内祀诸"祖神"时有其地位②；另一即是天兴元年虽定国号可兼称"代、魏"，对外及四方宾贡却仍一律称为"大魏"③，其主、次关系即强调拓跋珪已为魏帝而重新受命，是表达得相当清楚的。因

---

　　① 参本书第五章"天兴庙制所示拓跋早期'君统'与'宗统'"，以下所述庙制部分亦参此。
　　② 《魏书》卷二《太祖纪》载天兴元年十二月帝登大位，"追尊成帝已下及后号谥"；卷一《序纪》载拓跋源出黄帝少子昌意，其后裔始均入仕尧世，自此六十七世而至成帝，又历二十八帝至道武帝；卷一〇八之一《礼志一》则载天兴二年定有四套庙祭之制：太庙祀神元、平文、昭成、献明帝，宫中五帝庙增思帝，云中、盛乐祀神元以下七帝，端门内祀诸祖神。据其太庙及宫中五帝庙强调直系传承之意，可推云中、盛乐七帝之祀应增文帝、烈帝，端门所祀则为包括桓、穆在内的成帝以来二十八帝，及于成帝以前六十七世。
　　③ 《魏书》卷二四《崔玄伯传》载其议上后，"太祖从之，于是四方宾王之贡，咸称大魏矣"。是当时虽许"代、魏"并称而对外皆以"魏"称之。《魏书》卷一〇八之一《礼志一》载天兴元年道武帝登位告天祝文，称"惟神祇其丕祚于魏室，永绥四方"。亦然。

而有一点亦需在此指出，《魏书·太祖纪》载天兴元年定国号诏末云："宜仍先号，以为魏焉，布告天下，咸知朕意。"这说明此诏不可能再含有"代、魏"仍可兼称的内容[①]，仍许称"代"的变通，应稍后由别敕，或以类于胡汉双轨制的形式予以体现[②]。这就提示了文献及考古发掘所见"代、魏"兼称诸多实例的特定意蕴：正如北魏此后历史一再发生的那样，沿用或强调代北旧俗的背后，往往存在着抵制汉化的保守倾向和相应的政治诉求。诸大人豪酋在国号之议时表达出来的主张，当时虽已通过代、魏仍可兼称之类的安排而予部分落实[③]，但到天赐以来国策急剧转向守旧之时[④]，实有很大的可能增加称"代"的权重[⑤]。

当然称"魏"、称"代"所寓内涵亦多有交叉重合，这说明其

[①] "宜仍先号"与"代、魏兼称"显有出入。《资治通鉴》卷一一〇《晋纪三十二》隆安二年六月丙子载北魏议国号之事，不取《太祖纪》诏文而节《崔玄伯传》之议，末述"珪从之"。似正是想弥合其间的问题。

[②] 北魏开国以来确有两套制度并行，一套仿照华夏王者及汉魏以来之制，一套沿自旧俗。诸礼制、官制等类皆如此各有变通。最为典型的如南郊祭天用"周典"，表明其身为华夏正统天子；西郊祭天是其为北族共主的体现，《魏书》卷一〇八之一《礼志一》载其仪节"为方坛，置木主七于上"，"选帝之十族子弟七人执酒"，由女巫主持。这大概是从神元帝以来的部族联盟相沿而来，是联盟内部推举共主，以示命运与共的仪式。《礼志一》又载当时凡旧俗之祀帝多亲临，仿汉之祀则多遣官代祭，亦体现了内、外有别的用意。

[③] 前引何德章先生文，即举马衡先生《北魏虎符跋》（《考古通讯》1956年第7期）述1925年大同东北所出八枚北魏虎符不著国号的现象，认此为"国号问题争论不定"的反映。但据登国以来各国俱称拓跋氏为"魏"，天兴元年崔玄伯及道武帝皆言"宜仍旧号为魏"，可见当时国号并非争论不定。这些虎符不著国号，更有可能是国号为"魏"而掌兵大人仍甚重"代"，或天赐以来增加称"代"权重而"魏"号仍存的结果。

[④] 参见何德章《北魏初年的汉化制度与天赐二年的倒退》，《中国史研究》2001年第1期。

[⑤] 《隋书》卷一九《天文志上》载天兴初命晁崇修浑仪，明元帝永兴四年成之，其铭文开头即称"于皇大代，配天比祚"。这是较早以"大代"为北魏国号的事例。《魏书》卷三五《崔浩传》载太武帝时有术士奏改"代"为"万年"，崔浩驳之；又载崔浩为人写《急就章》而改"冯汉强"为"冯代强"，皆可证此前称"代"应已与"魏"相当甚且更为突出。山西省考古研究所等《大同操场城北魏建筑遗址发掘报告》（《考古学报》2005年第4期）述其一号遗址应为北魏宫城所在，出土有"大代万岁"瓦当，时期约在献文帝至孝文帝时，另有"皇魏万岁"瓦当，制作较为粗糙，时期可能稍早。似亦蕴含了这类变化。至于这方面的其他例证，除"皇代"本指"朝代"，为历代的自我美称不应计入外，碑刻墓志称拓跋魏为"大代"或"代、魏"并称之例，不仅都在天赐以后，绝大部分皆在北魏后期。

时允许"代、魏"并称不止是一种"让步",而亦出于某种共同的立场和利益。尤其是在看待拓跋珪当时锐意推出的诸多新制时,对此更需要加以注意。比如,称"代"不仅强调了桓、穆二帝所创代国为本朝王基之始,而且有利于其接过西晋的正统地位。即西晋亡后,正统应由受其所封,且曾相盟抗胡的代国继承。这与"称魏代汉"几乎无视西晋的态度有别,但在否定东晋为神州正朔这一点上则完全一致。

事实上,否定东晋的正统地位,自平文帝及于天兴开国以来,堪称拓跋氏的一项长期延续的国策。而其相当一部分理据,实来自代国受封于西晋[①]。《魏书》卷一《序纪》载平文帝在位之事:

> 二年,司马睿僭称大位于江南……五年,僭晋司马睿遣使韩畅加崇爵服,帝绝之。治兵讲武,有平南夏之意[②]。

东晋元帝遣使代北,自因拓跋氏曾受晋封。来使姓名凿凿,是要表明其事并非虚构。且其前文已载平文帝即位次年曾大破刘虎,号称

[①] 《魏书》卷一〇八之一《礼志一》载孝文帝太和十四年因丘泽配尚再议行次,结论是:"神元与晋武并时,桓、穆二帝仍修旧好。始自平文,逮于太祖,抗衡秦、赵,终平慕容。晋祚终于秦方,大魏兴于云朔。据汉弃秦承周之义,以皇魏承晋为水德。"即总结了长期以来这一国策的理据所在。至于其改天兴以来的土德为承晋水德,一因其时距北魏开国已近百年,当年道武帝和崔玄伯坚持要应"当涂高"等谶定国号为魏而明其行次的理由,至此已大都消失或被淡忘。二因道武帝以来长期尊平文为"太祖",天赐以来称"代"权重增强,承晋正统的观念亦近百年而已深入人心。不过承晋水德毕竟仍与拓跋氏自承黄帝之后而国号为魏等事扞格,故孝文帝虽最终下诏认同承晋水德,却也坦承"越近承远,情所未安,然考次推时,颇亦难继"。即上承西晋仍有不妥,但直承秦、燕更难接受,其态度近乎"两害相较取其轻"。

[②] 此处所载"司马睿僭称大位",与其前文记刘聪死后"渊族子曜僭立"史笔相同,与《魏书·太祖纪》载拓跋珪八年"慕容垂僭称燕王",登国元年"慕容垂僭称皇帝于中山"等,皆属同一史法。"僭晋司马睿"之称则与此不同,其显然寓有以晋为正而司马睿为篡之意,故《魏书》中并无"僭汉""僭赵""僭燕"之说,其多达十几处"僭晋"之称必有义例。此例依据的是天兴以来代、魏并称以兼承西晋正统的决策,故其实有可能自邓渊《国纪》以来即然,即魏收所书亦不得谓非。刘知几《史通·内篇》卷四《称谓第十四》视此为魏收"自我作故,无所宪章",这种评论与其前文讥《序纪》载二十八帝为沐猴而冠一样不得要领。

"西兼乌孙故地,东吞勿吉以西,控弦上马将有百万"①。而在不到一年前,也就是前引《晋书》卷一〇二《刘聪载记》述刘聪太史令康相为其分说"天下三分"之象时,又释当时"客星入紫宫"之异有曰:

> 汉既据中原,历命所属,紫宫之异,说不在他。此之深重,胡可尽言?石勒鸱视赵魏,曹嶷狼顾东齐,鲜卑之众,星布燕代。齐、代、燕、赵,皆有将大之气。愿陛下以东夏为虑,勿顾西、南……

这里赵指石勒,齐指曹嶷,燕、代显然分指慕容、拓跋。是当时术士已据星象预言代国"将大"②,各地同观此象而精擅星历者,虽各有立场而释之不无差异,但其大体当为天下纷乱、群雄有为之征应无二致。在此背景下,平文帝既上承晋封之"代",麾下控弦甚众,其油然而兴"平南"之思,因此而称乱中登位且有"牛继马后"之嫌的东晋元帝为"僭"③,绝其来崇爵服之使,自属情理中事④。

至天兴开国之际,东晋安帝复又遣使前来,现存文献中虽不记当时如何回复,但既议定国号为"魏"而仍可称"代",即可断定

---

① 其又载是年前赵刘聪死,刘曜乱中登位而杀晋愍帝,帝闻讯顾谓大臣曰:"今中原无主,天其资我乎?"与后文述帝"治兵讲武,有平南夏之意"相呼应。
② 前述前秦太史令张猛为苻坚释天象时,即曾提到十年之后燕当灭秦,二十年后代将灭燕。则前秦建元九年天象已示"燕、代将大"之征。
③ 见《魏书》卷九六《僭晋司马叡传》。《晋书》卷六《元帝纪》亦述曹魏明帝时张掖所出"玄石图"示"牛继马后"之谶,及元帝为牛氏私生子之说。是其自北朝相承至唐仍被采信。《旧唐书》卷一〇二《元行冲传》载其出元魏国姓,撰《魏典》(即《后魏国典》)三十卷,改释继"马"之"牛"为拓跋昭成帝什翼犍之"犍",则为西晋亡后代国承统之说的变种。
④ 《北史》卷五六《魏季景传》附《魏澹传》载其隋时重修《魏书》,义例与魏收多所不同,其三以为道武帝追谥二十八帝为不典,而平文、昭成、献明三帝称谥可也。其中提到"平文、昭成,雄据塞表,英风渐盛,图南之业,基自此始"。是其虽疑北魏先世之事,仍以平文帝为拓跋代"图南基业"的奠基人。

天兴君臣必会一致贬低东晋地位，双方的这次接触实在无法谈拢。《魏书》卷三二《崔逞传》所载即可为之佐证：

> 天兴初，姚兴侵司马德宗襄阳戍，戍将郗恢驰使乞师于常山王遵，遵以闻。太祖诏逞与张衮为遵书以答。初，恢与遵书，云"贤兄虎步中原"，太祖以言悖君臣之体，敕逞、衮亦贬其主号以报之。逞、衮乃云"贵主"。太祖怒曰："使汝贬其主以答，乃称'贵主'，何若'贤兄'也！"遂赐死①。

因礼节性的"贵主"之称而将元勋谋臣张衮贬为尚书令史，崔逞则罪至赐死，反映了拓跋珪当时因对"君臣之体"分外敏感，以致反应过度而亟欲"贬其主号"的激烈态度②。而其之所以为"君"的依据之一，还是因其直承桓、穆以来的代国基业，是与其国号亦可称"代"的事实联系在一起的。

经上讨论可见，天兴元年定国号为魏又可代、魏兼称，既是拓跋珪与崔玄伯主导开国规模，按"当涂高"等谶所寓圣王受命之义来再造正统而开新局面的产物，也是在一系列政治需要与可能之间综合考量和平衡的结果。应当指出，拓跋珪与北族诸大人在初定中原时确有深刻矛盾，但同时也因初定中原而存在着一致对外的共同立场和根本利益，即便在其锐意仿行汉制最甚的皇始、天兴之际，对此也绝不应低估。由此也就带来了其开国建制的一个重要特色，即力图综合"魏、代"之称所蕴内涵，使其措置在突出国号应谶为

---

① 《魏书》卷二四《张衮传》载其为拓跋珪入主中原的主要谋臣，因此"黜衮为尚书令史"。前引何德章先生《北魏国号与正统问题》一文已考郗恢求援事在天兴元年九月以前。

② 《晋书》卷一〇六《石季龙载记上》述"李寿将李宏自晋奔于季龙，寿致书请之，题曰'赵王石君'。季龙不悦，付外议之"。中书监王波以为宜答之，并赠楛矢，于是遣宏，备物以酬之。"李宏既至蜀汉，李寿欲夸其境内，下令云：'羯使来庭，献其楛矢。'季龙闻之怒甚，黜王波，以白衣领中书监。"《十六国春秋辑补》卷一七《后赵录七·石虎》亦载此事而系于建武六年。石虎之怒即后来拓跋珪之怒，其怒尤甚是因为拓跋珪亟欲建立专制皇权体制而阻力亦甚。

"魏"主旨的同时，亦兼顾了其亦可称"代"所意味的某些成分，而旨归则是双方皆须首先以拓跋自身发展为本位来巩固统治。

其典型如当时处理切关本朝气运的"行次"问题，《魏书》卷二《太祖纪》载天兴元年十二月己丑，拓跋珪正式登位称帝，大赦、改年、尊祖后即"诏百官议定行次"：

> 尚书崔玄伯等奏从土德，服色尚黄，数用五，未祖辰腊，牺牲用白，五郊立气，宣赞时令，敬授民时，行夏之正。

此次所定行次，即承"当涂高"之谶以魏代汉而"从土德"[1]，从而以此上继周汉尧舜相承之次，又兼顾了承接前秦火德的用意[2]，以符五行相生次序的"火生土"。

接下来，因土居中色黄而定"服色尚黄，数用五"，自属理所当然。只是其既然"服色尚黄"，则何以"牺牲用白"？又要行水德尚黑的夏历呢？其部分原因当由拓跋珪既定国号为"魏"，遂须一并取鉴曹魏代汉故事[3]。《宋书》卷一四《礼志一》载曹魏文帝

---

[1] 汉初定行次为水德，至武帝时改为土德，两汉之际从汉家尧后说改为火德，至王莽自托舜后而代汉。参见杨权《新五德理论与两汉政治——"尧后火德"说考论》之"绪论"，中华书局2006年版。

[2]《宋书》卷二七《符瑞志上》载曹魏代汉之际，博士苏林、董巴条奏符命，即有"魏得岁与周文、武受命相应"之说，又以为"今魏亦以土德承汉之火，其于行运合于尧舜授受之次"。故曹魏定行次为土德，即所以上承周汉尧舜。《魏书》卷一〇八之一《礼志一》载太和十四年八月诏因丘泽配尚而再议行次，高闾等逐一叙述汉以来行次相生，至天兴定为土德而继承前秦。其说当亦有据，故其建议仍承前秦火德而为土德。而李彪等则以承秦为非，力主改为水德以承晋金德，前已指出孝文帝皆觉不妥而仍从之。其实天兴元年所定土德，首先以此顺应了"当涂高"等谶所示国号为"魏"的代汉之义，也就一并接了曹魏土德亦承周火德和上继尧舜之意，同时兼有取代前秦火德而生土德的意思。这就最大程度地弥合了行次问题上各种可能出现的矛盾，但天赐以来守旧势力大盛而汉化势头遭受重挫，北魏上承五胡前秦的一面或亦趋于突出，到孝文帝亟欲改变这一状态时，也就淡忘或顾不上拓跋珪与崔玄伯考虑行次的这些精微之处了。参见罗新《十六国北朝的五德历运问题》，《中国史研究》2004年第3期。

[3] 当然曹魏代汉故事亦有对以往故事的借鉴，如服色尚黄而牺牲用白，即为自承舜后同以土德代汉火德的王莽禅代故事。见《汉书》卷九九上《王莽传上》末载其定国号及正朔、服色诸事。

代汉时，即自承尧、舜、禹禅让故事而兼取三代之长，诏"行夏之时"，文物典章"随土德之数"，服色尚黄，"腊以丑，牲用白"①。当时其所以要"行夏之时"，是因为经典中有"夏数得天"之说②。"服色尚黄"和"牺牲用白"，则有刘歆《三统历谱》的"三正周复"之义为据，大意即汉为火德、人正、赤统，代汉之魏承以土德而为地正、白统，故牺牲色宜用白。也就是说，行夏之时、服色尚黄、牺牲用白看似矛盾，内里却是被统一于儒经所示三代之制，以及基于五行学说而着力对此作出发挥的三统论之下的。无论是曹魏还是北魏，如此定制的实质，都是在以当时最为权威的政治理论和行次学说来证明本朝为天下正统。

显然，既应"当涂高"代汉之谶而定国号为"魏"，就势必要在天兴开国规模时，贯彻此谶、此号所寓含义和要求，使本朝地位得到正统理论体系的有力支持。不过当时所定"未祖辰腊""五郊迎气"等制毕竟仍与曹魏不同③，其国号又因种种原因而"代、魏兼称"。更为重要的是，曹魏是以禅让代汉，故其所定诸制大略因循，甚至不改正朔而留下种种问题。这又与拓跋珪定乱复国、灭燕

---

① 其载文帝当时引《论语·卫灵公上》"行夏之时，乘殷之辂，服周之冕"之语，遂"行夏之时"仍从汉历而不改正朔，于服色则初定"每四时季月，服黄十八日"。尚书令桓阶等奏请服色尚黄，但牺牲用白与不改正朔有所扞格，以为宜改正朔以明汉命已革。文帝诏答："服色如所奏，其余宜如虞承唐，但腊日用丑耳，此亦圣人之制也。"这是因为其仿效尧舜受禅于汉，故诸制亦当如舜以因循为主，至明帝时方改正朔、行新历而再定其制。参见《三国志》卷三《明帝纪》景初元年三月条及裴注引《魏书》与松之按语。

② 《左传》昭公十七年："火出，于夏为三月，于商为四月，于周为五月。夏数得天。"杜注："得天正。"意即得天四时之正。《逸周书·周月解》："万物春生夏长，秋收冬藏，天地之正，四时之极，不易之道。夏数得天，百王所同。"

③ "未祖辰腊"即祖祭于未日，腊祭于辰日。据《宋书》卷一四《礼志一》和卷一二《律历志中》及《初学记》卷四《岁时部下·腊第十三》引《魏台访议》《晋宋旧事》《魏名臣奏》之文，汉行火德时以戌日腊祭，曹魏祖用未日，腊用丑日；晋则祖以酉日，腊以丑日。至于"五郊立气，宣赞时令"，据《后汉书》志八《祭祀志中》及《晋书》卷一九《礼志上》，东汉始承两汉之际有关做法，立五郊兆，于四孟月及季夏择日各迎节气，祭祀方帝，读时令。而魏晋惟立四郊，亦无迎气之制，读五时令则减为读四时令。是天兴所定祖、腊祭日与五郊迎气之制皆自有考虑，参用汉制而与魏晋不同。

开基的气象，与其自比周武王"革命放杀"而开立新朝的易代路径，存在着根本不同①。显然，拓跋珪及崔玄伯胸中所筹，绝非是要单纯依仿曹魏，更罔论心向曹魏，而是有着更为宏大和内涵丰富的考量。天兴元年所定诸制，其根本宗旨就是不跟在曹魏屁股后面亦步亦趋，其中一个方面即是综据"当涂高""真人出""五胡运终"等谶所示，全面翻新大魏王朝之所以为"旧邦新命"的内涵，同时亦不免会要兼顾国号又可称"代"所意味的诉求和需要。

《魏书》卷一〇八之一《礼志一》载天兴元年定行次之事，即与《太祖纪》上引文详略不同：

> 群臣奏以国家继黄帝之后，宜为土德；故神兽如牛，牛土畜；又黄星显曜，其符也。于是始从土德，数用五，服尚黄，牺牲用白。

这里的"群臣"，显即上引《太祖纪》所述的"崔玄伯等"，其文则交代了当时玄伯等奏从土德的依据：一是拓跋氏本为黄帝之后②；二是拓跋献帝率部南徙途中曾遇"九难八阻"，幸得神兽导引"历年乃出"③；三是皇始元年及其前一段时期，皆有"黄星"出于燕代之分，显示"真人"将出④。这些都表明北魏行次土德，不只是据曹魏代汉故事，而是自有一系列基于拓跋历史的独立证据。其显

---

① 前引孙同勋先生书中认为："拓跋氏建号为魏，实出代魏承汉之旨，以其国统上承于汉，根本不承认曹魏与两晋之存在。"其说与天兴建制事实扞格难通。何德章先生《北魏国号与正统问题》一文则以清河崔琰、崔林皆为汉末曹魏创立的功臣，其家族盛于曹魏，故其后裔崔玄伯之所以力主国号为魏，亦与此一渊源及汉士向往汉魏制度文化相关。这确是问题的一个方面，但要将之释为崔玄伯力主国号为魏的动机，其说仍恐有所未安。
② 汉魏以来黄帝与土德及黄星之祥本相关联，如王嘉《拾遗记》卷一《轩辕黄帝》述黄帝"以戊己之日生，故以土德称王也。时有黄星之祥，考定历记，始造书契，服冕垂衣，故有衮龙之颂"。程辑《汉魏丛书》本，吉林大学出版社1992年版。
③ 二端详见《魏书》卷一《序纪》。
④ 《魏书》卷一〇八之一《礼志一》载太和十四年八月诏议行次，高闾等议，即称天兴定魏土德，"又五纬表验，黄星耀彩，考氏定实，合德轩辕"云云。即概此数端而言。

然已把"当涂高"等魏兴之谶连带的国号及其土德代汉之序,与鲜卑语"拓跋"为"土后"之义①,与其注定要从幽都广漠南徙至代北云中的神兽导引传说,与五胡时期预言"代"国将大的诸多星征糅到了一起。

这样,天兴元年决定北魏行次土德和服色尚黄这一正统受命象征的,已远不止是登国元年应"当涂高"等谶改"代"为"魏",现在再继续仿行"曹魏代汉"故事的结果;更是拓跋氏源出黄帝后裔,由上天导引至代北壮大起来建立代国,并且伴有种种神异征兆的必然。从中不难体会其重要的功能之一,是要使代、魏之号一并适于"土德",以便进一步打通代、魏直至幽都广漠时期一脉相承的历史,使其前后各个阶段之间不再可以相互否定②。这就更为完整地体现了国号为"魏"又可称"代"的政治内涵和用意。由此亦可看出,对锐意开创新制的拓跋珪和立场保守的北族大人来说,"代、魏兼称"的名号背后,蕴含着其间达成妥协、共识的更多事实。除一致否定东晋地位外,双方亦可在拓跋氏历史传统的总结、梳理及相关制度安排上多有兼容。而崔玄伯等汉人谋士从事的制度设计,也正须于此落脚,方得真正有所作为,也才能帮助拓跋珪完成继往开来的历史使命,而不致早早牺牲于对立而多变的胡汉集团派别之争③。

综上所述,行次定为"土德"而服色尚黄,在曹魏当年固是其

---

① 《魏书》卷一《序纪》:"北俗谓土为托,谓后为跋,故以为氏。"这应当是拓跋氏托为黄帝后裔的因缘之一。罗新《论拓跋鲜卑之得名》一文对"拓跋"语义作了较详考证,认为鲜卑语中以此为"大地之主"的含义,"可能有包含真实历史线索的一面"。《历史研究》2006年第6期。

② 拓跋早期历史包括各阶段首领地位,各部所传常有不同,其间不无对立冲突。而黄帝之裔、神兽导引及黄星显曜之说,必是当时各部可共同接受的内容,《序纪》所述则应是天兴以来陆续形成的官方口径。详见本书第六章《〈元和姓纂〉所叙拓跋昭成帝及其子孙史事"。

③ 天兴定制群臣中,邓渊、晁崇皆不久被害,董谧、王德下落不明。唯总裁其事的崔玄伯或涉险而终无恙,至明元帝时仍为所重,于泰常三年寿终正寝。《魏书》卷二四《崔玄伯传》载其参与决策,陈古人制作之体"甚合上意,未尝謇谔忤旨,亦不诡谀苟容",以此为其"独无谴者"的原因。其中意味,颇值深思。

取代汉朝这一客观事实导致的必然,但到拓跋氏建立北魏,却已甚有必要来弱化甚至剥除其中体现的"代汉"成分,因为拓跋氏并非代汉同样是一个客观事实。这就不能不重建可供明确天命在魏而土德尚黄的新论证。尽管拓跋珪和崔玄伯也还在取鉴当年曹魏定行次土德所用的不少谶记祥瑞,包括"当涂高"等谶,也包括"黄星显曜"之类①,但其现在不仅皆被贯注了更为丰富和宏大的新内涵,且已为之补充了拓跋部特有的"黄帝之后"及"神兽导引"等新证据②。这就雄辩地表明,天兴君臣此时更为看重的,是要把天命的象征与拓跋自身历史紧密啮合起来,使之具有正统受命的唯一性,也更利于团结或安抚胡汉各族尤其是北族诸部大人。归根结底,拓跋珪现在根本就不是要复制汉或曹魏王朝,而是要亘古未有地建立一个足以体现"旧邦新命",注定要通过不断变革来睥睨天下的大魏王朝。

---

① 黄星、黄龙等瑞在曹魏的大量出现,亦有相关谶记长期流播的背景。《三国志》卷二《魏书·文帝纪》裴注述许芝条上魏代汉诸征,其开头就说:"《易传》曰:'圣人受命而王,黄龙以戊己日见。'七月四日戊寅,黄龙见,此帝王受命之符瑞最著明者也。"这类谶记较早似应推溯到汉家将亡的预言,黄巾起义的"苍天已死,黄天当立"亦为其中之一。《宋书》卷二七《符瑞志上》即联系黄巾之事,引《易传》"黄龙见,天灾将至,天子细;圣人出"之语,述曹魏土德尚黄,文帝年号"黄初"皆与此相关,故其代汉之时对诸黄色之征曾大肆渲染。又载刘蜀、孙吴皆有黄气、黄龙之瑞,且载西晋代魏时有黄衣大人出于襄国而言"今当太平",这也透露了其与太平道"黄天当立"的渊源。又《宋书》卷二八《符瑞志中》载两汉魏晋诸见黄龙之事,最多为汉章帝元和二年至章和元年,"凡三年,黄龙四十四见郡国";次为汉献帝延康元年三月"黄龙见谯,又郡国十三言黄龙见"。这或者正是与黄星、黄龙相关的谶记骤然活跃起来的时期。

② 前引何德章先生《北魏国号与正统问题》一文已指出:《魏书·序纪》关于拓跋氏为黄帝之裔等说,皆应定于此时。不过,《魏书》卷二三《卫操传》载桓帝崩后,操立碑于大邗城南,以颂功德,云:"魏,轩辕之苗裔。"这说明拓跋为黄帝后裔之说,在代国建立前后已出现。其说应以不同形式流传,至天兴为邓渊撰《国记》定为口径,再被魏收书《序纪》所承。而《卫操传》载大邗城碑所称之"魏",自是献文帝时此碑出土后录文者或后来史臣依例所改。由此联系《史记》以来述匈奴为"夏后氏之苗裔"等说,似亦不能完全排除拓跋神元帝进入匈奴故地后,至桓、穆帝时开始形成其为黄帝之裔传说的可能。参见姚大力《北方民族史十论》收录的《论拓跋部的早期历史》一文,广西师范大学出版社 2007 年版。

四　国号为"魏"与天兴定制的主旨

天兴元年定行次土德和服色尚黄之事,大体可以表明这样一个重要事实:在拓跋氏入主中原后,国号称"代"的凭据和义旨相对单薄,其重要性已不能不被内涵和寄托更为宏远的"魏"号压倒;而"国号为魏"所据的"当涂高"等谶,至此也因新的形势和任务,及其与"真人出"及"五胡运终"等谶发生聚变反应,其原本所寓以魏代汉的受命之义,又被圣王再世而拨乱反正的一系列新义压倒。这种立国主旨不断推陈出新、不破不立而更趋高远之态,正是登国至天兴年间魏国蒸蒸日上、势不可当,其主拓跋珪则雄心勃勃、锐意进取的真实写照。

因此,如果说登国草创之时,"改代为魏"确在很大程度上遵循了"当涂高"之谶以魏代汉之义;那么到皇始、天兴之际,这层意思明显已只是其大幅翻新了的圣王再世、平定天下内涵的一小部分。当此之时,无论是称魏代汉还是称代承晋,尽管也还有部分实际意义,却终究释之费事而难掩天下悠悠之口①,不免显得器小局促。当时的拓跋珪正踌躇满志,恍若就是"真人"出世,满目皆是百废待兴,其欲比高的已是干戈易代、革命灭纣的周武王,伪托禅让的曹魏实已装不下他与民更始的王者气象,还有他与崔玄伯为首的谋臣反复讨论而亟待施工的整张开国蓝图。天兴元年十二月所定土德行次服色之类,还只是为其登位所承统绪及开国建制庞大计划提供的一种大义名分,一系列更具实质性的制度则在此前已明诏制订和相继落实。

《魏书》卷二《太祖纪》记天兴元年六月定国号以后之事:

---

① 前面所述石虎先称"魏王"而后改变主意称"大赵天王",亦未必不是出于这种考虑。其实晋末以来国号为"魏"者皆应如此,其所取必为"当涂高"等谶的部分义旨以合气运名分而已,或亦以此"继踪周、汉",至于其建制自绝无可能复制汉、魏。

七月，迁都平城，始营宫室，建宗庙，立社稷……八月，诏有司正封畿，制郊甸，端径术，标道里，平五权，较五量，定五度……十有一月辛亥，诏尚书吏部郎中邓渊典官制，立爵品，定律吕，协音乐；仪曹郎中董谧撰郊庙、社稷、朝觐、饗宴之仪；三公郎中王德定律令，申科禁；太史令晁崇造浑仪，考天象；吏部尚书崔玄伯总而裁之。

这几个月集中展开的建制活动，内容包罗甚广，又处处取本了儒经所示圣王典则，基本上奠定了北魏此后的发展规模。可以认为，天兴元年十二月所定行次、正朔、服色等事，首先是要把其所以应谶合箓之理具象化、实体化，以证拓跋珪所建大魏王朝切实膺有高妙玄远的"天命"。不过，这些安排对拓跋珪证明其为圣王出世而再造天下正统来说固然重要，却毕竟还是象征意义大于实际政治内容。而以上这些处处比附王者之政，又明显取仿了《周礼》等儒经的典章制度，才是从脚踏实地的政教方面，来表明其为再世圣王得承大统的力证，同时也是其既有类周武圣王而以革命放杀易代改姓，故尤其需要革新各项制度以示与民更始的体现。

由于先秦以来即公认"天意自我民意"，汉魏以来正统理论体系遂兼重天命、人事，又特别重视以政教制度来证明其君有类圣王而为天命正统之所在，其重要性经常都要超过行次、服色方面的安排，实际上是把握天命，使宇宙和社会的终极真理不至于二元相分，而是合二为一地指导现实的关键。而天兴元年再定国号为魏，虽可代、魏兼称而仍以魏为正的主旨，实际上就是要按"当涂高"等谶和圣王经典共同显示的宇宙、社会之道，来统一落实相应的行次、服色尤其是各项政教制度，以证明国朝应天顺人而为华夏正统。

因而行次土德和服色尚黄之类，实际上并非北魏开国建制的最大特色。这些安排所要证明的天命固然极其重要，不可或缺，却毕竟玄远莫测且又不难相机造作和解释发挥，而能够真正将其接引到地上生根开花结果的，还是上引文所示各项实实在在的政教制度。拓跋珪正是要通过这些制度，不仅与得之于晋的代国时期，更与处处因循汉制的曹魏明确区别开来。他的大魏王朝因扎根于拓跋自身土壤和发展需要而举世无双，他开创的一系列制度注定要把拓跋氏及所率各族带入新的时代，他的宫廷中晨昏响起的"真人代歌"，将每天以北族各部奋斗于艰难竭蹶之中的历史激励其子孙走向辉煌。只是一旦回到现实，皇始、天兴年间的所有建制加到一起，相对于改造北族社会、建立专制皇权和再造圣王正统体制的任务，也还只是冰山一角。后来的事态证明，其实现的历程还有待明元、太武、文成、献文四朝整整百年的不懈努力，到文明太后冯氏和孝文帝祖孙合力，才得以开始完成这一历史使命。事实上，就连这个已经露出水面的冰山尖顶，天兴以后也不能不部分消融于激荡起来犹如怒海波涛的北族传统。因而即便是盖世之雄拓跋珪的肩头，也不克承担其过于膨胀的雄心所向的无限负荷，但其仍欲勉力扛之，以致晚年神经崩溃、谵狂不已而致丧命。拓跋珪平生历程本就充满悲剧色彩，其最终的这一遭逢，亦清楚地预示了天兴元年北魏奠基后，历史必须长期在进两步、退一步的螺旋中曲折前行。

最后有必要指出的是，在考虑影响北魏开国建制的种种思想观念时，必须意识到当时诸种谶纬符命之说的背后，实际存在着另一个思想世界，一个以往学界往往单纯视为伪造、利用，对其所蕴内容的严肃性和自有其流衍规律的客观性则估价不足的观念领域。事实则是其思想观念之丰富生动常出乎今人想象，两汉以来其对各种政治过程所产生的影响，亦常不下于儒经或前朝的典章故事，实际则多与之缠绕在一起发挥作用。现在已可明确，无论是"当涂高""真人出"，还是"五胡运终"等谶，都深深植根于发育已趋成熟的华夏文化，都集中体现了汉代以来其与经典和纬书密切相关而交织于官方意识形态的特点,反映了当时在统治合法性等根本政治问题上的深邃思考。是故应此三谶所含诸义以定国号而奠立王业,包括其谶内涵的发展延伸和影响的递进,显然是从这种极为重要的方面,表明了北魏建立过程的一个根本特点:其无疑要比五胡政权更为深入和系统地受到了华夏思想文化的影响,也就更为自觉和全面地贯彻了代表正统和争夺天下正统的意旨。笔者认为,此即北魏之所以能够结束五胡时期而开创北方新局的很大一部分原因。

第三章 经学、《周礼》与天兴建制及儒家化北支传统

宇文氏依《周礼》而定制，陈寅恪先生以为是处于弱势的西魏不能不取本乎关陇文化传统，以便外颉颃东、南高、萧政权，内维系胡、汉诸族人心的产物[①]。陈先生并未缕述关陇或关中文化与《周礼》之间的历史和逻辑关系[②]，而"外颉颃"和"内维系"之说，则揭出了《周礼》影响北朝史的一个重要问题和脉络。考察五胡政权直至北朝后期《周礼》流播和影响历史的过程[③]，其背后不

[①] 陈寅恪《隋唐制度渊源略论稿》二"礼仪"称之为"关中地域本位"，《隋唐制度渊源略论稿》三"职官"则有"关陇文化本位政策"和"关陇物质本位政策"之说，其合理的内核应是宇文氏立足关陇实际的整套政策和制度。生活·读书·新知三联书店1957年版。

[②] 《隋书》卷二六《百官志上》总叙述宇文氏周官改制为"酌酂镐之遗文，置六官以综务"。《北史》卷八一《儒林传》序亦称宇文氏"黜魏晋之制度，复姬旦之茂典"。二处皆把宇文氏周官改制与关中地域相连，宇文氏当时以居于酂镐自矜亦属理所当有。不过《周礼》固然是西周之制，却被公认为"周公致太平之法"，故其可以联系的地域，首在成周雒邑而非宗周丰镐之地，这本身就是孝文帝之所以迁都洛阳而特重《周礼》的重要背景。《魏书》卷一〇八之一《礼志一》载太和十六年二月丁酉诏定崇圣祀德之制，其中即有"周文公制礼作乐，垂范万叶，可祀于洛阳"之文。同书卷五三《李冲传》则载孝文帝定都洛阳，"冲言于高祖曰：'陛下方修周公之制，定鼎成周……'"《文馆词林》卷六六五《诏三五·赦宥一》收录的《后魏孝文帝迁都洛阳大赦诏》所述亦然。因而用《周礼》与关中姬周旧土的联系来解释宇文氏的周官改制，虽有出处而非甚惬。

[③] 严耕望、许倬云、谷川道雄先生皆曾提出过《周礼》影响北魏开国建制的问题，以下将随文出注以见其要。这里特别要指出和表示敬意的是：川本芳昭先生《魏晋南北朝时代的民族问题》第三篇"五胡十六国、北朝时代的胡汉融合"第二章"五胡十六国、北朝史上对《周礼》的采纳"第三节"北魏采纳《周礼》的历史"，联系宇文氏周官改制的有关观（转下页）

断凸显的,还是那极大地影响了北朝史走向的因素:北族统治者要标榜正统和巩固统治,要建立能够立足中原,统合胡、汉,进取天下的制度和态势;汉族士人则要保种留根,要尽可能影响或主导政治,以至于行王道而一区宇、留英名而垂青史。这就导致了一个通过不断实践经典、托附古制和追求正统来处理各种重大现实问题的历史运动。而在当时北方地区的政治思想资源和经学流播格局中,只要以儒典礼经、圣贤成说为开国承统和创制立法的武库,《周礼》及其郑玄注和相关解说,便很易成为人们首先取择的利器[①]。这些因素不断聚焦在政策和制度的开新变革上,依本《周礼》等儒典而建制的过程便一再现世。由此看来,宇文氏依《周礼》而定制,正是此前北族政权的这个创制传统,在新时局下的又一波表现和发展[②]。

循此往前粗一推溯,自然就碰到了北魏孝文帝太和改制这座北朝史上的重要界标。当时创制立法每以标榜正统依本经传为旨归,许多新制背后隐隐矗立着《周礼》的影子,可以证明这一点的材料比比皆是[③]。要说太和之政同时也是取鉴《周礼》而定制的一个高峰,并不为过。考虑到此后北朝史尤其制度沿革脉络,很大程度上

(接上页)念和民族关系背景,探讨了《周礼》对北魏前、后期历史的影响,其中对北魏前期取鉴《周礼》情况的讨论,则围绕天兴元年"祀天之礼用周典"、天兴二年置尚书三百六十曹、天赐元年"置六谒官准古六卿"三事来展开。这项成果不仅进一步明确了《周礼》影响北朝历史的起点,也构成了本书继续研究这一问题的重要基础。汲古书院1998年版。

[①] 这当然并不排除其他儒经和经解所起的作用,但汉来《周礼》影响随郑学盛行而扩大。邵懿辰《礼经通论·论王礼》述郑玄注礼"每牵引《周官》,遇有不合则诿为夏商之制"。是也。《清经解续编》本,凤凰出版社2005年版。另参见皮锡瑞《经学通论》三"三礼""论郑君以《周礼》为经《礼记》为记"条,中华书局1954年版。

[②] 参见王仲荦《北周六典》之"前言",中华书局1979年版。

[③] 此端史界分别涉及的已颇不少。具体如[日]堀敏一《均田制的研究》第一篇《均田制的建立过程》第一章"均田思想和均田制度的源流"专门讨论了《孟子》及《周礼》井田说,并指出:"均田制是以井田制为样板,并企图使其复活而出现的。"韩国磐等译,福建人民出版社1984年版。

仍在这次改制所筑轨道和所遗问题下展开，那么在争承元魏法统的东、西魏分峙局面中，宇文氏为什么依《周礼》而定制的背景，也就大体可知了。但太和年间又为什么每每依照《周礼》来建制呢？这个问题同样应该向孝文帝拓跋宏提出来。除当时的形势与任务外，要从其本朝渊源来解答这个问题，那就一定要推溯到道武帝拓跋珪以来每依《周礼》而定制的过程中，推溯到上面提到的那个创制传统的形成过程中去。这不仅是历来关于孝文帝汉化改革或宇文氏周官改制的讨论罕有涉及，有关情况还很不清楚的地方；也切关乎道武帝朝史事和北魏前期历史的种种问题，更是汉魏以来经学与政治互动格局和政治与制度儒家化进程的一个重要方面。

本章即拟在学界以往讨论的基础上，抉发和梳理有关史实，来考察北魏天兴年间开国建制取本儒经和托附于《周礼》的基本状况和所涉问题[①]。可以认为，在汉魏以来经学与政治的相互关系和建制故事这一总体背景之下，《周礼》既被公认为最为完整而权威的王制蓝图，且与拓跋政权标榜正统以统合胡、汉关系的要求合拍，这也就为当时主要汉士谋臣与道武帝拓跋珪的倾力合作提供了基础，使之得以极大地影响北魏开国之际的创制奠基活动，又由此开始铸成了一种富于北朝特色的儒家化传统和趋势，从而对此后历朝的建制活动和历史过程发生了深远影响。

一　北魏开国建制取鉴儒经尤其是《周礼》的状况

对北魏道武帝的开国建制活动，南朝国史系统的记录和认识相

[①] 所谓"托附《周礼》"，在当时的经注文本系统中，主要应是指《周礼》正文及郑玄注。其余东汉以来郑兴、郑众父子及卫氏、贾逵、马融《解诂》之类不少皆被采入郑注，另参《玉函山房辑佚书》经编《周官礼类》所辑十一家汉晋注佚文、王朝榘所辑《周礼》及《考工记》遗文（陶福履：《豫章丛书》第三集《十三经拾遗》卷八）、王仁俊所辑《周礼班氏义》（《十三经汉注》稿本）和孙诒让《周礼正义》所引的汉晋古注。马国翰：《玉翰山房辑佚书》，广陵书社2004年版；王文锦、陈玉霞点校；孙诒让：《周礼正义》，中华书局1987年版。

当隔膜，且以为北魏诸制"稍僭华典"的起点，是在基本统一了北方地区的太武帝拓跋焘时期①。到孝文帝拓跋宏太和改制尤其是迁都洛阳以来，有关政论、史论，又常有意无意强调了道武帝以来平城时期诸制的"粗略""不典"②。如此相沿成说，又影响了后世以及相当一部分现当代研究者的认识③。应当说，这些论断确都看到了一些史实，但其中的识障也很明显④。对于准确认识来说，低估北魏前期诸制背后的汉化因素，正如低估北魏后期诸制背后的胡化因素一样有害。以下即请依次辨析道武帝开国建制的取材来源，以凸显渗透其中的儒典因素，特别是《周礼》对之的重大影响。

在天兴以前拓跋珪的建制活动中，有两件事情乍一看易被忽略，细究起来却耐人寻味。《魏书》卷二《太祖纪》登国元年正月：

> 帝即代王位，郊天，建元，大会于牛川。

皇始元年正月：

---

① 《宋书》卷九五《索虏传》称拓跋珪平定中山，"自称曰魏，号年天赐"。前已指出其弄错了若干基本史实，但其下文毕竟还记载了珪治平城，"立学官，置尚书曹"数事。到《南齐书》卷五七《魏虏传》则说"珪始都平城，犹逐水草，无城郭。木末始土著居处"。故其载平城诸制，多谓"佛狸"即太武帝拓跋焘以来所定，曰："佛狸以来，稍僭华典，胡风国俗，杂相揉乱。"

② 相关论调在魏收书诸《志》中不胜枚举。前已指出太和十一年李彪修《志》以来，其基调便是道武以来诸制粗略、不典而孝文以来典章稽古复振，其论至迁洛以后尤为高涨，又极大地影响了唐修《五代史志》关于北朝制度渊源的叙述。

③ 如《资治通鉴》卷一一一《晋纪三十三》隆安三年三月甲子条载拓跋珪置尚书曹及增立国学等事，胡注谓"魏主珪之崇文如此，而魏之儒风及平凉州之后始振。盖代北以右武为俗，虽其君尚文，未能回也"。刘泽华主编《中国政治思想史（秦汉魏晋南北朝卷）》第十一章"两晋南北朝时期政治思想的多元发展"第二节"北魏统治集团治国思想的儒学化"一"北魏前期统治者对儒家政治思想的认同"也把北魏"在治国思想上逐步完成儒学化过程"的起点，放在太武帝拓跋焘统一北方之后。浙江人民出版社1996年版。逯耀东《从平城到洛阳——拓跋魏文化转变的历程》一书"导言"则述拓跋氏早期"凭借着征服者的意旨工作，对非我族类的草原文化特质不敢触动，更谈不上进一步的改革"。

④ 以上并参本书第一章"北魏开国时期的文明程度：记载与评估"。

大蒐于定襄之虎山。

这两个事件的共同点，都是在天寒地冻的塞北正月大规模聚众行事，明显不符北族常于夏秋集众大祭或讲武的传统，又渗入了一定的中原文化因子。

　　其中前一件"即代王位"，意在宣告拓跋珪"复国"，因为昭成帝时，代国已为前秦所灭，至此又承续了拓跋部桓、穆二帝得自西晋的代王封号①。"郊天"则是礼经中限于天子举行的祭祀大典②，又是汉魏至五胡时期一方霸主僭位告天的成式③。从《魏书》卷一〇八之一《礼志一》载其当时"西向设祭，告天成礼"的仪节来看，"西向设祭"，乃取自拓跋部四月祭天的旧习，那也是神元帝力微以来拓跋首领成为联盟共主的传统仪式④。而"告天成礼"，又说明这个改在正月举行的"郊天"活动，核心是要比附汉人公认的帝王登位程序，把拓跋珪即代王位一事昭告于天。因而这次祭天活动，应当还带有依仿汉制登位告天的仪式内容⑤，也就构成了道

---

　　① 桓、穆帝时受晋封号及昭成帝时前秦灭代，皆见《魏书》卷一《序纪》及《晋书》卷一一三《苻坚载记上》；西晋封桓、穆帝代公、代王之事，亦见《晋书》卷五《怀帝纪》《愍帝纪》。

　　② 《礼记·曲礼下》："天子祭天地，祭四方，祭山川，祭五祀，岁遍；诸侯方祀山川，祭五祀，岁遍；大夫祭五祀，岁遍；士祭其先。"《礼记·王制》："天子祭天地，诸侯祭社稷，大夫祭五祀。"

　　③ 《三国志》卷六《魏书·袁术传》及卷八《公孙度传》等处皆载其僭越郊天之事。《晋书》卷五九《成都王颖传》载其挟帝至邺，"立郊于邺南"。《晋书》卷九八《王敦传》载钱凤等问及如何处置天子（明帝），敦曰："尚未南郊，何得称天子？"另，五胡时期称王郊天之例多见于《晋书》诸《载记》。

　　④ 《魏书》卷一《序纪》载神元帝三十九年四月"祭天，诸部君长皆来助祭"，乃神元帝成为诸部共主的重大事件。《魏书》卷二《太祖纪》载登国六年、天兴元年、天赐二年四月皆曾祠天。

　　⑤ 拓跋氏西向祭天之俗，略仍可见于《魏书》卷一〇八之一《礼志一》所记天赐二年四月"祀天于西郊"的仪式，内已有汉化成分，但其核心环节为帝、后及陪祭之十族子弟七人依次西向拜祭天神七主，其中并无"告天"内容。因而登国元年既"郊天、建元"而"西向设祭，告天成礼"，其中自应含有一定的汉制告天因子。

武帝杂糅胡、汉而创成其制的一个重大事件。

后一件,皇始元年正月举行的"大蒐",既不符拓跋部昭成帝以来七月聚众讲武的传统①,亦不合魏晋以来每于秋冬"大阅"讲武的故事②,五胡时期的石赵、慕容燕和苻秦亦无此例③。其看似上年十一月参合陂大捷后,准备迎战慕容垂来犯的阅兵之举④,却特别名之为"大蒐",明显受到了《左传》隐公五年"春蒐、夏苗、秋狝、冬狩"之说以及《周礼·夏官司马篇》四时讲武之制的影响⑤。由此判断,其应当是一次依据有关儒典而创制并且含有相应仪式化内容的讲武备战活动。

从这两个事件来看,拓跋珪即代王位后,似乎很快就从杂糅胡、汉而行事的状态,发展到了径据儒经来创制的阶段。这表明拓

---

① 《魏书·序纪》载昭成帝五年"秋七月七日,诸部毕集,设坛埒,讲武驰射,因以为常"。《魏书》卷二《太祖纪》载登国六年七月壬申"讲武于牛川";八年七月庚寅"仍讲武"。《魏书》卷三《太宗纪》永兴二年七月丁巳"立马射台于(参合)陂西,仍讲武教战"。其日期虽非皆在七月七日,仍属昭成帝以来七月集众讲武之法的延续。

② 见《晋书》卷二一《礼志下》。其载建安二十一年魏国有司奏"古四时讲武,皆于农隙,汉西京承秦制,三时不讲,惟十月都试"云云。是诸典籍所载古代的"四时讲武"之说,秦汉惟行"都试"而已。

③ 据《晋书》卷一〇五《石勒载记下》述主簿程琅谏石勒"狩于近郊"之语,及同书卷一〇七《石季龙载记下》述其子石宣田猎暴政之事,可推后赵必无大蒐之制。《晋书》卷一〇九《慕容皝载记》述其纳封裕之请,农闲教战,"依魏晋旧法",是前燕此后当有类于魏晋的秋冬大阅之法。《晋书》卷一一二《苻健载记》述其时"猛兽及狼食人,行路断绝";同卷《苻生载记》述其时"猛兽及狼大暴,昼则断道,夜则发屋……生立一岁,兽杀七百余人";是知苻秦亦无聚众校猎之俗。《晋书》卷一一三《苻坚载记上》述坚尝狩于西山,乐而忘返,伶人王洛谏之,"自是遂不复猎"。这说明苻坚虽尝游猎而并不以为理所当然。

④ 《魏书》卷二《太祖纪》载上年十一月参合陂大破慕容宝,十二月帝还至云中之盛乐;皇始元年三月慕容垂来寇而陈留公元虔"失利死之"。《晋书》卷一二三《慕容垂载记》:"宝恨参合之败,屡言魏有可乘之机。慕容德亦曰魏人狃于参合之役,有陵太子之心,宜及圣略,摧其锐志。垂从之。"后文且述其陷平城,"收其众三万余人"。是慕容垂自参合役后已准备西征,拓跋珪正月大蒐后"东幸善无北陂",既是对参合陂战果的检阅,又是治兵备御慕容氏来犯之举。从陈留公元虔战死而部属被俘达三万余人看,这次活动至少包括了元虔所部而规模不小。

⑤ 《魏书》帝纪载诸田猎活动,或据实载为"校猎""讲武""治兵""大简舆徒"之类,或依儒典而书"蒐""狝""狩"等四时讲武名称,史法甚严,并不随意。笔者的统计表明,道武帝时期这两种记载的出现频率随当时保守势力的反弹而浮动,明元帝以来,后一种笔法已稳定居于多数,这也反映了有关制度的儒家化进程。

跋氏主动汉化的时期和积累，很可能要比史界目前业已认识到的更早更深。特别是皇始元年正月的"大蒐"，既非北族传统，又非魏晋或五胡故事，承续和代表了那种直接取鉴于儒家经传来创制的新模式，所取附的又主要是古文系统的经典经解①，也就构成了拓跋氏采鉴或托附《周礼》创制的序幕。

序幕拉开不到三年，就迎来了初定河北后迁都平城这个开国建制的高峰。《魏书》卷二《太祖纪》载天兴元年建制诸事：

七月：

> 迁都平城，始营宫室，建宗庙，立社稷。

八月：

> 诏有司正封畿，制郊甸，端径术，标道里，平五权，较五量，定五度。

十一月：

> 诏尚书吏部郎中邓渊典官制，立爵品，定律吕，协音乐；仪曹郎中董谧撰郊庙、社稷、朝觐、飨宴之仪；三公郎中王德

---

① 《礼记》无四时讲武礼，《王制》篇曰："天子、诸侯无事则岁三田。"《春秋公羊传》桓公四年"公狩于郎"条："狩者何？田狩也，春曰苗，秋曰蒐，冬曰狩。"《谷梁传》："春曰田，夏曰苗，秋曰蒐，冬曰狩，四时之田用三焉。"两说皆与《王制》述"岁三田"相合而"秋曰蒐"，而何休《春秋公羊传解诂》此条犹谓"《谷梁》有夏田，于义为短"。是汉来今文系统中并无春蒐之制。而古文系统中，《左传》虽述四时讲武名目而仪节不详，最为系统的记载是《周礼》。《宋书》卷五《文帝纪》及卷一四《礼志一》载文帝元嘉二十五年闰二月举行的大蒐，其仪注中有建旗誓众鸣鼓合围射禽之节，显然主要是依本于《周礼》而撰作的。《宋书》卷六《孝武帝纪》大明七年正月癸未诏克日讲武校猎，曰"春蒐之礼，著于周令，讲事之语，书于鲁史"。是也。但这已经远在皇始元年初行大蒐五六十年后，上距北魏明元帝泰常四年正月"大蒐于牲渚"亦已三四十年了。

定律令、申科禁；太史令晁崇造浑仪，考天象；吏部尚书崔玄伯综而裁之。

这一系列建制活动，为十二月初一拓跋珪正式登位称帝作了必要准备。可以看出其上承皇始元年"始建天子旌旗……初建台省，置百官"等措置而张大整顿之，内容极为丰富，形式皆有典据，集中体现了北魏的开国规模，也为此后诸制的发展奠定了基础[①]。

具体辨析这些建制的取材来源和理据，"始营宫室"而"建宗庙，立社稷"，似体现了《礼记·曲礼下》"君子将营宫室，宗庙为先"的次序[②]。《魏书》卷二《太祖纪》载天兴二年八月"增启京师十二门"，是其城门墙廓等建筑亦皆晚于宗庙[③]。据《魏书》卷二三《莫含传》附《莫题传》等处所载，平城的总体规划，参考了邺城和洛阳、长安之制。而邺城唯有七门[④]，则"增启京师十二门"，遵循的或是长安和东汉以来洛阳之制[⑤]，且有可能取则了

[①] 关于这些措置的论述，可参见孙同勋《拓跋氏的汉化及其他——北魏史论文集》第二章"从太祖到显祖"；张继昊《从拓跋到北魏——北魏王朝创建历史的考察》第七章"拓跋珪的崛起与北魏王朝的肇建"。

[②] 《宋书》卷一六《礼志三》载曹魏黄初二年六月，"以洛京宗庙未成，乃祠武帝于建始殿，亲执馈奠如家人礼。下有何承天之案语云："《礼》：将营宫室，宗庙为先。庶人无庙，故祭于寝，帝者行之，非礼甚矣。"是曹魏洛京营构未依此序而祭祀非所，史臣讥其"非礼"。

[③] 《魏书》卷二《太祖纪》载天兴元年七月"始营宫室，建宗庙，立社稷"，十月"起天文殿"，十二月"帝临天文殿登基"；二年二月"起鹿苑"，七月"起天华殿"，八月"增启京师十二门，作西武库"，十月"太庙成"，十二月"天华殿成"；三年三月"作东西鱼池"，七月"起中天殿及云母堂、金华室"；四年五月"起紫极殿、玄武楼、凉风观、石池、鹿苑台"。天兴六年九月，"行幸南平城，规度漯南，面夏屋山，背黄瓜堆，将建新邑。十月，起西昭阳殿"。由此可以看出，除用以登基的天文殿外，宗庙、社稷在天兴年间的平城建筑中的确居于优先地位。

[④] 关于曹魏以来的邺北城规制，参见俞伟超《邺城调查记》，载《考古》1963年第1期；中国社会科学院考古所、河北省文物研究所邺城考古工作队：《河北临漳邺北遗址勘探发掘简报》，《考古》1990年第7期。

[⑤] 西汉长安城四面各三门，而洛阳十二门东西各三，南四北二。参见杨宽《中国古代都城制度史研究》十"西汉长安的西南城区和东北郭区"、十一"东汉北魏洛阳城和郭的布局"，上海古籍出版社1993年版。

《周礼·考工记》"匠人营国，方九里，旁三门"之说①。又《魏书·礼志一》载天兴二年十月太庙告成，是月"置太社、太稷、帝社于宗庙之右"②。是平城宗庙的营造确先告竣，且其规划的太庙和社稷建筑群一东一西，贯彻了《礼记·祭义》"建国之神位，右社稷而左宗庙"；《周礼·地官司徒篇》小司徒条"建国之神位，右社稷，左宗庙"，《考工记》匠人建国"左祖右社"的布局原则。当然，这一原则也为西晋以来的都城规制所遵循③，因而平城庙、社这样分布，也可以解释为遵循前朝故事又依准有关经典的结果。

继而，"正封畿，制郊甸，端径术，标道里"，包括了若干重要的建制。"封畿"和"郊甸"，相传皆为三代尤其是西周王都周围的封域规制，儒经及典籍中有关名目屡见不鲜④。"端径术，标道里"，"标道里"易解，指道路的规划和整治；"端径术"典出《礼记·月令》孟春纪中的"皆修封疆，审端径术"。郑玄注："封疆，田首之分职；术，《周礼》作遂……遂，小沟也；步道曰径。"郑玄是说，《月令》此条当参照《周礼·地官司徒篇》遂人条"凡治野，夫间有遂，遂上有径……万夫有川，川上有路，以达于畿"一段⑤，意为整治王畿的阡陌沟洫以定田制，以便农事。明白了这些

---

① 当时平城十二门及相关道路布局今已难知，但《魏书·莫题传》既载太祖"规度平城四方数十里，将模邺、洛、长安之制"。其"四方数十里"，已与长安斗城之形及洛阳南北九里而东西六里之况不同；又所谓"模邺、洛、长安之制"，说明其并非只有一个楷模。则当时取裁之时，自应别有揆摸。

② 《魏书》卷七上《高祖纪上》载太和十五年十二月壬辰，"迁社于内城之西"。此或拓跋珪以来平城规制续有所扩，而致原社稷的相对位置改变，至此又回归于左祖右社的格局。参见朱大渭《魏晋南北朝时期的套城》，收入氏著《六朝史论》，中华书局1998年版。

③ 《后汉书》志九《祭祀志下》：建武二年"立太社、稷于洛阳，在宗庙之右"。是为秦汉以来国都规制左祖右社之始。但其制此后尚有变化，西晋以来方趋于稳定。

④ 参见胡渭《禹贡锥指》卷二〇"五百里甸服"以下诸条，《清经解》本，凤凰出版社2005年版。另参见胡厚宣《甲骨学商史论丛初集》上册收录之《殷代封建制度考》，河北教育出版社2002年版。

⑤ 参见孙希旦《礼记集解》卷一五《月令六之一》，中华书局1989年版；孙诒让：《周礼正义》卷二九《地官遂人》条；程瑶田：《沟洫疆理小记》（《清经解》本）所收《遂人匠人沟洫异同考》以下诸条。

出典，也就知道《魏书》卷二《太祖纪》载天兴元年八月"正封畿，制郊甸，端径术，标道里"，实即同书卷一一〇《食货志》等处所载"天兴初，制定京邑，东至代郡，西及善无，南极阴馆，北尽参合，为畿内之田。其外四方四维，置八部帅以监之，劝课农耕，量校收入，以为殿最"等事①。其中"正封畿，制郊甸"，显然是指平城"畿内"和"郊甸"四至的划定。而"端径术，标道里"，既指道路沟洫土地军赋等制的确定过程，也就涵盖了当时畿内外各族新徙民"计口授田"及八部帅监诸部民和"劝课农耕"的相关建制②。这样的规划和建制，从汉以来定都徙民和建立"三辅"的有关举措中，隐隐似亦有其前源可寻③，但如此明确和直接

---

① 《魏书》卷五八《杨播传》附《杨椿传》载道武帝平中山后，置"八军"，各配兵五千。此可与《食货志》所载"八部帅"之制相参证。是当时设"八部帅"劝课农耕，又通过相应的赋役制度而"配兵"成军。臆此亦当与《周礼·地官司徒篇》小司徒等官职文及郑注述四郊都鄙井田军赋之制相关。参见王鸣盛《周礼军赋说》（《清经解》本）卷一"三等采地"条及卷四"邦国境内之军"条。又《元和郡县图志》卷一四"云州"条："后魏道武帝又于此建都，东至上谷军关，西至河，南至中山隘门塞，北至五原，地方千里，以为甸服。"此即当时所定"郊甸"范围。

② 关于拓跋珪"计口授田"，有两点尚可一提：一是《魏书·太祖纪》和《食货志》载天兴元年正月克邺，迁山东吏民及徙何种人十万余家"以充京都，各给耕牛，计口授田"。此时"京都"尚在云中，学界多认为此时山东吏民是徙至稍后所定的新都平城。参见［日］前田正名《平城历史地理学研究》第二章"居民结构"第三节"4世纪后半期至5世纪末平城及桑干河流域的居民结构——各族杂处的桑干河上游地区"二"太祖时期"2"4世纪末年的大规模徙民"。此外，《魏书》卷一一三《官氏志》载太祖登国以来"离散诸部，同为编民"的诸部落民，当亦随之徙居于平城畿域和郊甸，由八部帅督其农事。二是从天兴元年依托儒经而划定畿内、郊甸，规划沟洫道路一事可以推定，当时"计口授田"及相关措置，必亦取鉴了有关经解所述的均田之法。如《礼记·月令》郑注释孟春纪"田事既饬，先定准直"曰："准直，谓封疆径遂也。"《夏小正》曰："农率均田。"孔疏谓"均田则审端径遂也"。

③ 参见《汉书》卷二八上《地理志上》京兆尹、左冯翊、右扶风条；《晋书》卷一四《地理志》上司州条。又《三国志》卷一二《魏书·崔琰传》述孔融等为魏武所诛，裴注引张璠《汉纪》有曰："帝初都许，融以为宜略依旧制，定王畿，正司隶所部为千里之封，乃引公卿上书言其义。是时天下草创，曹、袁之权未分，融所建明，不识时务。"是孔融曾建言仿古"正司隶所部为千里之封"，而当时之急不在于此，故史臣以之为"不识时务"。又《三国志》卷一《魏书·武帝纪》载建安十八年五月丙申天子策曹操为魏公，其辞有云："遂迁许都，造我京畿，设官兆祀，不失旧物。"《晋书》卷二九《五行志下》太康元年四月庚午"畿内县二及东平、范阳雨雹"；《晋书》卷五三《愍怀太子传》载其为贾后所害，后册复太子，"反葬京畿，祠以太牢"。数处的"京畿""畿内"，皆非法定区域名称，而是京城所在州郡的泛称或别名。

仿效典籍所载古制，实行得又相当认真而具体，确是前所未有之事①。从其畿内百里，郊甸千里的大致规模，又在平城外围四方四维分部授田等内容，可以推定拓跋珪定都平城后划定王畿和郊域，整治沟洫道路和田制农事的措置，虽可能有多种现实的、经典的或前朝故事的因缘，但其直接取鉴或附会的，主要还是《周礼》和《礼记》中的有关典制和理念。②

再看"平五权，较五量，定五度"。前已指出这是指度、量、衡各级单位及其进制比值的规定，亦为营构平城和划定畿郊沟洫道里等事所必需。王朝初建而重定度量衡，似有曹魏的成例在先，更是《尚书》所述虞舜正月禅位而二月"同律度量衡"③，以及《礼记·大传》和《周礼·天官冢宰篇》等处所示的圣王建国传统④。因而北魏开国而制定度量衡，除有可能遵循了曹魏故事外，亦当有比附圣王建制的深意在内。再者，这次"平五权，较五量，定五度"的整套名目，盖现成地取之于东汉以来度量衡领域影响渐大的

---

① 《宋书》卷六《孝武帝纪》大明三年二月乙卯，"以扬州所统六郡为王畿，以东扬州为扬州"；《宋书》卷三五《州郡志一》扬州条又载大明八年"罢王畿复立扬州"。这是南朝始划京辅为"王畿"之举，事已在北魏天兴元年划定王畿六十年后。

② 《礼记·王制》述"天子百里之内共官，千里之内以为御……千里之内曰甸"。《周礼·地官司徒篇》《夏官司马篇》及《考工记》等处，则展示了国都十里，四郊百里，王畿千里的概念，其中《地官司徒篇》有关职文，更完整地展示了《礼记·月令》"审端径术"所未详的四郊乡遂井田贡赋规制。

③ 《三国志》卷二《魏书·文帝纪》裴注引《献帝传》载曹丕登位告天后，制诏三公议改正朔，易服色，殊徽号，"同律、度、量"，大赦天下。是曹魏膺祚有此故事，此必与汉为尧后说和曹氏自承出自颛顼，以舜为祖之事相关。《晋书》卷一六《律历志上》载杜夔造律尺在"魏武时"，《宋书》卷一一《律历志上》载在黄初中，却称时帝为"魏王"。《三国志》卷二九《魏书·方技杜夔传》载其造钟律事在魏武时。

④ 《礼记·大传》述圣人南面而治天下，必改诸制度与民更始，其中第一项即为"立权、度、量"。《周礼·天官冢宰篇》内宰职文："凡建国，佐后立市……出其度量淳制。"郑注："市朝者，君所以建国也……度，丈尺也；量，豆釜之属。"是《周礼》把"出其度量淳制"与"建国"相联系。《周礼·夏官司马篇》合方氏职文："掌达天下之道路，通其财利，同其数器，壹其度量。"所述"同其数器，壹其度量"又与"达天下之道路通其财利"相连。同篇量人职文"营国城郭，营后宫，量市朝、道巷、门渠，造都邑亦如之，营军之垒舍，量其市朝、州涂、军社之所里，邦国之地与天下之涂数，皆书而藏之"。可见北魏开国建制所以继"端径术，标道里"而"平五权，较五量，定五度"，其次序是颇有讲究的。

刘歆之说①，而刘歆之说主要取准于《周礼》等典籍②。非但如此，前面讨论《隋书》卷一六《律历志上》所存汉晋至隋尺度变化，尤其是"后魏三尺"长度骤然加大的史实时，业已指出天兴元年所定的"后魏前尺"并未沿袭汉晋以来代相沿革的所有尺度，而是开创了一个另据《周礼》来"积黍起度"的北朝大尺传统。其中关键即是《周礼》所示"音律"与尺度的相互关系以及由此衍生而来的尺度校调方式③。故虽记载不详，仍可断定天兴元年八月所定度量衡制受到了《周礼》和刘歆之说的重大影响。④

接着是当年十一月，诏吏部郎中邓渊、仪曹郎中董谧、三公郎中王德和太史令晁崇起草官制、礼乐、法律等各项制度，而由吏部尚书崔玄伯协助拓跋珪统一裁定。所谓"综而裁之"，说明它们亦

---

① 刘歆的度量衡理论，大要仍存于《汉书》卷二一上《律历志一》，而其成为《汉书·律历志》记述度量衡理论的主体，正是其说已为东汉以来所肯定的表现，这当然也是刘歆主持制定的新莽度量衡极大影响了东汉以来有关制度的反映。参见吴承洛《中国度量衡史》上编，上海书店出版社1984年影印版。

② 刘歆之说通过一系列复杂的术数关系，把律、度、量、衡建构成了一个内在统一并具有宇宙论意义的完整系统；而作为其理论基石和内核的五音六律论，虽亦与《礼记·月令》所述有相合之处，但主要的仍依准于《周礼·春官宗伯篇》大司乐、大师、典同等处所述六律六同五声八音等制。如《礼记·乐记》篇云："凡音之起，由人心生也……乐者，非谓黄钟、大吕、弦歌、干扬也，乐之末节也，故童者舞之。"其旨显然与刘歆说"五声之本生于黄钟之律……有三统之义焉"大为不同。

③ 《汉书·律历志上》载刘歆论尺度"本起黄钟之长。以子谷秬黍中者，一黍之广度之，九十分黄钟之长，一为一分"。这里"以子谷秬黍中者，一黍之广度之"一句，意为子谷秬黍一黍之广，适与九十分之一的黄钟律管之长相当，故可相校以定尺度。《晋书·律历志上》载泰始九年"荀勖乃部著作郎刘恭依《周礼》制尺，所谓古尺也"。《宋书·律历志上》载之为"乃部佐著作郎刘恭依《周礼》更积黍起度，以铸新律"。又《魏书·高祖纪下》太和十九年"诏改大尺大斗，依《周礼》制度"；而《魏书·律历志上》载之为"太和十九年，高祖诏以一黍之广，用成分体，九十黍之长，以定铜尺"。这些记载所说的"依《周礼》制尺"或"制度"，均指以"九十分黄钟之长"校调"一黍之广"，其理论基础即是《周礼》所述音律与尺度相关的理论。至于其各次所定尺度的实际长度仍然不一，则是黍材、律管及相关计量、校调方式代有变化之故。

④ 详见本书第一章"北魏开国时期的文明程度：记载与评估"第三节"判断北魏开国之际文明程度的若干证据"。

与前述措置同样综合权衡和取择了拓跋旧俗、现实需要、前朝故事和儒经所载王者典则。

具体就官制而言，从史载天兴元年十一月以来的官衔名目可知，邓渊厘正官制，仍在皇始元年"始建台省，备置百官"的基础上进行，并保留了魏晋以来丞相、三公以下分设尚书百司的体系①。而其成果，除若干官称和整套官品序列的可能调整外，主要有两项：一是天兴元年十二月，"置八部大夫、散骑常侍、待诏等官。其八部大夫于皇城四方四维面置一人，以拟八座，谓之八国常侍。待诏侍直左右，出入王命"。二是天兴二年三月，"分尚书三十六曹及诸外署，凡置三百六十曹，令大夫主之；大夫各有属官，其有文簿，当曹敷奏，欲以省弹驳之烦"②。

前一项中，置"散骑常侍、待诏等官"，扩充了道武帝的近侍班子，也是登国元年以来拓跋珪用以强化自身地位和控制力的惯用途径③。更重要的则是皇城四方四维置八部大夫以拟八座之制，这自然是前此划定畿内和郊甸的后续建制，也是安置和管理平城周围

---

① 《魏书》卷二《太祖纪》载天兴元年闰十一月，"左丞相、骠骑大将军、卫王仪及诸王公卿士"诣阙上书劝进；十二月己丑帝登位于天文殿，"太尉、司徒进玺绶……诏百司定行次，尚书崔玄伯等奏从土德……徙六州二十二郡守宰豪杰吏民二千家于代郡"。这些官衔表明其官制体系总的仍承续了皇始而沿袭自魏晋。

② 《魏书》卷一一三《官氏志》此二事的叙次，似亦说明其与邓渊"典官制"有关。因为新官制非旦夕可成，很可能是陆续推出的，当时其他制度的撰作施行亦当如此。又《魏书》卷二四《邓渊传》载其死于和跋事件；事当在天赐三或四年。则《官氏志》载天兴元年十一月至天赐四年之间的诸项沿革，皆当与邓渊相关，但作为开国规模的官制厘正活动，到天兴二年整合尚书诸曹及诸外署时，应已告一段落。

③ 《魏书》卷一一三《官氏志》载登国元年置都统长、幢将及外朝大人，"自侍中已下，中散已上，皆统之外朝大人，无常员，主受诏命外使，出入禁中，国有大丧大礼，皆与参知，随所典也"。从其侍中至中散皆统于外朝大人这一点判断，天兴元年十二月增置的散骑常侍、待诏等官，正有可能分统于八部大夫，从而接续了登国以来的措置。谷霁光先生《补魏书兵志》，即对《官氏志》登国元年的这段记载，做了"直宿禁中者自侍中已下、中散已上"皆统于幢将的解释。收入《二十五史补编》第四册，中华书局1955年版。

汉人和各部落新徙民的一个重大举措①。而以之监临畿郊、拱卫皇城，又像尚书八座那样参掌大政，不仅是以往部落大人领族理政之法的进化，也不仅是对魏晋以来京畿事务及朝政处理体制的重要变动，更明显是对儒经所载公卿大夫封地于王畿之说的附会②，又尤其贯彻了《周礼》六卿分统诸政而各成系统的建制精神③。其后一项，把原内朝尚书三十六曹及诸外署改置为三百六十曹，各令大夫统其属官④；在朝政处理上建立了以内统外，诸曹大夫各领其事，"其有文簿当曹敷奏"的体制，强化了拓跋珪对行政过程的直接控制。

严耕望先生早已指出，这套诸曹大夫、元士、署令、长、丞递

---

① 关于"八部大夫"之制，史界认识有所不同，参见马长寿《乌桓与鲜卑》第四章"拓跋鲜卑"四"从部落联盟过渡到国家的过程"关于此制"三次变化"的阐述。上海人民出版社1962年版。但一般仍认为其脱胎于登国以来的外朝大人，是安置和管理畿郊新徙民并让大人豪酋参政的特殊建制，参见谷川道雄《隋唐帝国形成史论》第二编"北魏统一帝国的统治结构与贵族制社会"第一章"北魏的统一过程及其结构"二"华北的统一与州镇制"。李沧济译，上海古籍出版社2004年版。

② 《礼记·王制》："天子之县内，方百里之国九。"郑注述其以班三公及致仕三公与王之子弟。这应当就是"四方四维"置"八部大夫"，又称之为"八国常侍"的理据之一。因为"方百里之国九"者，除去中央之都城适为八国，且与拓跋氏自身组织形态和方位观中关于"八"的理念相通，又与当时八部大夫由若干部落大人、朝中显贵及帝姓成员构成的状况暗合。另《周礼·地官司徒篇》等处所载四郊封域之法，亦当为其重要的经典背景。参见刘师培《左盦外集》卷二《王畿考》，《刘申叔先生遗书》下册，江苏古籍出版社1997年版。又《资治通鉴》卷一一一《晋纪三十三》隆安三年三月甲子条胡注："八部大夫恐当作八部大人。"胡氏当主要据《魏书》卷一一三《官氏志》载神瑞时置"八大人官"而论。然《官氏志》两称"八部大夫"，《魏书》卷二四《崔玄伯传》亦载太祖"置八部大夫以拟八座"，故"大夫"绝非"大人"之讹。天兴元年所设八部大夫当然是由胡汉大人豪酋担任的，称之为"大夫"而不称"大人"，似还是要与拓跋南北部大人的汉称相区别，亦与《周礼》掌四郊封域者多为大夫有关。

③ 后来八部大夫向"八部大人"和"六部大人"的蜕变中，此端更为清楚。参见严耀中《北魏前期政治制度》第二章"分部制——演变中的拓跋政权的基础"，吉林教育出版社1990年版。

④ 《资治通鉴》卷一一一《晋纪三十三》隆安三年三月甲子条："珪分尚书三十六曹及外署，凡置三百六十曹，令八大夫主之。吏部尚书崔宏通署三十六曹，如令、仆统事。"这里把《官氏志》"令大夫主之"解释为"令八部大夫主之"；从八部大夫拟尚书八座看，这样解释似乎也是可以的。但《通鉴》这样说，不免掩盖了三百六十曹各自有大夫主之的事实。其继述崔玄伯"通署三十六曹"，又似把天兴二年三月置三百六十曹以前的事情放到了以后。严耕望先生《北魏尚书制度考》对之皆已辨正。《中央研究院历史语言研究所集刊》第十八本，1948年。

次相辖的结构序列，是"秦汉卿署令、长之名，且以上混宗周之制"的复古之物①。考虑到其三百六十曹各设大夫、元士之制，适符《周礼》六卿官各六十，合三百六十职各以大夫、士统诸府、史之况②，那就应当断定，在邓渊、崔玄伯和拓跋珪厘正官制时，作为朝廷的行政总枢或主体，尚书诸曹统诸庶务的架构，亦明显打上了《周礼》的烙印。

由此可见，邓渊典官制，要害是要在魏晋以来专制集权体制的既定框架中，处理好以往的大人领族理政之俗。具体则通过畿郊的措置与八部大夫之制，也通过诸曹大夫各领其政，"若有文簿当曹敷奏"等方式③，既承认和延续，也虚化和限制了大人权力。而有关儒经，尤其是系统代表了圣王建国传统的《周礼》，则为其提供了蓝图和理据，充当了其润饰和改造旧俗的工具。

再看祭祀制度，当时的基本方针也是既续行和润饰拓跋旧俗，又据前朝故事和有关经典另定新制④。具体如《魏书》卷二《太祖

---

① 严耕望《北魏尚书制度考》五"列曹职官下"。又，许倬云《中古早期的中国知识分子》一文亦提到了儒生"协助拓跋魏的统治王室，设计出一种结合古老的鲜卑部落联盟与理想化的中国政府结构（'周礼'）的政府形式"，收入《许倬云自选集》，上海教育出版社2002年版。

② 《周礼·天官冢宰篇》"设官分职"条郑注引郑司农云六卿"各有所职而百事举"；其小宰职文述天、地、春、夏、秋、冬官，各有"其属六十"。

③ 《官氏志》载三百六十曹"当曹敷奏，欲以省弹驳之烦"，恐怕主要是"省却"了八部大夫拟尚书八座的驳正诸曹奏请和弹劾有关官员之"烦"。其又载天兴四年十二月，"复尚书三十六曹"。次年八月，"初置六谒官准古六卿，其秩五品；属官有大夫，秩六品；大夫属官有元士，秩七品；元士属官有署令、长，秩八品；令、长属官有署丞，秩九品"。其"准古"设六卿，下属大夫、元士、署令、长、丞，显然是在天兴二年三月建制的基础上，进一步依仿了《周礼》六官之制，也正式取消了八部大夫"拟尚书八座"监临诸曹的名分。由此看来，从天兴二年三月至天赐元年八月北魏尚书曹署的数次变动，实质是要在依仿《周礼》设官的名义下，渐次虚化和撤除八部大夫拟于尚书八座监临内朝诸曹的实权。

④ 《通典》卷四二《吉礼一·郊天上》摘录了《魏书·礼志》所载天兴二年正月南郊仪注和天赐二年四月的西郊祭天仪注，其原注云："后魏道武帝西平姑臧，东下山东，足为雄武之主。其时用事大臣崔浩、李顺、李孝伯等，诚皆有才，多是谋胜之士，全少通儒硕学，所以郊祀帝后、六宫及女巫预焉。复多夷礼而违旧章。"中华书局1984年影印版。杜佑此注来源不详，但其既不明道武帝以来往往旧俗与汉制并行，也不知四月西郊祭天乃是拓跋旧俗，又倒错了道武帝与太武帝朝史事。足见中唐时人于北魏初年史事多已懵然。

纪》载天兴元年四月壬戌，"帝祠天于西郊，麾帜有加焉"。前已述西向祭天乃是神元帝拓跋力微以来的旧法，其"麾帜有加"，当是其仪仗之类已经增益和改造。《太祖纪》又载天兴二年正月甲子，"初祠上帝于南郊，以始祖神元皇帝配，降坛视燎，成礼而反"。这又是依仿汉制而举行的郊天大礼，其仪注盖定于上年十一月董谧"撰郊庙、社稷、朝觐、飨宴之仪"以来①。而《魏书·礼志一》则载当时所定"祀天之礼用周典"②。在《魏书》中，"周典""周经"之类的名目，常指《周礼》及其所载制度③。就是说，董谧所撰南郊祀天礼，并未现成地袭取汉魏以来的郊祀故事，而是远据《周礼》对之作了相当的改造。

从《魏书·礼志一》后文载天兴二年正月甲子的南郊仪注和三年正月的北郊仪注，可以看出其以始祖神元帝和神元后分别配享天、地，体现了天兴元年"建宗庙"及"追尊成帝以下及后号谥"时所定的帝系，也贯彻了《礼记》和《孝经》的祭天配祖之说④。而从其南北郊仪注各节所示丘、泽相分之况，天、帝有别之态，圭玉、束帛之数和牲犊燎、瘗之法，二至与二郊分祀天、地之制，不

---

① 参见康乐《从西郊到南郊——国家祭典与北魏政治》第三篇"从西郊到南郊"第五章"国家祭典的改革"。

② 《魏书·礼志一》载天兴元年帝登位，诏有司定行次，正服色，"于是始从土德，数用五，服尚黄，牺牲用白，祀天之礼用周典。以夏四月亲祀于西郊，徽帜有加焉"。中华书局点校本"牺牲用白"后用句号点断，而"祀天之礼用周典"后用逗号。案是年四月壬戌西向祭天，是要将登位开国定都平城诸事按其旧俗祭告众神，则其虽"徽帜有加"，却断乎不能说是"用周典"。而"祀天之礼用周典"，上接"从土德……牺牲用白"数语，皆为依从汉人制度突破拓跋旧俗之举，故其句当从上为妥。

③ 如《魏书》卷七下《高祖纪下》太和十七年六月乙巳诏班《职员令》有曰："六职备于周经，九列炳于汉晋。""周经"即指《周礼》。《魏书》卷六二《李彪传》载其上疏论政，于恤刑一款有"诚宜远稽周典，近采汉制"之语。其"周典"亦指《周礼》。《魏书·礼志一》序文有曰"秦灭儒经，汉承其弊，三代之礼，盖如线焉，刘氏中兴，颇率周典。""颇率周典"即指光武帝定制颇依《周礼》之事。

④ 《礼记·祭法》："有虞氏禘黄帝而郊喾。"郑注曰："禘、郊、祖、宗，谓祭祀以配食也。此禘，谓祭昊天于圜丘也。"又《孝经》有"昔者周公郊祀后稷以配天，宗祀文王于明堂以配上帝"之说。

难看出其主要依据的，还是《周礼·春官宗伯篇》大、小宗伯、肆师、典瑞、大司乐等职文和《礼记·郊特牲》之说，尤其是郑玄的有关阐释①。其制与后汉光武帝所定南北郊祀制相为出入，与曹魏景初元年所定之制则明显有异，又大不同于西晋武帝泰始二年及东晋元帝大兴元年依王肃礼说所定的郊祀之式，而约略近于西晋太康十年及东晋咸和八年分别归复《周礼》郑注的南、北郊分祀之况②。由此足见董谧和崔玄伯撰定郊祀仪时，亦据《周礼》等经典及郑玄诸人的礼说，本着当时的内外政治需要，对前朝故事作了一定的突破和取舍③。

至于其他从庙祀、辇舆到律吕、律令乃至于制浑仪、考天象、立学校的状况，虽具体过程、形式和内容各有特点，但其在改造旧俗和创建新制时渗透了儒经影响和取本或依托于《周礼》的大体，仍多与上述官制、郊祀等况相类。为免烦琐，不再一一释证。总的看来，在北魏道武帝开国建制所采据的多种因素中，儒家经典尤其

---

① 郊祀的这些大节，向被视为典出《周礼》，参见钱穆《周官著作时代考》一"关于祀典"，收入氏著《两汉经学今古文平议》，商务印书馆2001年版。另如《魏书·礼志一》载天兴二年正月南郊仪注中，"玉用四圭，币用束帛"。其所据为《周礼·春官宗伯篇》肆师职文"立大祀，用玉帛、牲牷；立次祀，用牲币"；典瑞职文"四圭有邸，以祀天、旅上帝"之说。《礼记·郊特牲》："兆于南郊，就阳位也。扫地而祭，于其质也。器用陶匏，以象天地之性也。于郊，故谓之郊牲。用骍，尚赤也；用犊，贵诚也。"其文及郑注亦影响了天兴二年正月的南郊仪注。但《礼记·郊特牲》及《周礼·地官司徒篇》牧人职文皆云祀天用骍，而此次南郊仪注却用了"黝犊"。这也是当时董谧拟撰祀制而崔玄伯与道武帝"综而裁之"的体现。

② 以上俱见《后汉书》志七《祭祀志上》所载建武二年正月所定南郊之制，志八《祭祀志中》所载中元元年所定北郊之制；《晋书》卷一九《礼志上》所载曹魏景初元年、西晋泰始二年所定郊丘祀制及太康十年、大兴二年、咸和八年的调整，以及《宋书》卷一四《礼志一》所载魏晋以来郊祀仪注。

③ 具体如《魏书·礼志一》载天兴二年正月南郊仪注，"日月五星、二十八宿、天一、太一、北斗、司中、司命、司禄、司民在中壝内各因其方，其余从食者合一千余神醊在外壝内"。其显然取本自《周礼·春官宗伯篇》大宗伯职文"以禋祀祀昊天上帝，以实柴祀日、月、星、辰，以槱燎祀司中、司命、风师、雨师"之说，又据郑玄注"星谓五纬，辰谓日月所会十二次"等文推定而来。继之，除"天一""太一""北斗""司命""司禄""司民"外，"其余从食者一千余神醊在外壝"，其数少于后汉建武二年以来郊祀的八陛、五郭、中营、外营的一千五百余神，又较东晋咸和八年正月郊天唯祀六十二神之况大为增加，这也许是其所据乃为三国孙吴太史令陈卓综汇三家星经以来的星官名数的缘故。参见《隋书》卷一九《天文志上》。

是当时公认为结集和代表了圣王建国典则的《周礼》，的确占着一个前所未有的重要位置。从上面的讨论中，大略已可得到如下认识。

其一，天兴元年的各项建制，处处渗透着儒经所载王者典则的影响，从而构成了汉魏以来政治与制度儒家化总趋势的一大分支[①]。看起来，在影响当时建制的拓跋旧俗、现实需要、前朝故事和儒家经典等多个因素中，正是儒经所载王者典则，最便通过相应的解释和推断，紧密啮合于现实政治需要，并赋相关建制以有别于当时南北并峙各朝制度的正统色彩，也就充当了天兴君臣参考前朝故事来改造旧俗、创建新制的取舍标准和破立工具。

其二，天兴元年的建制活动，处处突出了其所具有的"开国"特性，通过郑玄阐释而被公认为集中代表了圣王建国典则的《周礼》，则较其他几种儒经有着更大的影响。从现存史料来看，当时所定许多制度如平城规制、畿郊界划、田制租赋和尚书曹署构成之类，有可能直接依本了《周礼》有关内容，其背后则多有利用《周礼》来润饰和改造胡俗的意味。这样的状况当然有其特定经学和政治背景，并且构成了汉魏以来《周礼》及郑注流行和影响各朝制度的一个突起的异峰。

其三，天兴元年七月迁都平城到十一月以来众建诸制，在建制次序和内容上，贯彻了《周礼》"惟王建国，辨方正位，体国经野，设官分职，以为民极"这个当时公认为圣王开国建制的总纲[②]。按郑玄等人的阐释，"惟王建国"，既指开国称王，又指定都作邑；

[①] 瞿同祖《中国法律之儒家化》揭示了魏晋以来法律儒家化这个重大的历史进程。收入氏著《中国法律与中国社会》，中华书局1981年版。今天看来，儒家化进程实际是一个包括各种政治过程和具体制度在内的广阔趋势，其较为明确的起点应自汉武帝独尊儒术始，至两汉之际及东汉以来儒经对政治影响渐大，至魏晋古文经学占据主导地位后全面展开，突出地表现在《律》《令》及各项重要制度的儒家化上。

[②] 参见《十三经注疏》之《周礼注疏》卷一《天官冢宰第一》、孙诒让《周礼正义》卷一《天官冢宰第一》的相关诠释。

故道武帝开国规模的建制活动，乃自迁都平城，营宗庙、宫室开始。"辨方"指都城四面、君北臣南等方位的确定，"正位"指宫室庙庭等位置的落实；道武帝规划平城"四方数十里"，及其北宫南廊、左祖右社、十二城门等格局，即其体现。"体国经野"，指接着都城规制的实施，又须分国、野封域、定四郊都鄙道路、沟洫、田赋等制。此即道武帝"正封畿，制郊甸，端径术，标道里"等事涵盖的内容。"设官分职"，即通过各种官职的设置确立各项具体事制。这也就是道武帝命崔玄伯、邓渊、董谧、王德、晁崇等人撰定官制、祭祀、礼乐、律令诸制之事。最后，"以为民极"，指通过以上建制，使天下百姓各得其所，从而确立王者为万民执中的正统地位，而这正可说是道武帝开国建制的旨归。

这样，北魏开国的建制活动，不仅在具体制度上多处取鉴了儒经和依托于《周礼》，更隐隐在展开次序、方式、内容和精神上贯彻了《周礼》总纲。正因如此，当时各项制度在枝节上容有未备或多杂糅，但在通盘取仿《周礼》的完整和系统性上，却明显超越了同期南北政权建制过程所达到的程度。故其可以说是《周礼》成书以来的又一次大幅度贯彻[①]，是中国史上一本书影响一个时代的重要个案，是魏晋以来政治与制度儒家化进程在北朝的进一步发展，也是北族有关创制传统的形成标志及其一系列周官改制运动的明确起点。

[①] 两汉之际的王莽改制多处参考了《周礼》。但第一，王莽身死名裂，班固《王莽传》赞谓其"诵六艺以文奸言"，故指导其改制的某些理论形态虽仍在继续发展并影响到后世历史及相关建制过程，定制者却皆不以王莽衣钵自承。第二，王莽改制的理论依据相当庞杂，其中大量掺有图谶运历术数等今文经学较为关注的内容。第三，古文系统诸经在王莽改制中固然作用突出，《周礼》亦仅是其中的一项而不能说是纲领。《汉书》卷三六《楚元王交传》附《刘歆传》载其争立古文群经而不及《周礼》，即说明了这一点。参见钱穆《刘向、歆父子年谱自序》，收入氏著《两汉经学今古文平议》；阎步克《文穷图见：王莽保灾令所见十二卿及州部辨疑》，《中国史研究》2004年第4期。

二 汉魏以来经学与政治的互动背景

作为一个重大而以往未予充分注意的历史现象，北魏开国建制深受儒经影响和大幅取本《周礼》的事实背后，当然沉潜着众多活跃而有待抉发的要素和过程。现在的问题是，道武帝的开国建制活动，为什么会深受儒经的影响并常依托《周礼》来进行呢？

从政治理念和经学背景来看，东汉以来政治儒家化进程的开展，到郑玄等人以古综今勾合众家的经典诠释运动，政治和经学两个方面，都经历了相当的变化和调整。王霸杂治时期儒学外在地润饰、诠释或制约统治活动的状况，到了"以柔道治天下"[①]，儒学地位进一步提高的时代，开始变而为内在地指导、证明和渗透于政治过程。与之相关的种种事态，特别是汉魏以来儒家学说和相关经解对改朝换代和开国创制活动的影响，自是讨论北魏开国建制背景所须关注的首要问题[②]。

《魏书》卷二《太祖纪》载天兴元年闰十一月卫王仪领衔劝进，其书有曰：

> 伏惟陛下德协二仪，道隆三五，仁风被于四海，盛化塞于大区……而躬履谦虚，退身后己，宸仪未彰，衮服未御，非所以上允皇天之意，下副乐推之心。

[①]《后汉书》卷一下《光武帝纪下》建武十七年十月帝曰："吾理天下，亦欲以柔道行之。"案《说文解字》："儒，柔也。"《礼记·儒行》孔疏引《郑目录》："儒之言优也，柔也，能安人，能服人。"是光武帝所谓"柔道"，非惟指《尚书·洪范》刚克、柔克之柔，要亦兼指儒学。参见刘师培《左盦集》卷三《释儒》，《刘申叔先生遗书》下册；刘节《古史考存·辨儒墨》，人民出版社1958年版。

[②]《史记》卷一二一《儒林辕固生传》述其景帝时与黄生论汤、武革命正当与否，景帝息其争曰："言学者无言汤、武受命，不为愚。"有关问题从不争论到再度争论和不断改论定论的过程，乃是两汉至魏晋政治思想史上的头等问题，也是班彪《王命论》、干宝《晋武帝革命论》等名作的重要背景。

这里推出的，是一个有道一统之君的形象。在此之前，六月丙子定国号为魏，其诏有曰："天下分裂，诸华乏主，民俗虽殊，抚之在德。"亦然。这种有德者有天下的观念，在皇始二年八月拓跋珪进军常山欲定河北，而其部将却多欲还归塞北时，珪谓："四海之人，皆可与为国，在吾所以抚之耳，何恤乎无民！"也已经表露过了。更早些时候，登国末年拓跋珪命拓跋仪使燕观衅，慕容垂自诩"威加四海"时，仪曰："燕若不修文德，欲以兵威自强，此乃本朝将帅之事，非仪所知也。"仪后来为南征主将，所述"燕若不修文德"云云，可以看出拓跋珪及其核心集团，早就打出了"天命无常，惟有德者居之"的旗号。而之所以如此，除对其自身族属的考虑外，也是因为"德"这个儒学的最高范畴[①]，汉魏以来已十分现实地成了君统禅让和王者天命所系的必要理据。如东汉初年班彪作《王命论》有曰：

> 帝王之祚，必有明圣显懿之德，丰功厚利积累之业，然后精诚通于神明，流泽加于生民，故能为鬼神所福飨，天下所归往。未见运世无本，功德不纪，而得崛起在此位者也。[②]

[①] 1973年马王堆三号汉墓所出《帛书〈老子〉甲本》卷后之古佚书《五行》篇，与1993年郭店一号墓所出楚简之《五行》篇，学界皆以为是儒家作品，其述"德之行五"，包括仁、知、义、礼、圣。便反映了"德"在儒学范畴体系中的崇高地位。参见［日］池田知久《郭店楚简〈五行〉研究》，收入《中国哲学》第21辑《郭店楚简与儒学研究》，辽宁教育出版社2000年版。

[②] 文详《宋书》卷二七《符瑞志上》及《文选》卷五二《论二》班叔皮《王命论》。又《魏书》卷二《太祖纪》载天兴三年十二月诏斥狂徒迷于天命曰："世俗谓汉高起于布衣而有天下，此未达其故也。夫刘承尧统，旷世继德，有蛇龙之征，致云彩之应，五纬上聚，天人俱协。明革命之主，大运所钟，不可以非望求也。"而《王命论》述"世俗见高祖兴于布衣，不达其故，以为适遭暴乱，得奋其剑，游说之士，至比天下于逐鹿，幸捷而得之。不知神器有命，不可以智力求也"。两者论调如出一辙，当非偶然。

第三章 经学、《周礼》与天兴建制及儒家化北支传统

至汉献帝禅位曹丕，其册文曰：

  今王钦承前绪，光于乃德，恢文武之大业，昭尔考之弘烈。皇灵降瑞，人神告征……于戏！天之历数在尔躬，允执其中，天禄永终。君其祗顺大礼，饗兹万国，以肃承天命。①

这里强调的魏王功德赫赫，遂有诸般灵瑞异征，以明历数所在。显然已不只是理论上的套路，也是此后魏晋禅代、五胡崛起建国直至隋唐改朝换代所一体遵照的故事②。因而天兴君臣之所以屡屡强调"德"，其背后正是汉魏以来儒学准则真正成为统治原则，"德"被公认为天命所归和运历所系的事实。

也正是在这种天命运历从属于德行功业的思想潮流中③，长期以来论证王朝更替合法性的另一宗并非源出儒家学说的理论工具，

---

① 《三国志》卷二《魏书·文帝纪》。
② 《文选》卷四九《史论上》干令升《晋武帝革命论》开头就说："帝王之兴，必俟天命，苟有代谢，非人事也。"其通篇述汤、武革命顺天应人之义，防堵了小道伪德窃国的漏洞，强调王者顺应时势即为天命。
③ 《三国志》卷二《魏书·文帝纪》裴注引《献帝传》载汉魏禅代之际，华歆、贾诩、王朗等劝进有曰："汉朝知陛下圣化通于神明，圣德参于虞夏，因瑞应之备至，听历数之所在，遂献玺绶，固让尊号……臣等闻自古及今，有天下者不常在乎一姓，考以德势，则盛衰在乎强弱；论以终始，则废兴在乎期运。"《艺文类聚》卷一〇《符命部》录曹植《魏德论》有曰："其化之也如神，其养之也如春，柔远能迩，谁敢不宾……武皇创迹于前，陛下光于后，盖所谓勋成于彼，位定于此者也。"《文馆词林》卷六六八张华《西晋武帝即位改元大赦诏》："昔朕皇祖宣王，圣哲钦明，获应期运……至于皇考文王，浚哲光远，允协灵祇，应天顺人，受兹明命。仁济于宇宙，功格于天地。"《文馆词林》卷三四八张载《平吴颂》开篇曰："上哉仁圣，曰惟皇晋，光泽四表，继天垂胤。"《晋书》卷一〇一《刘元海载记》载其称大单于后曰："夫帝王岂有常哉！大禹出于西戎，文王生于东夷，顾惟德所授耳。"《晋书》卷一一四《苻坚载记下》附《苻融传》载其谏坚不可南伐，坚曰："帝王历数岂有常哉，唯德之所授耳！"《晋书》卷一二二《吕纂载记》述其游田无度，荒耽酒色，太常杨颖谏曰："臣闻皇天降鉴，惟德是与，德由人弘，天应以福，故勃焉之美，奄在圣躬。"以上说天命历数，皆已以德化为其前提且足见魏晋以来其在北方的流行，亦与五胡政权自身性质有关。

即基于阴阳五行学的行次说，亦已在向强调功德的正统论转化[1]。要而言之，经汉魏以来群雄鼎立局势的催化和经学自身的转折发展，有关统治合法性的理论形态已被进一步整合[2]；王朝的行次、法统和地位，得先看其继承的是前此各朝的哪一朝，并且必得根据需要和可能，挑选那个功、德足膺正统的来继承。而当时所谓功德，则不仅是要一统中原或天下，更表现为顺乎圣王之道的政教制度[3]。很明显，这种不依先后之序，而是挑选一个来"以正承正"的行次说，其实就是正统论。因而汉魏以来，天命之流转，行次和正统，已与制度政教之况紧密结合到了一起。

如《三国志》卷二《魏书·文帝纪》裴注引《献帝传》载曹魏禅汉，制诏三公定行次，议正朔、服色诸事；《宋书·礼志一》又载魏文帝继而诏定正朔、服色，皆强调后王膺祚开基，当循圣王故事而定正朔，易服色，殊徽号，异器械，制礼乐，同律度量衡。又魏明帝时高堂隆议正朔时广引典籍，依次征引了《易经》《易通

---

[1] 王夫之《读通鉴论》卷一六《齐武帝七》："正统之论，始于五德。五德者，邹衍之邪说，以惑天下，而诬古帝王以征之。秦汉因而袭之，大抵皆方士之言，非君子之所贵也。汉以下，其说虽未之能绝，而争辩五德者鲜；唯正统则聚讼而不息。"中华书局1975年版。即指出了汉来行次说焦点渐转而至正统论的变化。而《文选》卷四八《符命》班孟坚《典引》述高祖、光武"膺当天之正统，受克让之归运"。《艺文类聚》卷一〇《符命部》录后汉傅幹《王命叙》述"世祖之兴有四，一曰帝皇之正统"；曹魏傅遐《皇初颂》述文帝"应灵运以承统，排阊阖以龙升"。以上，均体现了东汉以来正统论之态及其受刘歆三统论影响之况。

[2] 关于邹衍五德终始论的演变及其向正统论的转化，参见顾颉刚《五德终始说下的政治与历史》，收入《古史辨》第五册，上海古籍出版社1982年版；饶宗颐《中国史学上之正统论》，远东出版社1996年版。顾、饶二先生皆讨论了早期行次说自董仲舒以来由五行相胜转而为相生说的过程。因为五行相生说的政治意义，即是以正承正，是惟正统可以相承。这就在理论上打开了行次说向正统论演变的大门。

[3] 《晋书》卷八二《习凿齿传》载其撰《汉晋春秋》，临终上疏论曹魏非正统有曰："今若以魏为代王之德，则其道不足；有静乱之功，则孙、刘鼎立。"其大意以"功德"为正统之本，曹魏既功德不足称而为闰，故晋之行次自当上承蜀汉。从中可见"功"指一统天下，"德"指政教德行，其论观照了东晋的地位，反映了功德在汉魏以来行次说和正统论中的重要性。又《元经薛氏传》卷七安帝隆安元年正月条述《元经》并尊东晋安帝和北魏道武帝，是因拓跋氏虽夷狄而主中国，东晋虽承正朔而偏安。《元经薛氏传》卷九后魏孝文帝太和四年条又述《元经》所以"帝魏"，是因拓跋氏平中原而修礼乐，"居先王之国，受先王之道，子先王之民"。王通及其门人此论乃为习凿齿功德正统说的发展。程辑《汉魏丛书》本，吉林大学出版社1992年版。

卦验》《尚书》《尚书大传》①《诗经》《诗推度灾》《礼记·大传》《乐稽曜嘉》《春秋》及《左氏传》②《春秋元命苞》的有关文字③。这种经、纬书错杂引用的方式，乃是当时论事证说的典型套路，其大意则皆如魏明帝此次下诏议改正朔所云：

> 自五帝三王以下，或父子相继，同体异德；或纳大麓，受终文祖；或寻干戈，从天行诛。虽遭遇异时，步骤不同，然未有不改正朔，用服色，表明文物，以章受命之符也④。

此其所示，正是"受命之符"必以更新制作来体现的逻辑。可以想见，从行次说到正统论的理论演变及其与汉魏以来霸府禅代现实的互动，已使一种圣王立国必更新制作或后王膺祚须托古改制的舆论氛围，继新莽以后再度弥漫于世⑤。

正是在此背景之下，前已指出天兴元年十二月道武帝登位后即命百司"议定行次，尚书崔玄伯等奏从土德，服色尚黄，数用五，未祖辰腊，牺牲用白"，即是要按当时最为权威的统治合法性理论来证明其合乎天意和人心。而其关键，显然也还是要"易服色，改正朔"，这既是道武帝上比革命易代的周武王，自居为有道受命之

---

① 原文称《尚书传》，案其文乃出《尚书大传》卷一下《虞夏传》。
② 原文述"《春秋》'十七年夏六月甲子朔，日有蚀之'。《传》曰：'当夏四月，是谓孟夏'"云云。案，此为《春秋》昭公十七年事，"当夏四月，是谓孟夏"为《左氏传》文。又今通行本《春秋》"甲子"作"甲戌"。
③ 另如《大戴礼》与《孔子家语》的《五帝德》篇，俱述孔子备言五帝功德，然其"黄帝治五气，设五量，抚万民，度四方"之说，在《史记》卷一《五帝本纪》中作"治五气，艺五种，抚万民，度四方"，其间的差异，反映了相传西汉戴德整理古《记》直至王肃整理《孔子家语》之时，有关内容仍在发展。参见王聘珍《大戴礼记解诂》卷七《五帝德》，中华书局1983年版。
④ 明帝此诏与高堂隆议奏文俱见《宋书》卷一四《礼志一》。其又载晋武帝泰始二年九月群公奏晋受魏禅，宜一用前代正朔、服色，制可。"孙盛曰：'仍旧，非也。且晋为金行，服色尚赤，考之天道，其违甚矣。'"是改朝换代而易正朔服色，至东晋史家亦认为理所当然。
⑤ 参见杨英《汉魏经学变迁与曹魏正朔服色改易》，收入殷宪主编《北朝史研究》，商务印书馆2004年版。

君的必然，也是强烈的时代背景和正统意识使然。就其各项内容来看，定土德，服色尚黄，数用五，牺牲用白，参考了曹魏黄初元年议定行次的故事①。而关系到正朔历法的五郊立气，宣赞时令，敬授民时，行夏之正②，未祖辰腊等项，则仍与魏晋明显有异③。这

---

① 《宋书·礼志一》所载黄初元年定正朔服色诏。其上文载当时尚书令桓阶等奏："据三正周复之义，国家承汉氏人正之后，当受之以地正，牺牲宜用白。"前已指出"服色尚黄"而"牺牲用白"看似矛盾，却综合了五行和三统，反映的是刘歆三统论对行次说的影响。因而曹魏代汉的服色、牺牲、徽帜、器制诸制，又多与《汉书·王莽传上》所载同以土德代汉火德的新莽之制类同。

② "五郊立气，宣赞时令"皆汉来迎节气读时令及相关之祭祀故事，亦皆与历法相连。魏晋唯四郊，亦无迎气之制，读五时令则为读四时令。参《后汉书》志八《祭祀志中》及《晋书》卷一九《礼志上》。"敬授民时，行夏之正"即颁历以明岁首且以建寅之月为岁首正月，此为汉武帝元封七年用《太初历》以来的通例（其后唯新莽及曹魏明帝景初时用新历而以建丑之月为岁首），但具体规定朔望时令节气的历法却代有递嬗调整。故所谓"改正朔"者，要在颁行本朝新定的历法，而所谓"行夏之正"，即行夏历以十三月为正月，前亦指出其与儒经称夏"得天之正"相关。据《宋书·礼志一》、《宋书》卷一二《律历志中》及《晋书》卷一七《律历志中》所载，曹魏黄初元年诏"依虞、夏故事"，沿袭了后汉章帝元和二年以来所用的《四分历》，黄初中韩翊虽造《黄初历》而争议未行。遂有明帝改正朔，行杨伟、高堂隆等所撰之《景初历》，仿王莽以建丑之月为正，改青龙五年三月为景初元年四月。明帝崩后又复其旧，至晋武帝泰始二年诏"一用前代正朔，服色"，唯改魏《景初历》名《泰始历》，以应"改正朔"之故事而已。

③ 前已注出"未祖辰腊"即祖祭于未日，腊祭于辰日，北魏所定祖、腊祭日与魏晋不同。今案《通典》卷四四《吉礼三·大禘》引曹魏黄初时"高堂隆议腊用日云：'王者各以其行之盛而祖，以其终而腊。水始于申，盛于子，终于辰，故水行之君，以子祖，以辰腊……土始于未，盛于戌，终于辰，故土行之君，以戌祖，以辰腊。今魏得土而王，宜以戌祖辰腊。'博士秦静议：'《易》曰：坤为土，土位西南，黄精之君，盛德在未，故大魏以未祖。戌者岁终日穷之辰，不宜以为岁初祖祭之行始也……丑者，土之终，故以丑腊，终而复始，乃终有庆。宜如前，以未祖丑腊。'奏可之"。依高堂隆所述行次理论，曹魏既为土德，当未祖戌腊；但魏文帝实际采取了秦静之议而定未祖丑腊。可见北魏虽亦土德而定"未祖辰腊"，必当别有出处。据蔡邕《独断》（程辑《汉魏丛书》本）卷上："青帝以未腊卯祖，赤帝以戌腊午祖，白帝以丑腊酉祖，黑帝以辰腊子祖，黄帝以辰腊未祖。"或即其据。又《三国志》卷四七《吴书·吴主传》黄武二年正月"改《四分》，用《乾象历》"。裴注引《江表传》曰："权推五德之运，以为土行，用未祖辰腊。"是孙吴用"未祖辰腊"，很可能是依据了后汉光和时刘洪及蔡邕所撰《乾象历》的五行用事法，故其法与蔡邕上引说略同。观《宋书·律历志中》述《乾象历》"方《太初》、《四分》，转精微矣"；徐幹《中论·历数第十三》（程辑《汉魏丛书》本）述《乾象历》极精，因灵帝崩而"事不施行"。《晋书·律历志中》载"光和中，乃命刘洪、蔡邕共修律历，其后司马彪因之以继班史"；且述"建安元年郑玄受其法，以为穷幽极微，又加注释焉"；又载曹魏时徐岳议历，谓《乾象历》"理实粹密，信可长行"；史臣更誉"洪术为后代推步之师表"。故《晋

种既遵循和参取前朝故事和膺祚惯例,又高自标举而刻意与之拉开距离的倾向,正是在践履那种王者开国立基必更新制作,以明正统所在的理念。

既然如此,也就不只是定行次,易服色和改正朔,而是天兴元年六月迁都平城,建宗庙,立社稷以来的整套开国建制活动,都在一定程度上体现和实践着汉魏以来关于帝王膺祚和朝代更替的思潮,也都以其仿效圣王建国的特性而指向了"标榜正统"这同一个方向。事情很清楚,在拓跋氏当时大幅度改造旧俗和创建新制时,其中要害,不仅是要一般地权衡复杂的现实与可能,更是要将之一并纳入已为标榜正统所必需的王制框架内,也就不能不额外产生了儒家经典向各种制度的渗透和影响问题。而在此背后存在的,实际上是汉魏以来儒学和政治的整个互动格局,是儒学准则直接成为政治原则,王朝正统地位直接系于其制度政教之况,儒经直接指导建制活动等一系列相互关联的历史进程[1]。

但大的思想背景固然如此,在继续追寻道武帝开国建制何以要依仿《周礼》时,也还是有一个经典地位和经学传播的背景问题必须诠释。

《魏书》卷二《太祖纪》天兴二年三月甲子:

> 初令五经群书各置博士,增国子、太学生员三千人[2]。

(接上页)志》列出了《乾象历》概要,内有"推五行用事"之法。是汉末魏晋以来《乾象历》久负盛名,北魏天兴元年十二月定正朔,正有可能采用了郑注《乾象历》,故依其独特的"推五行用事"之法而"未祖辰腊",遂与孙吴相同。

[1] 金春峰《汉代思想史》修订增补第三版序"汉代经学哲学的产生与特点"对此有另一种表述:"经学哲学的基本性格是政治的……政治性是其最本质、最根本的特性,它是政治的指导思想。"中国社会科学出版社2006年版。

[2] 《魏书》卷三三《薛提传》载其太原人,"皇始中补太学生"。似皇始初建曹省设百官时,已有所谓"太学"。其时早于《北史》卷八一《儒林传》序所述道武初定中原,"便以经学为先,立太学"。

置五经博士，增国学生员，既是以往官学传统的延续和发展，也是西汉独尊儒术以来，朝廷以此体现官方意识形态及其正统地位的典型方式之一。《魏书》卷三三《李先传》载此后不久道武帝拓跋珪与博士李先的问对：

> 太祖问先曰："天下何书最善，可以益人神智？"先对曰："惟有经书，三皇五帝治化之典，可以补王者神智。"又问曰："天下书籍，主有几何？朕欲集之，如何可备？"对曰："伏羲创制，帝王相承，以至于今，世传国记，天文秘纬，不可计数。陛下诚欲集之，严制天下诸州郡县搜索备送，主之所好，集亦不难。"太祖于是班制天下，经籍稍集。

李先把经书说成"三皇五帝治化之典"，拓跋珪则正在依仿圣王建制，又欲收罗经籍，君、臣双方于经学体用之相契，堪值吟味。而在当时，尊经必意味崇礼，因为汉魏以来经学的重要趋势，是其中切关于制度政教之况的礼经与礼学地位渐重[1]，构成了一条相对于《易》经和玄学发展要更为突出而稳定的线索[2]。尤其是西晋乱亡，玄学祸首论虽嫌夸大，却也刺激了礼经地位的提升，"礼为六经之

---

[1] 《礼记·经解》："礼之于正国也，犹衡之于轻重也，绳墨之于曲直也，规矩之于方圆也……安上治民，莫善于礼。"《左传》隐公十一年君子曰："礼，经国家，定社稷，序民人，利后嗣者也。"都是对礼与政教制度关系的说明。《三国志》卷一三《魏书·王朗传》附子《王肃传》载其时郑学盛行，肃遍注群经以立异，"所论驳朝廷典制、郊祀、宗庙、丧纪轻重，凡百余篇"。说明礼经和礼学乃是魏晋经学的热点，也是郑、王之争的焦点。

[2] 《三国志》卷二五《魏书·高堂隆传》载明帝景初中诏："昔先圣既没，而其遗言余教，著于六艺。六艺之文，礼又为急，弗可斯须离者也。"这里反映了礼为六经之要的观念，这已相当不同于《汉书》卷三〇《艺文志》述刘歆《六艺略》以《易》为五经之"原"，以及同书卷八七下《扬雄传下》述其以为"经莫大于《易》"的看法。

本"说遂应运而生①。其所反映的,是汉末魏晋维系名教于不坠的士大夫主体部分的经学取向。也正是这个取向,在经典神圣化和政治、制度儒家化的大势中,自下而上地催驱了两晋南北朝一波又一波崇礼、修礼、释礼、论礼的浪潮。

《魏书·太祖纪》载皇始元年八月拓跋珪进取中原,"亲勒六军四十余万南出马邑"。联系此年元月"大蒐",七月帝始建天子旌旗出入警跸之事,这个"六军"的名目,似亦不单是分军用兵之常例,而是附会了《周礼》等处所载的天子六军之典②。其后文又载皇始二年九月甲子晦,帝欲进军与慕容贺麟决战,太史令晁崇奏以为殷纣以甲子亡,兵家忌之;"帝曰:'纣以甲子亡,周武不以甲子胜乎?'崇无以对"。且载天兴三年十二月诏诫群下有曰:"夫桀纣之南面,虽高而可薄;姬旦之为下,虽卑而可尊。"这些事例表明,在拓跋珪进取中原前后,周事、周公和《周礼》,已是其君臣详为讲论的内容。而这当然并不奇怪,因为与上面所述礼学地位的上升相伴,在儒经关于圣王建制谱系的叙说中,周事、周公和《周礼》的位置,汉魏以来也在不断提高。

导致这个过程的因素,关系到整个汉代政治和观念学术的互动,尤其是今、古文经学的兴衰递变。其中有儒经及孔子神性的持

---

① 《宋书》卷五五《傅隆传》载其元嘉中论礼有曰:"所谓极乎天,播乎地,穷高远,测深厚,莫尚于礼也。其《乐》之五声,《易》之八象,《诗》之《风》、《雅》,《书》之《典》、《诰》,《春秋》之微婉劝惩,无不本乎礼而后立也。其源远,其流广,其体大,其义精,非夫睿哲大贤,孰能明乎此哉!"案,《左传》昭公二十五年载子产语:"夫礼,天之经也,地之义也,民之行也。天地之经而民实则之。"《礼记·礼运》述孔子曰:"夫礼,必本于天,殽于地,列于鬼神,达于丧祭射御御冠昏朝聘。"《礼记·乐记》:"乐者,天地之和;礼者,天地之序也。"傅隆所论天地高深的前半段,显然承之于此,其述五经"无不本乎礼而后立",则为上引魏明帝景初诏意的发展。又《礼记·经解》孔疏引皇侃云:"六经其教虽异,总以礼为本。"或亦承自傅说。

② 见《周礼·夏官司马篇》、《左传》襄公十四年四月纪事。《魏书·太祖纪》后文载天兴元年六月诏定国号,帝谓"天下分裂,诸华乏主,民俗虽殊,抚之在德,故躬率六军,扫平中土"。亦然。

续提升，使其所赞美的周制与周公地位也水涨船高①；有周、汉正统相承说确立以及周公、孔子道统相承说逐渐形成的影响②；有为标榜正统而须依仿圣王建制，却又面临着尧舜禹汤其制难征，圣王之法莫详于《周礼》的文本现状③。如此等等，都使周公及其用以治理天下的《周礼》，其地位自新莽以后复又趋于高扬④。而从经学史本身来看，郑学的流行，又对之起到了关键的综合性作用。

汉末魏晋是郑学崛起和大行其道的时代。郑玄遍注群经，沟合今、古，串连经、纬，总结了过去经学内外部多种纷争和纠葛，提供了更为合用于现实政治的经学形式。故玄生前其说已经风行，卒后不久即被魏文帝列于官学而蔚为大宗⑤。郑学时代的经学，常围绕郑玄凝聚的共识和留下的问题而展开⑥，且在自此以来政治和制

---

① 参见刘泽华主编《中国政治思想史（秦汉魏晋南北朝卷）》第四章"儒家政治观念的经典化与社会意识化"第一节"五经崇拜与神圣化"三"五经是放之四海而皆准的最后真理"。又，孔子的神化，与今文经学以及纬书的流行关系尤深。参见周予同《纬书与经今古文学》及《纬谶中的孔圣与他的门徒》，俱收入朱维铮编《周予同经学史论著选集（增订本）》，上海人民出版社1996年版，另参见钱穆《两汉博士家法考》，收入氏著《两汉经学今古文平议》，商务印书馆2001年版。

② 周、汉正统相承说与汉为火德说同步确立，周公、孔子相承说则自崇奉周公地位始，两者皆与两汉之际古文经学的兴起密切相关。到郑玄以古综今而终于成为官方经学的大宗，周公、孔子学脉相承说开始流行。如《世说新语》卷上之下《政事第三》述陈元方年十一而曰："周公、孔子，异世而出，周旋动静，万里如一。"自后文献中周、孔连称之例已颇常见，从而构成了唐宋儒者道统命题的前声。

③ 如《汉书》卷九九上《王莽传上》载居摄三年莽奏分帅封爵有曰："考周爵五等，地四等，有明文；殷爵三等，有其说，无其文。"《晋书》卷三一《后妃传》序："夏商以上，六宫之制，其详靡得而闻焉。姬刘以降，五翟之规，其事可略而言矣。"《魏书》卷六九《袁翻传》载其宣武帝时议明堂有曰："唐虞以上，事难该悉，夏殷以降，校可知乐。谓典章之极，莫如三代，郁郁之盛，从周斯美。"皆是。

④ 周公与《周礼》地位的提高，牵扯到今、古文经学的一系列公案，内如刘歆为新莽张本而伪造《周礼》诸说，在近代学术史上尤波澜迭起。本书只就魏晋以来世所认同者论之，概不涉入此类真伪聚讼。

⑤ 郑玄卒于汉献帝建安五年，时年七十四。二十年后曹魏代汉，郑学立博士。

⑥ 如王肃专与郑玄立异，自不待言。又王肃受学宋忠，忠为古学，被虞翻视为"小差于玄"。而虞翻为肃父王朗宾友，精《易》象数，于诸经，常执郑玄之非而甚者不过释正文字，亦在郑学笼罩之下。参见《三国志》卷一三《魏书·王朗传》附《王肃传》，《三国志》卷五七《吴书·虞翻传》裴注引《翻别传》。

度的儒家化进程中,更深、更广地影响了统治过程[1]。需要特别强调的是,由于郑学自身的性格,其流行在多个方面强化了东汉以来经学的某些趋向,更明显提高了礼学尤其是《周礼》的地位。

其一,郑学是通学[2]。至东汉后期,经学渐萌会通综合之风,如见解常与郑玄相对的何休,其《春秋公羊传解诂》亦用《穀梁》《左氏》之说;何休之师李育为今文名家,然"颇涉猎古学"[3];郑玄之师马融为古学大家,亦尝与门下"考论图纬"[4],注经亦不尽废今文家说[5]。玄则继往开来,其七十诫子,自道夙志,述先圣之玄意,整百家之不齐。要为贯穿诸家,化繁为约,证成大义,以明圣德[6]。故郑学的流行,不仅推动了经学尚会通、阐大义的势头,更强化了诸经互证以推究圣德之美及圣王制作之意的趋向,也从理论上扇炽了魏晋以来朝廷建制每每依仿儒经所载王者典则的风尚。

其二,郑学宗古文[7]。郑玄所处的东汉后期,正是官方"今文

---

[1] 参见陆德明《经典释文》之"叙录·注解传述人",上海古籍出版社1984年版;皮锡瑞:《经学历史》五"经学中衰时代",中华书局1959年版;周予同:《中国经学史讲义》上编"导论"第五章"经学的学派"、第六章"经学史的分期",收入《周予同经学史论著选集(增订本)》。

[2] 参见周予同《中国经学史讲义》中编"经学史诸专题"第四章"东汉经学"三"郑玄的通学"。

[3] 参见马勇《秦汉学术:社会转型时期的思想探索》第十四章"政治黑暗与学术进步"之"儒家学术的系统总结"关于何休之学的论述。陕西人民教育出版社1998年版。

[4] 《后汉书》卷三五《郑玄传》。参见周予同《纬书与经今古文学》五"汉代今古文学家对于纬谶的关系",收入《周予同经学史论著选集(增订本)》。

[5] 刘逢禄《尚书今古文集解》一《尧典》述:"马注虽薄今文家言,而不尽废其说。"《清经解续编》本。

[6] 具体如《汉书》卷三〇《艺文志》六艺略叙汉学末流"碎义逃难"之弊,颜师古注引桓谭《新论》云秦近君说《尧典》,"篇目两字之说十余万言,但说'曰若稽古'三万言"。《三国志》卷四《魏书·高贵乡公髦纪》载正元二年四月丙辰帝幸太学与诸儒讲论经义,引郑注"曰若稽古"曰:"稽古同天,言尧同于天也。"唯十字而已。所载帝与《尚书》博士庾峻往返问答之语,又表明了郑注突破贾、马旧说而"发篇开义,以明圣德"的宗旨,且透露时人所谓"大义",乃与"师说""家法"相对而言。

[7] 参见周予同《经今古文学》四"经今古文的混淆",收入《周予同经学论著选集(增订本)》。

学微，而民间古文之学乃日兴月盛"之时①。观其十三诵五经，当习今学；廿一师事第五元先与张恭祖，已今、古兼综；自后游学关中，往来幽、并、兖、豫之域；卅三入古学大师马融门下，尽得其学；四十返乡，授徒为业，中遭党锢之祸而闭门注礼，其学大成②。故郑玄由今入古，虽属时势使然，抑亦学术自觉。其注经之"左今右古"，可谓必然。而郑学之"通"，实乃"以古为主，杂以今文"③。故郑学的流行，不能不更多接续了刘歆、贾逵、马融以来的古文经学传统，使《周礼》《左传》这些古文要典越发热门起来④。

其三，"礼是郑学"⑤。郑玄遭党锢之祸十四年而注《礼》，既是其系统注经的开始，又耗时最久、用功最精而成就最大，故《三礼注》可谓郑学的代表作和形成标志⑥。非但如此，郑玄晚岁自号书屋为"礼堂"；所注其他各部儒经，亦尤重礼乐典章；训释名物，常以其三礼之说为本；或有疑义，多以先王制度疏通其义⑦。故郑

---

① 王国维：《观堂集林》卷四《汉魏博士考》。其又述至曹魏，"汉家四百年学官今文之统，已为古文家取而代之矣……学术变迁之在上者，莫剧于三国之际"。
② 参见王利器《郑康成年谱》之《年谱》，齐鲁书社1983年版。
③ 参见周予同《中国经学史讲义》中编"经学史诸专题"第四章"东汉经学"三"郑玄的通学"。
④ 参见廖平《今古学考》卷上《今古学专门书目表》，收入李耀仙主编《廖平学术论著选集（一）》，巴蜀书社1989年版；康有为：《新学伪经考》之《伪经传于通学成于郑玄考第八》，古籍出版社1956年版。
⑤ 张舜徽：《郑学丛著》之《郑氏校雠学发微·条理礼书第四》："《礼记·月令》、《明堂位》、《杂记》疏并云'礼是郑学'，良不诬已。"齐鲁书社1984年版；南宋魏了翁《礼记要义》卷六、卫湜《礼记集说》卷三七，皆袭孔疏而强调"礼是郑学"。
⑥ 参见黄以周《儆季文钞》卷四《答郑康成学业次第问》，收入《儆季杂著》，光绪廿年南菁讲舍刊本。又，钱大昕《潜研堂文集》卷二四《仪礼管见序》述："三礼之有郑注，所谓悬诸日月不刊之书也。"《四部丛刊》本。邵懿辰《礼经通论·论王礼》述"后世所传三礼之名自郑氏始……郑氏释经之功，莫大于礼"。
⑦ 俞樾《〈论语〉郑义》采撷郑注《论语》，可见其多引《礼》文为说之况。皮锡瑞《经学通论》一《易经》"论郑、荀、虞三家之义"条，述"郑学最精者三礼，其注《易》，亦据礼以证《易》义广大，无所不包"。张舜徽《郑学丛著》之《郑学叙录》，则指出了郑玄"好以《礼》说《诗》"的特点。

学又堪称先秦儒家重礼学派之流绪①,郑学盛行,于魏晋以来《礼》经和礼学地位的提升尤其有力。

其四,郑学尚《周礼》②。《礼记·文王世子》:"凡立学者,必释奠于先圣先师。"郑注:"先圣,周公若孔子。"③ 是郑玄以周公、孔子皆为先圣,说明其正是周、孔学脉相承说的重要提倡者。且郑学既以古综今,上承刘歆以来古文学家之衣钵,自亦崇奉周公,深信《周礼》为周公致太平之书④。故其于三礼之中,又独重《周礼》,以之为王礼正宗和周制大全,而《仪礼》和《礼记》则往往被置于辅从地位⑤。故郑学流行和周公地位的继续上升与《周礼》的日益得势,实是一种孪生关系。

最后,北朝经学尤其礼学,似要比学风相对新颖的南朝来得淳厚⑥,

---

① 邵懿辰《礼经通论·论圣门子游传礼》:"子游传礼,此学者之恒言也……荀卿书以礼法为宗,大小戴多所采取,而其言曰:仲尼、子游之兹,厚于后世。以子游与仲尼并称,疑其隆礼之学自子游而来也。"[日]本田成之《中国经学史》第二章"经学内容的成立"第二节"七十子后学者与《春秋》"述"孔门之学自可分为二派,就是'礼乐'派与'《春秋》'派"。指出传礼乐的是荀子。并据今、古学好尚之不同,以为"《春秋》派"在汉为今文学,"礼乐派"则为古文学。孙俍工译,上海书店出版社2001年版。

② 参见《十三经注疏·礼记正义》卷二九《玉藻第十三》"朔月大牢"条孔疏引《郑志》。另参姜广辉主编《中国经学思想史》第二卷《汉唐经学》第二十九章"礼类经记的各种传本及其学派"五"郑玄《周礼》之学及其影响"。中国社会科学出版社2003年版。

③《十三经注疏·礼记正义》卷二〇《文王世子第八》"释奠于先圣先师"条。

④ 关于今文经学神孔子、重《春秋》而古文经学祖周公而崇《周礼》之况,可参廖平《今古学考》之《今古学宗旨不同表》,收入《廖平学术论著选集(一)》;周予同:《经今古文学》二《经今古文学异同示例》,收入《周予同经学史论著选集(增订本)》。

⑤ 邵懿辰《礼经通论·论王礼》:"郑氏学盛行,而后《周官》阑入于《礼》之中,《礼记》逸出乎经之外矣。"参见皮锡瑞《经学通论》三《三礼》"论郑注《礼器》以《周礼》为经《仪礼》为曲礼","论郑君以《周礼》为经《礼记》为记","论经学纠缠不明由专据《左传》、《周礼》二书轻疑妄驳"等条。另参见姜广辉主编《中国经学思想史》第二卷《汉唐经学》第三十七章"郑玄三礼注的思想史意义"。

⑥ 参见《南齐书》卷三九《刘瓛、陆澄传》末史臣曰及《南史》卷七一《儒林传》序;赵翼:《廿二史札记》卷一五《北朝经学》及《南朝经学》条,中国书店1987年影印版。另参见唐长孺《魏晋南北朝史论丛》之《读〈抱朴子〉推论南北学风的异同》,生活·读书·新知三联书店1955年版。

郑学的流行亦被公认为北盛于南①。且拓跋氏进入中原以前，已颇浸润于经学。《宋书》卷九五《索虏传》述道武帝"颇有学问，晓天文"。《魏书》卷二四《许谦传》载其昭成帝时，"与燕凤俱授献明帝经"；同卷《张衮传》载其好学有文，"手执经书，刊定乖失"。道武帝定河北时所得崔玄伯，非惟经学通博，又尤为讲礼之高门。故道武帝天兴二年"初令五经群书各置博士"时②，其中即有礼经博士③。同书卷五三《李孝伯传》载其赵郡平棘李氏，父"曾，少治郑氏礼、《左氏春秋》……太祖时征拜博士，出为赵郡太守"。所谓"郑氏礼"，自应兼综三礼，这说明《周礼》之学的确行于当时国学。

至于其他线索，如《晋书》卷九一《儒林范隆传》载其雁门人，"博通经籍，无所不览，著《春秋三传》，撰《三礼吉凶宗纪》，甚有条义"；且其仕于刘渊、刘聪，位至公卿。是三礼之学，晋末已流行于雁门一带④。《晋书》卷九六《列女韦逞母宋氏传》载其世传《周官音义》，虽丧乱之际而"讽诵不辍"，且在颠沛流离中传其学于石赵之河北，后又得范阳卢壸推荐，而传之于苻秦国学。从其以《周礼》为"周公所制，经纪典诰，百官品物，备于此矣"，可以体会其郑学背景⑤。韦氏传经之事，尤其表明乱世流离

---

① 《魏书》卷八四《儒林传序》："玄《易》、《书》、《诗》、《礼》、《论语》、《孝经》，虔《左氏春秋》，休《公羊传》，大行于河北。"皮锡瑞《经学历史》六《经学分立时代》已辨服虔《左传》得之郑玄，"宗服即宗郑，学出于一也"。且认为"所云《公羊》大行，似非实录"。

② 《魏书》卷二《太祖纪》天兴二年三月甲子，"初令五经群书各置博士，增国子、太学生员三千人"。《魏书》卷八四《儒林传序》述太祖初定中原，"便以经术为先，立太学，置五经博士生员千有余人。天兴二年春，增国子、太学生员至三千"。两者所述有出入。

③ 《魏书》卷八四《儒林梁越传》载道武帝初置博士，越为"礼经博士"，且"授诸皇子经书"。然越所授为何家《礼》经不详。

④ 唐长孺《拓跋国家的建立及其封建化》一文曾指出雁门人与拓跋建国史关系特密，则范氏三礼之学与北魏建国似亦隐隐有其联系。

⑤ 据《魏书》卷一五《昭成子孙传·寔君传》《窟咄传》及卷二四《燕凤传》等处所载，苻秦灭代时，一批拓跋贵族被徙至长安，或"教以书学"。据《晋书》卷一一三《苻坚载记上》和《宋书》卷九五《索虏传》及《南齐书》卷五七《魏虏传》，则其时什翼犍、珪父子亦被俘至长安，父入太学习礼而子徙蜀地。联系宋氏《周礼》当时已立于长安官学之事，则北魏开国建制依本《周礼》，正非偶然。

之中,《周礼》一书赖有经学世家的顽强生命力而得流播相承。如范阳卢氏礼学世家,自不待言①。而与范阳卢氏为通家之好的清河崔氏,其中的曹魏名臣崔琰乃是郑玄的入室弟子,其深为赏识和提携的从弟崔林,就是北魏开国重臣崔玄伯的五世祖②。崔林一支是否亦传郑学记载不详,但崔玄伯、崔浩父子俱经学通博,兼明天历算数谶纬,尤其崔浩遍注五经,崇重礼学,撰作家仪,又自谓"得周公、孔子之要术",确似深得郑学之旨③。又上引《李孝伯传》载其父李曾"少治郑氏礼、《左氏春秋》……孝伯少传父业,博综群言",是赵郡平棘李氏亦当世传郑氏礼和《左传》④。由此看来,《周礼》对北魏开国建制的深切影响,不仅当归属于汉来儒学与政治关系的发展,也不只是当时北方地区郑学更为流行的产物⑤,而应进一步理解为北魏开国君臣与《周礼》颇有渊源的结果。

当然,关于当时河北与塞北《周礼》和郑学的流播,最有力的证明,还是前述北魏开国建制取本《周礼》的种种事实。看来,在3世纪以来的华北,以郑学的流行和影响为代表,政治与儒学,政教礼乐与正统,经典与制度,业已处于相互渗透和证明的一体化关

---

① 《后汉书》卷六四《卢植传》载其"少与郑玄俱事马融",作《三礼解诂》,甚重《周礼》。《周书》卷二四《卢辩传》:"以《大戴礼》未有解诂,辩乃注之。其兄景裕为当时硕儒,谓辩曰:'昔侍中注《小戴》,今尔注《大戴》,庶纂前修矣。'"可见范阳卢氏以礼学自任之态。
② 参见《三国志》卷一二《魏书·崔琰传》、卷二四《魏书·崔林传》及裴注,《魏书》卷二四《崔玄伯传》。参见毛汉光《中古山东大族著房之研究》,收入氏著《中国中古社会史论》,上海书店出版社2002年版。
③ 《魏书》卷三五《崔浩传》载其曾"作家祭法",又不好老庄,曰:"老聃习礼,仲尼所师,岂设败法文书,以乱先王之教?"《魏书》卷三八《王慧龙传》附《王宝兴传》载其娶崔浩外孙女,"及婚,浩为撰仪,躬自监视。谓诸客曰:'此家礼事,宜尽其美。'"
④ 《北史》卷三三《李氏诸人列传》史臣述赵郡平棘谱系,称其自西晋以来即"以儒素著名"。
⑤ 《魏书》卷八四《儒林陈奇传》载其《论语注》多异郑玄而与崔浩解类。同卷《刘献之传》且载"魏承丧乱之后,五经大义虽有师说,而海内诸生多有疑滞,咸决于献之。六艺之文,虽不悉注,然所标宗旨,颇异旧义"。是北方经学亦非泥而不变,而是在郑学基础上有所发展的。

系之中，北魏开国建制渗透了儒经影响，且在很大程度上以《周礼》为纲来展开，就是这种关系的集中体现。这也从另一个角度说明，汉魏以来的儒学或经学，远非一种陷于烦琐、僵化和门户之见而不能自拔的"死学问"。相反，以郑学所带动的诸家经解为媒介，经学的生机勃发仍极显著，并且构成了魏晋以来政治和制度儒家化浪潮的主要理论背景。然则以往思想史界关于汉来儒学或经学"衰落""沉沦"之类的命题①，至少还需要在具体内涵和适用范围上重新认识和界定。

三 魏晋以来取鉴于《周礼》的建制故事

在上述政治观念和经学相互催化的土壤里，当然不会只结出北魏开国建制这一种果实。前面已经提到，承以往的有关趋向，魏晋以来已有不少建制非但依循于儒经，且亦取本了《周礼》。而前朝故事，向被视为是后朝建制的重要理据，也就当然地构成了北魏道武帝开国建制采鉴《周礼》的一个重要背景。

北魏建国，与魏、晋渊源颇深。天兴元年六月崔玄伯奏定国号为魏，又引《诗》经"殷商"连称之例，明确"代""魏"兼称，即体现了这一点②。拓跋以"代"为号，乃从桓、穆二帝时期得自

---

① 如张岂之主编《中国儒学思想史》第七章"魏晋南北朝时期儒学的变化"第一节"儒家经学的沉沦与玄学的兴起"，即代表了这类看法。陕西人民出版社1990年版。皮锡瑞《经学历史》五"经学中衰时代"述"经学盛于汉，汉亡而经学衰"；又述"郑学虽盛而汉学终衰"。是其"经学"实指"汉学"，而非今天经学史和思想史把汉魏郑、王诸家义直至晚清廖、康义一并包括在内的"经学"或"儒学"。因而把汉学衰等同于经学衰再等同于儒学衰，逻辑上先就不通，史实上又与汉魏以来政治和制度儒家化的史实相背。
② 《魏书》卷二四《崔玄伯传》载其天兴元年六月定国号议，引《诗》云："殷商之旅。"又云："天命玄鸟，降而生商，宅殷土茫茫。"以为国号仍可代、魏兼用，"即此义也"。《魏书》卷三五《崔浩传》载其时有建议改"代"号为"万年"者，浩又重申了其父此论。

西晋^①。道武帝登国元年正月"即代王位",其用意之一既是"复兴代国"^②,也就是要承接西晋之统,建立与"僭伪"的南方东晋和北方群雄并肩逐鹿的态势^③。此即北魏开国君臣虽定国号为魏而"代"名仍沿用不废^④,整理国史时着眼于承晋之统而突出平文帝地位的部分原因^⑤。而"魏"号则有依仿曹魏承汉之意,又尤其与曹魏曾用的"当涂高"等谶相关,拓跋珪登国元年正月即代王位,四月便改称"魏王",至天兴元年六月又定国号为"魏",其原因前已讨论。在当时的多种考虑中,仿魏承汉无疑也是其中之一。况且北魏的建制活动,本身就是在魏晋以来的制度氛围内进行的,魏晋故事对北魏开国建制的重大影响,可谓题中应有之义。这不仅体

---

① 《晋书》卷一一三《苻坚载记上》载其命将"讨代王涉翼犍"。可知拓跋氏桓、穆以后君长,对外皆号"代王"。然《魏书》卷一《序纪》书自来诸帝之立,皆不书其号,唯卷二《太祖纪》登国元年始特书"帝即代王位"。当与北魏开国之际确定的《国记》体例相关,盖因其后拓跋珪改"代"为"魏"之故。

② 据《魏书》卷二《太祖纪》及卷一五《昭成子孙传·窟咄传》、卷二三《刘库仁传》、卷九五《铁弗刘虎传》附《刘卫辰传》等处所载,当时形势是只有部分国人拥立拓跋珪,其暂时似还难说是拓跋共主,故其"即代王位"一事,也像是拓跋珪登进至各部共主之前的一个阶梯,具有多重政治含义,当然其与承晋之统并不矛盾。

③ 《魏书》卷九六《僭晋司马叡传》载其"晋将牛金子也"云云;卷九五《匈奴刘聪、羯胡石勒、铁弗刘虎、徒何慕容廆、临渭氐苻健、羌姚苌、略阳氐吕光传》及卷九九《私署凉州牧张寔、鲜卑乞伏国仁、鲜卑秃发乌孤、私署凉王李暠、卢水胡沮渠蒙逊传》等处,都表明了北魏对东晋及北方群雄的立场和态度。

④ 北魏有关墓志除绝大部分称"魏"外,也有单称"大代"或合称"大代大魏"及"魏代"者。直至孝文帝迁都以后仍然。如罗新、叶炜《新出魏晋南北朝墓志疏证》二二《张略墓志》称"大代皇兴二年"云云,二四《元荣宗墓志》称"大魏景明元年"云云。赵超《汉魏南北朝墓志汇编》(天津古籍出版社2008年版)收录的北魏延昌二年《司马景和妻孟氏墓志》称司马景和为"魏代扬州长史南梁郡太守"。皆其例。

⑤ 《魏书》卷一《序纪》述平文帝"西兼乌孙故地,东吞勿吉以西,控弦上马,将有百万……闻晋愍帝为曜所害,顾谓大臣曰:'今中原无主,天其资我乎?'刘曜遣使请和,帝不纳。是年,司马叡僭称大位于江南。三年,石勒自称赵王,遣使乞和,请为兄弟,帝斩其使以绝之……僭晋司马叡遣使韩畅加崇爵服,帝绝之。治兵讲武,有平南夏之意"。这些记载皆当定调于《国记》,也都为当时拓跋珪追尊平文帝为"太祖"张了本。《魏书》卷一〇八之一《礼志一》载孝文帝太和十四年议事,李彪等人论及道武帝何以尊平文帝为太祖的理由:"神元既晋武同世,桓、穆与怀、愍接时。晋室之沦,平文始大,庙号太祖,抑亦有由。"便说出了晋祚止于愍帝而平文承之、道武续之的意思。

现在王号、行次、国统等问题上,也体现在其他各种制度上。而作为接续了汉代经学与政治关系的一个总的运动,作为当时制度发展的一个总的特点,魏晋又是《周礼》开始广泛影响和渗入各种具体制度的时期,与之相关的种种沿革和事态,构成了中古政治和制度儒家化进程的一个重要侧面。

就其大者而言,曹魏《新律》"多依古义",为法律儒家化进程的里程碑。其所开诸端为晋《泰始律》继承和发展,遂成"华夏刑律不祧之正统"①,其要瞿同祖先生早已阐明②。而其所依"古义"之中,《周礼》又占重要地位。如《晋书》卷三〇《刑法志》述曹魏《新律》十八篇,"集罪例以为《刑名》,冠于《律》首……更依古义,制为五刑"。其"五刑"之制,当取鉴了《周礼·秋官司寇篇》的有关内容③。"八议"的入《律》,亦始于《新律》④,历代公认其是《周礼·秋官司寇篇》小司寇"八辟"之法的贯彻⑤。至晋《泰始律》"峻礼教之防,准五服以制罪",又调整《律》为二十篇,其中新增的《诸侯律》一篇,盖据《周礼》而

---

① 陈寅恪:《隋唐制度渊源略论稿》四"刑律"。
② 瞿同祖:《中国法律之儒家化》。
③ 《周礼·秋官司寇篇》多处提到"五刑",其述大司寇"以五刑纠万民",郑注"野刑""国刑"等乃是不同场合的司法准则。而司刑"掌五刑之法",是为墨、劓等五种刑罚,郑注述其夏已有之。而小司寇"以五刑听万民之狱讼,附于刑,用情讯之",则兼二者而用之。而《晋志》述《新律》依古"制为五刑……凡三十七名以为《律》首"。当亦综合了两者之义。参孙诒让《周礼正义》卷六六《秋官大司寇》"以五刑纠万民"条、《小司寇》"以五刑听万民之狱讼"条,卷六八《秋官司刑》"掌五刑之法"条。其他如《尚书·舜典》有"象以典刑,流宥五刑"之说,《吕刑》又载周穆王屡述"五刑",当亦有其影响。
④ 见《唐六典》卷六《刑部》原注。
⑤ 见《周礼·秋官司寇篇》小司寇职文"八辟"条,又同书《天官冢宰篇》大宰"八统"亦含八辟内容。至晋以来公认八议来自《周礼》者,如《晋书》卷三七《宗室范阳康王绥传》附子《虓传》述八王乱时,虓等上言曰:"自中间以来,陛下功臣初无全者……既违《周礼》议功之典,且使天下之人莫敢复为陛下致节者。"又《唐律疏议·名例篇》八议条疏议曰:"今之八议,周之八辟也。"

撰①。至于其他《律》文内容之取鉴于《周礼》者，亦常有之②。

法律儒家化的背后，是整套制度的儒家化进程。《律》取《周礼》之况，也是其他各种制度深受《周礼》影响的集中表现。《宋书》卷二一《乐志三》载魏武作歌《天地间》有云：

> 于乐贤圣，总经邦域，封建五爵，井田刑狱。

这首歌反映了曹操思想中的经学背景，令人想到曹魏封爵、屯田、定律诸事，多少都打有《周礼》的印记③。《三国志》卷一《魏书·武帝纪》载建安二十三年六月令定葬制，引《周礼·春官宗伯篇》冢人条职文为说，也证明了曹操深谙《周礼》的事实及其与当时墓葬制度变革的关系。魏文帝曹丕自诩"妙思六经，逍遥百氏"④，立古文群经于官学，自亦熟习《周礼》。《宋书·礼志一》载黄初元年诏定服色：

> 郊祀天地、朝会四时之服，宜如汉制；宗庙所服，一如周礼。

---

① 《晋书》卷三〇《刑法志》。
② 如祝总斌《略论晋律之儒家化》即指出：《晋律》有关避仇徙地的规定，吸收了《周礼·地官司徒篇》调人职文"凡和难，父之仇避之海外"的精神。载《中国史研究》1985年第2期。以上并参见刘俊文《唐律疏议笺解》之《序论》、卷一至卷六《名例》"五刑""八议"等条笺释。中华书局1996年版。
③ 《三国志》卷二《魏书·文帝纪》载黄初三年三月立诸侯王，初制乡公，亭侯，亭伯之制，这是曹魏继新莽而续行《周礼·地官司徒篇》所述公、侯、伯、子、男爵之制的开始。又，据《三国志》卷一六《魏书·任峻传》裴注引《魏武故事》，魏武屯田决策时，曾在是否"计牛输谷，佃科以定"的问题上犹豫，最终推行的枣祗"分田之术"，显然带着井田寓有的官田均田意味。《晋书》卷三〇《刑法志》载魏武与文帝相继议复肉刑，亦当与《周礼》五刑说相关，才有稍后修撰《新律》依古义而定五刑之举。
④ 见《三国志》卷二《魏书·文帝纪》裴注引《魏书》，同书卷二一《魏书·王卫二刘传》附《吴质传》裴注引《魏略》载太子曹丕《与吴质书》。

此"周礼"或为泛指，然其中自应包括《周礼》一书的相关内容，故仍可视为文帝习而能用的证明。后来魏明帝依托《周礼》而以武宣皇后配祀北郊，又定文帝甄后别立寝庙及诸宗庙乐舞之制①，不仅取鉴了新莽至东汉的有关故事，也是承续了武帝、文帝取鉴《周礼》定制的做法。

连家风驳杂，不甚待见名教的曹魏统治者都在应用《周礼》设范立制，虽为显贵而仍以儒生自居的西晋统治者，自然更不在话下了。陈寅恪先生曾论司马氏一门服膺名教，执礼颇谨②；宣、景、文、武四帝居丧，"不用王氏二十五月之礼，皆行二十七月服"③。是司马氏家传之礼乃守郑义。武帝司马炎则颇留意《周礼》④，《晋书》卷三七《宗室安平献王孚传》附子《义阳成王望传》载其泰始三年由司徒、中领军进官太尉，其策文有云：

> 台司之重，存乎天官，故周建六职，政典为首。司徒、中领军以明德近属，世济其美……

此处的"天官""六职""政典"之类，皆出《周礼》，为当时诏文惯用的掌故⑤。因而晋制之取鉴《周礼》，亦较曹魏更多更广。

---

① 见《宋书》卷一六《礼志三》、卷一九《乐志一》。
② 万绳楠：《陈寅恪魏晋南北朝史讲演录》第一篇"魏晋统治者的社会阶级"，黄山书社1987年版。
③ 见杨明照《抱朴子外篇校笺》下册《讥惑卷二六》，中华书局1997年版。
④ 《晋书》卷九一《儒林陈邵传》载其为燕王师，"撰《周礼评》，甚有条贯，行于世"；泰始中诏为给事中随侍左右，可以为证。
⑤ 《晋书》卷三四《羊祜传》载其泰始初进为尚书右仆射，其诏首云"夫总齐机衡，允厘六职，朝政之本也"；同书卷三九《荀顗传》载其晋初由司空进位司徒，其诏云"宜掌教典，以隆时雍"。两处之"六职""教典"皆出于《周礼》。至于当时大臣论事引征《周礼》者，参《晋书》卷四六《刘颂传》《李重传》、卷四七《傅玄传》、卷五五《潘岳传》、卷五六《江统传》等处。

揣《泰始律·诸侯篇》所以据《周礼》而撰①，是因为当时的封爵之制，依本了《周礼》公、侯、伯、子、男五等封域、仪制诸文②。其余官制如"上公""太宰"之设③，舆辇如帝、后"五路"之制④，田赋如限田、占田之法⑤，后妃如三夫人、九嫔之设⑥，凡此种种，取鉴《周礼》之迹皆甚明显。而最为突出和重要的，还要首推晋初修撰《新礼》之举。

西晋制定《新礼》，上承汉来礼制数百年之流变，下启南北朝隋唐礼典数百年之统绪，其意义非同小可⑦。这里有必要强调两点：一是《新礼》首次把秦汉以来积累和陆续制订的朝廷礼制和仪注，统一纳入了《周礼·春官宗伯篇》大宗伯职文所示的吉、凶、宾、军、嘉五礼体系，从而奠定了此后礼制规范和礼典编目体例的基本范型。故其修撰，正是当时《周礼》流行和影响各种建制的集中表

---

① 2002 年甘肃省玉门市花海乡十六国墓地中，出土了裱贴有西晋《律注》文书的棺板，其中即有"诸侯律注第十九"至"诸侯律注第廿一"等字样。其中有关诸侯及卿相等王国官犯罪处置，王国人口管理等规定，亦隐隐可见《周礼》的影响。参见张俊民《玉门花海出土晋律注》，载《简帛研究 2002—2003》，广西师范大学出版社 2005 年版。

② 西晋封爵诸制，见《晋书》卷一四《地理志上》及卷二四《职官志》、卷二五《舆服志》；其有关内容明显取鉴了《周礼·地官司徒篇》大司徒、《夏官司马篇》职方氏、《春官宗伯篇》典瑞、典命、司服、《秋官司寇篇》大行人等职所述的五等封域、职贡、仪制，朝觐等制。

③《宋书》卷三九《百官志上》述"晋初依《周礼》备置三公"，即太师、太傅、太保。又《晋书》卷二四《职官志》述晋初"又采《周官》官名，置太宰以代太师之任"。

④ 据《后汉书》志二九《舆服志上》和《晋书》卷二五《舆服志》及《宋书》卷一八《礼志五》，天子及皇后五路之制备于西晋，观其所取，则当取据了《周礼·春官宗伯篇》巾车、典路及《考工记》轮人、舆人等处职文。

⑤《晋书》卷二六《食货志》所载限田、占田之法，盖上鉴王莽王田之制，近承荀悦《申鉴》（程辑《汉魏丛书》本）二"时事"以井田难复而提出的"耕而勿有，以俟制度"之说，其所受《周礼》影响自不待言。

⑥ 见《晋书》卷二五《舆服志》、卷三一《后妃武元杨皇后传》。"天子六宫，三夫人、九嫔、二十七世妇、八十一御妻"之说，典出《礼记·昏义》及《周礼·天官冢宰篇》内宰条郑注引郑司农曰，又《周礼》此篇有"九嫔"条，其他诸处职文亦唯言九嫔，晋武帝则择三夫人、九嫔之制行之，而未设世妇、御妻。

⑦ 参见梁满仓《论魏晋南北朝时期的五礼制度化》，《中国史研究》2001 年第 4 期；陈戌国《魏晋南北朝礼制研究》第二章"两晋礼仪"，湖南教育出版社 1995 年版。

现，从属于前面所述汉魏以来政治与经学互动关系的总格局。二是泰始年间《新礼》与《律》《令》同修①，原拟作为礼典颁行天下②。这又贯彻了《周礼》大宗伯掌邦国教典，以五礼统诸天、地、人、鬼秩序，以"佐王建保邦国"的宗旨③。因而《新礼》的制定，不仅是要按《周礼》的五礼体系来整理和规范各种具体的礼制和仪注；也是要贯彻《周礼》颁教典而协邦国的建制要旨，为当时以礼入法和出礼入法的立法、司法活动提供一个标准范本④，也就初步奠定了礼典在此后整个政治和制度儒家化过程中的基本地位。⑤

由上可见，在汉来政治与经学互动发展的大背景下，魏晋时期从刑《律》到礼典的多种制度，皆已深受《周礼》影响。同时也可看出，魏晋建制取鉴《周礼》，是要利用此书的内容和地位，来

---

① 《晋书》卷一九《礼志上》："晋始则有荀𫖮、郑冲，裁成国典。"《晋书》卷三三《郑冲传》载"文帝辅政，平蜀之后，命贾充、羊祜等分定礼仪、律令，皆先咨于冲，然后施行"。其修《律》而与礼密切相关之况，尚可参《晋书》卷三九《荀勖传》、卷四〇《贾充传》及卷九二《文苑成公绥传》。这就开创了南北朝隋唐常礼、律同修的立法传统，影响极为深远。

② 《晋书》卷一九《礼志上》载挚虞表陈《新礼》得失，言"此礼当班于天下，不宜繁多"。《晋书》卷三四《杜预传》载其与定《律》《令》，又奏上《律注》有曰："法者，盖绳墨之断例，非穷理尽性之书也。故文约而例直，听省而禁简……刑之本在于简直，故必审名分；审名分者，必忍小理。"当时确视刑《律》和礼典相通，则晋初欲以《礼》《律》相辅而行的用意；及其所修之礼何以会像曹魏《新律》那样名为"《新礼》"；皆庶几可明矣。

③ 见《周礼·春官宗伯篇》："乃立春官宗伯，使帅其属而掌邦礼……大宗伯之职，掌建邦之天神、人鬼、地示之礼，以佐王建保邦国。"郑注："礼谓曲礼五，吉、凶、宾、军、嘉，其别三十有六……建，立也。立天神、地祇、人鬼之礼者，谓祀之祭之享之礼，吉礼是也。保，安也。所以佐王立安邦国者，主谓凶礼、宾礼、军礼、嘉礼也。目吉礼于上，承以立安邦国者，互以相成，明尊鬼神、重人事。"《晋书》卷一九《礼志上》载挚虞表陈《新礼》得失曰："臣典校故太尉颙所撰《五礼》，臣以为夫革命以垂统，帝王之美事也；隆礼以率教，邦国之大务也……"不仅表达了这层意思，也体现了汉魏以来帝王膺祚承统必更新制作，而更新制作又必重礼制礼的观念。

④ 《晋书》卷三〇《刑法志》述《泰始律》的要旨，是"峻礼教之防，准五服以制罪"。前引杜预述《律》须"审名分"，要亦指此。而《晋书》卷一九《礼志上》载挚虞修订《新礼》重点有二，一是其"篇卷繁重，宜随类通合"，二是"丧服最多疑阙，宜见补定"。简约其文方能便于施行和指导；"丧服"各更直接关系着"五服"所规范的亲疏名分关系和等级秩序。这也反映了《新礼》原欲作为基本法指导和规范其他法规和立法过程的地位。

⑤ 参见《梁书》卷二五《徐勉传》所载其普通六年所上的《修五礼表》。

方便地标榜王朝正统和体现礼治纲领，由此带来的变化也主要集中于制度和法律的形式方面。看起来，当独尊儒术的历史运动波澜迭起地发展到魏晋，在基本国策和整个政治、行政过程中，确已有进一步端正和贯彻儒学阐明的统治原则的必要，而《周礼》虽以其在当时儒经体系中的特殊地位而忝逢此盛，却也难以指实究竟有哪一个迫切的问题非要按此书所示来解决不可。

这就使魏晋定制取鉴于《周礼》的过程显得零散而形式化，其影响重大而并不深切，没有全面而深入展开的场景，而是一枝一叶错杂发生，逐渐汇入整套体制。如官制上，西晋虽循《周礼》而置"上公"，但其只是嵌入以往的公卿体制，并未改变汉来今文经学影响下的三公九卿架构①。舆服上则虽依《周礼》制天子五辂，但其同时又有旧时各式安车和其他诸种法驾辇舆。《晋书》卷二五《舆服志》史臣对此归结道：

> 《周礼》惟王后有安车也，王亦无之。自汉以来制乘舆，乃有之。

在度量衡上，《隋书》卷一六《历律志》上载荀勖依《周礼》制尺，为"晋前尺"，但不同时期与之并用者，尚有"魏尺""汉官尺"及"晋后尺"等。从法律的情况看，《新律》首列《刑名》篇，明确了"五刑"和"八议"，确是依《周礼》提供的刑事范畴，总结和发展了汉来刑名和显贵"有罪先请"之制②，但这相对于《律》的整套体系和内容仍属局部。从西晋《泰始律》方明确"准五服以制罪"这一点看，在好尚法术的曹魏，《新律》取准于

---

① 《晋书》卷二四《职官志》。
② 《周礼·秋官司寇篇》小司寇职文"八辟"条的郑注，就指出了汉代已有亲、贤、贵者有罪先请之法。关于汉来刑罚之制的发展及魏晋对之的总结，参见沈家本《历代刑法考·刑制总考二》，《沈寄簃先生遗书甲编》，中国书店 1990 年影印版。

儒学刑礼关系原则的程度，显然难以与晋相比。继而《泰始律》虽又有《诸侯篇》和其他条文依本了《周礼》的有关内容，却也还是局部的枝节，而真正关系到《律》的全局和《律》的精神的五服制罪原则，体现的主要也不是《周礼》，而是汉来围绕《仪礼·丧服》篇形成的有关理论和实践。

再拿《新礼》来说，其作为礼典的性质及其五礼体系，皆取准和表现了《周礼》所示原则，从后世修订礼典皆循此体的趋势看，这当然是一个极其重要的开端。但其五礼各类仪注的内容，《周礼》既没有提供，三礼的有关经解亦多纷纭，也就还是汉来礼制实际和礼学成果的筛选和总结[1]。况当时其一百六十五篇撰成奏上即被搁置，十余年后方交由挚虞修订，又十余年方订成其中十五篇用之，其余皆续订而不成[2]。此中原因，从挚虞修订《新礼》而撰录《决疑注》，便可明白要把《周礼》搬到现实，就一定会有传统认识和义例上的诸多疑问和纷争。而在大量牵扯纠葛之中，倘非另有因缘和必要，托附经典的制作自然只能在新旧错杂中渐次推进。

在古今中外经典影响现实的无数事例中，这种让经典赋制度以神圣形式，其过程则由点而面平缓展开和逐步推进的状况，可以算作一大类型、一种常态。具体到魏晋时期，经典和现实两个方面的状况，都把《周礼》的影响归约到了这样的方向。从现实方面看，魏、晋与汉递相禅代和平过渡，虽有体现正统所系的改制之举，整套制度因循沿袭的一面仍十分突出。《宋书·礼志一》载曹魏禅汉之初甚至未改正朔及告朔牺牲之制，群臣谓为"非所以明革命之义

---

[1] 《晋书》卷一九至卷二一《礼志》上、中、下篇分述五礼诸制，至太康时事多据《决疑注》文，所述诸制疑义又多言《周礼》与其他经典之出入争议及郑、王义之纷纭。可以参看。

[2] 关于《新礼》施行，综《晋书》卷一九《礼志上》、卷五一《挚虞传》、卷九二《文苑应贞传》等处所载，尤其是《礼志上》载"明堂祀五帝"及"二社""六宗"诸制的具体状况，可断泰始年间荀顗、郑冲、羊祜、任恺、庾峻、应贞等人撰成《新礼》一百六十五篇后未即施行；太康时交由尚书郎挚虞修订，内有十五篇定讫而行用于惠帝元康时；其余皆论而未成，永嘉乱时其文散佚，东晋定制时有所补辑和取鉴。

也"；文帝诏答："服色如所奏，其余宜如虞承唐，但腊日用丑耳。此亦圣人之制也。"其后文又载晋武帝禅位定制，群公奏准"一用前代正朔服色，皆如有虞遵唐故事，于义为弘"。有关制度后来虽各有所改或议论纷生，这种强调圣人"因循之义"的倾向也还是在起作用。而"因循"往制，自会限制本本主义式的托古改制。从经典方面看，魏晋适为汉学转入郑学的过渡期，学风较杂而趋向多端，这也制约了《周礼》和郑学的作用、地位，使当时不太可能出现后世那种周官改制的高峰。

《宋书·乐志一》载曹魏明帝时议改庙乐，王肃之议有曰：

> 王者各以其礼制事天地，今说者据《周官》单文为经国大体，惧其局而不知弘也。[①]

《晋书》卷五一《皇甫谧传》载其著《笃终》，论葬制，其中驳曹魏以来有关做法曰：

> 祔葬自周公来，非古制也。舜葬苍梧，二妃不从。以为一定，何必《周礼》？

这样的言论，说明当时周公和《周礼》地位已高而尚非甚高[②]，还不是后来那副神圣无比的模样；更说明在解决当时的各种现实问题

---

① 其实郑玄对《周礼》亦非完全没有疑问。如《周礼·夏官司马篇》职方氏职文述豫州"其浸波、溠"，郑注谓"溠宜属荆州，在此非也"；兖州"其浸卢、维"，郑注谓"卢、维当为雷、雍字之误也"。皮锡瑞《经学通论》三"三礼·论经学纠缠不明由专据左传《周礼》二书轻疑妄驳"条："郑注《职方》其浸波、溠，其浸卢、维，亦驳其误。岂有周公作书而有误者？是郑亦未敢深信也。"

② 《晋书》卷四〇《贾充传》载其无子嗣，以外孙韩谧为嗣，武帝诏可之，其文有曰："昔周之公旦，汉之萧何，或豫建元子，或封爵元妃，盖尊显勋庸，不同常例。"是当时以周公与萧何为比。《晋书》卷四二《王浑传》载其谏齐王攸之藩事曰："攸于大晋，姬旦之亲也，宜赞皇朝，与闻政事"。是其又以周公与齐王并论。

时，《周礼》的作用确非无可替代。正是由于这些原因，使魏晋建制取鉴《周礼》时，形式大于内容，整个过程有错杂的浸润而鲜澎湃的高潮，其态又延伸至东晋南朝①，构成了政治和制度儒家化南支一个明显的共同点。

对于深谙魏晋故事的北魏开国君臣来说，魏晋建制依本儒经和取鉴《周礼》的状况，当然会有其影响，前面提到当时若干制度既沿魏晋又合《周礼》，便已体现。但魏晋取鉴《周礼》定制的过程零散而渐进，并未形成大规模展开的异峰突起；而道武帝迁都平城众建诸制，则似以《周礼》为纲大幅铺开。这种反差本身，又表明北魏开国建制，绝非魏晋故事的自然延伸和发展，而必当有其另一层背景和原因。很明显，从前朝故事的角度来看，这又必须考虑魏晋以来政治和制度儒家化北支的状况，必须考虑五胡时期的有关做法才行。

北魏与魏晋的关系，到底还是不如其与五胡政权的关系密切，即便是其袭取的魏晋制度，也有相当一部分来自五胡所承②。这不仅是因为种族相近，也是因为西晋既亡，中原失鹿，五胡逐之，拓跋部则僻处和逡巡于塞北，时或稍强，甚又亡国，相继与前、后赵、前燕、前秦及后燕政权发生多种关联，包括某种臣属关系。直到拓跋珪攻占河北，建都平城和登基称帝，后燕也仍存在于蓟北辽西一带，又有南、北燕和诸秦、凉、夏政权分布于北方地区。因而拓跋统治集团，一直都深处于五胡时期特有的政治文化氛围中，北魏的开国建制活动，也正是五胡政权所代表的政治传统的延伸和发

---

① 《晋书》卷六九《刘隗传》附孙《刘波传》载其淝水战后上书极谏，其言有曰"公旦有勿休之诚，贾谊有积薪之喻"。是东晋尚以周公与贾谊并举，盖承西晋之风。又《宋书·礼志一》载魏晋受禅常依有虞遵唐故事而沿用前代制度，"及宋受禅，亦如魏晋故事"。

② 如《晋书》卷一一〇《慕容儁载记》述其廷尉监常炜上言："大燕虽革命创制，至于朝廷铨谟，亦多因循魏晋。"《魏书》卷二四《张衮传》、卷三〇《来大千传》《闾大肥传》载北魏皇始以来有"八议"之制，同书卷二《太祖纪》天赐元年九月条表明天兴"立爵品"有公、侯、伯、子、男五等爵。此皆魏晋之制，为五胡时期所沿而北魏亦袭用之。

展。比如，天兴元年确定国号和行次，在取鉴曹魏土德承汉火德的种种建制故事时，似亦梳理过晋、赵、燕、秦的行次传承关系，并体现了以北魏土德承接前秦火德的考虑①。同时，当时为追尊祖先，建立宗庙，清理拓跋早期世系而撰作《国记》，也明显取仿了后赵石勒政权为总结本朝建国前史而撰《上党国记》的做法②。因此，五胡时期《周礼》的流播及统治者据以定制的状况，不仅对北魏的同类举措大有影响，对于理解其整套开国建制依本《周礼》之况，更有其重大的价值。

关于五胡时期《周礼》的传播，在前面述及北魏开国君臣的经学背景时已经提到一些。就其总的情况来看，在晋末以来的乱世气象和秩序重建过程中，《周礼》的地位是在乱后恢复过程中逐渐提高的，而《礼记》的影响每每不在其下。如《晋书》卷一一〇《慕容儁载记》述前燕给事黄门侍郎申胤奏停仲冬阙门击鼓之制曰：

> 仲冬长至，太阴数终，黄钟产气，绵微于下。此月闭关息旅，后不省方。《礼记》曰："是月也，事欲静，君子斋戒，去声色。"唯《周官》有天子之南郊，从八能之说……王者慎微，礼从其重。前来二至阙鼓，不宜有设。

这里申胤先引《易传》以证《礼记·月令》文③，后及于《周礼·

---

① 如《魏书·礼志一》载太和十四年八月诏议行次，中书监高闾议以为"魏承汉，火生土，故魏为土德。晋承魏，土生金，故晋为金德。赵承晋，金生水，故赵为水德。燕承赵，水生木，故燕为木德。秦承燕，木生火，故秦为火德。秦之未灭，皇魏未克神州，秦氏既亡，大魏称制玄朔。故平文之高，始称'太祖'，以明受命之证，如周在岐之阳。若继晋，晋亡已久；若弃秦，则中原有（中华书局点校本《校勘记》曰'有'当作'无'）寄。推此而言，承秦之理，事为明验"。高闾所述，当本乎国初以来相传之说。

② 见《晋书》卷一〇五《石勒载记下》，《史通》卷一二《外篇·古今正史第二》。

③ "至日闭关，商旅不行，后不省方"，见《易·复卦》象传。

春官宗伯篇》大司乐职文①，其意不但视《周礼》为孤证，且在两者出入时以《礼记》为重，可见《礼记》在慕容儁时影响甚大②。不过其况后来已有变化，《晋书》卷一一一《慕容暐载记》载暐继儁之位：

> 以慕容恪为太宰，录尚书，行周公事；慕容评为太傅，副赞朝政。

后文又载恪因境内水旱上疏辞位有曰：

> 臣闻王者则天建国，辨方正位，司必量才，官惟德举……臣等宠缘戚来，荣非才授，而可久玷天官，尘蔽贤路？

上引文中的"太宰"之设，"天官"之喻，"建国辨方"之谓，皆典出《周礼》。似慕容恪如周公辅暐期间，《周礼》的影响已大为上升。

前秦的情况亦与之相类。《晋书》卷一一三《苻坚载记上》述建元以前，坚之诸公竞引商人赵掇、丁妃、邹瓮等为"国二卿"，人称"藩国列卿"，是为前秦官制有所取本于《礼记·王制》之证③。至建元七年，坚命苏通为《礼记》祭酒，刘祥为《仪礼》祭

---

① 《周礼·春官宗伯篇》大司乐职文述冬至奏乐地上之圜丘，夏至奏乐泽中之方丘。"八能"为《春秋纬》之说，陈旸《乐书》卷一四〇《八音·黄钟鼓》引《春秋感精符》：冬至天子与群臣纵乐五日，"乃使八能之士撞黄钟之钟，击黄钟之鼓"。

② 《晋书》卷一〇九《慕容皝载记》述其记室参军封裕谏其官田赋率过重，其开头一段述圣王田赋之制，只"三等之田"一事出自《周礼·地官司徒篇》，其余"周田百亩""量入为出""三年之耕余一年之粟"诸端，皆出《礼记·王制》篇。此亦当时《礼记》影响甚大之证。

③ 《礼记·王制》："小国二卿，皆命于其君。"此即其诸公可自命"国二卿"之制的由来。

酒,分授于东庠和西序,其事不及《周礼》①。而前述韦逞之母宋氏家传《周礼》,博士卢壶向苻坚荐其立于国学,说当时"正经粗集,唯《周官》礼注未有其师……自非此母,无可以传授后生";遂得教授诸生,于是"《周官》学复行于世"。可见前秦治下《周礼》进入官学广为流行,乃建元七年以后的事情②。

也许正是因为统治集团尚未形成全面利用《周礼》的共识,五胡时期的建制虽亦多处采鉴了儒经,却未出现大幅依本《周礼》的现象,现存有限的材料只留下了若干重要的痕迹。如《晋书》卷一〇二《刘聪载记》述其"立市于后庭,与宫人燕戏"。如果说这还只是一种在后宫模仿市井生活的游戏③,那么《晋书》卷一〇三《刘曜载记》述刘曜为石勒所擒,"北苑市三老孙机上礼求见曜",

---

① 《太平御览》卷二三六《职官部》三四《国子祭酒》引崔鸿《十六国春秋·前秦录》述苻坚建元七年,以高平苏通为《礼记》祭酒,居于东庠;以长乐刘祥为《仪礼》祭酒,处于西亭。《十六国春秋辑补》卷三四《前秦录四》引此"西亭"作"西序"。

② 关于晋末以来关中地区《周礼》的流播,《晋书》卷九一《儒林范隆传》载其博通经籍,明于三礼,"死于刘聪之世,聪赠太师"。然《晋书》卷一〇二《刘聪载记》述聪死后刘粲嗣位,靳准作乱,"太尉范隆出奔长安"。《晋书》卷一〇三《刘曜载记》且述其拥曜为帝。似范隆非死于刘聪世且投奔刘曜矣。《晋书》卷九一《儒林董景道传》载其弘农人,精究五经大义,"三礼之义,专遵郑氏,著《礼通论》非驳诸儒,演广郑旨",西晋末避入商洛,刘曜时出居渭汭,辞征不出。而《刘曜载记》则述曜立学,"散骑侍郎董景道以明经擢为崇文祭酒"。似景道曾一度出仕前赵为崇文祭酒,而其家传讳之。无论如何,前赵以来《周礼》仍传播于关中地区是没有问题的。又《北史》卷八一《儒林邢峙传》:"字士峻,河间郑人也。少学通三礼、《左氏春秋》。"其时已晚至北齐,但《魏书》卷六五《邢峦传》附《邢虬传》载其为邢峦叔祖佑之从子,"少为三礼郑氏学",则在北魏孝文帝以前。可见"三礼郑氏学",也是河间邢氏家传之学。结合前述范阳卢氏和清河崔氏经学之况,前燕境内《周礼》的传播亦无问题。因此,决定当时《礼记》与《周礼》不同地位及其对有关建制影响大小的,主要不是经典本身的传播而是统治者的态度。

③ 这种游戏历代后宫有之。如《晋书》卷五三《愍怀太子遹传》载其少有令名,长不好学,"于宫中为市,使人屠酤,手揣斤两,轻重不差"。《宋书》卷四《少帝纪》述其被废原因有曰:"时帝于华林园为列肆,亲自酤卖。"《南齐书》卷四《郁林王纪》载王名昭业,隆昌元年七月癸巳被废,皇太后之令有曰:"……丹屏之北,为酤鬻之所;青蒲之上,开桑中之肆。"《南齐书》卷七《东昏侯纪》亦载帝"于苑中立市",与贵妃潘氏为嬉乐。当然这里也不能排除其附会经解的可能。如《周礼·天官冢宰篇》内宰职文:"凡建国,佐后立市。"郑注:"建国者必面朝后市。王立朝而后立市,阴阳相承之义。"

就说明前赵长安城真在北苑设立了市场①。中古都城布局从曹魏邺城到西晋洛阳，北宫南郭格局已成，宫廷北面常为城墙禁苑，并无坊市②。而前赵长安城"北苑"立市且设市三老加以管治，当是在魏晋都城依循《考工记》匠人营国，"经涂九轨，左祖右社"之旨的基础上，进一步贯彻了其"面朝后市"的布局原则。又如《太平御览》卷六八四《服章部一·总叙冠》引崔鸿《十六国春秋·前燕录》述慕容儁下书曰：

> 《周礼》冠冕体制，君臣略同。中世已来，亦无常体。今特制燕平上冠，悉赐廷尉以下，使瞻冠思事，刑断详平……③

是前燕特制"平上冠"普赐廷尉以下的制度，乃用《周礼》君臣冠冕体制略同之义④。以上二例，北苑立市虽后世无闻，却反映了北族政权接续魏晋都城建制依本《周礼》的势头。制"平上冠"普赐廷尉以下，则明显是以《周礼》来润饰君臣限隔未严的胡俗⑤，反映了当时经典与政治的另一重关系。

---

① 《晋书》卷一〇二《刘聪载记》述聪欲起殿后庭，廷尉陈元达谏曰：高祖光文皇帝（刘渊）迁都平阳，建南、北宫，"今光极之前足以朝群后、飨万国矣，昭德、温明已后足可以容六宫，列十二等矣"。是其北宫指昭德、温明等后宫所居，南宫指光极殿为大朝听政之所。则平阳都城布局大体可知。又《晋书》卷一〇三《刘曜载记》述其"徙都长安，起光世殿于前，紫光殿于后……缮宗庙、社稷、南北郊"。是其南、北宫格局仍袭平阳，宗庙、社稷亦当如之，而"北苑"显然在北宫以北。

② 参见叶晓军《中国都城发展史》第三章"发展时期的都城（秦汉—隋唐）"第五节"宫室北移的先声——曹魏邺北城和东魏北齐邺南城"，陕西人民出版社1988年版；杨宽：《中国古代都城制度史研究》上编"中国都城的起源和发展"十一"东汉、北魏洛阳'城'和'郭'的布局"。

③ 《十六国春秋辑补》卷二六《前燕录四》系此在元玺四年。

④ 《周礼·夏官司马篇》弁师职文："掌王之五冕，皆玄冕、朱里、延、纽、五采缫十有二就，皆五采玉十有二，玉笄朱纮。诸侯之缫斿九就，珉玉三采。其余如王之事，缫斿皆就，玉瑱玉笄。"这里"其余如王之事"云云，即所谓"体制略同"之据。

⑤ 《旧唐书》卷四五《舆服志》述常服："北朝则杂以戎夷之制，爰及北齐，有长帽短靴，合袴袄子，朱紫玄黄，各任所好。虽谒见君上，出入省寺，若非元正大会，一切通用。"亦述胡俗对之的影响。

五胡时期的国学，便是既接续魏晋有关建制取鉴于《周礼》的趋势，又用以解决自身问题的典型。汉、魏国学常称太学，至晋武帝咸宁时又托附《周礼》，于太学之外别立国子学专教贵族子弟[1]。但东晋南朝其制常废或有名无实[2]，倒是五胡治下，长期保持了多学并置的局面。如前赵刘曜设太学于长乐宫东，又设小学于未央宫西；以中书监刘均领国子祭酒，又以散骑侍郎董景道为崇文祭酒[3]。后赵石勒立太学时，又"增置宣文、宣教、崇儒、崇训十余小学于襄国四门"[4]；迨至石虎之时，除大、小学各设博士等学官外，又增置国子博士、助教[5]。前燕慕容皝亦立大学，又立东庠于旧宫[6]；至慕容儁时，再增"立小学于显贤里以教胄子"[7]。前秦则先立太学，苻坚建元七年又立东庠、西序教授礼学。且命侍卫、后宫皆令修学[8]。这多种多样的学校设施，虽各有其名称、特色和建制理据[9]，大要仍体现了西晋所循《周礼》"国子"与一般子弟教学的

---

[1] 《周礼·地官司徒篇》乡师、乡大夫掌其乡教，三年大比，考其德行道艺而兴贤兴能；师氏、保氏掌教"国子"，即让国之贵游子弟学习道德六艺。西晋另立国子学，适符《周礼》此意。

[2] 见《晋书》卷二四《职官志》和《宋书》卷三九《百官志上》。

[3] 《晋书》卷一〇三《刘曜载记》。此处的"崇文祭酒"，可与苻坚南征，命"门在灼然者，为崇文义从"相证。

[4] 《晋书》卷一〇四《石勒载记上》，卷一〇五《石勒载记下》又载勒登位后曾"亲临大、小学，考诸学生经义"。

[5] 《晋书》卷一〇六《石季龙载记上》。

[6] 《晋书》卷一〇九《慕容皝载记》。《晋书》卷一〇八《慕容廆载记》述廆大肆招揽中原流人时，以"平原刘赞儒学该通，引为东庠祭酒，其世子皝率国胄束修受业焉"。是慕容廆时未有太学，然已建教授胄子之东庠。

[7] 《晋书》卷一一〇《慕容儁载记》。

[8] 《十六国春秋辑补》卷三四《前秦录四》，《晋书》卷一一三《苻坚载记上》。

[9] 如后赵的"四门小学"，显然取鉴了《周礼·地官司徒篇》述师氏"居虎门之左"，保氏"使其属守王闱"；《尚书·舜典》"宾于四门，四门穆穆"；《尚书·顾命》及《仪礼·士冠礼》的左、右和东、西塾之说；《礼记·保傅》篇东、西、南、北学与太学并置之义，以及汉儒的有关经解。如郑注以外，蔡邕《蔡中郎集》卷一〇《明堂月令论》亦据经传而述"周官有门、闱之学，且称之为"四学"或"四门之学"。另如"庠""序"典出《礼记·王制》及《学记》等处，从前燕和前秦庠序皆与大学并置来判断，《学记》述"古之教者，家有塾，党有庠，术有序，国有学"，对之影响较大。

双轨分途之旨。更值注意的是，石勒立小学于四门，"简将佐豪右子弟百余人以教之"，又"署前将军李寒领司兵勋，教国子击刺战射之法"。慕容皝立东庠，令高门生"行乡射之礼"，其"经通秀异者擢充近侍"，慕容儁继而立小学以教"胄子"。苻坚则另立东庠、西序学礼，又命"中外四禁、二卫、四军长上将士，皆令修学"。从这些举措不难看出，五胡政权在太学之外另立"小学"等学校，主要是针对"国人"而设。质言之，当时仿行《周礼》等经所示贵胄与一般百姓子弟分学而教的学制，乃包含了胡、汉分别教学的制度内涵，实际是要以经典来润饰和规范其胡、汉学校的双轨分途之法，以达到既体现汉制正统又切合现实需要的目的。

显然，儒经所载圣王典制既已被认同为证明王朝正统的要件，五胡时期国家形态的相对原始，就并不妨碍甚至还促使了统治者汲取经典内容来建立其朝章国范和解决现实问题。也就是说，在五胡治下，尽管与魏晋同样存在着经学驳杂的现象①，也同样存在着对《周礼》和周公地位的若干疑问②，还有因其文明和社会发展水平导致的种种野蛮和乖戾；但身为异族而入主中原这种压倒一切的形势和任务，却使其多了一重证明其统治合法性的冲动，也就不仅有必要接续魏晋以来的制度儒家化进程，且在其中生成了一个重大而迫切，在整个经典武库中又常需借助于《周礼》来解决的问题。

这就是胡、汉关系问题。对制度来说，此即胡俗与汉制的关系问题；且其常如上述五胡学制所示，表现为以胡俗来附会经典，又以经典来润饰或改造胡俗的问题。而经典之中，《周礼》实有其难

---

① 如《晋书》卷一〇六《石季龙载记上》述石虎虽昏虐而"颇慕经学，遣国子博士诣洛阳写石经，校中经于秘书。国子祭酒聂熊注《谷梁春秋》，列于学官"。《晋书》卷七五《荀崧传》载其请立四经博士，元帝诏曰："《谷梁》肤浅，不足置博士，余如奏。"是《谷梁传》在南已衰而在北又兴，这也反映了后赵经学综合着汉学与郑学的状况。

② 《晋书》卷一一二《苻生载记》附《苻雄传》述苻健称苻雄曰："元才，吾姬旦也。"是其以周公与苻雄并论。《晋书》卷一二四《慕容盛载记》又述其力诋周公非圣而不忠。当然，当时也多有称引《周礼》与歌颂周公之例。

以替代的理由。陈寅恪先生曾述宇文氏的改制,乃"虚饰《周官》以适鲜卑野俗"①。其论一针见血,且蕴含了"《周礼》本适野俗"这个富于启发性的命题。后来谷川道雄先生又指出:"不仅在北周,在五胡诸国家以及初期的北魏,都可以看到试图在国家体制或官僚制度中仿效姬周古制的努力。这些以北族为权力核心的国家,试图用这一形式保障部族贵族与皇帝之间关系的协调……北周当然不是部族制国家,但回归到鲜卑族部族联盟国家时的精神却是北周创建者的理想,这一理想与《周礼》官制体系的实施相互重合。"② 这些论述,不仅推进了对魏晋以来各色周官改制现象的认识,也进一步丰富了《周礼》与北族体制多有相通之处的考虑。

的确,从北族所需制度范本的角度来看儒经,《易》往往有原则而乏制度,其形上之学太过玄妙,技术性的卜筮之术则与北族原有的巫术难分高下而各有千秋③。《诗》《书》的制度内容过于零散,而且《诗》的诠解方式与北族的歌谣系统反差太大,《书》又难读难懂④。《春秋》经传虽多精义⑤,然皆编年系事,于治乱兴衰

---

① 陈寅恪:《隋唐制度渊源略论稿》二"礼仪"。
② [日]谷川道雄:《隋唐帝国形成史论》第三编"北朝后期的新旧贵族之争"第四章"周末隋初的政界与新旧贵族"。其前文已述:保证皇权与贵族势力的协调统一,"是魏晋以来的政治中心课题,而这也是导致采用《周礼》的直接原因"。这些论述都体现了作者对魏晋南北朝史的架构和卓见。
③ 《晋书》卷一一〇《慕容儁载记》述冉闵使常炜使于儁,封裕诘之有曰"闻闵铸金为己象,坏而不成";又载慕容儁"欣于闵铸形之不成"。这种以铸金像成否来决定帝、后人选的卜法,在《魏书》中亦时可见,似是当时鲜卑、羯胡等北族流行之俗。又《晋书》卷一一二《苻生载记》述苻健"以谶言三羊五眼应符",遂立瞎一眼的苻生为太子。这类事例表明,在重大问题上,北族要么是信从本族的巫术卜法,要么是迷信汉人的图谶,《周易》卜筮之术显然不具重要地位。
④ 自子夏释《诗》而毛公传之,《诗》解一直在卫宏写定《毛诗序》的框架内进行,突出的是温柔敦厚的"教"。而北族的歌谣,则多如朱熹《诗集传》序文所述,乃"男女相与咏歌,各言其情者也",中华书局1960年版。即使是《诗》中的庙堂乐歌之辞,也与北族的口传史诗相当不同,凡此皆可比较《雅》《颂》各篇与今存各族史诗而得知,无烦赘言。至于《尚书》的难读难解,韩愈《进学解》述诸生谓"周诰殷盘,佶屈聱牙",也更罔论北族了。
⑤ 如五胡时期流行的"天王"称号,就体现了《春秋》学的影响。参见[日]谷川道雄《隋唐帝国形成史论》第三编"北朝后期的新旧贵族之争"第三章"五胡十六国、北周的天王称号"。

之来龙去脉最为关注,而于典章经制则不免简略难详。《仪礼》繁琐的仪节,严整的亲疏等级,在感情和现实上都与简率粗放、婚姻和世系关系较为紊乱的北族距离太远。故五经之中,制度内容系统多样而便于撷拾取用者,洵当首推《礼记》和《周礼》,这也是五胡建制更多受到这两部经典影响的一个重要原因①。但由于成书背景和宗旨不同,两者也有若干深值注意的差异②。《礼记》各篇来源虽错杂不一,其中许多制度都渗透了晚近的礼法纲常原则,父系家长制秩序和尊卑等级森严,官僚制形态相当成熟,具有难为北族搬用的性质③。相比之下,《周礼》明显留有更多早期官制的痕迹,专制意味薄弱,政治结构松散,贵族、伎术官和妇女地位表现得相对充分④;且其以官职统领制度,制度的具体规定和内容并不正面展开,解释的余地要来得更大。

更重要的是,在华夷关系上,《礼记》与《周礼》呈现了反差

---

① 《史通》卷三《内篇·书志第八》述"刑法礼乐,风土山川,求诸文籍,出于三礼。及班、马著史,别裁书志,考其所记,多效礼经"。说的是三礼切关于各种典章制度,而其中又尤以《礼记》与《周礼》为最。

② 关于《礼记》与《周礼》之异,从今古文之争直至郑玄以《周礼》为经而以《礼记》为传以来,一直众说纷纭。近代廖平《王制集说凡例》曾对《礼记·王制》篇内容与《周礼》作过提纲挈领的比较,大旨以《王制》为孔子弟子所作,"与《春秋》名物制度相合"。又以《周礼》为"欲与《王制》为难,故采录时制以为此书"。收入《廖平选集》下册,巴蜀书社1998年版。其论盖与廖氏经学二变的"尊今抑古"说相应,为当时争相疑古之习的反映,笔者不能同意。但其中说到《周礼》与《王制》名同而实异,及先秦两汉子书与《史记》《汉书》《后汉书》"多用《王制》"诸端,仍可参考。

③ 《礼记》作为儒者为今释古的产物,其定本过程不能不渗透了更多后王的精神。其中所示的家族宗法,如《丧服小记》等篇与《仪礼·丧服》完全匹配。男女关系,如《曲礼上》"男女不杂坐……不亲授,嫂叔不通问"。纲常伦理,如《内则》"子、妇无私货,无私蓄,无私器,不敢私假,不敢私与"。尊君观念,如《大传》"不王不禘",《王制》"天子祭天地,诸侯祭社稷,大夫祭五祀"。官僚制度,如《王制》下士"禄足代耕"云云。行政秩序,如《曲礼下》"在官言官,在府言府,在库言库,在朝言朝"。凡此之类难为北族认同或达到者,不胜枚举。

④ 《周礼》六卿各成系统之况宜于贵族而不甚利于专制,前引谷川道雄先生语已及此。其对伎术官的重视更为儒经之最,参见刘师培《历史教科书》第三十一课《古代的工艺》,收入《刘申叔先生遗书》下册。另如《周礼》之中的妇女地位,则可于多种女职见之,又集中体现为其"后仪如王"原则。其他如《地官司徒篇》有"舞师",《春官宗伯篇》立"女巫",《夏官司马篇》有"巫马",此类职文体现的巫风,亦当令北族大有会心之感。

极大的立场和观点。《礼记·王制》：

> 中国、戎夷，五方之民，皆有性也，不可推移……中国、夷、蛮、戎、狄，皆有安居，和味，宜服，利用，备器。五方之民，言语不通，嗜欲不同。

所说中国与四方戎夷从衣食住行到语言好恶各有特色，这当然没有问题；但将之上升为"不可推移"的"天性"，就把散见于《诗》《书》《春秋》的夷、夏关系论①，引到了强调地域、血缘界隔的理论方向上。这当然是华夏种族自觉进一步抬头的产物，却与北族自匈奴以来每每自托为黄帝之后的倾向针锋相对，又极不利于入主中原者处理各种民族关系。②

而《周礼》就不同，全书基本上并不严别华夷，把"王者无外"的气度与其大九州地域观嫁接到了一起③。如《秋官司寇篇》

---

① 如《诗·小雅·六月》"玁狁孔炽，我是用急"；《采芑》则有"蠢尔蛮荆，大邦为仇"之句。《尚书·舜典》述帝诫皋陶"蛮夷猾夏，贼寇奸宄"，汉儒皆以蛮夷乱华释之。《左传》闵公元年述管仲曰："戎狄豺狼，不可厌也；诸夏亲昵，不可弃也。"《左传》成公四年又载公欲叛晋求楚，季文子谏曰："史佚之《志》有之曰：'非我族类，其心必异。'楚虽大，非吾族也。"这些说法各有背景，也都构成了《王制》种族观的渊源。

② 《礼记》秉持的这种华夷观，当然要渗透到其各项制度之中，如《曲礼下》："其在东夷、北狄、西戎、南蛮，虽大曰子。"这类规定虽然可以与《春秋》经传所述相证，但在北族却显然无法接受，如石勒在前赵，苻洪在后赵，姚苌、慕容垂在前秦，地位又岂止于"子"爵而已。

③ 《春秋公羊传解诂》隐公元年十二月释"祭伯来"曰："祭伯者何，天子之大夫也。何以不称使？奔也。奔则曷为不言奔？王者无外，言奔则有外之辞也。"何休《解诂》述王者无外，也就是"王者以天下为家"的意思。又《春秋公羊传解诂》桓公八年十月释"祭公来遂逆王后于纪"曰："女在其国称女，此其称'王后'何？王者无外，其辞成矣。"《春秋谷梁传》释此条亦曰："天子无外，王命之则成矣。"故"王者无外"说盛行于两汉，但何休以之与"王者以天下为家"说并论，说明当时其常止适用于"中国"小九州，其说乃与严华夷之辨的倾向并行不悖。廖平曾指出《礼记·王制》所示三王五伯疆域方三千里，为"小统"；而《周礼》所示九帝疆域各方九千里，为"大统"。就指出了两者的这个区别。参见李耀仙《廖平经学思想述评——代序》，收入《廖平学术论著选集》（一），巴蜀书社1989年版。另参见顾颉刚《秦汉统一的由来和战国人对于世界的想象》，收入《古史辨》第二册上编，上海古籍出版社1982年版；杨联陞《从历史看中国的世界秩序》，收入氏著《古史探微》，台北联经出版事业公司1983年版。

大行人职文：

> 邦畿千里，其外五百里谓之候服，岁壹见，其贡祀物；又其外五百里谓之甸服，二岁壹见，其贡嫔物……九州岛之外谓之蕃国，世壹见，各以其所贵宝为挚。

九州之内的诸服和以外的番国皆须朝贡，程度不同而性质无外。又如同篇象胥职文：

> 掌蛮夷、闽貉、戎狄之国使，掌传王之言而谕说焉，以和亲之。若以时入宾，则协其礼，与其辞，言传之。凡其出入送逆之礼节、币帛、辞令而宾相之。凡国之大丧，诏相国客之礼仪而正其位。凡军旅、会同，受国客币而宾礼之。

以象胥专掌番国使，显示了番国与邦国的不同，但皆彬彬有礼而仪节周到，平等视之[①]。其种族意识的淡薄与天下一家观念的强烈[②]，正与《诗·小雅·北山》说"普天之下，莫非王土"同气一脉，且其真可与北族倾慕华夏文化而入主中原者心心相印。因而站在北族的立场上看，在五胡建制所依据的两个最为重要的经典和制度范本中，《礼记》虽也可以在标榜正统和润饰胡俗的建制过程中发挥局部作用，其与《周礼》的部分出入亦已在郑学的调和下解决[③]，

[①] 仪节周到和平等视之，正是"宾礼"的特点。其对北族的意义，如《晋书》卷一〇八《慕容廆载记》述其晋武帝时为鲜卑都督，"致敬于东夷府，巾衣诣门，抗士大夫之礼。何龛严兵引见，廆乃改服戎衣而入。人问其故，廆曰：'主人不以礼，宾复何为哉！'龛闻而惭之"。

[②] 另如《周礼·夏官司马篇》职方氏"掌天下之图，以掌天下之地。辨其邦国、都鄙、四夷、八蛮、七闽、九貉、五戎、六狄之人民，与其财用、九谷、六畜之数要，周知其利害"。也体现了邦国都鄙与夷蛮之人一体视之的立场。《周礼·秋官司寇篇》司隶"掌五隶之法"，五隶指罪隶、蛮隶、闽隶、夷隶、貉隶，皆"役国中之辱事"，仍以异族俘隶与本族罪隶一体视之。

[③] 如郑玄注《礼记·曲礼下》蛮夷"虽大曰子"条，仍秉《周礼》大九州理念而淡化了"虽大曰子"的抑压之意。参《十三经注疏·礼记正义》卷五《曲礼下》本条及"九州之长人天子之国曰牧"条郑注与孔疏。

却终究还是在处理胡、汉各族关系时先天不足,而不像《周礼》那样具有充当担纲蓝图的潜质。

但历史并未直线前进,事实是五胡其兴也勃,其亡也倏,既没有处理好胡、汉关系,更没有处理好胡、胡关系。《周礼》在这方面潜力虽大,亦莫奈何。不过,背景依然存在,尝试已经开始,趋势必会显露。在汉以来经学和政治互动的大势之下,魏晋时期政治和制度的儒家化进程已相当可观,《周礼》的影响却还主要集中在制度的形式方面。五胡时期承续了此势,且其作为异族而统治中原的特定要求及其与《周礼》特具的某些属性的相契,又催驱了此经影响不断向制度的内容深入,使之开始从外在的润饰托附之物,进而变成了帮助解决胡汉关系等重大问题的工具。因此,正是从发展的角度来看,尽管五胡治下存在着种种问题,但其多方利用儒经,特别是以相对更合北族特点、需要的《周礼》来润饰和改造胡俗的趋向,实际已开启了北魏开国建制大幅取鉴《周礼》的序幕,也预示了此书在今后北族政权中影响越来越大的历程。

四 胡、汉合作与儒家化北支传统的形成

以上讨论了北魏开国建制在观念、经学、政治和制度渊源上的若干背景。不难看出,其各项建制处处采鉴儒经和大幅依本《周礼》的现象,一方面承袭了魏晋以来"以经证统"之风,即以依仿和实践经典所载圣王制度,来证明本朝乃历运正统之所归。另一方面又据其实际情况和基本政治需要,接续了五胡治下以《周礼》等经来润饰和改造胡俗的势头。正是这两个方面的紧密啮合和互补,搭建了外颉颃南、北群雄而内维系胡、汉人心的态势,构成了《周礼》与北魏开国建制的基本关系,也奠定了政治和制度儒家化进程的北支传统。

由此观之,拓跋珪所建平城的土门宫城和瓦屋庙社,固然无法

媲美南朝建康和后来洛阳的雕栏玉砌、金碧辉煌，却仍处处闪烁着取法圣王典则的生动精神和统合胡汉关系的深谋远虑。其平城规制、庙社布局的采鉴《周礼》，既模仿了周公所定王者开国建都的成式，又以之规范和总结了拓跋氏以往在云中盛乐等地筑城的传统。其依据《周礼》积黍之法而定度量衡制，既是圣王开国的应有之举，但其同时也是要统一以往这方面胡、汉各族标准不一的状况[①]。其内外设官分职的八部大夫和三百六十曹之制，明显托附了《周礼》所示的圣王官制架构，同时又以之兼容了行政领域的胡俗和汉制，延续和限制了各部大人贵族旧有的领族理事之权。至于其他各种制度，无论是前已讨论的丘泽祭祀，畿郊田赋[②]，还是前未讨论的学校[③]、辇舆等制[④]，在其采鉴《周礼》的背后，也都或明或暗地存在借圣王之制来高自标举，又以之来调和胡、汉关系的目的。而其整个开

[①] 拓跋氏早期自然没有规整的度量衡制。《魏书》卷七四《尔朱荣传》载其父尔朱新兴时"牛羊驼马，色别为群，谷量而已"，可见北族早期连数量概念也很笼统含糊。这也是早期各族的共同现象，参见［美］莫里斯·克莱因《古今数学思想》第一册第一章"美索不达米亚的数学"，张理京等译，上海科技出版社2002年版。

[②] 当时"审端径术"，即规划道路阡陌和均田征赋等制，一方面固然是依仿了《周礼·地官司徒篇》等处的制度内容，另一方面又显然适应了安置汉人移民和"离散诸部，分土定居"的北族新编户的要求。同样，当时南郊"祀天之礼用周典"，然前已述其制大不同于后汉与魏晋故事，其皇后助祭之态亦当兼顾了拓跋旧俗。

[③] 前已述天兴元年立国子学与太学并置，沿袭了晋咸和以来依循《周礼》的二学并置之态。据《魏书》卷三〇《尉拨传》："代人也。父那，濮阳太守。拨为太学生，募从兖州刺史罗忸击贼于陈汝，有功，赐爵介休男。"又《魏书》卷三三《张蒲传》："子昭，有志操。天兴中，以功臣子为太学生。"可见太祖时功臣显贵子弟方得为太学生，则其"国子学"当是"国人"即帝族十姓子弟教育之所。

[④] 《魏书》卷一〇八之四《礼志四》载"太祖世所制车辇，虽参采古式，多违旧章"。前已指出，当时所制辇舆实物有些一直留存到了北朝末年，其规制则足证天兴舆制采鉴礼经汉典之况。至于魏志所谓"古式"，主要当指《周礼·春官宗伯篇》巾车等官职文及《考工记》的有关记载，另亦可能参考了今已逸佚的《大戴礼》有关篇章，且有所增制加饰，是为"参采古式"。"旧章"则当指西晋取鉴于《周礼》的王、后五辂之制，而道武帝所造帝、后之车，却未立"五辂"名目，是为"多违旧章"。而之所以要依本经典又不备五辂，还是为了适应拓跋氏自身的状况，如《魏志》载天兴以来辇舆用法，其中提到北魏前期皇后、公主、封君、王妃等皆须"助祭郊、庙、籍田、先蚕"。这显然是北族妇女地位较高之俗向汉式祭祀制度的渗透，在此背景下，祭祀或辇舆之制一方面仍须依托经典，包括附会《周礼》"后仪如王"的原则，同时又与经典所载和魏晋故事有所出入，自属正常之事。

国建制过程所以要按《周礼》之纲依次展开，用意也无非要摆出圣王建国的架势，高标神州正统的地位；显示执中立极的天心，为开国之际润饰、改造、利用和取择胡俗、汉制的过程，为更好地托附经典处理这个五胡以来的政治主题，提供一种胡、汉各族相对皆易接受的形式、次序和理由。

显然，北魏开国建制大幅依本《周礼》来标榜正统和处理胡、汉关系的事实，一方面标志五胡时期相对错杂地采撷经典和润饰胡俗的状态，业已转入了一个拥有明确主题、基本经典和系统过程的新局面，从而构成了汉魏以来政治和制度儒家化进程的一个意义深远的转折点。另一方面，北魏这种开国建制的新样态，又表明当时君臣已在总结魏晋和五胡有关做法的基础上，达成了全面利用《周礼》来解决重大现实问题的共识，也就意味着一种较五胡时期更高水平的胡、汉合作。因为说到底，没有这样的共识或合作，或者只有那种虚与委蛇或完全出于利害关系的合作[①]，就无法设想其建制过程深受儒经影响和大幅依本《周礼》的种种事实。

细数拓跋珪麾下汉士，登国年间主要有许谦和张衮。二人自珪为代王，即分任右司马和左长史，当是登国元年正月拓跋珪即代王位、"郊天建元"诸事的主要参赞者[②]。到登国末年大破慕容宝，得贾彝、贾闺、晁崇诸人"与参谋议，宪章故实"。这些人连同许、张等旧臣，助成了皇始元年正月"大蒐"至七月大举进军中原，建天子旌旗，建台省百官诸事。进入河北后，拓跋珪更"留心慰纳，诸士大夫诣军门者，无少长皆引入赐见"[③]，前后来归及俘降者，有

[①] 过低估介北魏初年的建制水平，简单地概之为"粗放简陋"和"杂糅不经"；过低估介北魏初年的胡汉合作程度，将之一概等同于利害之交，是北朝国史系统和以往北朝史研究者经常表现出来的两个联系在一起的倾向。详见本书第一章"北魏开国时期的文明程度：记载与评估"。

[②] 《魏书》卷二四《许谦传》《张衮传》。又《魏书》卷八五《文苑传序》谓"昭成、太祖之世，南收燕赵，网罗俊义"。许、张诸人皆昭成世已附拓跋，可谓北魏开国之时的"元从汉士"。

[③] 《魏书》卷二《太祖纪》。

高湖、崔逞、封懿、宋隐、王宪、闵亮、孙沂、孟辅等人①。而其中最为著名，也对天兴开国建制影响最大的是崔玄伯，《魏书》卷二四《崔玄伯传》载其当时甚受器重的行事之况：

> 与张衮对总机要，草创制度……有司制官爵，撰朝仪，协音乐，定律令，申科禁，玄伯总而裁之，以为永式。及置八部大夫以拟八座，玄伯通署三十六曹，如令仆统事，深为太祖所任，势倾朝廷。

由此足见其当时与拓跋珪的君臣相得之况。当然拓跋珪对汉士也有无情或残暴的一面。如崔逞因张衮推荐而礼遇甚重，其"拜为尚书，任以政事，录三十六曹"，还在崔玄伯之前。然其事主不谨，拓跋珪衔其"侮慢"，遂因其与张衮受诏作书江东郗恢，称东晋安帝司马德宗为"贵主"而被赐死，张衮亦被黜为尚书令史。故宋隐临终诫其子侄不仕北魏，"恐汝不能富贵，而徒延门户之累耳"。凡此种种，都可说是五胡时期至此的常态。因为在北族入主中原的汉化、封建化过程中，日益趋向于专制集权的君长，与保守和留恋旧时势力、传统的贵族大人，往往都会形成长期的矛盾格局。在此格局中，既要借重，又要提防汉族士望，乃是北族统治集团的共同倾向。北朝胡、汉各族关系的一个个起伏的波澜，莫不与这个格局和态势密切相关。

但尽管如此，从形形色色的君长和大人，到各有所图的汉族士望，其间的关系仍有意义重大的变化和趋势。而北魏开国之际亟值注意的，是若干胡、汉代表人物的合作呈现了新的气象，尤其合作的基础已较五胡时期明显扩大。《魏书》卷二四《张衮传》载其明经善文，父祖在辽东、河北颇有根基，并述其对道武帝的政治

---

① 《魏书》卷三二《高湖传》《崔逞传》《封懿传》和卷三三《宋隐传》《王宪传》。

态度：

> 衮每告人曰："昔乐毅杖策于燕昭，公达委身于魏武，盖命世难可期，千载不易遇。主上天姿杰迈，逸志凌霄，必能囊括六合，混一四海。夫遭风云之会，不建腾跃功者，非人豪也。"遂策名委质，竭诚伏事。

这里表达的君臣千载一遇而囊括六合之意，业已超越了利害之交和胡汉之辨，说明张衮成为拓跋珪开国时期的主要谋臣绝非偶然。至于其后来被黜的缘由，尊称东晋安帝为"贵主"，固然是戳着了拓跋珪敏感的神经，但此事本无损于本朝自居正统和视东晋为"牛继马后"的国策，其根由也主要是在崔逞的"侮慢"。《张衮传》后文又载：

> 衮遇创业之始，以有才谟见任，率心奉上，不顾嫌疑。太祖曾问南州人于衮，衮与卢溥州里，数谈荐之。又衮未尝与崔逞相见，闻风称美。及中山平，卢溥聚党为寇，崔逞答书不允，并乖本言，故怨之。

是张衮所称荐的崔逞、卢溥，仍秉持五胡时期汉族士望常有的自傲和反抗态度；但衮本人无非"率心奉上，不顾嫌疑"，其胸怀和立场并不限隔胡、汉，与崔逞、卢溥显非一路。这一点不仅于上引衮言已见，亦体现在其临终上疏明元帝，述国朝"诞膺期运，天地始开"，言已则"托翼邓林，寄鳞溟海"，又谓"方今中夏虽平，九域未一，西有不宾之羌，南有逆命之虏，岷蜀殊风，辽海异教。虽天挺明圣，拨乱乘时；而因几抚会，实须经略"。此疏表达其抱负、立场和"竭诚伏事"之态前后一贯，且为五胡治下汉臣所鲜见。归附较晚而立场与张衮相类的，还有官爵并不显要的李先，《魏书》

卷三三《李先传》载其赵郡平棘人，皇始初归顺后，屡参兵事，建策颇效，又为博士，劝重经籍。传末特别点明其政治态度：

> 天兴中，先子密问于先曰："子孙永为魏臣，将复事他主也？"先告曰："未也，国家政化长远，不可卒穷。"

李先之子的顾虑，代表了五胡以来汉士的普遍态度；而先则以本朝"政化长远"期之，表达的是一种基于北魏开国之际政教措施的倾心认同和竭诚合作的立场。

还有部分汉士是先疑而后定，崔玄伯便是其中典型。《魏书》卷二四《崔玄伯传》载其前秦亡乱时，逃难于齐鲁间，欲避地江南，而为东晋叛将张愿留阻，"乃作诗而自伤"。据当时名士郝轩对之的感叹："斯人而遇斯时，不因扶摇之势，而与燕雀飞沉，岂不惜哉！"可见玄伯的"自伤"，要非其心向南而不遂①，而是感伤于己之大才不遇，大志难伸。明白了这一节，才可以理解其历经颠沛流离，终归于拓跋珪大受重用后的倾心合作之态。他藏匿先前的自伤之诗不示于人②；奏请国号而用"周虽旧邦，其命惟新"之典③；治国方略则有"王者治天下，以安民为本，何能顾小曲直也"之论。崔玄伯的这些言行，与张衮一样表现了其合作的诚意和超越

---

① 本传载其"本图不遂，乃作诗以自伤"，时值东晋孝武帝时。据《晋书》卷八四《杨佺期传》及《宋书》卷六五《杜骥传》等处所载，其时晚渡北人已被先来大族以"荒伧"视之，玄伯当有所闻，故此"本图"，盖仅指避乱江东耳。又其诗内容今虽不传，臆郝轩叹玄伯之不遇，所述"扶摇""飞沉"之旨当非虚发，而是玄伯诗中所咏。

② 本传于此谓"盖惧罪也"，语作或然。今案玄伯作此诗在仕后燕前，所惧为慕容氏之疑忌；至其归附北魏执掌重权，已如鸿鹄之"扶摇"而非燕雀之"飞沉"矣。原诗已失其旨，实已难再示人。

③ 此句出于《诗·大雅·文王之什》，《毛传》谓为"受天命而王天下，制立周邦也"。《郑笺》释"周虽旧邦，其命惟新"一句云："大王聿来胥宇，而国于周，王迹起矣，而未有天命。至文王而受命。言新者，美之也。"见《十三经注疏·毛诗正义》卷一六《文王》"周虽旧邦其命惟新"条。故在经学掌故中，旧邦新命之说非同小可，非倾心归附者，是绝不可能用此来形容其虚与委蛇之君之的，其理正与前引张衮临终上疏典遣辞尽见其竭诚伏事之心一般。

胡、汉界隔而共济天下的抱负和理想，故其遂得继张衮而为天兴定制的主要谋臣。本传载其参与谋猷之况：

> 太祖常引问古今旧事，王者制度，治世之则。玄伯陈古人制作之体，及明君贤臣，往代废兴之由，甚合上意。未尝謇谔忤旨，亦不谄谀苟容。

这段记载可谓拓跋珪与崔玄伯共商国是的实录，北魏开国建制正是在这种君臣反复探讨王者制度，治世之则，古人制作之体，往代废兴之由的基础上展开的。味其"未尝謇谔忤旨，亦不谄谀苟容"之语，崔玄伯与拓跋珪在治道国策上的相契相知，已尽在其中了。

值得注意的是，当时与拓跋氏倾力合作的，也包括了若干久居中原而汉化甚深的胡人。如《魏书》卷三三《屈遵传》载其昌黎徒河人，皇始二年正月拓跋珪率军出井陉而抵鲁口时，遵为后燕的博陵令。当时博陵太守申永、高阳太守崔玄伯皆奔避之不暇，而屈遵则与之不同：

> 遵独告其吏民曰："……魏帝神武命世，宽仁善纳，御众百万，号令若一，此汤武之师。吾欲归命，尔等勉之，勿遇嘉运而为祸先。"遂归太祖，太祖素闻其名，厚加礼焉。拜中书令，出纳王言，兼总文诰。

屈氏本称屈突，乃是奚人[①]，遵以"汤武之师"比喻拓跋珪南征之军，不仅表达了他倾心归命的理由，亦透露了他与拓跋氏合作的思想基础。《魏书》卷二四《邓渊传》载其安定人，前秦名将邓羌之孙。结合马长寿先生的有关研究来考虑，邓羌的族属很有可能是白

---

① 参见姚薇元《北朝胡姓考》内篇第三《内入诸姓·屈氏》。

水羌①,渊实为汉化甚深者。故其自皇始归附,即为著作郎编撰《国记》;后出为蒲丘令,"诛剪奸滑,盗贼肃清";又迁吏部郎,"明解制度,多识旧事,与尚书崔玄伯参定朝仪、律令、音乐,及军国文记诏策,多渊所为"。后来邓渊虽因从弟与和跋厚善,遭拓跋珪疑忌而赐死,但珪旋即悔恨,时人咸为悯惜,史臣称"祸非其罪"。其既"谨于朝事,未尝忤旨",又全力参与了北魏开国建制,所撰《国记》更密切配合了拓跋珪的政治要求。这些都表明邓渊与拓跋氏的合作,似亦与屈遵相似,非因族类的相契,而是基于观念和国策上的认同②。况屈、邓皆掌文诰诏策,则《魏书》所存皇始至天兴开国诏文,其字里行间处处强调本朝的正统地位和拓跋珪有道之君的形象,就是二人与拓跋氏倾力合作的写照。

  以上事例表明,北魏初年胡、汉各族的关系,虽仍在许多方面类于五胡时期,也仍充斥着各种切身的利害权衡;但其开国建制核心成员的态度和立场中,毕竟已少了些许全身保命的消极和机会主

---

① 马长寿:《碑铭所见前秦至隋初的关中部族》附录之北周《郭羌四面造象铭》,中华书局1985年版。此造像铭有"像主郭羌""妹羌女"字样。是北朝羌人有以"羌"为汉名者,邓羌之名或亦类此。《魏书》卷一〇一《邓至羌传》述"邓至者,白水羌也,世为羌豪,因地名号,自称邓至"。《太平寰宇记》卷一三四《山南西道》二《文州》即省称邓至羌为"邓羌部落"。又《水经注》卷二〇《漾水》述"白水西北出于西南西倾山,水色白浊,东南流与黑水合,水出羌中……白水又东南径邓至城南,又东南与大夷祝水合"。王文楚等点校:《太平寰宇记》,中华书局2007年版。《隋书》卷二九《地理志上》载同昌郡尚安县"有黑水",钳川县"有白水",同昌县"有邓至山,云邓艾所至,故名焉"。从这些记载中,可以推知马长寿先生所录碑铭述前秦"上郡肤施之黑、白羌"的来源;而邓羌或即出于徙至安定的邓至羌,在当时特以武勇著称。《晋书》卷一一二《苻生载记》述阎负、梁殊使凉州,称王飞、邓羌等人为"关、张之流,万人之敌"。《太平御览》卷二七五《兵部》六《良将上》、卷三八六《人事部》二七《健》分别引崔鸿《十六国春秋·前燕录》与《前秦录》,皆述"世称邓羌、张蚝,万人敌也"。

② 《晋书》卷一一三《苻坚载记上》述甘露元年王猛为侍中、中书令、京兆尹,严惩不法显贵,"其中丞邓羌性鲠直不挠,与猛协规齐志,数旬之间,贵戚强豪诛死者二十有余人"。然其后文载猛率羌等征前燕,羌却临阵邀官。《资治通鉴》卷一〇二《晋纪二十四》"太和五年十月"则载当时徐成违期,军法当斩,邓羌因其为故乡郡守而救之,猛不听。羌竟"严鼓勒兵将攻猛"。邓羌与王猛之间的这种既合作又角力的状况,比起后来其孙邓渊与崔玄伯在北魏开国建制上的密切配合,就远远不如了。当然北魏初年也有许多不与拓跋氏合作的汉士,如《魏书》卷三二《封懿传》载其勃海蓚人,仕慕容宝为中书令、民部尚书。归降拓跋氏后,"太祖数引见,问以慕容旧事,懿应对疏慢,废还家"。

义的进取，多了一重胡、汉君臣同践王道而拯济天下的抱负和理想。而在此基础上展开的合作，当然会开扩北魏立国的气象和规模且必更加关注经典所载圣王治则，也更为重视以之指导开国方略和处理胡、汉关系。因此，在其他各种背景条件大略相似的历史前提下，要回答为什么不是在五胡治下，而是在北魏初年，才开始全面利用《周礼》来依仿圣王政教，标榜正统所在和统合胡、汉关系的问题，关键不仅在张衮和崔玄伯所代表的汉族士望与拓跋珪代表的北族集团的倾力合作，又尤其在于这种胡、汉君臣同践王道而拯济天下的合作基础的形成。

晋末以来的胡、汉各族关系，种族压迫和歧视固然突出，观念上胡、汉之辨的鸿沟尤为深刻。前面提到范隆在前赵官至太尉而劝进刘聪，董景道亦任崇文祭酒，而二人本传俱隐匿其事不提，当是其家传行状讳而不载之故①，反映了当时汉人仕胡的复杂心态。《晋书》卷一〇〇《王弥传》载其东莱人，家世两千石，归附刘渊，劝称尊号：

> 元海谓弥曰："孤本谓将军如窦周公耳，今真吾孔明、仲华也。"②

可见刘渊求士之切。但王弥的劝进又何尝有诚意？其后文述刘曜不听其迁都洛阳之议，弥怒曰："屠各子岂有帝王之意乎！"即道出了其心底对北族的蔑视。《晋书》卷一〇四《石勒载记上》载张宾谓勒曰：

---

① 郑钦仁《北魏官僚机构研究》第三章"秘书省"中，论及了北魏汉人家传常隐讳其曾任胡官的问题。
② "窦周公"以字称窦融，两汉之际融附更始帝而自图大计，事见《后汉书》卷二三《窦融传》。

> 自将军神旗所经，衣冠之士靡不变节，未有能以大义进退者。

是当时汉士的进退出处，类皆出于身家利害之权衡，不合石勒求贤的本意。《晋书》卷一〇八《慕容廆载记》附《高瞻传》述其勃海蓨人，避乱至幽州之事：

> 廆署为将军。瞻称疾不起，廆敬其姿器，数临候之，抚其心曰："君之疾在此，不在余也。今天下播越，四海分崩，苍生纷扰，莫知所系。孤思与诸君匡复帝室，翦鲸豕于二京，迎天子于吴会，廓清八表，侔勋古烈，此孤之心也，孤之愿也。君中州大族，冠冕之余，宜痛心疾首，枕戈待旦，奈何以华夷之异，有怀介然？且大禹出于西戎，文王生于东夷，但问志略何如耳，岂以殊俗不可降心乎！"瞻仍辞疾笃，廆深不平之。

高瞻的心病，也就是五胡治下诸多汉士消极或公然对抗的共同心理基础。显然，要让汉士倾心与北族合作，尚待晋末以来汉人心头诸多创伤的逐渐平复，而这不仅取决于北族君长的政策和胸怀，亦须取决于汉人所持的立场和态度。而其中症结，又尤其在于被五胡乱华过程大为深化了的胡、汉之辨和对立。①

再看五胡治下的主要谋臣，如陈元达、张宾、裴嶷、王猛之

---

① 《晋书》卷五八《周访传》附《周虓传》载其宁康时为前秦所俘而降，坚欲授虓尚书郎而以母老坚辞之，"每入见坚，辄箕踞而坐，呼之为'氐贼'。坚不悦，属元会，威仪甚整，坚因谓虓曰：'晋家元会何如？'虓攘袂厉声曰：'戎狄集聚，譬犹犬羊相群，何敢比天子！'及吕光征西域，坚出饯之，戎士二十万，旌旗数百里，又问虓曰：'朕众力何如？'虓曰：'戎狄以来，未之有也。'坚党以虓不逊，屡请除之，坚待之弥厚……后坚复陷顺阳、魏兴，获二守，皆执节不挠。坚叹曰：'周孟威不屈于前，丁彦远洁己于后，吉祖冲不食而死，皆忠臣也。'"说明胡汉之辨在当时汉士不仅是种族观念使然，也是一种道德高度。

辈，虽亦各怀大才通识而风云际会①，但其抱负、作派、内心的胡、汉畛域及其与北族的合作程度，却终究难与佐助北魏开国建制的张衮、崔玄伯诸人相比。如《晋书》卷一〇二《刘聪载记》附《陈元达传》载刘聪常对陈元达说："卿当畏朕，反使朕畏卿乎？"元达答曰：

> 臣闻：师臣者王，友臣者霸。臣诚愚闻无可采也，幸邀陛下垂齐桓纳九九之义，故使微臣得尽愚忠。

是陈元达心中仅以一方之"霸"期聪，其论固亦得体，却与北魏初年张衮、屈遵等人每直接期许拓跋珪上比周武王的心态不同。其根底里，除不直刘聪所为外，恐亦存着类似刘琨的那种"自古以来诚无戎人而为帝王"的念头②。则刘聪之畏元达，必非元达真以严师诤友自居，而是彼此心中各存胡、汉界隔之故。后来元达因刘聪荒淫无道，强谏不从而自杀，其悲剧实际上早已种下。再看张宾的情况，《晋书》卷一〇五《石勒载记下》附《张宾传》载其在亲近人前称石勒为"胡将军"，无形间亦流露了汉士对胡人由来已久的优越感。后来石勒与诸将议与东晋和战，宾曰：

> 将军攻陷帝都，囚执天子，杀害王侯，妻略妃主，擢将军

---

① 《晋书》卷一〇二《刘聪载记》附《陈元达传》载其说刘渊"姿度卓荦，有笼罗宇宙之志，吾固知之久矣。然往日所以不往者，以期运未至，不能无事喧喧，彼自有以亮吾矣"。《晋书》卷一〇五《石勒载记下》附《张宾传》载其"自言智算鉴识不后子房，但不遇高祖耳"，追石勒将下山东，"宾谓所亲曰：'吾历观诸将多矣，独胡将军可与共成大事。'乃提剑军门，大呼请见"。《晋书》卷一〇八《慕容廆载记》附《裴嶷传》载其清方有干略，晋末归投慕容廆，"时诸流寓之士见廆草创，并怀去就，嶷首定名分，为群士启行。廆甚悦，以嶷为长史，委以军国之谋"。《晋书》卷一一四《苻坚载记下》附《王猛传》载其"隐于华阴山，怀佐世之志，希龙颜之主，敛翼待时，候风云而后动"。

② 《晋书》卷一〇四《石勒载记》上载刘琨送归石勒母王氏以笼络之，遗勒书曰："自古以来诚无戎人而为帝王者，至于名臣建功业者，则有之矣。"石勒厚谢之而报书曰："事功殊途，非腐儒所闻。君当逞节本朝，吾自夷，难为效。"

之发不足以数将军之罪，奈何复还相臣奉乎？

其语深明利害，然亦表明张宾内心确以江东为承晋正朔。而对东晋的态度，正是映照当时汉士心中胡、汉之辨及其与北族合作程度的一面镜子。像慕容廆的头号谋臣裴嶷，虽说服心怀去意的流寓汉士归附于廆，但其出使东晋之时，却仍自承"世荷朝恩"，而视己身为"投迹荒遐"。其内心之归属就此已表达得明明白白①。这方面表现更为突出的是王猛，《晋书》卷一一四《苻坚载记下》附《王猛传》载苻坚曾以文王得太公喻猛，猛却辞以"臣何足以拟古人"？猛疾笃之时，"坚亲祈南北郊、宗庙、社稷，分遣侍臣祷河岳诸祀，靡不周备"，而王猛的临终遗言却是：

> 晋虽僻陋吴越，乃正朔相承，亲仁善邻，国之宝也。臣没之后，愿不以晋为图。鲜卑、羌虏，我之仇也，终为人患，宜渐除之，以便社稷。

把这份遗言与前引张衮临终上疏相比，两者皆属老成谋国，但其间体现的心态和抱负却判然有别。王猛在前秦已取关东和即将统一北方的情况下，至死不以本朝为神州正朔，恐怕正是其内心深存胡、汉之辨的缘故。②

显然，五胡治下并不缺乏深识治体、博综坟典和熟谙前朝故事的汉士，亦有礼贤下士、通达好学和求治心切的君长。是长期形成

---

① 《晋书》卷一〇八《慕容廆载记》附《裴嶷传》载嶷使东晋归后不久，即出为辽东相，转乐浪太守，其后事迹无闻。盖因其在江左的言论和立场已深遭慕容廆之忌的缘故。

② [日] 川本芳昭《魏晋南北朝时代之民族问题》第一篇"胡汉抗争与融合的轨迹"第一章"五胡十六国和北朝华夷观的变迁"讨论过有关问题，而未及注意五胡时期至北魏初年有关转机的出现。作者后来在所著《中华的崩坏与扩大（魏晋南北朝）》第三章"胡汉壁垒的打破"中讨论了苻坚有关政策在缓和当时民族矛盾时的作用，反映了其认识的进展。东京讲谈社2005年版。

难骤消除的胡、汉对立鸿沟，妨碍了彼此的相得益彰。尤其主要谋臣心持胡、汉之辨，既不以本朝为正朔所在，也没有一统天下的抱负，自必影响其立国规模和气象。五胡建制虽亦因袭魏晋而多方采撷、托附了经典，但无论是以经证统还是调和胡、汉，均显得不成系统而零敲碎打，这应当是一个直接原因。不过问题既已凸显，解开胡、汉之辨症结的理论武器，也已在民族关系特别复杂和重要的五胡时期蕴酿、发展了起来。这个理论在上引慕容廆劝说高瞻的言论中可见端倪："大禹出于西戎，文王生于东夷，但问志略何如耳，岂以殊俗不可降心乎！"此说承袭了刘渊之论，《晋书》卷一〇一《刘元海载记》述其与刘宣诸人论起事自立之事有曰：

> 夫帝王岂有常哉！大禹出于西戎，文王生于东夷，顾惟德所授耳。

另可与之印证的，如《晋书》卷一一七《姚兴载记上》载凉州别驾宗敞等上疏，兴与吕超论其文，兴曰："凉州小地，宁有此才乎？"吕超答曰：

> 琳琅出于昆岭，明珠生于海滨，若必以地求人，则文命大夏之弃夫，姬昌东夷之摈士。但当问其文采何如，不可以区宇格物。

这些"惟德所授"及"但问志略，岂以殊俗"，"但问文采，不以区宇"之论，都立据于圣王出身传说而淡化了地域、种族界隔，相应则突出了政教文明超越于地域和种族的重要性。在地缘和种族关系错综复杂的五胡时期，这样的理论，甚便于用共同的文化标准来消弭胡、汉之辨，从而搭建起胡、汉合作的平台。其弱点则是所据的圣王出身乃是晚近之说①，并非汉人士望深信不疑的经典定论。其在北族虽与匈奴出于黄帝，拓跋源自昌意之说一样中听，在汉土却不免会油然而生其一相情愿之讥。

尽管如此，其论以文化超越地缘和种族，旨在消弭胡、汉之辨，不仅切近合用，而且极易与儒经诸说紧密啮合，因而大有发展的潜力。《晋书》卷一一三《苻坚载记上》述苻融因星变上疏，言当时鲜卑降臣布列朝廷，"势倾劳旧"，请留意抑之。坚答有曰：

> 今四海事旷，兆庶未宁，黎元应抚，夷狄应和。方将混六合以一家，同有形于赤子。汝其息之，勿怀耿介。

这里苻融强调的是种族之别和"其心必异"的观念，而苻坚则以王者治道来淡化其间的界隔，把"黎元"与"夷狄"同归为"四海兆庶"，并以"混六合于一家，同有形于赤子"自期。这已经是用王者无外和天下一家之说来统合胡、汉关系的典型版本，而支持其论的，则是全部儒经中称颂的四隅咸宅，万国同轨，凤凰来仪、百

---

① 《孟子·离娄下》载舜生于诸冯，为东夷之人，文王生于岐周，为西夷之人，而"前圣后圣，其揆一也"。为此类言论的滥觞。禹生于西戎说不见于《大戴礼·五帝德》和《帝系》篇，而见于王符《潜夫论·五德志》，可见其多半是秦汉以来整理的传说。《新语·术事篇》及《盐铁论·国疾篇》俱有"禹出西羌"之语。《史记》卷一五《六国年表》序："禹兴于西羌。"《集解》引皇甫谧曰："孟子称禹生石纽。西夷人也。《传》曰：'禹生于西羌。'是也。"这里皇甫谧所述"孟子称"不见于传世本《孟子》，当是后世传闻的孟子之辞。又《太平御览》卷八二《皇王部》七《夏禹》引《尚书帝命验》："禹，白帝精，以星感。修已山行，见流星，意感栗然，生似戎文禹。"《潜夫论》卷八《五德志》所述略同，这些应该就是慕容廆说"大禹出于西戎"之所据。"文王生于东夷"说今已难知其源，《诗·大雅·大明》述"大任有身，生此文王"，今存有关说解未明其生地。《太平御览》卷八四《皇王部》九《周文王》引《春秋元命苞》："代殷者为姬昌，生于岐，立于丰，精翼日，衣青色。"是纬书以文王为生于岐。但《御览》同处引《春秋感精符》："姬昌为苍帝精"，《史记》卷四《周本纪》"西伯曰文王"一句《正义》引《雒书灵准听》云："苍帝姬昌，日角鸟鼻。"是汉来谶纬书中又有文王"衣青帝"为"苍帝"之说，其中或已寓有文王感生于东方的内涵。臆慕容廆的"文王生于东夷"说，便依据了由此衍来又由魏晋间不少古史编者整理的有关传说。与经典正文相比，上述记载对于当时满脑子夷、夏之辨的汉人士望来说，显然还都缺乏必要的权威。

兽率舞、内平外成的皇皇圣王治迹。《晋书》卷一一四《苻坚载记下》又述坚后来力欲南征，谓群臣曰：

> 轩辕，大圣也。其仁若天，其智若神，犹随不顺者从而征之，居无常所，以兵为卫，故能日月所照，风雨所至，莫不率从。今天下垂平，惟东南未殄。朕忝荷大业，巨责攸归，岂敢优游卒岁，不建大同之业？

可见苻坚正是要用圣王"大同之业"来冲破各种地域和种族的界隔，以臻成"日月所照，风雨所至，莫不率从"的境界。与慕容廆劝高瞻之论套用"尊王攘夷"的口号，又拿圣王出身说来消弭胡、汉之辨的做法相比，苻坚这里立据于儒经而直接以圣王自居，以便在王者无外的旗帜下强调胡、汉各族皆为兆庶赤子。这就反映了适用于北族统治的夷、夏关系理论，正在随形势的发展走向成熟。

所有迹象都表明，这个理论在北魏建国过程中已被自觉运用。《魏书》卷二《太祖纪》载皇始二年八月拓跋氏南征后燕，其间"饥疫并臻，群下咸思还北"之事：

> 帝知其意，因谓之曰："斯固天命，将若之何？四海之人，皆可与为国，在吾所以抚之耳，何恤乎无民！"群臣乃不敢复言。

所述"四海之人，皆可与为国"，显然是要说服那些不愿深入汉人世界的北族大人。其论正与前引张衮述"主上天姿杰迈，逸志凌霄，必能囊括六合，混一四海"呼应，又明显接过了苻坚所奉"同有形于赤子"说的理论衣钵。《魏书·太祖纪》又载天兴元年六月定国号为魏的诏文有曰：

>　　　天下分裂，诸华乏主，民俗虽殊，抚之在德。

所谓"民俗虽殊，抚之在德"，主要是说给对北族统治心怀疑惧的汉人们听的。而其精神仍与"四海之人，皆可与为国"完全一致，又是对苻坚提出的"黎元应抚，夷狄应和"问题的进一步回答。其后文又载同年闰十一月卫王拓跋仪等上书劝进：

>　　　臣等闻宸极居中，则列宿齐其晷；帝王顺天，则群后仰其度。伏惟陛下德协二仪，道隆三五，仁风被于四海，盛化塞于太区。泽及昆虫，恩沾行苇，讴歌所属，八表归心，军威所及，如风靡草，万姓颙颙，咸思系命。

这篇表疏所以要刻意强调拓跋珪的圣王资质，除袭取了汉魏以来证明王者正统的习惯套路外，其另一层用意，自然也是要像苻坚那样直接以圣王自居，以便高举"王者无外，天下一家"的旗帜，来进一步树立那个超越于地缘和种族界隔的文化尺度，从而得以在共同的政教人文理想上，搭建起胡、汉合作共济天下的平台。所不同的只是时移势迁，当年苻坚之论尚曲高和寡，明显难得王猛、苻融等人内心深处的首肯；而北魏初年承此而倡"四海之人，皆可为国"和"民俗虽殊，抚之在德"，本身就是一项旨在消弭胡、汉之辨的根本方略，也是当时拓跋珪和张衮、崔玄伯、李先、屈遵、邓渊等胡、汉代表人物，业已凝聚在同一文化尺度和王道理想之下的重要标志。

陈寅恪先生在《隋唐制度渊源略论稿》二"礼仪"中指出："全部北朝史中，凡关于胡、汉之问题，实一胡化、汉化之问题，而非胡种、汉种之问题……即文化之关系较重而种族之关系较轻，所谓有教无类是也。此意非此书所能详尽，要为论北朝史事不可不知者。"陈先生以后再无机会正面讨论这一问题，但他不会不知血缘族属本身对于社会历史发展的极端重要,也很清楚种族问题上强调文化而淡化血统,乃是特定历史条件和种族关系的产物。故其每每提到中古史上这种"文化较血统尤为重要"的胡汉观念时,总要将之限定或上溯至北朝时期[①]。其中自亦包含了有关观念在我国古代渊源虽早,却要到胡、汉关系尤其复杂、重要的北朝方始兴盛和定型的看法[②]。循此追溯五胡至北魏初年的上述史实,现在已可进一步断论:这种特别强调文化而淡化种族因素的胡、汉关系论,乃兴起和逐渐成熟于五胡以来力图消解胡、汉之辨和促进胡、汉合作的挫折和努力之中,实际上是儒经"王者无外、天下一家"理论在新形势下的新演说,是汉魏以来经学与政治互动格局在北族治下继续发展的重要表现。而北魏开国建制,正是其进入成熟形态和大幅投入统治实践的明确界标。

也正是在这个新的胡、汉关系理论指导下,汉魏以来托古改制以经证统的举措,五胡时期进又利用经典来兼容胡俗、汉制的做法,这两种套路到北魏开国建制才真正开始合成了一体。依仿圣王和统合胡、汉,自此变成了一个过程的两个相辅相成的侧面。这是因为正统天子当然并不能想做就做,要以圣王自居,就必须行圣王之政教,仿圣王之文明,也才能在"王者无外、天下一家"的旗帜下消解胡、汉之辨和统合胡、汉关系。而如前所述,要行此政教文明,在所有记载圣王治则的儒经典籍中,内容最为完整和系统,又最为明确地体现了王者无外的恢宏气度,因而也最合北族统治者心意的蓝图,厥非《周礼》莫属。现在回头再看,作为总结和发挥魏

[①] 陈寅恪先生在《唐代政治史述论稿》上编"统治阶级之氏族及其升降"又说:"汉人与胡人之分别,在北朝时代文化较血统尤为重要。"生活·读书·新知三联书店1957年版。

[②] 后来钱钟书先生在《管锥编》第四册第237条"全后魏文卷二一·华夷之辨"中,申论了北朝后期直至唐宋以来华夷之辨围绕着文明尺度的变迁问题。中华书局1986年版。但钱先生虽将"华夷非徒族类(ethnos)之殊,而亦礼教(ethos)之辨"的观念上溯至《春秋公羊传》及《法言·问道》等处,却还是没有结合中古史实际来具体讨论这种观念的历史内涵和变迁过程。

晋、五胡时期有关故事和趋势的产物，北魏开国过程之所以要大肆渲染拓跋珪有道一统之君的形象，之所以处处表现了前所未有的强烈争统意识，及其建制活动之所以会多方采鉴儒经而大幅依本《周礼》，不仅都体现了这个新型胡、汉关系论基础上的胡、汉合作新局，也都是在践履这个理论内含的政治逻辑。

综上所述，一种深受儒经影响和大幅依本《周礼》的建制活动的出现，一种前所未有的高水平胡、汉合作局面的形成，一种立据于共同政教文化尺度的新型胡、汉关系理论的成熟和实践，这三条线索各有其长期发展的轨迹和隐约沉浮的联系。当其终于因缘凑巧而聚结到北魏开国之际，也就宣告了北朝史的序幕落下和正剧展开，预示了拓跋大魏王朝不同于五胡政权的历史命运，也标志了魏晋以来政治和制度儒家化进程北支传统的形成。与江东政权所承载和践履的南支传统相比，在北魏开国建制过程中显露出来的儒家化北支传统，总的也继承了汉魏以来经学与政治的关系格局，延续了以经证统来巩固其统治地位的种种故事，却因当时北方地区的特定民族关系、相应的政治和观念形态，而自有其旨在解决胡、汉关系的突出主题、经常大幅度建制和改制的系统过程、以郑注《周礼》为中心的主要经典和其他种种不同于南支传统的规定性。至于其基本特色，则是因北族统治所面临的巨大胡、汉关系压力，因淡化地域血缘之别和强调政教文明之同以统合胡、汉各族的必要，而把托附圣王、据经定制和标榜正统的所有活动，同时化作了消解胡、汉之辨，促进胡、汉合作和处理胡、汉关系的措施和过程。而这当然也就全面拓展和制约了儒经内容对各政治过程和制度领域的渗透与影响，规定了儒家化北支进程胡汉杂糅、波澜起伏和高峰迭起的样态。

第四章　道武帝所定"律令"及其制度形态

北魏一朝律令体制的发展，包括其修订与形态、作用与地位及其演变过程，可说是认识北朝法制和考虑唐法系渊源的首要问题。在这一问题的研究上，特别是在抉发、钩稽北魏律令的内容及其源流脉络上，法制史界长期以来已获得了可观成果[①]，但也还存在着若干悬疑。其中一个突出的难点，在于其究竟是否存在从汉代样式的"律""令"，向魏晋时期定型的那种《律》《令》的发展历程[②]？而溯其源头，问题又势必归结到道武帝天兴定制之时的"律令"形态和性质上，包括其究竟是取本于汉魏，还是取本于晋制等一系列问题。可以认为，如果这个问题不清楚、不解决，就无法真正说明北魏律令体制的发展起点及其后来的转折变迁，也会极大地

[①] 程树德《九朝律考》卷五《后魏律考》可称是近现代研究北魏法律的奠基之作，此后中外学者的相关研究，均在其基础上展开。中华书局1963年版。近年以来的研究成果，则可举出李书吉《北朝礼制法系研究》，此书对孝文帝以来法的精神和《太和律》作了系统探讨，人民出版社2002年版；邓奕琦《北朝法制研究》一书，侧重于刑律体系，对北魏各朝刑律均有所涉，中华书局2005年版；薛菁《魏晋南北朝刑法体制研究》则对北魏法律思想、刑法制度的相关问题作了讨论，福建人民出版社2006年版。

[②] 陈寅恪：《隋唐制度渊源略论稿》四"刑律"："拓跋部落入主中原，初期议定刑律诸人多为中原士族，其家世所传之律学乃汉代之旧，与南朝之颛守晋律者大异也……至宣武帝正始定律，河西与江左二因子俱关重要，于是元魏之律遂汇集中原、河西、江左三大文化因子于一炉而冶之，取精用宏，宜其经由北齐，至于隋唐，成为二千年来东亚刑律之准则也。"实际已提出了这一问题。

限制北朝法制其他问题的讨论①。更何况，对于北魏开国史研究来说，天兴所定"律令"的形态，又直接关系到当时所建各项制度的法律性质或法律表现形式，关系到这些制度是否以法典的形式加以确定的问题。解答这类问题，对于理解当时的建制活动和北魏一代的制度起点来说，也具有相当重要的意义。

本章即拟考察天兴元年所定"律令"的形态和性质，希望能澄清某些史实，消解相关的歧误纷纭，有助于建立北魏律令研究的可靠起点，也有助于对北魏开国建制过程的进一步理解。

一 五胡时期及天兴所定"律令"的含义

《魏书》卷二《太祖纪》天兴元年十一月辛亥：

> 诏尚书吏部郎中邓渊典官制，立爵品，定律吕，协音乐；仪曹郎中董谧撰郊庙、社稷、朝觐、飨宴之仪；三公郎中王德定律令，申科禁；太史令晁崇造浑仪，考天象；吏部尚书崔玄伯总而裁之。

前已指出这是道武帝开国之时最为重要的一批制度举措，故在《魏书》他处亦多提及。如卷二十四《崔玄伯传》载其时道武帝"命有司制官爵，撰朝仪，协音乐，定律令，申科禁，玄伯总而裁之，以为永式"。同卷《邓渊传》载其当时为吏部郎，"与尚书崔玄伯参定朝仪、律令、音乐"。这些记载都表明当时制定了"律令"，但卷一一一《刑罚志》的记载却与之有异：

---

① 如邓奕琦《北朝法制研究》第一章"北朝法制研究之回顾"第一节"北朝法制研究之概况"二"对北朝法律源流（系统）之研究"，列举了"北魏律源出汉律""北魏律因于魏晋律""北魏律承袭汉律参酌魏晋南朝律""北魏律源出晋律"四说。其实凡强调汉律影响者皆侧重于北魏前期而言，强调魏晋律影响者皆侧重于北魏后期而言。

既定中原，患前代刑网峻密，乃命三公郎中王德除其法之酷切于民者，约定科令，大崇简易。

其中并没有提到"律令"，而所谓"科令"，魏晋以来常指《律》《令》之外随时随事形成的科条诏令，一般是并不以此来指代《律》《令》的①。考虑到《刑罚志》后文记太武帝以来屡次立法，必一一明确其是否涉及律令②，则其载天兴元年立法，仅云王德"约定科令"，就显得异乎寻常了。另可一提的是，后来《通典》述及天兴立法时，也只据《刑罚志》说王德"定科令"，而舍弃了《太祖纪》的"定律令"之说③。以此联系《唐六典》卷六《刑部》原注把北魏律令起点定在太武帝而非道武帝时期的说法，《通典》的这种取舍就不能视为偶然，而是代表了对天兴元年"定律令"之事的怀疑。也就是说，《魏书·太祖纪》等处所载道武帝天

---

① 《三国志》卷三五《蜀书·诸葛亮传》载陈寿编定的《诸葛氏集目录》，内有《科令上第二十》《科令下第二十一》两篇。《三国志》卷五九《吴书·孙登传》载嘉禾三年孙权出征，命登留守，"时年谷不丰，颇有盗贼，乃表定科令，所以防御，甚得止奸之要"。《晋书》卷四〇《贾充传》载其入仕初拜尚书郎，"典定科令，兼度支考课，辨章节度，事皆施行"。这些都是魏晋时期"科令"指称有关科条诏令之例。必须注意的是，汉魏《令》篇如《令甲》《令乙》或《津关令》之类，无非是某些制诏的汇编，故当时"科令"也可以兼指这类《令》篇中的制诏，与《律》则判若有别。像《晋书·刑法志》节载曹魏《新律序》文，述其《请赇律》归并了以往《盗律》《杂律》和《令乙》《甲子科》的有关规定，后文又述《新律》"凡所定增十三篇，就故五篇，合十八篇，于正律九篇为增，于旁章科令为省矣"。其"旁章科令"显即汉代以来"正《律》"九章之外"傍章"各篇所收的科条诏令，实际上是各种制诏或"补充法"的合称。到西晋《律》《令》体制确定以后，"科令"或"科制"之类，基本上已只指《律》《令》以外不断滋生的科条诏令。

② 如其载太武帝"神䴥中，诏司徒崔浩定律令"；正平元年，命"游雅与中书侍郎胡方回等改定律制"。又载文成帝太安时"增律七十九章，门房之诛十有三，大辟三十五，刑六十二"。又载孝文帝登位后，"以律令不具，奸吏用法，致有轻重，诏中书令高闾集中秘官等修改旧文，随例增减。又敕群官参议厥中，经御刊定。五年冬讫"。太和十一年又诏议律文，且命"详案律条，诸有此类，更一刊定"。又载宣武帝正始元年冬，诏"尚书门下可于中书外省论律令，诸有疑事，斟酌新旧，更加思理……庶于循变协时，永作通制"。事实上，现代法制史界正是根据这些记载来统计天兴以后修订律令的次数的。

③ 《通典》卷一六四《刑二·刑制中》："道武既平定中原，患旧制太峻，命三公郎中王德除其酷法，约定科令。至太武帝神䴥中，诏崔浩定律令。"

兴元年十一月"定律令",有可能只是以"律令"一词来表示某些法令,当时王德及崔玄伯、邓渊诸人所从事的,也许本来就不是魏晋时期定型的那种具有法典形态的《律》《令》。从种种迹象来看,这样理解当更合乎天兴开国之际的史实。

众所周知,自曹魏至西晋泰始四年定型的《律》《令》,作为两部经纬举国政务的法典,具有体例严谨、行文简洁和各篇各条之间"相须而成,若一体焉"的性质和形态[1],可说是华夏法律文化历经长期发展的结晶。那么道武帝初定中原之时,是否也已具备了制定这种《律》《令》的可能和条件呢?

这个问题的存在,应当就是《唐六典》和《通典》把北魏律令之始定在太武帝时期的部分原因,其根源当可归结为对北魏开国之初"文明程度"的怀疑。前面已经指出,《南齐书》卷五七《魏虏传》说道武帝时虽都平城而"犹逐水草,无城郭",明元帝时"始土著居处",太武帝时其国方成气候,然仍"妃妾住皆土屋"。这种情况下的朝章国典,自亦难脱粗放鄙陋,故按南朝国史系统的记录,北魏不少制度一直要到宋、齐易代之际王肃北投为之筹划润饰后,才能算是像个样子了[2]。这里面当然充满了傲慢和偏见,不过在法律领域,其说却与北朝国史系统所载存在着若干合拍处。《魏书·刑罚志》载道武帝以前法制:

> 魏初礼俗纯朴,刑禁疏简。宣帝南迁,复置四部大人,坐王庭决辞讼,以言语约束,刻契记事,无囹圄考讯之法,诸犯

---

[1] 《晋书》卷三四《杜预传》载其《上律注表》节文及《晋书》卷三〇《刑法志》载张斐《上律注表》节文。

[2] 其典型如《陈书》卷二六《徐陵传》载其梁末出使东魏,对主客魏收说:"昔王肃至此,为魏始制礼仪;今我来聘,使卿复知寒暑。"然《魏书》卷六三《王肃传》唯载王肃深得孝文帝器重,共论"为国之道",时亦及于礼制礼事,而于王肃参定其他制度之事则甚少着墨。《魏书》卷一一三《官氏志》载太和十五年官品与二十三年官品,两者差别亦不算大。《魏书》卷五五《刘芳传》更载芳与肃共论礼经文字,令肃有"祛惑"之感。陈寅恪先生曾以此证明当时北方礼学已长于南,然则王肃对北魏礼制所起作用,亦当不如南朝人想象之大。

> 罪者，皆临时决遣。神元因循，亡所革易。穆帝时，刘聪、石勒倾覆晋室，帝将平其乱，乃峻刑法，每以军令从事……昭成建国二年，当死者，听其家献金马以赎；犯大逆者，亲族男妇女无少长，皆斩；男女不以礼交，皆死；民相杀者，听与死家马牛四十九头，及送葬器物，以平之；无系讯连逮之坐；盗官物，一备五，私则备十。

这段记载简要勾勒了神元帝至道武帝时期拓跋部的法制传统。而其总的特点，显然是部落习惯法加上严酷的"军令"，还有昭成帝以来积累的若干法令[1]。这也就是道武帝天兴元年"患前代刑网峻密"，而命王德"约定科令，大崇简易"的主要背景。

事情很清楚，道武帝所患的"刑网峻密"，一方面是指拓跋部以往每以军令从事的严刑峻法，另一方面也是指华夏法律系统相较于北族的繁多细密。因而其"大崇简易"的含义，自亦须一方面改变部落制及其军令约束之况，另一方面则要大幅度简化华夏之法以便于统治。也正是在此背景下，道武帝与一班汉臣的合理选择，似乎也应像当时其他领域那样杂糅胡汉，总结以往的各种科条诏令，围绕道武帝本人的制诏来构筑其法律系统，而没必要一下子把"律令"弄得像西晋那样，以两部形态严整的法典来规范其刑法和各项行政制度。更何况，在道武帝艰难坎坷的创业复国历程中，最大的助力和阻力都来自诸部落大人，当其完成复国伟业进取中原时，自须继续纵横捭阖于诸部落大人之间，更须厉行专制集权，强化自身的君王地位，同时采取多种方式来削弱部落大人的权力。这样的形势自然又决定了天兴建制更需要的是强化其所下诏令的绝对权威，而不是以法典来规范和约束其诏令的效力。因此，对道武帝开国之

---

[1] 《魏书》卷一《序纪》载穆帝被晋愍帝进为代王，"先是，国俗宽简，民未知禁。至是，明刑峻法，诸部民多以违命得罪。凡后期者皆举部戮之，或有室家相携而赴死所"。"后期者举部戮之"，这显然是部落兵制之下的"军令"。

际的立法，对王德诸人所定"律令"的形态，的确存在着不宜高估的理由。

另有一端亦值得注意：道武帝所平定的"中原"，本在后燕治下，此前经历了前秦和前、后赵，共六十多年的统治，这几个胡族建立的王朝似均未制定过《律》《令》①，其时所称的"律令"，除仍在某种程度上流播或被沿用的汉、魏、西晋旧物外，主要是指时君随宜下达或制定的诏令科条。这也就是天兴定制之际"中原"的法律传统，北魏早期文献之所以把天兴立法称为"定律令"，当是承此传统而来。②

《晋书》卷一二八《慕容超载记》载其义熙元年称帝改元后，议复肉刑及九等之选：

> 乃下书于境内曰："……自北都倾陷，典章沦灭，律令法宪，靡有存者……先帝季兴，大业草创，兵革尚繁，未遑修制……今四境无事，所宜修定。尚书可召集公卿，至如不忠不孝若封嵩之辈，枭斩不足以痛之，宜致烹辗之法，亦可附之《律》条，纳以大辟之科。肉刑者，乃先圣之经，不刊之典……光寿、建熙中，二祖已议复之，未及而晏驾。其令博士已上，参考旧事，依《吕刑》及汉、魏、晋律令，消息增损，议成《燕律》……周汉有贡士之条，魏立九品之选，二者孰愈，亦可详闻。"群下议多不同，乃止。

---

① 前赵与前秦俱未留下其有"律""令"的记载，然其自有法制。如《晋书》卷一一三《苻坚载记上》述其登位五年后，广修学官，人思劝励，盗贼止息，田畴修辟，"典章法物，靡不毕备"。所谓"法物"，自是御用仪仗之类，"典章"犹同慕容氏所称的"律令法宪"，盖仅泛指法制等典章制度。《晋书》卷一一四《苻坚载记下》记王猛辞司徒之位，称"上亏宪典，臣何颜处之"。此处"宪典"亦是泛指制度法令。

② 附于中华书局点校本《魏书》之末的范祖禹等撰《旧本魏书目录叙》，称拓跋"虽享国百余年，典章制度、内外风俗，大抵与刘、石、慕容、苻、姚略同"。即强调了北魏继承五胡以来传统的一面。

上引文反映了前、后燕至南燕的立法和法律状态。说北都倾陷而"律令法宪，靡有存者"，则前、后燕是有"律令法宪"的。因封嵩之罪而别设"烹辗之法"①，将其"附之《律》条，纳以大辟之科"，此"律"应是指《晋律》，且可见当时仍在以诏令附著于《律》②。然其后文又称慕容儁、慕容晔分别于光寿和建熙中议复肉刑而其事未成，遂命博士等官"参考旧事，依《吕刑》及汉、魏、晋律令"来制定《燕律》。这说明前、后燕在刑法领域只有"旧事"，也就是由诸诏令科条构成的故事，且可推知其肯定未曾制定过《律》《令》，否则其所参考的自应首先是本朝《律》《令》。

由此可见，前燕以来仍在相当程度上沿用了西晋《律》《令》，再以本朝诏令科条修正或替代其有关规定。但与此同时，汉、魏"律令"也仍存世而有其影响，遂须在立法时加以参鉴。是故慕容超所说的"律令法宪"，并非只指前燕以来沿用的西晋《律》《令》，而已把本朝随宜增补的诏令科条包括在内。且其明令制定《燕律》先须参考前燕以来"旧事"，至于《吕刑》及汉、魏、晋"律令"则起"消息增损"的辅助作用，是本朝诏令科条在其"律令法宪"中明显居于主导地位。这应当也反映了汉魏"律令"体制对当时的重大影响，因为其所体现的，正是汉代以来那种"制诏著令"和"令可称律"的局面中孕育出来的独特"律令"观。③

这种因"前主所是著为律，后主所是疏为令"原则而形成的

---

① 封嵩为尚书左仆射，因预于慕容法等谋反案而被车裂，事见《十六国春秋辑补》卷六一《南燕录四·慕容超》二年记事。

② 《资治通鉴》卷一一一《晋纪三十三》安帝隆安三年七月辛酉记"燕主盛下诏曰：'《法例律》：公侯有罪，得以金帛赎。此不足以惩恶，而利于王府，甚无谓也。自今皆令立功以自赎，勿复输金帛。'"这条记载应摘自崔鸿《十六国春秋》的《后燕录》，时当后燕慕容盛长乐元年。《法例律》是西晋《泰始律》创立的《律》篇，据此可知前燕以来沿用了《晋律》，也都随时以科条诏令修正或替代了其相关规定，慕容超此书说的"附之《律》条"，自然也应是指《晋律》。

③ 程树德《九朝律考》卷一《汉律考》述汉代"律、令之分不严"，又举《金布令》与《金布律》异名同实为例，即已指出了这一点。前面解释《新律序》文所说的"旁章科令"，也反映了汉代律令体制和律令观的这种特点。

"律令"观，显然与五胡开国均须尤其强调君王诏令权威的主题合拍；而把诏令科条归在"律令"名下的做法，又甚符当时借用名义来润饰其制的需要，故其在十六国时期应当有其普遍性。后赵之况即足与燕相证，《晋书》卷一〇四《石勒载记上》载勒称赵王前夕：

> 下书曰："今大乱之后，律令滋烦，其采集律令之要，为施行条制。"于是命法曹令史贯志造《辛亥制度》五千文。施行十余岁，乃用律令。

其开头既说"大乱之后，律令滋烦"，则其"律令"自然是指西晋末年以来特别是勒所推出的诏令科条。而"采集律令之要"，固然可指其时仍在一定程度上沿用的西晋《律》《令》①，据其前文却应同时包括以往各种诏令科条在内。至于"施行十余岁，乃用律令"，似表明《辛亥制度》至石勒称帝后业已停废，却不能同时理解为当时勒已制定了新的《律》《令》②。这不仅是因为文献中全无后赵制定律令的任何踪迹，更是因为当时所称的"律令"，其实无非是科

---

① 《晋书》卷一〇五《石勒载记下》载赵王元年"署从事中郎裴宪、参军傅畅、杜嘏并领经学祭酒，参军续咸、庾景为律学祭酒，任播、崔浚为史学祭酒"。其后文载石勒子石弘事迹，述其"受经于杜嘏，诵《律》于续咸"。石勒在法制上实行的是胡汉双轨制，"律学祭酒"当是承袭魏晋"律博士"之官，所教学的自应是汉人的律令，《晋书》卷九十一《儒林续咸传》载其师事《泰始律》起草者和注者杜预，明言其"修陈《杜律》，明达刑书"，为石勒之"理曹参军，持法平详"。是知后赵律学所教主要是《晋律》杜注本。

② 邓奕琦《北朝法制研究》第二章"五胡十六国对封建法律文化的鉴取"第一节"引用汉族封建王朝律令进行统治"以为"乃用律令"是指"重新恢复行用晋律令"。这样推测的前提，是晋《律》《令》在《辛亥制度》行用期间已被废止，而其实不然。一是因为后赵律学是在《辛亥制度》施行稍后建立的，如果晋《律》已废止不行，又何用精于《杜律》的续咸来做律学祭酒？二是因为《辛亥制度》仅"五千文"，断难涵盖《晋书》卷三〇《刑法志》载《泰始律》《令》合共"二千九百二十六条，十二万六千三百言"的主要内容。合理的解释是《辛亥制度》作为本朝的"施行条制"，部分替代了晋《律》、《令》的作用，而"乃用律令"则指勒称帝后诸事以制诏科令为准。其以制诏科令为"律令"乃是汉来"律令"观使然。

条诏令之类①。而尤其可以说明"乃用律令"的真实内涵的，是《晋书》卷一〇五《石勒载记下》记其称帝改元，大赦境内，既而下书曰：

> 自今诸有处法，悉依科令。吾所忿戮，怒发中旨者，若德位已高不宜训罚，或服勤死事之孤，邂逅罹谴，门下皆各列奏之，吾当思择而行也。

故所谓"乃用律令"，固然也可包括继续在一定程度上沿用西晋《律》《令》的意思，但其更为真切的内涵却是"悉依科令"，并且特别点明了"科令"必合符既定程序的属性。因而"乃用律令"所寓的意涵，是石勒称帝后所下制诏即为"律令"或附著于律令。其着力强调的是石勒所下制诏的至上效力，以此明确本朝"科令"高于前朝《律》《令》的法律地位②。由此看来，《魏书·刑罚志》把《太祖纪》所载的"定律令"记作"约定科令"，恐怕正体现了天兴立法承袭五胡政权有关传统而展开的特征，同时也是汉代以来的"律令"体制和"律令观"仍有较大影响的反映。

二 天兴"律令"深受汉制影响

从种种事实来看，天兴定制确在不少地方呈现了直承汉魏的一面，北魏前期律令受汉代"律令体制"和"律令"观念的影响实

---

① 《晋书》卷一〇五《石勒载记下》记其称赵王后，"制法令甚严，讳胡尤峻"。其后文又载勒参军樊坦当勒面失口而称"羯贼"，勒曰："孤律自防俗士，不关卿辈老书生也。"其时勒未称帝，所制"法令"或即《辛亥制度》，勒把"讳胡尤峻"的法令称为"律"，尤可证当时"律令"常以指称诏令科条。

② 其各地司法参用晋《律》《令》和前、后赵制诏令书的状况，至勒称帝后确有必要统一到本朝制诏上来。又《晋书》卷一〇六《石季龙载记上》记其杀尚书朱轨，"立私论之条、偶语之律，听吏告其君，奴告其主，威刑日滥"。石虎所立的"私论之条"和"偶语之律"，显然皆为《杜律》所无之条，而亦以制诏的形式出现。

际上是相当突出的,是为天兴"律令"形态和性质有别于西晋所定《律》《令》的又一重背景。

上已提到汉、魏、晋律令在南燕的影响,这种影响在五胡时期各地区、各统治集团那里应当是有差异的。从中原王朝自身的文化辐射或渗透来看,西晋立国未久即告灭亡,也未与北族打过很深的交道。倒是曹魏,自曹操起即长期经营北方各族,对乌桓、鲜卑影响尤大[1]。汉朝四百余年统治对各族影响更是至深且巨,汉代声教文明在各族社会生活、思想文化等方面的渗透不容低估[2],且汉与晋末相距非远,北魏时人尚称之为"近世"[3]。尤其是在官方意识形态上,北方经学承汉的一面较为突出,可谓经学史上的定论[4],故其在法律指导思想上亦当与汉更为接近。因而五胡时期各国的建制,并非一定要更多地采取晋制,其各项制度取鉴乎晋或汉、魏的孰多孰少,当视其条件和需要及其历史传统来具体分析。事实上,道武帝开国建制即兼采了汉魏的相关制度。如前面指出其"从土

---

[1] 如《三国志》卷三〇《魏书·乌丸鲜卑东夷传》载广阳阎柔汉末为乌丸、鲜卑种落所归信,官渡战后归附曹操,为乌丸校尉治广宁如旧。建安十一年太祖征乌丸王蹋顿于柳城,破降其众,以及幽州、并州阎柔所统乌丸万余落,"悉徙其族居中国,帅从其侯王大人种众与征伐,由是三郡乌丸为天下名骑"。又载鲜卑王檀石槐死后,轲比能被推为大人,时附时叛,后被幽州刺史王雄遣勇士刺杀,改立其弟。而素利、弥加、厥机等所率各部,建安中多因阎柔上贡献,通市。"太祖皆表宠以为王。厥机死,又立其子沙末汗为亲汉王。延康初,又各遣使献马。文帝立素利、弥加为归义王,素利与比能更相攻击。太和二年,素利死,子小,以弟成律归为王,代摄其众。"即其大要。

[2] 即以内蒙古地区鲜卑墓葬的情况而言,札赉诺尔鲜卑墓葬中有早至东汉初年的规矩镜,拉布达林鲜卑墓葬中有"大泉五十"币;孟根楚鲁——东大井组鲜卑墓葬中有汉五铢钱及"四乳四禽"和"长宜子孙"铜镜,皮条沟鲜卑墓葬中有东汉中晚期"长宜子孙"铜镜,六家子鲜卑墓葬中有年代约在东汉晚期至西晋的"位至三公"铜镜,二兰虎沟鲜卑墓葬中有剪轮五铢钱及较多的汉代铜镜和陶器。参见魏坚主编《内蒙古地区鲜卑墓葬的发现与研究》第十一章"内蒙古地区鲜卑墓葬的初步研究",科学出版社2004年版。

[3] 蜀汉之灭在曹魏末年,三十年后晋尚未亡而首建割据政权的巴人李氏和匈奴刘氏俱以"汉"为国号。《魏书》卷一一一《刑罚志》载太武帝太平真君五年游雅论政,引汉武帝和宣帝徙民实边之举为据,称为"近世之事"。

[4] 皮锡瑞:《经学历史》六"经学分立时代"。

德，服色尚黄，数用五，牺牲用白"①，即取于曹魏之制，可说是其定国号为"魏"的副产品；然其"未祖辰腊"，即祖祭于未日，腊祭于辰日，则与曹魏的"未祖丑腊"之制有别，其依据的当是东汉光和时刘洪及蔡邕所撰，而后又由郑玄作注的《乾象历》"五行用事"之法。②

北魏法律承用汉制的一面尤为突出。《唐六典》卷六《刑部》原注：

> 太武帝始命崔浩定刑名，于汉、魏以来《律》，除髡钳五岁、四岁刑，增二岁刑，大辟有轘、腰斩、殊死、弃市四等。③

北魏刑名自应始于道武帝时期，太武帝定刑名取"汉、魏以来《律》"加以损益，这种做法当在崔浩之父崔玄伯主持天兴立法时就已开始。程树德《九朝律考》卷五《后魏律考序》，曾从两个方面点出了"元魏大率承用汉律，不尽袭魏晋之制"的史实：一是在律的构成和特色上，北魏律中"严不道之诛""重诬罔之辟""断狱报重常竟季冬"和"疑狱以经义量决"诸端，皆属汉代所有而为直承魏晋的江左刑律所无④。二是就定律诸人的法律文化背景而言，崔浩曾为汉律作序⑤，高允长于汉儒之经义决狱，其后律学又

---

① 《魏书》卷二《太祖纪》天兴元年十二月。
② "未祖辰腊"即以辰日腊祭，未日祖祭，相传黄帝时即是如此，北魏既自承为黄帝之后，故不依曹魏而改为此。详见本书第三章"经学、周礼与天兴建制及儒家化北支传统"第二节"汉魏以来经学与政治的互动背景"。
③ 《魏书》卷一一一《刑罚志》载此为"神䴥中，诏司徒崔浩定律令，除五岁、四岁刑，增一年刑……"。
④ 其后文《斩》《不道》《大不敬、不敬》《诬罔》《自告》《马度关》诸条案语，皆述其承自汉律。
⑤ 参见沈家本《历代刑法考·汉律摭遗》卷一《崔浩汉律序》条，收入《沈寄簃先生遗书甲编》。

代有名家①，孝文帝以来定律亦以综鉴古今，考订精密著称，从而构成了当时立法、司法之所以多有汉制印记的原因。陈寅恪《隋唐制度渊源略论稿》四"刑律"则进一步指出："拓跋部落入主中原，初期议定刑律诸人多为中原士族，其家世所传之律学，乃汉代之旧，与南朝之颛守晋律者大异也。"所强调的便是天兴立法以来的情况②。总体看来，北魏刑律取鉴和承用汉制的特色，在现存文献中虽多体现在太武帝以及孝文帝以来的事例和记载中，却应当是从道武帝天兴定制延续下来的一个传统③。而西晋《泰始律》《令》对北魏一代法制的影响，则要到孝文帝改制以来才真正开始明显起来。然则天兴所定"律令"形态和性质，自会更近于汉魏而非西晋，由此直到孝文帝改制以来的《律》《令》，律令的制度和观念均经历了长达百年之久的发展过渡期。

正其如此，自太武帝直至孝文帝改制以来的律令，都还带着不符西晋《律》《令》形态和性质的某些痕迹。这些痕迹应当都是承自天兴以来，其所反映的是北魏开国时期取仿汉代律令体制所形成的立法传统及其影响。

《魏书》卷五《高宗纪》和平四年十二月辛丑诏曰：

---

① 其后文《魏律家》条所举，唯羊祉及其弟灵引二人。不过孝文帝以来议定律令者如常景诸人，不少亦可视为"律学名家"；而当时所定《律》中既然仍有汉律印记，又可反映这些律家中仍有精通和维护汉律原则者。关于当时定律令诸人的学术背景，陈寅恪《隋唐制度渊源略论稿》四"刑律"中有较为详尽的讨论，可以参看。

② 邓奕琦《北朝法制研究》第四章"北魏前期的法制建设"第二节"立法司法概况"一"天兴律"亦"推测天兴律极可能在内容、形式上效纳汉律、魏律"。

③ 具体如《魏书》卷三〇《安同传》载同太宗时与贺护出使巡察并、定二州及诸山居杂胡、西零，至钜鹿而发众欲治大岭山，护使人"告同筑城聚众，欲图大事。太宗以同擅征发于外，槛车征还，召群官议其罪……以同虽专命，而本在为公，意无不善，释之"。由此可见天兴《律》中并无公坐或公事免坐的规定。而据《晋书·刑法志》载曹魏《新律》十八篇中设《免坐律》而一一辨其"由例"，西晋《泰始律》的《法例篇》则区分"犯罪为公为私"而"随事轻重取法"。故安同之事正好表明：取仿汉《律》精神的天兴《律》，并未继承魏晋《律》的这种区分公坐及公事免坐的传统。

> 名位不同，礼亦异数，所以殊等级，示轨仪。今丧葬嫁娶，大礼未备，贵势豪富，越度奢靡，非所谓式昭典宪者也。有司可为之条格，使贵贱有章，上下咸序，著之于令。

婚丧礼仪的奢靡越度在太武帝时已有禁限[①]，文成帝此诏，则要求为之制定较为详尽的等级规定，并且"著之于令"，即编附于太武帝以来的现行《令》中。这种下诏制定规章而"著之于令"的做法，多见于汉代[②]，不见于两晋南朝，北魏至孝文帝以来仍常用之[③]，最早则可溯至道武帝天兴二年八月辛亥"诏礼官备撰众仪，著于新令"之举[④]，可称是当时继承汉代律令传统的一个标志性现象。这是因为汉代的《令》篇，无论是《津关令》《功令》等按其针对事项来命名的[⑤]，还是《廷尉挈令》《光禄挈令》等以官府部门来命名的，或者是《令甲》《令乙》这种按时间先后来编排的[⑥]，

[①] 《魏书》卷四下《世祖纪下》太平真君九年十月："以婚姻奢靡，丧葬过度，诏有司更为科限"。此处"科限"显然具有刑事规范的性质；且其既是"更为科限"，则此前应已有所规定。

[②] 《后汉书》卷四六《陈宠传》载其章帝时为尚书，上疏奏请宽法轻刑，"帝敬纳宠言，每事务于宽厚，其后遂诏有司绝钻钻诸惨酷之科，解妖恶之禁，除文致之请，谳五十余事，定著于令"。可见一斑。参见大庭修《秦汉法制史研究》第三篇"关于令的研究——汉代的立法手续和令"第一章"汉代制诏的形态"第四节"着令用语与具、议令用语"和第五节"结论"。林剑鸣等译，上海人民出版社1991年版。

[③] 见《魏书》卷七上《高祖纪上》延兴二年十二月庚戌诏、太和二年五月诏、卷一一一《刑罚志》太和十二年诏、卷一〇八之一《礼志一》太和十三年议禘祫与六宗祀制之事、卷一一四《释老志》太和十六年诏。

[④] 《魏书》卷二《太祖纪》。

[⑤] 以所涉事项命名的汉代《令》篇形态，现已有张家山247号汉墓所出《二年律令》中的《津关令》和336号汉墓出土的《功令》简可证。

[⑥] 参见陈梦家《汉简缀述·西汉施行诏书目录》，中华书局1980年版；[日]冨谷至《晋泰始律令への道——第一部 秦漢の律と令》，载《東方學報》第72册，京都2000年。

其实都是特定制诏的汇编①，故可不断编附后续下达的同类制诏，也就是补充、修正《律》文或规定某项制度而诏文特书"著于令""具为令"的制诏。

到西晋泰始四年确立《律》《令》《故事》并行之制后，《律》《令》既然都已是通盘制定的法典，其中条文皆为内涵周延和相互关系严密的"法条"，即便其内容基于某份制诏，亦被重新斟酌起草而除去了原诏痕迹。当时所定《故事》则仍为制诏汇编，用以容纳不便收入《律》《令》的制诏规定。故从汉代的律令体制到西晋定型的《律》《令》体制的转折，其重要标志之一，就是后续补充或修正《律》《令》内容的制诏，实际上已只能编附于《故事》之类的制诏集中，而不再能随时编附于《律》《令》了，否则就会破坏《律》《令》的制定法体例，且必有碍其各条文关系的严密和统一。这也就是两晋南朝有关制诏不再有"著于令"之文的原因所在②。正其如此，北魏道武帝以来的那些"著之于令"的诏文，适足以说明其《令》的形态和性质与汉相类，说明天兴所定的律令体制与西晋定型的《律》《令》体制还有较大的距离。

再如"令"的名称，《魏书》卷一一三《官氏志》载有太和十六年和二十三年两次修订"职令"之事，从其前后文可知"职令"事关百官品阶。又《魏书》卷七下《高祖纪下》太和十九年十二

---

① 张家山汉简《二年律令》之《津关令》即缀编有关制诏而成。冨谷至上引文认为"挈令"之"挈"当作"摘编"解，即从诏令簿档中摘取具有某种共性的诏令编为一帙。"令甲""令乙"之类，如《后汉书》志二《律历志中》载永元十四年太史令奏对，曰"案官所施漏法，《令甲》第六常符漏品，孝宣皇帝三年十二月乙酉下，建武十年二月壬午诏书施行"云云。这说明当时《令甲》第六条为宣帝三年十二月乙酉诏书所作的漏法规定，其之所以列于《令甲》第六，或因建武十年二月下诏确认，此诏在后汉《令甲》中排序第六的缘故。由此亦可看出《令甲》之类所收皆为有关制诏，且有可能是不断被删定重编的。这一点应当有助于澄清法制史界长期以来围绕《令甲》《令乙》性质或体例而发生的不少分歧。

② 至唐代复又出现的"著于令"之例均发生于修订《律》《令》之时，其义为"撰入《令》"，这与汉魏"著于令"是指随时"附于《令》"的情况截然不同。特别是唐后期出现的"著于令"之例，则与"定《格》（长行《格》或《格》后敕）相关，适为《令》体再变的某种表现，亟待引起史界注意。

月乙未：

> 引见群臣于光极堂，宣示品令，为大选之始。

这次大选极为孝文帝所重，从《魏书》对此的诸多记载中，可以推知这篇"品令"主要关系到官职的选任，旨在建立官职清浊与门第出身的等级对应关系①。而在西晋的《泰始令》中，规定百官品阶的是《官品令》，有关文武官吏选举的则主要有《选吏》《选将》《选杂士》三篇②。从这种《令》篇名称上的差异，也可体会到直至北魏孝文帝时期的"令"，与西晋《泰始令》所代表的《令》，并不是那种前后沿革的变种关系，而应当是分属两种不同律令系统的产物。

即就"职令"而言，其在很多时候更像是对有关官制诸令的一种泛称。《魏书》卷一四《神元平文诸帝子孙传·高凉王孤传》附《元子思传》载其孝庄帝时奏论尚书与御史台关系有曰：

> 案御史令云：中尉督司百僚，治书侍御史纠察禁内。又云：中尉出行，车辐前驱，除道一里。时经四帝，前后中尉二十许人奉以周旋，未曾暂废，府寺台省，并从此令……又寻职令云：朝会失时，即加弹纠。则百官簿帐应送上台灼然明矣……案尚书郎中臣裴献伯、王元旭等，望班士流，早参清宦，轻弄短札，斐然若斯，苟执异端，忽焉至此，此而不纠，将骞朝令。请以见事免献伯等所居官，付法科处。

子思此奏引据的"御史令"，晋《泰始令》并无此篇，应是北魏特

---

① 参见《魏书》卷五十九《刘昶传》、卷六〇《韩麒麟传》附《韩显宗传》、卷六十三《宋弁传》。
② 《唐六典》卷六《刑部》原注。

有的"令"名①。其既经历了"四帝",必为孝文帝时所定,其内容则有关御史中尉职掌和出行仪制。然其下文又引"朝会失时,即加弹纠"的"职令"文,所规定的显然也是御史职掌。这似乎说明《官氏志》所说的"职令",除百官品阶外也规范了其职掌,其涵盖内容相当广泛,"御史令"则像是"职令"中关于御史部分的规定。

可与印证的,如孝文帝太和十六年四月班新《律》《令》前,曾制定了《祀令》②,但到孝明帝神龟初年议胡国珍庙制时,清河王怿奏称"先朝《祀堂令》云:庙皆四栿五架,北厢设坐,东昭西穆。是以相国构庙,唯制一室,同祭祖考"③。王怿所引据的"祀堂令"文,应当就是孝文帝以来所定《祀令》中关于宗庙的规制。这说明直至魏末,"令"篇名称仍不被人们认真对待,同一篇"令"固然可有不同称谓④,其局部的规定亦可按其内容称为"御史令"及"祀堂令"之类,其随意性显而易见。这种"一令多称"的随意性在两晋南朝未见史载,却与汉代"令"名的错杂细碎极相

---

① 1959年甘肃武威磨咀子东汉墓出土的"王杖十简",其第十简书有"兰台令第卅三御史令第卅三"之文,此"御史令"当是指御史台存档之令,而非"令"篇名。见武威县博物馆《武威新出王杖诏令册》,收入甘肃省文物工作队、甘肃省博物馆编《汉简研究文集》,甘肃人民出版社1984年版。

② 《魏书》卷一〇八之一《礼志一》太和十六年二月诏定崇圣祀德之制,称相关问题"比于《祀令》,已为决之……凡在《祀令》者,其数有五"云云。

③ 《魏书》卷一〇八之二《礼志二》。

④ 元子思此奏最后说"此而不纲,将隳朝令",似乎是把各种朝廷规制包括"御史令"和"职令"都归到了"朝令"名下。《魏书·礼志一》载太和十三年高祖与群臣议祀典时曰:"详定朝令,祀为事首,疑以从疑,何所取正?"是《祀令》亦上属于"朝令"。《礼志二》载清河王怿之奏,末述"相国之庙,已造一室,实合朝令",也把"祀堂令"归到了"朝令"名下。然《魏书》卷八二《常景传》载"太常刘芳与景等撰朝令",而卷五五《刘芳传》载为"世宗以朝仪多阙,其一切诸议,悉委芳修正"。似"朝令"亦可专指"朝仪"。此外,《唐六典》卷四《礼部》膳部郎中条、同卷主客郎中条、卷五《兵部》明威将军条原注皆引有"后魏职品令"文,内容涉及官员品阶与属官,与《官氏志》所称"职令"和《高祖纪》所载太和十七年《职员令》内容重合或交叉。

第四章　道武帝所定"律令"及其制度形态　183

类似。如汉有"祀令"①，又有"祠令"②，皆涉祭祀诸制。另有"斋令"，亦与祭祀相关③。前二"令"内容显然有所重合，应属同令异名，其与"斋令"或者也是祭祀制度与其局部规定的关系。

由此不难推想，北魏一代"职令""御史令"和"祀令""祀堂令"等错杂不一的"令"名，实际上也是天兴元年以来取仿汉代律令体制的标志性现象，是汉代"制诏著令"和"缀令成篇"习惯在北魏的延续④，同时又是孝文帝以来律令形态和性质仍在向魏晋所定型的《律》《令》体制曲折过渡的反映。

三　天兴"律""令"应均是科条诏令集

综上诸端，对于道武帝天兴元年王德、邓渊、崔玄伯诸人所定"律令"，显然不宜贸然视为当时制定了类于西晋泰始四年所颁《律》《令》的两部制定法。如果从汉魏律令观尚有较大影响的史

---

①　《汉书》卷二五下《郊祀志下》末平帝时王莽奏改祭祀，称"圣汉兴，礼仪稍定，已有官社，未立官稷"。颜师古注引"臣瓒曰：'高帝除秦社稷，立汉社稷，《礼》所谓太社也。时又立官社，配以夏禹，所谓王社也。见汉祀令。'"《后汉书》志七《祭祀志上》载建武三十年三月"上幸鲁"。刘昭补注引"汉祀令曰：'天子行有所之，出河，沈用白马、珪、璧各一，衣以缯缇五尺，祠用脯二束，酒六升，盐一升。涉渭、灞、泾、洛佗名水如此者，沈珪、璧各一。'"

②　《汉书》卷四《文帝纪》载陈平、周勃等"请阴安侯、顷王后、琅邪王、列侯、吏二千石议：大王高皇帝子，宜为嗣。愿大王即天子位"。颜师古注引如淳曰："……案汉祠令，阴安侯，高帝嫂也。"

③　《后汉书》志九《祭祀志下》载明帝为光武帝起庙，尊号曰世祖庙。刘昭补注引蔡邕《表志》曰："孝明立世祖庙，以明再受命、祖有功之义，后嗣遵俭，不复改立，皆藏主其中。圣明所制，一王之法也。自执事之吏，下至学士，莫能知其所以两庙之意，诚宜具录本事。建武乙未、元和丙寅诏书，下宗庙仪及斋令，宜入《郊祀志》，永为典式。"蔡邕这里所说的"斋令"，指的显然是光武帝建武乙未诏书或章帝元和丙寅诏书所作有关斋祀的规定，可与《后汉书》志三十《舆服志下》刘昭补注引"蔡邕《表志》曰：'永平初，诏书下车服制度……'"相证。此"斋令"若从属于《祀令》，无非是其中的一两份诏书而已。

④　汉代"斋令""马复令""任子令""胎养令"，其实都是规定某个制度的制诏，进一步缀集这类制诏即成《令甲》《津关令》《廷尉挈令》之类的《令》篇。参见程树德《九朝律考》卷一《汉律考》一《律名考·令》。

实出发，再把天兴律令放入北魏前、后期法律系统的演变脉络来加以观察，那么当时"定律令"一事的真相，恐怕正是"约定科令"，而非制定魏晋定型的那种《律》章和《令》篇。当时的立法过程，具体说来应是以昭成帝和道武帝时期的诏令科条为核心，兼采拓跋早期习惯法和汉、魏、晋乃至前秦、后赵和后燕法律的相关内容，按宽简原则将之删定为集加以施用，并循五胡时期的习惯称之为"律令"。

不过要弄清此中曲折，可以凭借的记载实在太少，今仍可知的北魏律、令资料大都出现于孝文帝以来，此前的律令到太和中已多逸佚，从而使研究面临困难且易致疑团。以下即将分析有限的史料，希望能建立比较可靠的研究起点，以有助于对北魏法制及天兴律令形态和性质的认识。

《魏书》卷三〇《安同传》载明元帝登位之初：

> 命同与南平公长孙嵩并理民讼，又诏与肥如侯贺护持节循察并、定二州及诸山居杂胡、丁零，宣诏抚慰，问其疾苦，纠举守宰不法。同至并州，表曰："窃见并州所部，守宰多不奉法，又刺史擅用御府针工古彤为晋阳令，交通财贿，共为奸利。请案律治罪。"太宗从之，于是郡国肃然。①

安同既与长孙嵩"并理民讼"，因而是了解当时法律的，故其要求对并州郡县长官"多不奉法"，刺史"擅用"不合条件者为县令和"交通财贿"等项事情"案律治罪"，并且收到了"郡国肃然"的不错效果，说明当时的确存在着统一规范诸种罪行和罚则的"律"。

---

① 《魏书》卷三《太宗纪》载永兴三年二月己亥，"诏北新侯安同等循行并、定二州及诸山居杂胡、丁零"。其时上距天兴元年不到13年。

第四章　道武帝所定"律令"及其制度形态　185

由于明元帝时并无定律之举①，故其应当就是指道武帝天兴元年所定的"律"。因此，这是一条证明天兴所定"律令"中包括了"律"的重要资料。

不过安同所说"案律治罪"的"律"，是否也像前引石勒把自己所定之法称为"孤律"那样，只是对当时刑法的一种统称，还是确指一部业已编修成帙的《律》典呢？对此问题，安同所称之"律"包括了诸多罪名和罚则，已提供了一定的线索。另可确定的是天兴所定"律"中，已有曹魏正式修入《律》典的"八议"之条。《魏书》卷二四《张衮传》载其佐道武帝屡有功，"既克中山，听入八议"。此外，来大千因助道武"创业之功"亦入八议②。两者均为"议功"之例，也都说明天兴定制之前的"科令"中，业已确定了有关司法原则，故至天兴元年十一月王德诸人"约定科令"之时，必已编之入"律"。《魏书》卷三〇《闾大肥传》载其天赐元年与弟大埿倍颐"率宗族归国……并为上宾，入八议"③。即可为证。

关于天兴"律"包括的内容，更重要的记载是《魏书》卷一一一《刑罚志》载太武帝神䴥中诏司徒崔浩"改定律令"之事：④

---

① 《魏书》卷三五《崔浩传》载太武帝诏浩修史有曰："我太祖道武皇帝协顺天人，以征不服，应期拨乱，奄有区夏。太宗承统，光隆前绪，厘正刑典，大业惟新。"此处"厘正刑典"，应当不是指太宗有修定律令之举，而是指太宗对太祖晚年刑罚酷滥局面的调整，即《刑罚志》记载的"太祖不豫，纲纪褫顿，刑罚颇为滥酷。太宗即位，修废官，恤民隐，命南平公长孙嵩、北新侯安同对理民讼，庶政复有叙焉"。从中也可以看出，长孙嵩和安同"对理民讼"的任务，是要解决道武帝晚年滥刑的遗留问题，让法制恢复到天兴律令的"宽简"轨道上来。
② 《魏书》卷三〇《来大千传》。
③ 《魏书》卷二《太祖纪》天赐元年四月，"蠕蠕社仑从弟悦伐大那等谋杀社仑而立大那，发觉，来奔"。姚薇元《北朝胡姓考》外篇第一《东胡诸姓》一三《闾氏》认为"悦伐大那"即闾大肥，其说可从。然《魏书·闾大肥传》载其与弟宗族来归而"太祖善之，尚华阴公主，赐爵其思子"。《魏书》卷一〇三《蠕蠕传》则载天赐元年，"社崘从弟悦代、大那等谋杀社崘而立大那，发觉，大那等来奔。以大那为冠军将军、西平侯，悦代为越骑校尉、易阳子"。二处记载不合，《蠕蠕传》所记明显有误。
④ 《魏书》卷四上《世祖纪上》载为：神䴥四年十月戊寅，"诏司徒崔浩改定律令"。

除五岁、四岁刑，增一年刑。分大辟为二科：死斩，死入绞。大逆、不道腰斩，诛其同籍；年十四以下腐刑，女子没县官；害其亲者，轘之。为蛊毒者，男女皆斩，而焚其家；巫蛊者，负羖羊抱犬沉诸渊……

神䴥四年改定律令，被公认为是道武帝天兴定制以后的首次大规模立法。这段记载择要说明了当时对天兴以来法律的修改，且可看出其首先是对刑名的修改。其中提到的"五岁、四岁刑"，乃是汉至魏晋《律》共有的内容，"腰斩""腐刑"则汉律有之而为魏晋以来《律》中所无①，唯有"轘"刑汉及魏晋皆罕见，却广泛地出现于十六国时期②，故特值注意。

"轘"即车裂，典出《周礼》，前引南燕慕容超诏修《燕律》，称"至如不忠不孝若封嵩之辈，枭斩不足以痛之，宜致烹轘之法，亦可附之律条，纳以大辟之科"。是其有意将"轘"刑修入《燕律》，也说明当时存在着把"轘"刑纳入"大辟之科"的立法主张。由此不难推想，天兴元年定律令时，应当也存在着"轘"刑入律的可能。《魏书》卷二《太祖纪》载天兴三年正月戊午，"和突破卢溥于辽西，生获溥及其子焕，传送京师，轘之"③。大约与此同时，长孙肥讨擒作乱于赵郡、常山等地的赵准，也是"传送京师，

---

① 《晋书》卷七《成帝纪》咸和元年十月庚辰，"赦百里内五岁以下刑"。《晋书》卷一〇五《石勒载记下》记石勒称帝改元后，"南郊，有白气自坛属天，勒大悦，还宫，赦四岁刑"。此亦后赵部分沿用晋《律》刑名之证。参见沈家本《历代刑法考·刑法分考》卷三"要斩"、卷六"宫"条。

② 参见沈家本《历代刑法考·刑法分考》卷二"轘"条，其中所举有前凉一例、前秦二例、南燕、西秦各一例。又《魏书》卷一五《昭成子孙传·寔君传》载其与拓跋斤共弑昭成帝及诸皇子，苻坚闻之而称"天下之恶一也。乃执寔君及斤，轘之于长安西市"。此又一例。

③ 其前文载天兴二年八月，"范阳人卢溥聚众海滨……攻掠郡县，杀幽州刺史封沓干"；十二月辛亥，"诏材官将军和突讨卢溥"。

辕之"的①。这两次辕刑或者也是案律治罪的实例，因为《刑罚志》上引文已表明神䴥四年改定律令之时，辕刑被确定为死刑四等中最重的一种②，适用于大逆不道罪中的"害其亲者"，从而对道武帝以此惩处作乱谋反罪的规定作了调整。由此可断，"辕"刑入律，当不始于神䴥四年，而应在天兴定制之时。

此外，神䴥四年对"蛊毒"和"巫蛊"二罪的惩处，本旨似都是要厉禁巫觋作恶。"焚其家"，针对的似是北族巫觋家传世承的职业特点；"负羖羊抱犬沉诸渊"或含厌胜之意，更可直接归为部落习惯法③。这类习惯法在天兴律中自当更多，至于规范和限制巫觋作用的"祛魅"进程，在汉律中早有体现④，在北魏显然也不始于太武帝时⑤，故其也应是对天兴律有关蛊毒或巫蛊之法的一种调整。也就是说，类似的罪名当亦出现在天兴"律"中。

总之，如果天兴所定"律令"确如《安同传》所示，包括了统一规范各种罪名和罚则的"律"；那么《闾大肥传》所记可证其中含有"八议"之条，而《刑罚志》载神䴥四年的上述修改内容，则不仅补充了若干罪名和罚则，更十分清楚地表明其中规定了"五

---

① 《魏书》卷二六《长孙肥传》载国初赵准作乱于赵郡、常山、巨鹿、广平诸郡，道武帝遣肥讨擒，"准传送京师，辕之"。据《魏书·太祖纪》，遣长孙肥讨准在天兴二年三月。故其与卢溥、卢焕被辕约略同期。

② 即辕、腰斩、斩、绞，亦即《唐六典》卷六《刑部》原注述崔浩定刑名时，"大辟有辕、腰斩、殊死、弃市四等"。自此直至孝文帝以来及北齐和北周《律》中，皆保留了辕刑，构成了北朝法律的特点之一。《南齐书》卷四七《王融传》载"虏使遣求书，朝议欲不与，融上疏曰：'……前中原士庶，虽沦慑殊俗，至于婚葬之晨，犹巾褠为礼，而禁令苛刻，动加诛辕……'"可见南朝已把辕刑看作针对汉族士人的酷刑。

③ 要瑞芬《北魏前期法律制度的特征及其实质》即以此为"鲜卑旧法"，载《中央民族大学学报》1997年第3期。邓奕琦《北朝法制研究》第四章"北魏前期的法制建设"第二节"立法司法概况"二"神䴥律"认为"负羖羊抱犬沉渊"是要"达到厌胜目的"。

④ 参见《九朝律考》卷一《汉律考》四《律令杂考》上"祝诅"条。

⑤ 《魏书》卷一〇八之一《礼志一》载道武帝时祀制常以女巫行事，反映了当时巫风之盛和对女巫参与皇家祭祀的某种规范。《魏书》卷一〇五之三《天象志三》载道武帝天赐三年五月"荧惑犯氐，氐，宿宫也，天戒若曰：是时蛊惑人主而兴内乱之萌矣，亦视我天视而修省焉"。此占语表明"蛊惑"在当时亦为重罪。

岁、四岁刑"以及"大辟""轘"之类的刑名。而这样一部统一规范了诸多罪名和罚则，又包括了"八议"等司法原则和各种刑名的"律"，自然只能是一部业已编集成帙的《律》本，而不是对各种陆续下达的刑事诏令的统称。

讨论至此，天兴所定"律令"中包括了《律》，其《律》中含有"八议"之条及各种刑名、罪名和罚则①，其内容兼取汉魏晋律中的"五岁、四岁刑"等规定，包括十六国以来"轘"刑等法令和拓跋自身部落习惯法而加以损益的状况，应当都已可以断论。但既然如此，《刑罚志》又何以不出"律"名，而只说天兴元年是"约定科令"呢？《唐六典》又为何还是要把北魏《律》的起点划在崔浩改定律令之时呢？这里的问题，恐怕正出在天兴所定《律》的形态和性质上。无论如何，天兴立法的中心，是要删定和编撰各种科条诏令。《魏书》卷三五《崔浩传》载其才干颇受明元帝器重：

> 朝廷礼仪，优文策诏，军国书记，尽关于浩。浩能为杂说，不长属文，而留心于制度、科律及经术之言。

此处"科律"与"制度""经术"并举，应是特指刑法而言，"科"自是指"科禁"之类，"律"则涵盖了汉魏晋及天兴所定之律。崔浩治学既特重当世之用，故其留心"科律"，至少可以说明各种科条诏令在当时刑法中的重要地位，且可进而理解为天兴《律》与诸科条诏令乃是一而二、二而一的关系，这显然是与《太祖纪》载王德"定律令，申科禁"，《刑罚志》载天兴定律令事为

---

① 《九朝律考》卷五《后魏律考》上《徒刑》条，据《魏书·太祖纪》天赐元年五月"发州郡徒谪"之事，认为"道武帝时已有徒刑"。同卷《后魏律考》下《魏禁图谶》条又据《魏书·世祖纪》《高祖纪》等处诛私藏图谶者的记载，认为"魏盖沿石赵之制"。劲案："沿石赵之制"，依理推想亦当在天兴时。又《魏书》卷四八《高允传》："魏初法严，朝士多见杖罚，允历事五帝，出入三省，五十余年，初无谴咎。"据此则道武帝时亦已有杖刑。

"约定科令，大崇简易"之义完全吻合的。

　　由此出发考虑，天兴元年所定之《律》，在形式上似应有类于汉代的"旁章律"。据《晋书》卷三〇《刑法志》关于汉代《律》篇的记载，所谓"旁章律"，无非就是《九章律》外不断补充、衍生和陆续编纂成篇的"科令"[①]。而天兴《律》既然依仿汉制"约定科令"而成，其实也就是取汉代的"旁章"之体以为本朝"正《律》"，其形态和性质皆非汉、魏《九章律》《新律》以及西晋的《泰始律》之比。

　　如果这样理解大体不误的话，那么天兴元年王德、崔玄伯诸人无非是删定和编撰了刑事领域的科条诏令而冠名为《律》，且有可能像汉代"旁章律"那样区分了篇章，却未将其制定为《九章律》或《新律》那样的刑法典，而仍是一部刑事科令的汇编[②]，故凡后续形成和补充其内容的科条诏令，也仍与《律》具有同等效力和地位，这也就是崔浩之所以留心"科律"的原因。

---

① 《晋书》卷三〇《刑法志》载萧何定《律》九篇后，"叔孙通益《律》所不及，傍章十八篇，张汤《越宫律》二十七篇，赵禹《朝律》六篇，合六十篇。又汉时决事，集为《令甲》以下三百余篇"。后文载《新律序》文述其分篇之况，称《新律》共"合十八篇，于正《律》九篇为增，于旁章科令为省矣"。是叔孙通、张汤、赵禹诸人所定各篇，包括作为"决事比"的《令甲》之类，皆为"旁章科令"之篇。《汉书》卷二三《刑法志》载汉武帝"招进张汤、赵禹之属，条定法令，作见知故纵、监临部主之法，缓深故之罪，急纵出之诛……文书盈于几阁，典者不能遍睹"。这也说明张汤《越宫律》和赵禹《朝律》各篇亦皆"条定法令"而成。《隋书》卷三三《经籍志二》史部刑法类后叙述"萧何定《律》九章，其后渐更增益，《令甲》已下，盈溢架藏"。将之与《汉书·刑法志》所载相参，这里所说的"《令甲》已下，盈溢架藏"，也就是张汤、赵禹以来渐更增益而盈于几阁的"傍章科令"之类。这当然是汉代《律》《令》之分不严，著"令"制诏事关刑事者亦可称"律"的缘故。

② 在此之前，曹操所定《甲子科》或石赵《辛亥故事》也是这类作品。《辛亥制度》编集"施行条制"而成前已有述，《甲子科》则是曹操时期制定的刑事科条集，《晋书》卷三〇《刑法志》载曹操时议改制，"于是乃定甲子科，犯钎左右趾者，易以木械。是时乏铁，故易以木焉。又嫌汉《律》太重，故令依《律》论者，听得科半，使从半减也"。其中显然规定了刑制、罪名和罚则。《刑法志》后文节载曹魏《新律序》引有数条"科"文，可与参证。又《三国志》卷一二《魏书·何夔传》载其建安中为长广太守，"是时太祖始制新科，下州郡，夔上言曰：'所下新科，皆以明罚饬法……'"《三国志》卷九《魏书·曹仁传》载其"及长为将，严整奉法令，常置科于左右，案以从事"。数处所述之"科"指的都是《甲子科》，可见其在当时实际起着部分取代汉《律》的作用。

因此，《刑罚志》载天兴立法之所以不出"律"名，《唐六典》之所以不认为天兴元年制定了《律》，实际上是由于当时虽有刑法而并无一般公认的"正《律》"，由于天兴《律》在形态和性质上还只是刑事科令集，尚未进化为曹魏《新律》和西晋《泰始律》那样的刑法典，由于其怎么都不像是魏晋以来所定型的《律》典而导致的。而《律》的这种状态所反映的，正是当时尤其必须强化专制君权，强调制诏权威而并不急于推出皇皇法典的现实。天兴立法之所以更多地接受了汉律的影响，归根结底也应是汉代的那种"三尺安在？制诏即法"和前主之律、后主之令皆应以"当时为是"的律令观，甚符天兴开国建制之需的结果①。对天兴元年以来的"令"，自然也应依此视之方得其要。

有关天兴"令"的资料更为稀缺，前已征引的《魏书》卷二《太祖纪》天兴二年八月辛亥诏，即是其最为重要的记载，而全文仅有11字：

> 诏礼官备撰众仪，著于新《令》。

此处所谓"新《令》"，自然就是天兴元年十一月以来新定之《令》。至于其究竟是像汉代"《令甲》""《令乙》""《令丙》"那样把若干诏令按时间先后编纂到一起的《令》，还是已按事类编目，业已区分为官制爵品、郊社祭祀等不同事类的《令》篇？现在已很难得知。但无论如何，其既可供后续下诏所定之制编附，也就证明天兴所定之"《令》"业已编纂成帙，是可以加上书名号的。大概董谧所定仪制之《令》并不完整，至此则命礼官"备撰"而编附于中，从而说

---

① 《魏书》卷二四《崔玄伯传》载其明元帝时与长孙嵩等坐朝堂决刑狱有曰："王者治天下，以安民为本，何能顾小曲直也。譬琴瑟不调，必改而更张。法度不平，亦须荡而更制。"崔玄伯以王者治道为"本"，而以"法度"为可以"荡而更制"的"小曲直"，这种求其大体而不拘泥于小节的见解，必然也会贯彻在其与道武帝反复讨论开国建制的过程中，天兴律令以"约定科令"为中心而不汲汲于法典制作的状态，此亦为重要的思想背景。

明天兴元年立法既编纂了《律》来规范刑事，也的确出现了可以用来规范有关制度的《令》。从以后所下有关制诏规定可以附著于同类《令》后，亦可看出其并非法典而是某种制诏汇编的形态和性质。

由此再看《魏书·太祖纪》前文载天兴二年三月甲子之事：

> 初令五经群书各置博士，增国子太学生员三千人。

既然是"初令"，则北魏学制始定于此，从而说明天兴元年定《律》《令》时，并未像西晋《泰始令》那样立有《学令》之篇①。事实上，天兴元年拟定众制时，应有许多制度尚付阙如②，天兴《令》的覆盖范围更是有限③。即以《唐六典》卷六《刑部》原注所列《晋令》篇目，对照《魏书·太祖纪》等处载天兴元年定律令时所列举的内容：如邓渊"典官制、立爵品、定律吕、协音乐"，董谧"撰郊庙、社稷、朝觐、飨宴之仪"，晁崇"造浑仪、考天象"诸事，便可推知其所定之《令》还缺少很多重要的内容。诸如"计口授田"等重要的制度，似乎都还没有入《令》。这也表明当时无意仿照《晋令》之体，使之成为一部比较完整地规定各种重要制度和与《律》相辅而行的法典。对于天兴元年以来还未入《令》，或应当由《令》作出规定的制度，北魏开国君臣的选择显然不是求全于一时或不断重新定《令》，而是随时随事下诏筹划和

---

① 《唐六典》卷六《刑部》原注载《晋令》篇目，其第二篇即为《学令》。
② 《魏书》卷四上《世祖纪上》载神䴥三年七月己亥诏："昔太祖拨乱，制度草创，太宗因循，未遑改作，军国官属，至乃阙然。今诸征、镇将军、王公仗节边远者，听开府辟召；其次，增置吏员。"即可证明此点。
③ 《魏书》卷一〇八之四《礼志四》载："太祖天兴二年，命礼官捃采古事，制三驾卤簿。"是天兴元年所定《令》中并无三驾卤簿之制。其后文又载："天兴元年冬，诏仪曹郎董谧撰朝觐、飨宴、郊庙、社稷之仪。六年，又诏有司制冠服，随品秩各有差，时事未暇，多失古礼。"是天兴元年所定《令》中并无冠服之制，而六年所定则被史官视为董谧定令之后续。《魏书》卷一〇九《乐志》则载"天兴元年冬，诏尚书吏部郎邓渊定律吕，协音乐，及追尊皇曾祖、皇祖、皇考诸帝，乐用八佾，舞《皇始》之舞……六年冬，诏太乐、总章、鼓吹增修杂伎……大飨设之于殿庭，如汉晋之旧也"。是六年"增修杂伎"，亦为邓渊协音乐之后续和

推出施用。天兴二年三月"初令五经群书各置博士",并规定国子太学生员为三千人,便是属于学制方面的此类举措。

类此的例子在《魏书》记载中还有不少。如《太祖纪》载天赐元年十一月"大选朝臣"之事:

> 令各辨宗党,保举才行;诸部子孙失业赐爵者二千余人。

这是要给"诸部子孙"授官赐爵,以安抚天兴建制以来地位飘摇的部落贵族,随之便须作出"宗党"辨别、"才行"鉴定、官爵铨衡等方面的规定。另须注意的是,这条记载与上条一样都是道武帝之诏,却都不是记为"诏各置博士""诏各辨宗党",而是径书"令"云云。《魏书》中这类"称诏为令"的例子还有不少[1],其"令"虽亦可在"命曰令"的意义上作动词解,但由于"命曰令"正是汉代律令体制中"后主所是疏为令"的本义,天兴立法又的确具有取本于汉制的特征,故这种笔法是否意味着相关制诏同时也被编著于《令》,说明这类制诏与其他制诏存在着区别,恐怕是一种值得考虑的可能[2]。如果是这样的话,那么天兴二年三月"令五经群书

---

[1] "称诏为令"在《三国志》及二史八书中一般都是承制行事之例,用来表示得到特别授权的大臣或权臣称帝之前的命令。《魏书》中亦用于称帝后,其中绝大部分"称诏为令"之例,都包括了某种制度规定,但亦有例外。如《魏书》卷三《太宗纪》泰常八年正月,司空奚斤围虎牢,刘宋将毛德祖拒守。四月丁卯,帝"幸成皋城,观虎牢"。而城内乏水,悬绠汲河,帝令连舰,上施轒辒,绝其汲路,又穿地道以夺其井"。这条记载并非记诏而是记事,所述"帝令连舰"云云,无非是说帝发号施令而已。《太宗纪》乃宋人取魏澹书补之,《旧本魏书目录叙》称魏收书"三十五例,二十五序、九十四论、前后二表一启,咸出于收",至隋文帝时又命魏澹等更撰《魏书》九十二卷而"义例简要"。说明魏收书三十五义例之细远过魏澹书,《魏书》中"称诏为令"的例外多出后人所补篇卷,恐非偶然。

[2] 张家山汉简《二年律令》不少《律》文以"令毋得以爵偿、免除及赎(简38)","若丞缺,令一尉为守丞,皆得断狱、谳狱(简102)"等形式出现。韩树峰《汉魏法律与社会——以简牍、文书为中心的考察》上篇"法律篇"第二章"西汉前期赎刑的发展"在分析"附属赎刑"时,即认为《二年律令》中"赎"前冠以"令"字者当是其原为补充性诏令之故。社会科学文献出版社2011年版。其实非止赎刑之条,其他《律》文曰"令"云云者皆可如此解释,《魏书》中的"称诏为令"之例,似亦可归入此类。

各置博士"和天赐元年十一月"令各辨宗党"二诏,也就是推出了有关学制之《令》,又在有关官制爵品的《令》中,充实了部落子孙授官赐爵的内容。

又《魏书》卷三《太宗纪》载永兴五年二月庚午:

> 诏分遣使者巡求俊逸,其豪门强族为州闾所推者,及有文武才干临疑能决,或有先贤世胄德行清美、学优义博,可为人师者,各令诣京师,当随才叙用,以赞庶政。

诏遣使者巡行各地,本是常见的政治举措①。但这次遣使的任务是要"求俊逸",并且特别规定了需要巡求的三类人员,从中不仅可以体会到汉以来察举制在北魏的延续,更表明当时明元帝是要吸收有才望的汉族豪强和士人为官,为此作出了一系列相应规定。且《魏书》记此诏文不书"皆诣京师",而是书"各令诣京师,当随才叙用,以赞庶政"。则可视为"称诏为令"的又一种类型,因为原诏或有此"令"字,并有可能像天赐元年十一月"令各辨宗党"一样补充了事关官员选举的《令》文规定。

上面这三个"称诏为令"的例子,其实都有关官制、爵品及其授受,《魏书》也都没有明示其是否"著令"②,故其究竟是不是律令之"令"?及其有没有被编附于邓渊所定官制爵品的《令》后?

---

① 如《魏书·太祖纪》载天兴元年八月"遣使循行郡国,举奏守宰不法者,亲览察黜陟之"。三年正月癸亥,"分命诸官循行州郡,观民风俗,察举不法"。四年二月丁亥,"分命使者循行州郡,听察辞讼,纠劾不法"。这些都是常见的遣使诏书,其中不出"令"字,不称"各令"而述"分命"诸官使者,当是因为诏文并不含有足供取法的制度规定而并不构成"令"的缘故。

② 《魏书》中还有一些例子是虽然下诏规定了某些制度,其中却没有出现"令"字。如卷四上《世祖纪上》神䴥三年七月己亥诏曰:"昔太祖拨乱,制度草创;太宗因循,未遑改作,军国官属,至乃阙然。今诸征、镇将军、王公仗节边远者,听开府辟召;其次,增置吏员。"此诏允许征、镇将军和王公仗节边远者开府自辟僚属,位在其下而情况相类者则可增置下属吏员,其显然包括了各种可能的规定,且对以往官制作了重要的补充。如果这条记载不是讹"令"为"今",那就说明这是一份条制,即规定了制度而并不著令的制诏。

都只能推测而无确凿的证据可供判断。不过其至少可以证明一个事实：天兴元年所定之《令》在官制爵品及其选举授受等规定上非常粗疏，因而也就必须像天兴二年八月"诏礼官备撰众仪，著于新《令》"那样，由随时随事下诏撰定的后续之"令"来加以补充和完善。

由此看来，道武帝和明元帝时期的《令》，除天兴元年十一月所定者外，其余都是此后因事下诏"著《令》"而形成的。因而当这些制诏所作规定与天兴元年所定之《令》属于同类时，便会各被附于其中。而若其无法归入以往之《令》，那自然就须另立名目别成一《令》，以供今后增补其制的同类制诏附丽。这也就解释了前面所说北魏"令"名与汉代"令"名同属称谓飘忽而错杂细碎的原因，印证了当时《令》篇并非法典而是制诏集的形态。

在这样的体制下，所谓《令》，实际上不能不是"著《令》"制诏的集合，而"定《令》"过程则不外乎是对这些制诏的删定和选编。其况当与汉代按时间先后编排的"令甲""令乙"或以事类称名的"祀令""斋令"之类大体不异，也与前面所述天兴"《律》"和"定《律》"之态略同。也就是说，天兴元年"定律令"之所以不被后世视为北魏《律》《令》之始，《魏书·刑罚志》之所以把当时"定律令"说成是"约定科令"，不仅是因为天兴所定之《律》，也是因为当时所定之《令》同样是删定和编撰科条诏令而成的缘故。它们的形态和性质，都还与孝文帝以后尤其是北齐以来的《律》《令》存在着很大的距离。

最后还需明确的是，天兴元年所定之《律》既然主要是刑事规范，则当时所定之《令》自当较少刑事内容而多涉正面的制度规定。天兴二年八月"诏礼官备撰众仪，著于新《令》"，也从一个侧面说明了这一点。那么能否据此认为，从此北魏已确立了"《律》正罪名，《令》定事制"之体呢？答案是否定的，因为后续之"令"既可规定积极性的行政制度，也可包括消极性的刑事规范。如《魏书》卷三《太宗纪》神瑞元年十一月壬午：

> 诏使者巡行诸州，校阅守宰资财，非自家所赍，悉簿为赃。诏守宰不如法，听民诣阙告言之。

这段记载包括了二诏，针对的都是郡县长官，也都可视为对天兴《律》有关"赃罪"和守宰贪贿不法之文的补充。其中"听民诣阙告"守宰不法的规定，显然未被太武帝神䴥四年立法时修入《律》文，故太延三年五月下诏："其令天下吏民，得举告守令不如法者。"[①] 这也是"称诏为令"之例，说明其从此可能是作为一条《令》文而生效的。

《魏书》中这类补律之诏甚多，绝大多数都难以判断其究竟是作为一般制诏成例，还是被编著于《令》发挥作用的。但也有少量事例明确了这一点，如《魏书》卷七上《高祖纪上》延兴二年十二月庚戌诏曰：

> 自今牧守温仁清俭，克己奉公者，可久于其任，岁积有成，迁位一级。其有贪残非道，侵削黎庶者，虽在官甫尔，必加黜罚。著之于《令》，永为彝准。

此诏规定牧守克己奉公者可久任，满岁有成可"迁位一级"；贪残非道者，则虽上任未几，亦当黜罚。其前半部分是有关考绩制度的正面规范，后半部分显然是补充《律》文的刑事规范。诏文明定将此"著之于《令》"，说明经太武帝以来一再修订的《令》，也还是可以编附后续下诏制定的刑事规范的。然则天兴元年以来的《令》

[①] 《魏书》卷四上《世祖纪上》及《刑罚志》亦载此事。又《晋书》卷一〇六《石季龙载记上》记其"立私论之条、偶语之律，听吏告其君，奴告其主，威刑日滥"。是后赵已有此类法令，听民告官或奴告主显然有违汉代以来的法律传统，当是五胡时期的创制。

亦当如此，除可确定积极性的行政制度外，也可包括消极性的刑事规范，起补充或修正《律》的作用。也就是说，天兴元年所选择的《律》《令》关系，实际上还是汉代以来的那种《律》正罪名而《令》为补充的体制。这种补充作用既表现为对行政制度包括司法诸制的规范，也表现为直接对《律》的补充和调整①。《魏书》所载制诏之所以鲜有"著律"而多"著令"之文，原因即在于此。②

四　北魏律令体制的起点与制度形态

综上所述，关于天兴元年所定《律》《令》的性质和形态，大略可得如下结论。

其一，北魏开国之际所称的"律令"，在五胡时期的称谓习惯下，可以兼指各种科条诏令。从当时立法的中心任务、现实基础、历史传统及北魏律令的总体发展脉络来看，天兴所定"律令"明显贯穿了汉代律令体制的精神，体现了其强调今上制诏权威及其法律地位的原则，故其形态和性质并未取仿魏晋时期所定型的《律》《令》法典，也不被后世认为是北魏一代《律》《令》法典的开端。

其二，天兴定《律》的过程，综取了汉、魏、晋律令、五胡时期立法及其昭成帝以来有关科令和北族部落习惯法等相关内容。其所定之《律》确已编纂成帙，并且包括了各种罪名、罚则、刑名和

---

① 《晋书》卷三〇《刑法志》述泰始三年奏上《律》二十篇，"蠲其苛秽，存其清约，事从中典，归于益时。其余未宜除者，若军事、田农、酤酒，未得皆从人心，权设其法，太平当除，故不入《律》，悉以为《令》。施行制度，以此设教，违《令》有罪则入《律》"。可见即便是贾充等人制定《律》《令》时，初意仍是认同汉代律令观，以《令》为"太平当除"的"权法"和辅《律》而行的补充法的。天兴立法诸人的认识应当也未超越这种水平。

② 唯一的例外是《魏书》卷七上《高祖纪上》太和二年五月诏以婚丧过礼，"先帝亲发明诏，为之科禁，而百姓习常，仍不肃改。朕今宪章旧典，祗案先制，著之律令，永为定准。犯者以违制论"。这里的"著之律令"，首先是因为其前文已载太和元年九月乙酉"诏群臣定律令于太华殿"。因而是要求将之撰入新《律》《令》。至于新《律》《令》颁行前，此诏及其所提到的"先帝明诏"也不可能分别著于太武帝以来的现行《律》《令》，而当是著之于《令》来一并补充有关制度和《律》文的。

"八议"等司法原则。但目前尚无证据表明当时修成了一部像《九章律》或魏晋《新律》《泰始律》那样区分篇章和内容严整的刑事法典，其更有可能是用汉代"旁章"之体以为"正律"，乃是一部刑事科令集，又不断被后续形成的科条诏令所补充或修正。

其三，天兴元年所定之《令》则是编纂成帙的诏令集，其中规范了官制爵品、郊社祭祀、朝觐飨宴等项制度，而未全面规定各项制度，其内容的缺略或粗疏极为明显，分篇及名称如何俱已不得而知。从以后"著令"制诏不断对之加以补充，及其《令》名常为泛称且又错杂不定等状况来判断，天兴元年以来的《令》，显然存在着内容续有增益，分支不断繁衍的过程，其形态和性质当更近于汉"令"，而与西晋《泰始令》存在着较大距离。

其四，天兴《律》和天兴《令》之间，也非西晋泰始《律》《令》所代表的律正罪名、令定事制的互辅关系。天兴元年《律》主要规范刑事领域，《令》主要规范官制爵品等行政制度，恐怕只是一种暂时形成的局面。由于此后"著令"制诏补充或修正的不仅是各项正面的制度，也包括了各种刑事规范，因而随着《令》的不断膨胀，《律》《令》关系很快就显示了其类同于汉代律、令关系的性质，呈现了《律》以正刑定罪，《令》则规范各项制度同时又不断补充和修正《律》的格局。

其五，从魏收书所据文本的传承关系来看，《魏书·太祖纪》等处之所以把天兴立法记为"定律令"，除史官记事体例方面的因素外[①]，更重要的是其早期文本形成之时[②]，法律领域尚深受汉代

[①] 《魏书》中对太祖朝史事的记载，当本自邓渊所撰《国书》及太武帝时崔浩、高允等人编纂的《太祖纪》，他们都面临着如何用汉字来表述拓跋早期及其开国史事的问题，对相近现象用汉语习称来表示，可以说是必然的选择，由此便造成了《魏书》与其他文献所载拓跋早期制度名物上的许多纠葛。《崔玄伯传》及《邓渊传》所记的"定律令"皆当以《太祖纪》为准，而之所以记为"定律令"，自必经过一番推敲，且当有鉴于石赵、后燕的称谓习惯。

[②] 《魏书》卷四八《高允传》载太武帝治"国史之狱"时，允对曰："《太祖纪》，前著作郎邓渊所撰，《先帝纪》及《今纪》，臣与浩同作。"

律令观影响的现实使然。而《刑罚志》之所以把天兴立法记为"约定科令",则是太和十一年后国史开始分立《纪》《传》《表》《志》之时①,《律》《令》形态和《律》《令》观俱在逐渐趋近于魏晋江左一脉的反映。

自程树德《九朝律考》卷五《后魏律考》从刑法特色和律家背景两个方面出发,提出北魏《律》"大率承用汉《律》,不尽袭魏晋之制"的问题;到陈寅恪《隋唐制度渊源略论稿》四"刑律"着眼于"中原""河西"和"江左"三因子,揭示北魏前、后期刑律继承和发展的渊源所自,及其汇集和影响孝文帝以来刑律的状况;北魏律令从一开始更近于汉制,向后来更近于晋制的发展脉络,应当说已被勾勒出来了。令人遗憾的是,相关学术史的发展却并未循此轨道前行。今天回头总结,学界目前在认识北朝律令发展史上的诸多缺略、悬疑和分歧,大都与研究起点不明,断代不清,并未把相关现象放入北魏前后期律令发展脉络中加以考察相关。因而推进研究的关键之一,首先就要进一步勾勒程、陈二先生相继提出和揭示的北魏律令发展脉络,特别是要正面考虑当时律令内容和形式的沿革和发展问题。这才能使两位先生业已拉出的线索,得以具体地验证和充实于天兴元年"定律令"到太武帝时期"改定律制",再到孝文帝太和十五年前后陆续制定律令,直至宣武帝正始元年再定《律》《令》的发展历程。如果说程、陈二先生因论题所限,不可能对北魏一代律令的各个方面,特别是对令的状况作多少讨论的话,那么这种局面到现在就再也不应继续下去了。

必须强调的是"起点"问题事关全局。天兴《律》《令》的形态和性质,不仅直接关系到北魏开国时期的法制状态,而且也深切体现了北魏开国之际建制立法的具体状态和过程特点。当时所定

---

① 《魏书》卷七上《高祖纪上》太和十一年十二月"诏秘书丞李彪、著作郎崔光改析《国纪》,依纪、传之体"。《魏书》卷六二《李彪传》载其时"彪与秘书令高祐始奏从迁、固之体,创为纪、传、表、志之目焉"。

《律》《令》皆为科条诏令集的事实，表明了皇始、天兴时期的开国建制活动，无论是依本儒经通过相应的制度建设来标榜正统，还是面对现实致力于融贯胡俗、汉制和统合胡、汉关系，实际上都是以建立和巩固专制皇权体制，强调道武帝制诏的至上效力为其轴心的。当时这种以便于汇编和增附删定的诏令科条来立法定制，以此规范司法和行政的方式，显然要比制定形态完整而严密的法典来得更为简便、灵活，适于随时相机推出急需的制度或对之加以调整，更有助于确立皇权凌驾于法律、习惯之上的政治态势，减轻了在构成复杂的北族诸部大人及各地汉人豪宗之间取得政策共识的压力，也规避了法典不免会在规范司法、行政的同时也对专制皇权形成约束的难题。由此回头再看前面所述北魏开国建制的一系列举措，其之所以既可在短期内全面铺开奠定国朝规模，又可随即不断增补调整，及时汲取胡、汉各方的利益诉求和政策主张，不能不说是与当时立法的这种路径特征分不开的。

可以认为，这样的路径特点确实便于确保道武帝在整个立法建制过程中的主动地位，使得对北族大人来说尚较陌生的专制皇权体制很快得以深入下去；而其隐患则是制度形态不够完整和严密，各项制度特别是前、后制度之间的协调往往发生大量问题，具体的规定尤其显得随意而多变，一旦胡、汉关系压力骤增时更易出现急剧转折。但若考虑到当时胡汉统治集团面临的基本形势和任务，那就必须承认，只要各种问题仍被控制在专制皇权体制之下，而不是倒退到大人豪酋各行其是的紊杂局面中，那就不难继续以此为轴心来推进北魏治下政治与社会的发展进化，也为北俗的不断改造和胡、汉关系的协调，包括相关政策和制度的逐渐完善提供保障。质言之，以诸诏令条制来推进各项制度举措，实际上是北魏在当时所处发展阶段上的一种扬长避短的选择，同时也奠定了其今后历史曲折前行的主题。

对于北魏一朝乃至于整个北朝法制史来说，天兴立法的这种状态，尤其《律》《令》皆非法典而为诏令科条集的起点，当然也在很大程度上决定了太武帝神䴥四年由崔浩主持重定律令，以及正平元年再命游雅、胡方回等"改定律制"的内涵和要害所在，进而又必然影响到孝文帝以来律令体制的发展方向和总体格局。至于其具体进程和相关问题，自非在此所可详论，但这里无妨述其大要以为结语。

据现有资料并从上面对天兴《律》《令》性质和形态的结论出发，大致可以认为，太武帝时期所定《律》《令》，仍像天兴《律》《令》那样贯穿了汉代律令体制的精神。至于其变化，则主要体现在《律》开始成为类于汉代《九章律》或曹魏《新律》的法典，《令》体则基本照旧，仍是补充、修正《律》和规范各项制度的诏令集[①]。在此基础上，孝文帝时期《律》《令》体制的发展，表现为《律》的进一步调整和更多掺入了西晋江左的因子，但其重心似已转移至《令》的演变。无论是太和十五年前制定《祀令》，还是其后陆续推出的《职员令》《品令》直至太和二十三年"复次职令"，都呈现了若干不同于汉代而接近于西晋江左《令》体的特征[②]。也正是到了这个时期，太武帝太延末年平定河西和献文帝皇兴三年收取青齐的后续影响才真正突出起来，并且切实体现到了《律》《令》形态和性质的演化之中。太和十五年前后诸新、旧《律》《令》篇章条文的错杂并陈，以及与之相关的一系列现象，正反映了从北魏前期类于汉代样式的《律》《令》体制，向北魏后期取仿魏晋江左而调整发展的《律》《令》体制的曲折过渡。迨至宣武帝正始所定《律》《令》对此加以总结，魏晋以后北方一系《律》《令》的发展演变，也就进入了与南朝一脉《律》《令》在形态和性质上大致趋同，而其精详笃实则有过之的新阶段。

[①] 参见楼劲《太武帝"改定律制"考》，载《文史》2014年第4期。

[②] 参见楼劲《太和元年至十六年定〈律〉、〈令〉及相关问题》，收入《田余庆先生九十华诞颂寿论文集》，中华书局2014年版。

第五章　天兴庙制所示拓跋早期
"君统"与"宗统"

　　北魏道武帝开国之时，制定了一套庞杂的宗庙祭祀制度，其中似多难解之处。笔者对此的看法是：在华夏文化和汉人传统中发育出来的庙制①，其要害在于序昭穆、定祖宗而明帝系、示正统。因而道武帝一旦要建宗庙以示己身之所出乃天下之"正"，也就势必要直面此前拓跋君长的传承世系。不过这个世系实在是"缙绅先生难言之"，而问题的全部复杂性，也正发生于汉人所行庙制与拓跋氏早期世系的矛盾之中。质言之，在这套看起来参差百出的庙制后面，蕴含着其制确定过程如何把汉人的主义与拓跋君长传承的实际结合起来的宝贵线索，蕴含着当时以汉人礼制传统来清理或归约拓跋族君长世系，同时也反过来据拓跋族君长世系之况来折中或取舍汉制的丰富历史内涵。

　　本章即拟具体阐释道武帝天兴年间所立庙制与拓跋早期君长世系的关系，同时也想在田余庆先生研究早期拓跋史和《魏书·序纪》记载来源等问题的基础上②，通过揭示这种关系，来进一步探

---

① 拓跋氏先后所受华夏文化影响，有来自北方士大夫者，有来自入主中原诸胡者，有来自南方东晋等朝者，要之皆为原来汉朝所代表而魏晋所直承的文化系统的分支。为表述方便，本书均以魏晋以来渐而流行的"汉人"一词来兼指这个文化系统的承载主体。

② 参见田余庆先生《拓跋史探（修订本）》一书所收各文，本书基于和有鉴于田先生此书所论者甚多，特此一并致敬和纪念。

讨《序纪》所载道武帝以前诸帝世系的有关问题。这是因为天兴庙制的内涵大体可以证明，魏收书《序纪》的基本内容，在天兴年间由邓渊诸人整理成文的《国记》中业已确定，并且可以在很大程度上将之理解为皇始、天兴之际"追尊成帝以下及后号谥"，建立基于特定宗统和君统的整套宗庙祭祀系统的产物。也就是说，当时所立庙制，大可以看作是《序纪》所载二十八帝世系所以会如此的一套重要的扭变参数。对于以往认为《序纪》多"夸示造作"或多"原始真实"两种截然相反又很难定论的看法来说[1]，这也可以为探讨《序纪》所载史事的实际状况，提供另一种衡量的坐标和观察的视角。

一　天兴庙制与拓跋氏早期历史的清理

《魏书》卷一〇八之一《礼志一》载天兴二年所建庙制：

> 冬十月，平文、昭成、献明庙成，岁五祭，用二至、二分、腊。牲用太牢，常遣宗正兼太尉率祀官侍祀……立祖神，常以正月上未，设藉于端门内，祭牲用羊、豕、犬各一。又立神元、思帝、平文、昭成、献明五帝庙于宫中，岁四祭，用正、冬、腊、九月，牲用马、牛各一，太祖亲祀……又于云中及盛乐神元旧都，祀神元以下七帝，岁三祭，正、冬、腊用马、牛各一，祀官侍祀。

据此所述，天兴初年所定拓跋祖先庙祭之制包括了四个部分：

一是天兴二年冬十月告成的太庙及其祀制。据《魏书》卷二《太祖纪》载，天兴元年七月：

---

[1] 参见马长寿《乌桓与鲜卑》第四章"拓跋鲜卑"一"拓跋鲜卑的起源和迁徙"，上海人民出版社1962年版。

迁都平城，始营宫室，建宗庙，立社稷。

天兴二年十月：

太庙成，迁神元、平文、昭成、献明皇帝神主于太庙。

所述二年十月"太庙成"，《魏书·礼志一》仅载"平文、昭成、献明庙成"。这或者是由于天兴元年七月以来神元庙先成，而其余三庙后成的缘故。因为综《序纪》《太祖纪》《礼志》及《乐志》所载，道武帝登位即定神元的"始祖"、平文的"太祖"、昭成的"高祖"庙号及皇考献明帝之位，天兴二年正月郊天已"以始祖神元皇帝配"，则十月所成太庙包括了神元庙是毫无疑问的。其时平城太庙的具体位置，据《魏书·礼志一》载天兴二年十月"置太社、太稷、帝社于宗庙之右"，则与社稷建筑群东、西相对。这样的布局，似因循了东汉以来至晋，都城建置渐而依本于《周礼》春官小宗伯"右社稷，左宗庙"的做法①。由于道武帝天兴元年"始营宫室"采用的是与十六国时期邺城相仿的北宫南廓格局②，则其

---

① 《后汉书》志九《祭祀志下》：建武二年"立太社稷于洛阳，在宗庙之右"。是为秦汉以来国都建制左祖右社之始，此制至晋而确定，参见《晋书》卷一九《礼志上》及《水经注》卷一六《谷水》所述晋庙、社方位。

② 《魏书》卷一六《道武七王列传·清河王绍传》载其弑道武之"明日，宫门至日中不开，绍称诏百僚于西宫端门前北面而立"；又载事定后，"太宗至城西，卫士执送绍，于是赐绍母子死，诛帐下阉官、宫人为内应者十数人，其先犯乘舆者，群臣于城南都街生脔割而食之"。所谓"西宫"，当即道武所寝正宫，似表明当时平城之正宫亦取仿了邺城宫城居北偏西的格局；"北面而立"说明其南正门为"端门"；又"城南都街"说明其时平城正是北宫南城的布局。《南齐书》卷五七《魏虏传》载太武帝时，"截平城西为宫城，四角起楼，女墙，门不施屋，城又无堑。南门外立二土门，内立庙，开四门，各随方色，凡五设，一世一间，瓦屋，其西立太社"。是续经营建后，太武帝时平城太庙的位置，仍沿袭了天兴以来左祖右社及在宫室南门之外的布局。另参见刘淑芬《中古都城坊制初探》二"北魏平城的城坊规划"，《中央研究院历史语言研究所集刊》六十一本二分，1990年；李凭《北魏平城时代》附篇一"北魏平城畿内的城邑"第三节"平城畿内城邑的发展过程"，社会科学文献出版社2000年版。

所建太庙在南北向上的位置，似亦当依汉以来故事，并套用《周礼》郑注宗庙、社稷在"库门内、雉门外之左右"的解释①，处于其宫城南门外，京师南门之内②。

二是端门内定期设藉祭祀"祖神"。天兴所建宫室诸门的具体位置今虽难知其详，但由后来孝文帝扩修平城宫城主殿及端门的状况③，再从魏晋以来洛阳及十六国宫城诸门的规制来判断，端门一般都是宫城主殿南部的正门④。上引《魏书·清河王绍传》所载，亦表明当时"端门"乃指道武帝所居"西宫"正寝的南正门。据《魏书·序纪》述拓跋远祖居大鲜卑山，"六十七世而至成帝"，成帝以下历二十八帝而至道武帝；尤其是《魏书·太祖纪》载天兴元年十二月帝即大位，"追尊成帝以下及后号谥"。则端门内所祭"祖神"，最大的可能是祀此时地位已得明确的成帝以下二十八帝。但其祀及成帝以前六十七世远祖的可能亦不能排除。《魏书·礼志

---

① 关于郑注"库门内雉门外"的含义，孙诒让《周礼正义》卷三六《春官宗伯》小宗伯条："注云'库门内雉门外之左右'者，郑又天子五门，雉门为中门，其外为库门，社稷、宗庙皆在中门外，故云雉门外、库门内也。"又关于天子五门之说，参见《周礼正义》卷一四《天官冢宰》阍人条。

② 《魏书》卷二《太祖纪》载天兴二年七月，"增启京师十二门，作西武库"，是天兴二年前京师已有门。作"西武库"，似亦表明平城采仿了邺城西、东宫间以武库的格局。

③ 《水经注》卷一三《漯水》述太和十六年"破安昌诸殿，造太极殿、东、西堂及朝堂，夹建象魏、乾元、中阳、端门、东、西二掖门，云龙、神虎、中华诸门，皆饰以观阁"。太极殿乃当时新定的宫城主殿，象魏指其南双阙，而端门居其南北轴线诸门之中。

④ 《曹子建集》（文渊阁四库全书本）卷四《槐赋》："凭文昌之华殿，森列峙乎端门。"是曹魏文昌殿正对端门之证。《宋书》卷一四《礼志一》载晋咸宁元会仪注："先正月一日，守宫宿设王公卿校便坐于端门外，大乐鼓吹又宿设四厢乐及牛马帷阁于殿前。"《晋书》卷五九《八王列传·赵王伦传》载其"从兵五千人，入自端门，登太极殿"。足证晋太极殿亦南对端门。《晋书》卷一〇五《石勒载记下》载石勒称帝不久，"暴雨大风，震电建德殿端门"。是石赵襄国宫城主殿建德殿亦有端门。《晋书》卷一一八《姚兴载记下》述姚兴疾笃，姚兴"憎与其属率甲士攻端门，殿中上将军敛曼嵬勒兵距战，右卫胡翼度率禁兵闭四门……憎等既不得进，遂烧端门"。此长安姚秦宫城以端门为南正门与四门有别之证。《晋书》卷一二七《慕容德载记》述其寝疾，"司隶校尉慕容达因此谋反，遣牙门皇璆率众攻端门，殿中师侯赤眉开门应之。中黄门孙进扶德逾城，隐于舍人。段宏等闻宫中有变，勒兵屯四门，德入宫，诛赤眉等，达惧而奔魏"。此又南燕广固宫城端门与四门不同之证。

一》及卷一〇〇《乌洛侯国传》皆载太武帝遣使祭于幽都石室①，"告祭天地，以皇祖先妣配"，说明石室"如故"虽由乌洛侯部告知，然皇祖先妣之事存于拓跋氏早期的口述史系统则无问题。是当时除在太庙五时祀神元、平文、昭成、献文帝外，又确立了成帝以下二十八帝的地位，或亦兼及了成帝以前六十七位远祖的地位，并在每年正月上未，设席祭祀于端门之内。看起来，这似乎也像是对汉人礼典诸远祖亲尽主迁，藏于夹室，唯禘祫大祭方与其祀做法的一种变通。

三是宫中又立五帝庙。据上所述，太庙位于宫室南门外，则所谓"宫中"，必在宫城之内。如果五帝庙也像太庙和祖神之祀那样自南而北分布，便有可能是坐落于宫中主殿以北的内宫生活区。相较于太庙所立四庙，宫中五帝庙增加了思帝，为值得注意的变化，"太祖亲祀"表明其规制极隆而更值注意。据《魏书·序纪》所载，思帝为神元帝"太子"沙漠汗的少子，平文帝之父。沙漠汗质晋十六年，归国被诸"大人"沮害于塞南而未承君统，道武帝天兴元年方追谥为"文帝"。神元帝拓跋力微崩后，次子章帝悉鹿、平帝绰相继承统，然后思帝弗"飨国"一年而崩，依次承统者为神元帝之子昭帝禄官、"文帝"长子桓帝猗㐌、次子穆帝猗卢、桓帝子普根及其幼子，此子薨后，君统方归至思帝之子平文帝郁律。是思帝在位时间虽短，却是文帝沙漠汗地位确立的开始，又因其为平文帝之父，而在拓跋氏早期帝系中具有特殊地位。具体将在后文详论。

四是云中及盛乐祀神元以下七帝。《魏书·序纪》载神元帝三十九年迁于定襄之盛乐②，昭成帝三年移都于云中之盛乐宫，其实

---

① 今名嘎仙洞，参见米文平《鲜卑石室的发现与初步研究》，载《文物》1981年第2期。
② 马长寿《乌桓与鲜卑》第四章"拓跋鲜卑"一"拓跋鲜卑的起源"以为神元帝三十九年前活动于故匈奴之地五原一带，三十九年"迁居于汉定襄郡的盛乐（今内蒙古和林格尔县北）"。谭其骧先生主编《中国历史地图集》第四册第52图，亦以之为北魏云中郡的盛乐。地图出版社1982年版。

也就是神元三十九年所迁的"旧都"①。故所谓"神元以下七帝",必当包括宫中所立五帝,亦即神元迁盛乐以来的神元、思帝、平文三帝及昭成回迁盛乐以来的昭成、献明二帝,至于其余二帝则颇费猜详。揣度情理,其最大的可能当是祀神元帝、文帝、思帝、平文帝、烈帝、昭成帝、献明帝,增加文帝是因为其在盛乐神元旧都而立为"太子",又尤其是因为文帝在神元以下诸帝世系中地位极重,《魏书·序纪》载神元至道武十四帝,其中有十帝都是文帝的子孙,实难设想当时竟会舍其不祀。增入烈帝,则是因为其为平文帝长子又传位昭成帝,从而直接成就了道武帝所承宗统;且其末年"城新盛乐城",实为昭成回迁神元旧都之基。可以说,除此七人外,在《魏书·序纪》所载神元以下拓跋君长世系中,几乎再也找不出第二个如此符合天兴庙制立意的七人组合了。更为重要的是,这个七人组合,正是《序纪》所示神元以来父子六世七人五帝相嗣之次,即神元帝、文帝、思帝、平文帝、烈帝和昭成帝、献明帝,其中文帝与献明帝从未在位,而道武帝在宗统上正直承着这条脉络②。

以上太庙四庙、宫中五庙及"祖神"之祀、云中盛乐旧都的七帝之祀,在皇帝亲临与否、岁祭次数、时间地点、用牲仪节上各有规定,说明它们平行设制而各行其是,整套制度看似取本乎儒经礼典及魏晋掌故,然其庞杂的程度,先已说明了一种"胡体汉用"的意味,其一帝二庙再三祭祀不嫌重复之况,又全然不符魏晋以来主不并设、庙不重复的惯例,有违儒经礼典"天无二日、土无二王"

---

① 《魏书》卷一四《神元平文诸帝子孙传·武卫将军谓传》附《元丕传》载孝文帝述平文时,曾"弃背率土";《资治通鉴》卷一三九《齐纪五》建武元年载为平文帝曾都东木根山。是平文帝时曾离开神元旧都而移都至牛川以北的东木根山一带,至昭成又迁回了神元旧都。

② 田余庆《拓跋史探(修订本)》相关文章中,多次提到了这条脉络,名之为"大宗"或"皇统""法统"而未详论。本书则以《序纪》所载拓跋君长废立传承之次为"君统",而以其中所示的神元、文帝、思帝、平文帝、烈帝和昭成帝、献明帝父子七人五帝相传之脉为道武帝所承的父系"宗统"。而《魏书·序纪》及其所本《国记》的重心,以及天兴所立庙制的重要功能,正是要凸显这一宗统,并且着眼于专制皇权体制的建立和巩固来明确君统从属于宗统的原则。

的精神①。而问题也正由此产生了：

第一，魏晋所通行及儒经礼典所载在当时影响较大的是"天子七庙"之制，天兴建制既多仿魏晋而依本经传，其太庙何以仅建四庙，又何以偏偏在道武帝以前二十八帝中选中了这四帝呢？

第二，太庙本以祭祖，何以宫中还要另增思帝而立五帝之庙？又为什么别立祖神之位专席而祀呢？

第三，既然已有太庙、宫中五庙及祖神之祀，何以又要在云中、盛乐祀神元以下七帝？而七帝地位既若此之特殊，则何太庙唯立四帝，宫中别立亦仅五庙呢？

值得注意的是，《魏书·礼志一》后文载明元帝永兴四年以来所立的宗庙祀典：②

> 立太祖庙于白登山，岁一祭，具太牢，帝亲之，亦无常月……是岁，诏郡国于太祖巡幸行宫之所，各立坛，祭以太牢，岁一祭，皆牧守侍祀。又立太祖别庙于宫中，岁四祭，用牛马羊各一……后二年，于白登西，太祖旧游之处，立昭成、献明、太祖庙③，常以九月、十月之交，帝亲祭，牲用马牛羊，及行貙刘之礼……又于云中、盛乐、金陵三所各立太庙，四时祀官侍祀。

这些举措显然与道武帝时的太庙之祀、宫中另祀五帝及祖神、祖宗旧都七帝之祀构成了照应关系，因而也是天兴所定整套祭祖之制的

---

① 如《礼记·曾子问》："曾子问曰：'丧有二孤，庙有二主，礼欤？'孔子曰：'天无二日，土无二王。尝禘郊社，尊无二上。未知其为礼也。'"

② 《魏书·礼志一》载白登山立太祖庙，在永兴三年三月帝祝祷于武周、车轮二山之"明年"；"后二年"即神瑞二年，于白登之西立昭成、献明、太祖庙。《魏书·太宗纪》则载神瑞二年二月"甲辰，立太祖庙于白登之西"。魏收书《太宗纪》至宋已亡，史臣取魏澹书补之，其所载与魏收书往往有异。见中华书局点校本《魏书》卷三《太宗纪》末之校勘记。

③ 《南齐书》卷五七《魏虏传》载平城"西南去白登山七里，于山边别立父祖庙"。可与相证。

延伸和补充，这又说明道武帝所定祖宗祀制的庞杂绝非偶然，而必有其存在的理据和功能。

毫无疑问，天兴宗庙祀制的确定，还有许多以往研究未曾注意的背景和内涵待于开挖。而要揭示有关的背景和内涵，上面提到道武帝登位之初"追尊成帝以下诸帝及后号谥"，又定神元帝的"始祖"、平文帝的"太祖"和昭成帝的"高祖"庙号，就是一条现成的线索，因为这些举措，无疑都意味着当时对拓跋氏早期历史尤其君长世系的清理。从总结历史面向未来的角度来看，这种清理当然会对天兴年间定国规模的各种建制活动都发生作用。而庙制要解决的祖宗位次，正是当时诸"历史"和"现实"问题的交会点，这就使皇始、天兴之际对拓跋氏早期历史的认识和整理，不能不与庙制结下不解之缘。综观有关记载，皇始、天兴之际似乎的确形成了这样一段历史的因缘：欲定庙制，必先清理过去的历史，并因清理过去的历史而深切影响到现实和今后的历史。由此看来，要说天兴庙制的确定过程构成了此后大量历史事态的一个机芽，也是今人考虑北魏开国立基一系列建制问题的某种纽结，当不为过。

也正由于当时为定庙制而全面清理了拓跋早期君长的世系，这段历史因缘对今人理解《魏书·序纪》也就有了特殊的意义。如《序纪》所述，拓跋氏早期"不为文字，刻木记契而已，世事远近，人相传授，如史官之记录焉"。把这种口述史系统中的"世事"整理成文，正是道武帝登位前后做的一件大事[①]。《魏书》卷二四《邓渊传》：

> 太祖诏渊撰《国记》，渊造十余卷，惟次年月起居行事而已，未有体例。

[①] 参见田余庆《拓跋史探（修订本）》所收《代歌、代记和北魏国史——国史之狱的史学史考察》一文。

这里虽未明言《国记》始撰于何时，但邓渊自道武帝初拓中原被招揽即"擢为著作郎"，可以推知《国记》当自皇始以来始撰①。而《国记》内容"惟次年月起居行事而已"，简直就是魏收书《序纪》以道武之前二十八帝传承世系为基本内容的写照。《序纪》述拓跋氏远承黄帝之裔昌意至始均一脉，积六十七世而至成帝，也正是魏收书《太祖纪》及《礼志一》载天兴元年十二月帝登大位，"追尊成帝以下及后号谥"，崔玄伯等奏"国家继黄帝之后，宜为土德……数用五，服尚黄"的产物②。《魏书》卷五七《高祐传》载太和十一年祐共李彪上奏：

惟圣朝创制上古，开基长发，自始均以后至于成帝，其间世数久远，是以史弗能传。

亦可证《魏书·序纪》一笔带过的成帝以前六十七世，或是《国记》本未叙次，故太和时人已谓失传。至于《国记》当初篇幅十余卷远多于今见《序纪》的一卷，应主要是成帝以后尤其神元帝以来之事，太武帝以来对之已续经改编删定。而最为突出的自然是太平真君十一年"国史之狱"，崔浩等人因"尽述国事，备而不典"

---

① 《魏书》卷四八《高允传》载其对太武帝曰："《太祖纪》，前著作郎邓渊所撰。"据《邓渊传》，渊皇始时为著作郎，后出为蒲丘令，"盗贼肃清"，约天兴元年十一月稍前入为尚书吏部郎，天赐三年蒙冤而死。则允之此语，盖就邓渊为著作郎时受诏始撰《国记》而言，且其撰述武帝时期的编年史，下限不会晚于天赐三年。又《魏书》卷三五《崔浩传》："初，太祖诏尚书郎邓渊著《国记》十余卷，编年次事，体例未成。"与《高允传》所述相参，此当就《国记》十余卷撰成之时邓渊为尚书郎而言。

② 《魏书》卷二三《卫操传》载"桓帝崩后，操立碑于大邗城南以颂功德，云魏，轩辕之苗裔"。又述此碑晋光熙元年（306）所立，后为献文帝皇兴初年（467）由雍州别驾段荣于大邗城掘得，其所引碑文备述桓、穆二帝功业才德。案《魏书·太祖纪》载道武帝登国元年（386）四月"改称魏王"，《崔玄伯传》载其天兴初议国号曰："登国之初，改代曰魏。"则中华书局点校本《魏书·卫操传》述操立碑"以颂功行，云魏轩辕之苗裔"一句所称"魏"，必为后来史臣概括之语，而非昭、桓、穆时期已以"魏"为号，其"云"字后一句不当加引号。然则拓跋氏自认为黄帝之后，至晚自桓帝以来已然，天兴时特取此而敲定之耳。

惨遭灭门之祸，原《国记》所载"世事"或亦被后继史臣大幅删削。尤其是太和十一年后，编年体《国书》"改从纪、传、表、志之目"，神元帝至道武帝史事，当然又有不少散入了《太祖纪》和相关《志》《传》。①

关于《国记》对道武帝以前二十八帝世系的清理并以之为主要内容的问题，还可以举出两个佐证：

一是《魏书·太祖纪》载道武帝初定中原，便大肆招徕士大夫与之"宪章故实"，至登国十年七月建天子旌旗，改元"皇始"，两年后"迁都平城，始营宫室，建宗庙，立社稷"。这表明庙制之蕴酿正当在皇始以来，而《国记》对拓跋氏早期君长世系的清理，到天兴元年七月"建宗庙"时，必已大体完成。当年十二月道武帝登位之初，便追尊成帝以下号谥并定其中若干帝的庙号，也只能在这种清理已大体完成的基础上才能进行。

二是在皇始天兴之际建制活动中作用最突出的，洵为其时最受器重的汉士领袖人物崔玄伯，《魏书》卷二四《崔玄伯传》载当时其参与谋猷之事：

> 太祖常引问古今旧事，王者制度，治世之则。玄伯陈古人制作之体，及明君贤臣，往代兴废之由，甚合上意。未尝謇谔忤旨，亦不谄谀苟容。

这段记载肯定是涵盖了庙制的制定、拓跋氏早期君长世系的清理，

---

① 《魏书》卷四八《高允传》载国史之狱初起，崔浩被收，"世祖召允，谓曰：'《国书》皆崔浩作不？'允对曰：'《太祖纪》，前著作郎邓渊所撰。《先帝纪》及《今纪》，臣与浩同作。然浩综务处多，总裁而已，至于注疏，臣多于浩。'世祖大怒曰：'此甚于浩，安有生路！'"今案邓渊于道武帝天赐四年因和跋之狱被疑赐死，则其所撰《国记》，相当篇幅盖为天赐四年以前的道武帝世事。由此又可见太武帝时《国记》大遭非议之处，邓渊所撰太祖朝及更早的史事还在其次，《太祖纪》末年之事尤其《先帝纪》及《今纪》才是当时追究的重点。然则道武身世之谜实际上与崔浩国史之狱关系不大，而邓渊所撰拓跋氏早期世系及道武帝天赐四年以前世事，被后来史臣删削者亦应相当有限。

以及《国记》的编撰等内容,其"未尝忤旨亦不苟容"一句颇为微妙。而同卷的《邓渊传》述其撰《国记》事后,亦述"渊谨于朝事,未尝忤旨"。两相对照,即可推知《国记》的基本任务,恐怕正是要斟酌"古人制作之体",并且尽可能贯彻道武帝的意旨而整理出拓跋此前的二十八帝世系,以便为庙制,为当时的一系列总结历史面向未来的建制活动提供依据。

更何况,各族早期口述史往往神话传说与史实夹杂不清,故《史记》卷一《五帝本纪》以为"缙绅先生难言之"。而拓跋氏当时的政治现实,又迫切要求在此基础上整理出"信史",加之既不能"忤旨"又不想"苟容",《国记》能够把二十八帝世系及有关"起居行事"形诸汉字敲定下来实属不易。而《国记》"惟次年月起居行事,未有体例",《魏书·崔浩传》则述邓渊著《国记》而"体例未成,逮于太宗,废而不述"。亦表明道武帝恐亦不是真想要修成一部成文的"国史",而只是对成文的二十八帝世系感兴趣罢了。

鉴于以上理由,似可在一定程度上,把《国记》看作因庙制而清理拓跋氏早期君长世系的产物。由于当时整理成文的二十八帝世系在以后很可能再未变过,因此今见魏收书《序纪》的基本内容,也就有必要从这样的角度来再加解读。

二 太庙庙数的选定与道武帝所承君统和宗统

《礼记·王制》篇曰:

> 天子七庙,三昭三穆与大祖之庙而七。诸侯五庙,二昭二穆与大祖之庙而五。大夫三庙,一昭一穆与大祖之庙而三。士一庙,庶人祭于寝。

魏晋以来,在"三礼"关于天子庙制的说法中,最有影响的当首推这段文字。故《晋书》《宋书》《南齐书》的《礼志》，在叙庙制或载大臣有关奏议时，无不对此加以征引。魏晋南朝及北魏文成帝以来太庙基本上都采用七庙制，也应是这种七庙、五庙之差代表天子、诸侯之别的观念已深入人心的缘故[①]。因此，如果仅从标榜正统这一个方面来看，在皇始、天兴之际道武帝和一班精于三礼、娴于掌故的士大夫梳理拓跋祖宗世系，为之建构太庙之制时，七庙制本当是首选的样板。

结果却是他们抛弃了这个样板。问题显然不在于要不要标榜正统，而在于七庙制是否适合拓跋氏早期君长传承的实际。因为七庙的要求和理据，是"三昭、三穆与大祖之庙而七"，即要确定一个远承公认的始祖（大祖），并在父系直系传承前提下给出一种统合了宗统与君统的"三昭三穆"世系。而若考虑到当时北族各种婚姻形式的错杂并存，以至"以母名为姓"等俗的广泛存在，昭穆制所要讲究的父子、远近、长幼、亲疏关系[②]，在这里大概是一塌糊涂

---

① 其制又与王肃之礼说相表里，《晋书》卷六八《贺循传》载东晋始建宗庙，循议有曰："今七庙之义，出于王氏，从祢以上至于高祖，亲庙四世，高祖以上复有五世六世无服之祖，故为三昭三穆并太祖而七也。故世祖郊定庙礼，京兆、颍川曾、高之亲，豫章五世，征西六世，以应此义。"又《唐会要》卷一二《庙制度》载贞观九年岑文本议庙制曰："臣等奉述睿旨，讨论载籍，纪七庙者实多，称四庙者盖寡，其得失昭然可见。《春秋谷梁传》及《礼记·王制》、《祭法》、《礼器》、《孔子家语》并云天子七庙，诸侯五庙，大夫三庙，士一庙。《尚书·咸有一德》曰：'七世之庙，可以观德。'至于荀卿、孔安国、刘歆、班彪父子、孔晁、虞喜、干宝之徒，商较今古，咸以为然。"《礼记·礼器》："礼有以多为贵者，天子七庙，诸侯五，大夫三，士一……"便阐述了《王制》所述天子诸侯大夫士的庙数之差与贵贱等次的关系，另《礼记·祭法》："天下有王，分地建国，置都立邑，设庙祧坛墠而祭之，乃为亲疏多少之数。是故王立七庙……诸侯立五庙……大夫立三庙……嫡士二庙……官师一庙。"而《虞书》禋于六宗以见太祖；《周礼》守祧八人以兼姜嫄之宫；《荀子》、《谷梁传》皆言天子七庙不特周制；《孔子家语》述天子七庙诸侯五庙自虞至周不变；都已被时人用为天子七庙为古来通制的证据。

② 《礼记·祭统》："夫祭有昭穆，昭穆者，所以别父子、远近、长幼、亲疏之序，而无乱也。是故有事于太庙，则群昭、群穆咸在，而不失其伦，此之谓亲疏之杀也。"又马端临《文献通考》卷九四《宗庙四·天子宗庙》按曰："天子宗庙之制见于经传甚明，历代诸儒因经传所载而推明其说亦甚备，然终不能依古制立庙者，其说有二：一则太祖之议难决；二则昭穆之位太拘。"其后又提到昭穆之位太拘的症结："愚以为此制也，必继世以有天下者皆父死子立而后可，若兄终弟及则其序紊矣。"由于纷繁多样的历史实际，即使是中原王朝亦在庙制上有此两大难题，其对拓跋族来说困难是显而易见的。

的。长期过着部落制生活，秉承了其部族传统的拓跋早期君长，显然不可能按这种在汉人父系家族生活中发育和升华出来的宗法次序来传承。从《魏书·序纪》等处所载，即可清楚地看到神元帝以下拓跋君长世系的几个基本特点：

一是兄终弟及在君长传承过程中的盛行。严格说来，道武帝以前根本就鲜有君位的父系直系传承。况《魏书》卷一三《皇后列传》叙昭成以前诸妃"惟以次第为称"而不分正、庶，神元帝以来十余帝中，有八帝"妃后无闻"。这足以说明拓跋氏早期君长世系，实无嫡、庶之可言。

二是神元帝到昭成帝期间，所谓君长，常各领诸部分头而治，又有二"帝"并存此退彼进的反复。同时其君长多由母舅之族或有力之"大人"拥立，所谓传承过程又每通过"弑逆"来实现。则其君统固已难言，而宗统又尤其不免尴尬。

三是若干君长身世不明。神元帝"天女"所诞而无"舅家"，道武帝母云泽感孕而生父难明。这两个典型，已经表明了拓跋氏早期实无基于宗统的君统。

总之，以拓跋氏君长传承的历史实际，道武帝及其麾下大臣，要能凑出《礼记·王制》要求的三昭三穆世系才奇怪呢！也正是要以理论迁就现实，太庙便只建了四庙。但正统还是要讲的，太庙的规制也就仍当有其理据。天兴所定庙制的理据来源颇多而形态复杂，其中应主要包括了流行于当时北方地区的四大内容：首先是礼经正文，主要是《礼记·丧服小记》"王者禘其祖之所自出，以其祖配之，而立四庙"之文。其次是郑玄的有关经注，特别是其注《丧服小记》不提五庙的昭、穆内涵，而只述"始祖感天神灵而生……高祖以下与始祖而五"的内容要旨[①]。再者是郑玄注经喜引

---

① 就当时流行郑、王礼说关于庙数的解释来看：《唐会要》卷一二《庙制度》述贞观九年岑文本议庙制曰："祖郑玄者，则陈四庙之制；述王肃者，则引七庙之文。"大体郑说夏、商、周庙数虽为五、六、七，然皆以始祖加四亲庙为基干；王说则坚守天子七庙、诸侯五庙的礼制等

的纬书，尤其是《礼纬·稽命征》和《孝经纬·钩命诀》关于虞、夏、商、周庙制或七或六或五，而当时唯建四庙、五庙、六庙，"待子孙而备"的说法①。最后是魏晋以来的宗庙故事，包括曹魏初行五庙制而建四庙、景初以后至晋皆行七庙制而建六庙的遗意，以及五胡时期石赵等建庙之事。②

正是因为这些理据的存在，并且充分考虑了其中所蕴的政治内涵，天兴所立太庙，实际上是采纳了《丧服小记》所述远古虞夏曾行，且为国号相同的曹魏采用过的"王者"五庙之制。而之所以唯建其四预留一庙未建，则完全是因为道武既为开国之君，身后必入太庙并为继嗣子孙奉为百世不迁之宗的缘故。《魏书·太祖纪》末载明元帝永兴二年九月定道武帝拓跋珪之谥，"上谥宣武皇帝，葬于盛乐金陵，庙号烈祖③。泰常五年，改谥曰道武"。前引《魏书·礼志一》载明元帝永兴四年，在白登立道武庙，又立道武别庙

（接上页）级，以及由宗统来主导君统的理论彻底性。其《圣证论》以为"礼自上以下，降杀以两，使天子诸侯皆亲庙四，则是君臣同等，尊卑不别"。力主天子七庙乃始祖加三昭三穆。相比之下，郑说既流行于北方，亦要较王说更易附会拓跋氏神元帝以来君统与宗统的传承实际和道武帝标榜正统的现实需要。又五庙之制或亦有取于明堂五室之说，《周礼·考工记》"周人明堂……五室，凡室二筵"之文及其郑注"明堂者，明政教之堂……或举宗庙，或举王寝，或举明堂，互方之以明其同制"。是郑注以为周制明堂、王寝、宗庙三者"同制"，另郑玄笺《毛诗》《考工记》及《礼记·玉藻》有关文字时，又均谓"明堂、宗庙、路寝同制"。这似乎也为择行五庙制而苦心欲弥拓跋世系之紊的一班士大夫，提供了部分依据。

① 清人赵在翰辑《七纬》卷一八《礼稽命征》："唐虞五庙，始祖庙一。夏四庙，至子孙五。殷五庙，至子孙六。"《七纬》卷三七《孝经钩命诀》："唐尧五庙，亲庙四与始祖五。禹四庙，至子孙五。殷五庙，至子孙六。周六庙，至子孙七。"钟肇鹏、萧文郁点校本，中华书局2012年版。

② 《晋书》卷一〇五《石勒载记下》记其先称赵天王，行皇帝事，"尊其祖邪曰宣王，父周曰元王"。旋即帝位，"大赦境内，改元建平，自襄国都临漳。追尊其高祖曰顺皇，曾祖曰威皇，祖曰宣皇，父曰世宗元皇帝。妣曰元昭皇太后。文武封进各有差"。亦行五庙制而先定四庙。

③ 魏收书述"烈祖"为"太祖"，乃因孝文帝太和十五年改道武帝庙号为太祖之故。见中华书局点校本《魏书》二《太祖纪》校勘记。

于宫中，并诏郡国于道武帝巡幸行宫之所立坛。后来还在白登西道武旧游之处立昭成、献明、道武庙，又于云中、盛乐、金陵三处各立宗庙。显然都是对天兴庙制这个用意的贯彻。

可以断定，庙制虽然是关于"祖宗"位次的制度，其瞄住的却是"今上"的地位问题。天兴初年所以弃七庙制而选定了五庙制，也正在于其所蕴含的理论和历史样式，不仅可以体现依本礼典、取仿汉制而标榜正统的宗旨，更可满足确立道武帝为奉天承运开辟之君的地位等基本要求。同时这也便于迁就拓跋氏早期君长传承的实际，使之不一定要讲究父系直系传承前提下的祖宗昭穆之次，以免额外产生种种理论和实际之间的矛盾和尴尬。

结合《魏书·序纪》所载拓跋氏早期君长传承之况，便可看出天兴所建太庙在说明道武帝所承君统和宗统时的若干基本考虑。据《序纪》所载，道武帝以前、成帝以来，拓跋氏早期君长已历二十八帝。而天兴所建太庙既尊神元帝为"始祖"，成帝以下十四帝遂不得入庙，实际是被排除出了道武帝所承君统和宗统之列。这种把二十八帝世系"拦腰截断"的做法，当然不能是随便做出的决定。

首先，《序纪》载成帝以下十四帝"世事"，有两点亟值注意：一是载其"世"，唯泛泛记其"立""崩"，文例与述神元帝以来每帝必述其身世血缘之态截然不同。二是载其"事"唯有三件：成帝"统国三十六，大姓九十九，威振北方"；宣、献二"推寅"两次策划南徙；圣武帝始居匈奴故地媾天女而得神元帝。其语次与述神元帝以来诸帝每须说明其行迹或功业的状况大为不同。

这里的前一点关系到宗统，《序纪》的笔法大体可以说明，道武帝以前拓跋氏的口述史系统中，不是干脆没有神元帝以前诸君长的身世，就是诸君长世系太过荒忽不经，故为《国记》所不取。后一点则关系到君统，只是成帝时期所统各国诸姓，至宣、献帝时的两次大迁徙必已星散。《周书》卷二《文帝纪下》魏恭帝元年十一月记事曰：

> 魏氏之初，统国三十六，大姓九十九，后多绝灭。至是，以诸将功高者为三十六国后，次功者为九十九姓后，所统军人，亦改从其姓。

这段记载颇能反映北族各部落酋长与部众的兴灭倏忽，以及由此构成的部落联盟之况。而《魏书》卷一一三《官氏志》则载：

> 宣帝时，七分国人，使诸国人各摄领之，乃分其氏。自后兼并他国，各有本部，部中别姓，为内姓焉。年世稍久，互以改易，兴衰存灭，间有之矣。

两相参照，可知成帝以来拓跋"国人"和兼并的"他国"，都续有分化改易及"兴衰存灭"，其背后则是各部皆存在着别国分氏的强烈离心倾向。以草原部族易动难安，每做大规模迁徙的生产和生活方式来看，其常态恐正应是各个分治而聚少散多。由此亦可推知，以拓跋部为核心的部落联盟，在成帝以下十四帝时期当仅偶有其形。同时这十四"帝"的传承，亦应如各地早期部族酋长那样经常出于推选，即其君长既可以在，也可以不在父子、兄弟关系范围内产生[①]。面临着这些情况，为天兴君臣计，与其硬说成帝以下十四帝血缘相承，统国相继；的确不如像《序纪》本乎《国记》所显示的那样，存此十四帝相继之次，又以成帝统国和宣、献南迁二事说明神元帝功业所基来得明智。

其次，《序纪》载神元帝事迹，除述其身世神异创业艰难外，

---

① 马长寿《乌桓与鲜卑》第四章"拓跋鲜卑"二"拓跋部和以拓跋部为中心的部落联盟之形成"，据《官氏志》载献帝七分国人之事及《礼志一》所载天赐二年拓跋氏西郊祭天之俗，结合《资治通鉴》卷一五五《梁纪十一》中大通四年所载北魏末年孝武帝即位所用的代都旧仪，精彩地论证了拓跋早期君长曾在部内各姓酋长中推举，至宣帝以来又改从宗室八姓中选认的制度，足为以民族学方法研究北朝史的典范。而这样的制度，当然无须讲究君长为何父之子或何弟之兄，非唯在士大夫眼中属于"不经"之列，且无助于说明道武帝所承的宗统和君统。

相当引人注目的是其在位第三十九年迁部众至定襄之盛乐后举行的祭天之典：

> 夏四月，祭天，诸部君长皆来助祭，唯白部大人观望不至。于是征而戮之，远近肃然，莫不震慑。

此事与华夏文献载夏禹大会诸侯于会稽，斩后至之防风氏，盖属同一母题。而上面两点述《序纪》载拓跋君长的血缘关系和一统格局，皆隐隐以神元帝为界标，似亦有比于夏禹以来"公天下"变为"家天下"的转折。但透过这种表象来看，以拓跋氏为中心的部落联盟在神元帝手中再度崛起后必已开一新局；两经远徙，终于南接中原而定居于匈奴故地的拓跋部族，其社会形态在神元帝"飨国五十八年"期间必已发生了重要变化；生而英睿、雄杰莫测、功业甚伟的神元帝，必在定居匈奴故地以来的拓跋氏口述史系统中具有重要地位。凡此种种，恐怕都不会有问题。加之传说其天女所诞，不仅与各族早期英雄身世传说的"天生"母题相合，亦符儒经如《诗·大雅·生民》《商颂·玄鸟》等处述古圣王之诞降典故，更丝丝扣合了郑玄注《丧服小记》所述"始祖感天神灵而生"的学说[1]。所有这些，自然都构成了天兴君臣所以要尊神元帝为"始祖"的重要根据。

---

[1] 这自然也是《序纪》着力渲染神元帝有关灵迹的部分原因。《文献通考》卷九四《宗庙四·天子宗庙》马氏按语曰："有天下者，必推其祖以配天，既立宗庙，必推其祖为太祖，礼也。自《孝经》有郊祀配天，明堂配帝之说，《祭法》有禘郊祖宗之说。郑氏注以为禘郊即郊也（原注：郑氏以禘为祀天于圜丘，然圜丘亦郊也），祖宗即明堂也。于是后之有天下者，配天配帝必各以一祖，推其创业之祖以拟文王，以为未足也，必求其祖之可以拟后稷者而推以配天焉。夫文王受命作周者也，汉之高帝，唐之神尧，宋之艺祖庶乎其可拟矣。曹孟德、司马仲达以下诸人，逞其奸雄，诈力取人之天下国家，以遗其子孙，上视文王，奚啻瓦釜之与黄钟！然其为肇造区夏，光启王业，事迹则同，为子孙者虽以之拟文王可也。独拟后稷之祖，则历代多未有以处，于是或取之遥遥华胄，如曹魏之祖帝舜，宇文周之祖神农，周武氏之祖文王是也。"便说出了这层意思。

最后，也是更为直接的理由，是《序纪》载神元以后诸帝世系，其君统与宗统仍不吻合，却突出了两个极为重要的事态：一是其君统相继虽多兄终弟及，其间又多篡弑争攘或分头并治之局，但十余帝全为神元子孙。这大约可以表明拓跋早期君长在各姓酋长（献帝以来在八姓酋长）中推选的制度，此后已开始限于神元子孙之内。二是其宗统上虽还有不少难明之处，但其所述诸帝世系中，实已理出了神元至献明父子七人五帝相嗣之次，从而隐隐构成了一条近似于"大宗"的血脉。看来，与君统开始限于神元帝子孙内部传承的现象相应，在宗统方面，父系直系关系也已在发育起来并且日渐凸显。无论如何，突出了这两点，也就说明了道武帝所承君统与宗统的合法性和神圣性，同时又势必要突出神元帝这座拓跋早期历史发展过程中的重要界标。而这反过来又说明了《序纪》所载成帝以下十四帝世事，何以通篇很像是在为神元帝功业作铺垫，其笔法亦与叙神元帝以下诸帝迥然不同的问题。

要之，尊神元帝为始祖，实际上是由成帝以下十四帝相继之次的具体状况，由神元帝在拓跋部族社会形态演变过程中的重要地位，由道武帝所承宗统和君统的近世态势，连同五庙制的内在要求所决定的。这是因为只有神元帝被定为"始祖（大祖）"，才可以顺利地避开成帝以下诸帝之立在君统和宗统上最为尴尬难明的种种问题①。也只有这样，才可以按五庙制的有关原则，在神元帝以来父子六世七人五帝相嗣的宗脉中，择立郑玄所述"高祖以下"四庙，从而把道武帝所承的君统和宗统，尽可能与太庙制度所无法完

---

① 事实上，即便神元帝在拓跋氏早期传说中地位甚高，立之为"始祖"在当时也不是毫无疑问的。以祀天之制为例，《魏书·礼志一》载天兴元年定"祀天之礼用周典……二年正月，帝亲祀上帝于南郊，以始祖神元皇帝配"。然"天赐二年夏四月，复祀天于西郊，为方坛一，置木主七于上……自是之后岁一祭"。至此祀天之制又复旧俗，其仪节则处处体现了拓跋氏早期八酋共主之局面。这似乎说明南郊、西郊祭天之制反复或平行的原因之一，未尝不在依"周典"郊天而独以神元帝为配，庙制中又过分突出了道武所承父子七人五帝相嗣之统，易于引起七酋后人或守旧国人的异议。

全绕开的宗法昭、穆关系比附到一起。

不过可能性虽已开辟，实际做起来却还要面临选择。前面已经提到，天兴元年十二月追尊始祖、太祖和高祖庙号，其酝酿成熟的次序或者是有所先后的。神元帝地位在拓跋氏传说和实际中皆甚重要，确立其位又有如上所述的种种考虑，则天兴元年七月宗庙、社稷开工建造，其始祖地位当已确定，其庙亦应始建于此时。《魏书·礼志一》记太庙告成只述平文、昭成、献明庙成，大概正是因为始祖庙此前业已建成，而这三庙之立则颇费思量，其营造或始于天兴元年十二月宣布三帝庙号之时，告成时间遂延至天兴二年十月。揣其所以要思量的主要原因，当在如何处理道武帝所承君统与宗统的关系。因为《魏书·序纪》虽隐隐呈现了道武帝所承神元以来父子七人五帝相嗣的宗统，但在君统上，其载神元帝子孙在位十二帝（文帝和献明帝从未登位）中，竟有十一帝传承于叔侄和兄弟乃至于祖孙之间（唯章帝继神元为父子相承）。是故那条父子六世七人五帝的脉络，在君统上显然不是依次相承，而总是父在位死后，隔上数帝才轮到其子为君。就是说，诸帝得国多自旁系而非直系。

面对这样的现实，天兴君臣最终决定在始祖神元庙下再建平文、昭成、献明三庙，一方面说明他们已不满于泛泛以神元帝子孙来说明道武帝所承宗统，而一定要以父子直系关系出发来证明这一点；另一方面更意味着以君统迁就和依附宗统，从而断然排除了所有游离于神元至道武父子相嗣宗统之外的旁系诸帝预于庙数的可能。而这两点，显然都寓有强烈的现实内涵，目的是要为道武帝确立传子制堵住缺口和提供理据。考虑到道武以前拓跋君长盛行兄终弟及，至道武以后诸帝传位仍多"家庭之变"的历史[1]，君统迁就和依附宗统的原则在太庙建制过程中的确立，其对拓跋氏有关旧俗的冲击，及其对北魏此后君统传承的意义，是无论如何也不应低估的。

---

[1] 《廿二史札记》卷一五"后魏多家庭之变"条。

事实上，君统迁就和依附宗统的原则一旦明确下来，在始祖神元庙下择建平文、昭成、献明三庙，便成了必然之事。这是因为既然已定五庙制并确立了神元帝的始祖地位，也就势必要定父子相承四亲庙，又要循"待子孙而备"的原则为道武预留一庙，那么从道武帝上数三世，依次正是献明、昭成、平文帝。当然平文、昭成二帝在拓跋氏王图霸业形成过程中的突出地位，其子孙在道武帝开创帝业时的重要作用①，亦甚有助于二帝入祀太庙，被尊"太祖"和"高祖"。《魏书》卷一〇九《乐志》载：

> 天兴元年冬……追尊皇曾祖、皇祖、皇考诸帝，乐用八佾，舞《皇始》之舞。《皇始》舞，太祖所定也，以明开大始祖之业。

《隋书》卷五八《魏澹传》载其隋初受诏编撰《魏史》，表上体例，其二有曰：

> 力微天女所诞，灵异绝世，尊为始祖，得礼之宜。平文、昭成雄据塞表，英风渐盛，图南之业，基自此始。长孙斤之乱也，兵交御坐，太子授命，昭成获免。道武此时，后缗方娠，宗庙复存，社稷有主，在功大孝，实在献明。此之三世，称谥可也，自兹以外，未之敢闻。

这两条资料，都很好地说明了太庙何以在神元之下择立平文、昭

---

① 统计《魏书》卷一四《神元平文诸帝子孙传》、卷一五《昭成子孙传》所载活动于道武帝时期的人物，其中章、昭、桓、穆帝子孙五人，内"神元曾孙"纥罗曾推道武帝为主。平文帝子孙六人，其中曾孙敦从道武征战"名冠诸将"。昭成帝子孙十人，其幼子窟咄曾与道武争统败死；孙仪为平定中原的主将而又有"佐命勋"，虔从道武征伐"勇冠当时"，顺在道武平中山之役曾为平城留守，烈在道武被弑后迎立明元帝；曾孙拔干道武帝亦曾"委以心腹"。由此而论，昭成帝子孙在道武帝一朝实起着非同小可的作用。

成、献明庙的理由。①

尚须稍作说明的是，未曾登位为君的献明帝立庙，完全是因为依汉人宗庙制度的精神，其作为道武帝之父不得不入庙的缘故。据《魏书·序纪》和《太祖纪》所载，昭成帝三十四年，太子献明帝在长孙斤谋反事件中，以身卫帝，伤胁而死。两个月后，其遗腹子拓跋珪诞生，至三十八年昭成帝崩而国众离散，由是迁延近十年后，拓跋珪方即代王位于牛川，即后来的道武帝。据此，则道武帝身世及献明帝地位相当清楚。但《魏书》卷一三《皇后传·献明皇后贺氏传》载：

> 后少子秦王觚使于燕，慕容垂止之，后以觚不返，忧念寝疾，皇始元年崩。

《魏书》卷一五《昭成子孙传·秦明王翰传》附《觚传》载觚为昭成帝第三子秦明王翰之季子，少曾与兄侍卫道武左右，"使于慕容垂……止觚以求赂"②，后因道武帝伐中山而为慕容氏所害，追谥为秦愍王。两者显属一人，但道武帝既为遗腹子，献明后贺氏又怎会有"少子"呢？当然这也可能是献明帝死后，贺氏按北族之俗再嫁

---

① 或以平文、昭成帝功业甚著，为其所以被尊为"太祖"和"高祖"的主要理由。但桓、穆二帝的功业，又何尝让于平文、昭成帝？尤其是平文帝，《魏书·礼志一》载太和十五年四月孝文帝定庙制诏文有曰："远祖平文，功未多于昭成，然庙号为太祖；道武建业之勋，高于平文，庙号为烈祖……比功校德，以为未允。"可见主要不是依据功业，而是要取准君统迁就和依附于宗统的原则，才决定了天兴太庙惟立献明、昭成、平文庙的基本原因。就是说，相比于宗统优先于君统的原则，平文和昭成帝是否拓跋氏从匈奴故地向东南发展以图王霸之业的两位里程碑式的君长，以及平文、昭成帝子孙在佐助道武帝初定中原过程中的重要作用，虽然都有助于其在天兴太庙中的地位，却毕竟只能算是相对次要的理由。况亦不能完全排除平文、昭成庙号既定，就难免对《国记》载事发生影响的可能。

② 《魏书·太祖纪》载登国五年八月"遣秦王觚使于慕容垂"。登国六年六月又载"慕容垂止元觚而求名马，帝绝之。皇始二年三月又载"（慕容）宝遣使求和，请送元觚，割常山以西奉国，乞守中山以东，帝许之。已而宝背约"。元觚必死于此时。

献明帝族人而生少子①。至于觚使燕及其死后封王，当是因其为道武帝异父同母弟之故。不过《晋书》卷一一三《苻坚载记上》述前秦平凉州后，又遣苻洛北灭代国，与邓羌等会师于昭成帝什翼犍之王庭：

> 翼犍战败，遁于弱水。苻洛逐之，势窘迫，退还阴山。其子翼圭缚父请降，洛等振旅而还，封赏有差。坚以翼犍荒俗，未参仁义，令入太学习礼。以翼珪执父不孝，迁之于蜀。

《宋书》卷九五《索虏传》和《南齐书》卷五七《魏虏传》所载亦可与之印证。南人或省称昭成帝什翼犍为"翼犍"，又称拓跋珪为"翼圭"，似是南人视珪为什翼犍之子而派生出来的省称。这些史料又提供了献明帝死后，昭成帝收婚贺氏，遂曾与拓跋珪构成父子关系的可能，并且留下了昭成帝曾被俘长安，拓跋珪则因"执父不孝"而流放蜀地，以及苻坚与什翼犍间对于长安太学等不见于魏收书的秘辛。关于这些历史公案的孰是孰非这里且置不论②，但以《魏书·太祖纪》载道武帝母云泽感孕，《献明皇后贺氏传》载昭成帝末年后与道武帝奔命时，祝祷"国家胤嗣岂止尔绝灭"③，诸如此类奇奇怪怪的文字表明，道武帝身世及献明帝地位，必有不足为外人所道的一面。但《序纪》所本的《国记》既已对献明帝行状及道武帝身世作了结论，天兴太庙不仅要建，且因有人疑惑道武

---

① 中华书局点校本《魏书》卷一五《昭成子孙传·秦王觚传》校勘记以为是献明死后，贺氏下嫁秦明王翰而生觚。

② 《资治通鉴》卷一〇四《晋纪二十六》太元元年述此仍取《魏书》所载而成文，后来不少史家皆信从其说。如吕思勉先生判断："《魏书》以昭成为子所弑，道武为昭成之孙，不如《晋书》及宋、齐二书以昭成为苻坚所禽，道武为昭成之子之可信。"见氏著《魏晋南北朝史》上册第六章"东晋中叶形势（下）"第七节"拓跋氏再兴"，其考详见本章第三节"秦平铁弗氏和拓跋氏"4。开明书局1948年版。又周一良先生《关于崔浩国史之狱》一文再作考证，亦以晋、宋、齐书所载为"可信"。《中华文史论丛》1980年第4期。

③ 《魏书·昭成子孙列传》载昭成末年斤与寔君构难杀诸皇子，两人又皆被苻坚称为"大恶"而戮之，此后昭成之子窋咄仍在而附于苻秦，然则昭成之孙存者极多，而贺此语称道武为仅存之"国家胤嗣"，是直接以献明之子为当然继位者，即以拓跋珪为昭成子孙中最贵之人。

帝身世而尤其要建献明庙，这个道理应当是十分清楚的。

通过以上讨论，天兴太庙何以择行五庙制而唯建始祖神元帝、太祖平文帝、高祖昭成帝和皇考献明帝四庙的问题，大体已得到了解答。总的来看，弃七庙而行五庙，正是在标榜正统、取本礼经典故和拓跋氏早期君长世系传承的实际之间反复权衡的结果。而其之所以要在道武以前二十八帝中择定神元帝为始祖，并且确定太祖平文帝、高祖昭成帝和皇考献明帝在太庙之中的地位，主要还是要明确道武帝所承宗统和君统，尤其是君统依附于宗统的原则，从而得以把道武帝这个奉天承运开创北魏的正统君王的地位推上去、定下来，让其所开辟的帝业传诸子孙万代。

三　宫中另立五帝庙与神元以来的君长传子制

在以上认识的基础上，天兴所定另外几种庙祭之制的头绪也就较易梳理了。

宫中另立五帝庙亟值注意。前曾提到，其有可能位于内宫生活区。如果说外朝或宫门之外乃是道武帝经常要采行汉典礼制装模作样的地方，那么内宫就是他自在地也更多地保留拓跋风习的场所或堡垒了。《魏书》卷一〇九《乐志》载天兴之事：

> 凡乐者乐其所自生，礼不忘其本，掖庭中歌《真人代歌》，上叙祖宗开基所由，下及君臣废兴之节，晨昏歌之。

这种晨昏歌谣，"不忘其本"之况，显然仍存草原遗风[1]。前引

---

[1] 《旧唐书》卷二九《音乐志二》："后魏乐府始有北歌，即魏史所谓《真人代歌》是也。代都时，命掖庭宫女晨夕歌之。"此以"真人代歌"为"北歌"，由宫女晨夕唱之。又《隋书》卷三二《经籍志一》经部小学类著录《国语真歌》十卷。此处"真歌"或即"真人代歌"，而所谓"国语"，《隋志》后叙有曰："后魏初定中原，军容号令，皆以夷语，后染华俗，多不能通，故录其本言，相传教习，谓之国语。"掖庭宫女晨昏皆以鲜卑语唱拓跋旧时的史诗歌谣，其气氛可知。

《魏书·礼志一》载太祖于宫中立五庙，同时亦于"宫中立星神，一岁一祭，常以十二月，用马、鹿各一①，牛、豕各二，鸡一"；后来明元帝增立太祖别庙于宫中时，"又加置天日月之神及诸小神二十八所于宫内"②。这种有别于汉制礼典，在内宫起居之地祭祀祖先和天、日、月、星神及诸小神的做法，似乎带有《礼记·王制》所述"庶人祭于寝"的家祭色彩，亦甚合乎拓跋氏早期杂祀祖先及诸神的旧习③。

事实上，太庙虽是汉人祀典明定之制，王者明其宗统和君统所自的标志，天兴定制却往往只"遣宗正兼太尉率祀官侍祀"。宫中五帝庙的祭祀频次虽少于太庙，却是整套天兴庙祭之制中唯一明定

---

① 今魏收书"鹿"作"荐"，中华书局点校本《魏书》卷一〇八《礼志一》校勘记据《册府元龟》以为"疑作'鹿'是"。今见内亚草原文物多有以鹿为母题的牌饰之类，祭祀用鹿或正是拓跋旧俗之一。

② 这些神祇大体都是拓跋旧俗所祭。《魏书·礼志一》载太武帝太延二年六月"司徒崔浩奏议：'神祀多不经，案祀典所宜祀，凡五十七所，余复重及小神，请皆罢之。'奏可"。可证。

③ 发达的祖先崇拜，基本上可以视为汉人特有的宗教文化现象，而阿尔泰语系各族早期，鲜有主题突出的祖先崇拜及其专门祭仪，其常态是祖神或族源神与诸神并祀，且其族源神往往由诸自然神演化而来，其神格是杂糅的。如被认为原出拓跋鲜卑的锡伯族家家户户都供奉的最重要的祖神为"喜力妈妈"，意谓"娘娘神"，其象征物为一根绳索连接两个树权，上挂小摇篮、弓箭、布条、羊拐骨乃至小犁铧、水桶之类，显见其神格颇杂。对之的祭拜在居室内进行，临祭时把两个树权分别固定于室内东南和西北角，使悬挂诸物的绳索拉开即可。参见吴克尧《锡伯族独特的"喜利妈妈"研究》，载《黑龙江民族历史与文化》，中央民族学院出版社1993年版。与之类似的还有鄂温克、达斡尔、鄂伦春族为全族向各色神灵祈福的"奥米那楞"祭典，每祭祀时须在院内立一棵桦树，室内立一棵杨树或柳树，两树间拉起麻绳，绳上系各色布条。参见秋蒲主编《萨满教研究》第五章"萨满——人神之间的使者"第二节"萨满的承袭"。上海人民出版社1985年版。又如满族有以乌、鹊及犬为祖神之俗，又有在家居庭院中立竿祭天之习，其竿头系有布片等物，祭时则取祭牲肠心肺若干或米、肉之类挂于竿上用以喂饲乌、鹊，是满人之祭天兼有祭祖及图腾崇拜和自然崇拜的意味。此竿满人又称"祖宗竿子"，故有学者认为满人立竿祭天，当兼有祭祖内容。参见刘小萌《满族萨满教信仰中的多重文化成分》，载《中国社会科学院研究生院学报》1989年第3期。由之上溯千余年，《魏书·礼志一》载太武帝太延元年遣李敞诣石室"告祭天地，以皇祖先妣配……敞等既祭，斩桦木立之，以置牲体而还"。适可与上述锡伯族、鄂温克、达斡尔、鄂伦春的斩木拉绳之祭，尤其是与满人立竿祭天之俗相参。而这种立竿祭神之俗，相当普遍地发生于阿尔泰语系各族，其竿形制及其挂饰可有不同，要皆为树神或"宇宙树"（或称通天树、氏族树）观念的变形。参见迪木拉提·奥玛尔《阿尔泰语系诸民族萨满教研究》第七章"萨满教的植物神灵系统"，新疆人民出版社1995年版。

为由帝"亲祀"的一种。而综观道武帝时期的祭祀活动，也正存在着拓跋传统祭祀大典帝必亲行，而依仿汉典之制则多有司主之的规律①。同时宫中五帝庙祭牲用马、牛各一，亦符拓跋旧俗祭祀尊神的规格②。因而可以认为，宫中祭祖，必与拓跋氏旧俗有关。不过，在众多祖先中，宫中所立具体为神元、思帝、平文、昭成、献明五帝之庙，显然仍是要强调太庙庙制体现的道武帝所承君统与宗统，不失为当时对拓跋氏祭祖旧俗的利用、规范和改造。

与太庙相较，宫中五帝庙的特点，除其祀仪依于拓跋旧俗而规制极隆外，亦在于增设思帝庙而不体现太庙庙数"待子孙而备"，为道武帝预留一庙的礼意。因此，在确认太庙五庙制寓意的同时突出思帝的地位，乃是宫中所以要另立五庙的关键所在。但思帝在《魏书·序纪》的记载中，只有其为"文帝少子"，父兄所重，百姓怀服，"飨国一年而崩"数语。这就不能不令人想到，道武帝之所以要在宫中增思帝庙而突出思帝的地位，其主旨还是在强调前述那条神元以来"父子六世七人五帝相嗣"的宗脉。因为太庙虽据这条脉络而明确了道武帝所承皇考献明、皇祖昭成、皇曾祖平文及始祖神元帝的地位，却毕竟还没有直接明确神元至平文帝之间的宗脉递嬗；而宫中五庙增设思帝庙，则不仅平文帝所承之宗统可明，又尤其可以使文帝的地位得以明确。细观《序纪》可知，文帝既从未登位，若非其子为思帝，其称"帝"端赖其为桓、穆之父；但桓、穆二帝相对于道武帝所承平文、昭成、献明帝一脉为旁系，按礼意只能是别人的祖宗，根本无从入充道武帝所承宗统。也就是说，

---

① 《魏书·礼志一》载太祖时唯天兴二年南郊及籍田祭先农帝亲行之，余凡依仿汉典者皆有司行事而已。

② 太庙用牲为汉制礼典所定的太牢。《魏书·礼志一》载太祖"置献明以上所立天神四十所，岁二祭，亦以八月、十月。神尊者以马，次以牛，小以羊，皆女巫行事"。可见马是拓跋旧俗祭祀尊神之牲，而祭祀由女巫行事也是其旧俗，天赐二年西郊祭天即由"女巫升坛摇鼓"。又《北史》卷四九《雷绍传》载其字道宗，武川镇人，与周文善，卒于渭州刺史任上，"遗敕其子曰：'吾本乡葬法，必杀大马，于亡者无益，汝宜断之，敛以时服，事从俭约。'还葬长安"。所称"本乡葬法"，实是鲜卑之俗，"杀大马"为最高等级之牺牲，于此亦可证之。

"文帝"之号若从桓、穆帝而尊，实际上是不能构成道武所承父子七人相嗣宗脉中的一环的。由此可见，太庙建制既定，思帝的地位对明确道武帝所承宗统和君统便成了一个关键，而宫中增立思帝庙突出其地位，文帝才真正成了道武帝所承父子七人五帝相嗣宗脉中的重要一环，这条宗脉也才真正环环相扣地串联起来了。当然这不是不需要代价的，因为以思帝凑足五庙之数，也就势必要放弃太庙行五庙制，而唯建四庙以为道武帝身后地位的礼意。这也许正是道武帝不在太庙而只在宫中设此五庙的理由之一。

但尽管如此，其中应当还有别的理由。因为新问题是：宫中既可增思帝而立五庙，神元帝以来既然存在着父子六世七人五帝相嗣的宗脉，天兴君臣又为什么不现成地采用七庙制呢？关于这个问题，恐怕仍需从拓跋氏早期君长世系的紊杂来求解，从《魏书·序纪》的有关记载来看，不仅道武帝身世及献明帝地位存在着疑惑，思帝的身世地位似亦不无问题。

这个问题田余庆先生业已提出，在《代北地区拓跋与乌桓的共生关系——魏书序纪有关史实解析》二"拓跋东、中、西三部状况与《序纪》所见惠帝、炀帝东奔事"中，田先生综合《魏书·序纪》及《皇后列传》诸处所载，以为思帝继平帝之位不符章帝以来兄终弟及之序。同时其既为文帝兰妃所出少子，先于封后所出诸子而得位亦属不次；享位一年而死，尤其"不像是正常死亡"[①]。循此思路继续考虑，《魏书》中的下列三条记载就很值得注意了：

一是《序纪》载桓帝二年：

---

① 少子登位和享位一年而死，本身都不构成"不正常"的理由。人类学材料显示早期社会中，倘若传子，少子的继承权往往更有保障也更合乎习惯，其例不胜枚举。《左传》文公元年十月载楚成王欲以长子商臣为太子，令尹子上谏曰不可，其语即有"楚国之举恒在少者"之说。又从《序纪》及《魏书》卷一四《神元平文诸帝子孙传·穆帝长子六修传》所载看，次子、幼子或少子继位在神元帝以来君统中并不稀罕。故而思帝登位的"不正常"，实在于章帝、平帝兄弟相及后，其不仅先于其异母兄，也是先于平帝少弟昭帝禄官而继位的。田余庆先生后来在《文献所见代北东部若干拓跋史迹的探讨》一"关于祁皇墓"中，对思帝登位问题及其与桓帝围绕葬父及封后的可能冲突作了说明。二文俱收入氏著《拓跋史探（修订本）》。

> 葬文帝及皇后封氏。初，思帝欲改葬，未果而崩。至是，述成前意焉。

下文且述西晋成都王司马颖、河间王司马颙、并州刺史司马腾俱遣使前来会葬，远近赴者二十万人①。其"述成前意"之语，旨在交代桓帝葬文帝及封氏是继承了思帝的意图。揆诸文帝沙漠汗以来史事，文帝为诸大人"矫害"于塞南，其遗体当已就地处理而葬必草草，封氏生桓、穆二帝而"早崩"；看来思帝在位未几即欲"改葬"，最大的可能是要将文帝和封氏合葬一处，通过此来证明和巩固自己的地位。然"未果而崩"，似思帝在位一年而死，乃与此改葬之事有关，从而令人对桓、穆二帝是否允许兰妃之子思帝合葬其生身父母的问题产生联想。但依情依理，思帝作为文帝之子和在位之君，合葬其父及母后似乎不应有什么不妥；只有其出身、得位俱非甚"正"，才会为此而发生重大变故。从《魏书·皇后列传》文帝皇后封氏传载桓帝大肆渲染其合葬封后与文帝之举，以致"远近赴会二十余万人"来看，这种可能恐不能排除，因为也只有发生了某种变故以后，合葬文帝和封后之事才会变成一个具有重大象征意义的事件和话题，从而不仅值得桓帝作这种近乎夸张的渲染，而且使之得以进入了惜墨如金的《魏书·序纪》和《皇后列传》关于道武帝以前诸后的记载。

二是《序纪》载穆帝三年：

> 帝使弟子平文皇帝将骑二万助琨。

---

① 《魏书·序纪》未述此时葬文帝及封氏者为昭、桓、穆并立三帝中的哪一帝，《魏书》卷一三《皇后列传·文帝皇后封氏传》则明载"文帝皇后封氏，生桓、穆二帝，早崩。桓帝立，乃葬焉"。其下文又载"高宗初，穿天渊池获一石铭，称桓帝葬母封氏，远近赴会二十余万人。有司以闻，命藏之太庙"。是《序纪》述远近前来会葬一段乃据此石铭而书，当属后来史臣之补记。

此"弟"即思帝，案《魏书·序纪》文例，凡在道武帝追尊二十八帝之列者，必称"帝"或庙号，通篇载此二十八人之事而不称"帝"者，唯此一例。况登位远在穆帝之后的郁律亦书作"平文皇帝"，为君在昭、桓、穆帝以前的思帝又何以不称为帝？倘仅此一例，还可以用魏收书《序纪》文字在流传过程中不免讹误来解释①，但结合上例，这样的记载就更让人对思帝是否在位或其得位"正"否产生怀疑了。因为无论这个"弟"字是《国记》照录拓跋氏早期口传世事的结果，还是史臣的有意所为，此处述穆帝"使弟子平文皇帝将二万骑"，而不述穆帝"使思帝子平文皇帝将二万骑"，似正像是穆帝本不以思帝为"帝"之况的写照，这与上面推测封后之子桓、穆二帝在父母合葬问题上的可能态度恰可印证。

三是《魏书》卷二三《卫操传》载献文帝皇兴初年，雍州别驾段荣于大邗城掘得一碑，乃是桓帝崩后其重臣卫操为称颂桓、穆帝功德而立，其碑文极称二帝"治国御众，威禁大行"等种种功业，然后有一段云：

> 非桓天挺，忠孝自然，孰能超常，不为异端。回动大众，感公之言，功济方州，勋烈光延。升平之日，纳贡充蕃，凭瞻銮盖，步趾三川。

此其所述"忠孝自然"的对象，看起来只有身为神元帝之子、桓帝之叔，又是在位之君的昭帝才当得起。而细味其"孰能超常，不为异端"一句，似桓帝对昭帝平素"纳贡充蕃"，乃是一件"超常"之事②，并且曾有"回动"欲推其登位之"大众"转而拥奉昭帝之

---

① 遍检诸本，此处皆称"弟"，这种讹误的可能似亦不大。
② 《官氏志》载神元以来诸部诸姓内入者云："凡此四方诸部，岁时朝贡。"思帝崩后昭、桓、穆虽三分国人各治其部，然昭为君，桓、穆为臣，分属"纳贡充蕃"。

事发生。因为思帝越过昭帝而先登位固属不次，但思帝既已登位，其后再由昭帝继位，同样也是"超常"不次之事。联系上面两条材料，合理的解释应是文帝三子思、桓、穆争位，到思帝改葬文帝及封氏"未果而崩"后，桓帝本来是最有可能被其部众及穆帝所部拥立为君的，但他却力劝他们推选昭帝登位，并在三分其国而治的局面中维护了昭帝作为拓跋共主的地位。考虑到碑文前面合桓、穆二帝功业而言，自此段起行文方单述桓帝之事，则其只颂桓帝"不为异端"，似乎穆帝在这件事情上虽最终听从了桓帝，但在一开始，却未尝不是想"异端"一下的。无论如何，桓帝拥护昭帝"不为异端"，既被作为"超常"之事来称颂，也就再次佐证了思、桓、穆帝曾经争统的可能，即便桓、穆帝大致同属一派，其间恐怕亦非铁板一块。而昭、桓、穆帝三分其国局面之后，桓帝一支独大的现象，于此也已埋下了根基。

由上可见，在思帝欲改葬文帝、封氏"未果而崩"的背后，必存在过思、桓、穆争位的尖锐冲突，其中亦必蕴含着思帝当时地位及其身世的历史谜团。而这一冲突的背景，又可结合神元帝以来围绕君长传承制度而发生的一系列事变来加以认识，因为种种迹象表明，文帝三子思、桓、穆帝争位的活剧，正可说是神元帝力微以来拓跋君长传子制浴血发展的一个历史回澜。

事当先从文帝沙漠汗说起。《魏书·序纪》载文帝事迹突出了两点：一是在神元帝以下十三帝中，除章、平、昭帝外，其余十帝皆为文帝后裔。据此则文帝在神元帝以下拓跋君长世系中，其地位真可谓无与伦比。由于昭帝与桓、穆二帝实乃三分其国的并立关系，是故平帝以后的君长传承，无论是兄终弟及还是偶尔一现的父死子继，实际上都是在文帝三子思、桓、穆帝及其子孙间摆动的。因而思帝在位虽为时甚短，却正是这个局面及文帝地位之所以形成的开端和关节点。二是文帝本人行状被附述于神元帝世事，所述主要是其为"太子"，两度质晋凡十年，归国途中因晋行反间，而为诸大人沮害于塞南。关于这个事件的缘由，表面上看是因为文帝汉化甚深，为晋之谋臣及拓跋保守大人所忌，但仅仅这样解释显然是不够的。因为能够让晋的反间和保守大人起作用的基本框架或背景，端在神元帝亟欲建立或巩固的君位传子制，在当时拓跋氏政治文化中无异于"向传统宣战"的惊世骇俗之举。

前已提到马长寿先生关于拓跋早期君长推举制演变过程的精彩论述，马先生所揭宣帝以前君长出于众酋推选，宣帝以来或改由八姓酋长（后称八部大人）共举的事实[①]，正是这里继续探讨神元帝以来拓跋君统问题的基本前提和基础。《魏书·序纪》载拓跋早期君长有世系可言者，乃自圣武帝始，其行文先述献帝策划南迁，继述"帝时年衰老，乃以位授子（即圣武帝诘汾）"，其意似为献帝已无力领导南迁而由其子登位摄事，这种帝尚在而子登位摄事的做法，当时应是拓跋史上的一个特例。参以《序纪》载此前诸帝唯言"立、崩"而不述世系，这似乎也已隐寓了献帝以前皆前主崩而后主立，献帝以来方有君长传子制的事实[②]。继而《序纪》述圣武帝媾天女而得子，此子艰难创业而聚诸旧部，是为神元帝力微。足见神元帝虽承父为君，实际上还是一种特殊情况。

崔鸿《十六国春秋·南凉录》[③]和《晋书》卷一二六《秃发乌孤载记》皆述秃发氏"其先与后魏同出，八世祖匹孤，率其部自塞北迁于河西"。《元和姓纂》卷一〇《源氏》述匹孤为圣武帝诘汾

[①] 笔者以为，从《序纪》载献帝在世而传位其子圣武帝诘汾一事判断，献帝以来形成的，实际已是宗室七姓共奉拓跋氏子孙为君的格局，而马先生所概括的，也有可能是献帝令兄弟七人分领国人以前的情形。因为据姚薇元先生《北朝胡姓考》内篇第一《宗族十姓》研究，宗室十姓中的纥骨氏和乙旃氏乃属高车之部，可见献帝七分国人以所统领的，正是一个包括两个高车之部在内的八部联盟，其时盟主即当由八族共举。

[②] 《三国志》卷三〇《魏书·乌丸鲜卑东夷传》及《后汉书》卷九〇《鲜卑传》等处皆载："自檀石槐死后，诸大人遂世世袭也。"而据万绳楠整理《陈寅恪魏晋南北朝史讲演录》第六篇"五胡种族问题"考述，献帝拓跋邻正是檀石槐辖下的西部大人之一。黄山书社1987年版。

[③] 《太平御览》卷一二六《偏霸部》引。

长子，而神元帝力微则为庶子。现在看来，匹孤盖为神元帝的异母兄，其远走河西，当在《魏书·序纪》神元帝元年所述"先是，西部内侵，国民离散，（帝）依于没鹿回部大人窦宾"一事涵盖之下。此事或正与圣武帝传位问题有关，"西部内侵，国民离散"八字，表明圣武帝诘汾末年，其治下内外诸部必曾发生过某种事变。其事与献帝传位圣武帝有无关系，应当是一个值得思考的问题。无论属于何种情况，拓跋氏早期的君长传子制，大体要到神元帝前不久的献帝之时方启其渐，这大概是没有问题的。

现在再看《魏书·序纪》载神元帝力微世事，其要一述其生而神异，率部创业；二述其于在位第三十九年合众祭天，光大部落联盟与魏"和亲"。此后其全部篇幅，其实都是在交代文帝沙漠汗何以竟不得继位。这不啻是说，传位问题，乃是神元帝最后二十年中最大的事业和"心病"。而《序纪》述圣武帝媾天女而生神元帝，天女告以"子孙相承，当世为帝王"云云，这段无异于为传子制作舆论渲染的神话，似正与之遥相呼应①。由此细味《序纪》载神元帝八十六岁时"遣子文帝如魏"，继述文帝"以国太子留洛阳，为魏宾之冠"，其文意已寓神元帝有鉴于拓跋旧俗和诸部大人的态度，不得已才采取了假质子于魏，尊其"太子"地位于远国的谋略。

也正是因为如此，才可以晓畅地理解《魏书·序纪》的下列文字：文帝以所谓"太子"身份充质洛阳期间，诸部大人似尚在观望而未掀波澜。六年以后"始祖春秋已迈，帝以父老求归"，神元传位"太子"之意应已显露。七年后文帝再短期赴晋，于是晋臣卫瓘

---

① 这一传说的内涵和功能，一是神元帝知父而不知母，在依各族早期英雄传说的"天生"母题而神化其身世的同时，强调了父系直系关系。二是神元帝为天神之子的身份，使其本人及其子、孙易于成为八姓共主，尤便于斩断与推举制的脐带。因而其固然也曲折地反映了母系或母权的存在，却主要是一个以父系和父权观念为背景和实质，体现拓跋君统正从推举制过渡为传子制的传说。由此再观《魏书·皇后传》末史臣曰："始祖生自天女，克昌后叶。"所谓"克昌后叶"，正是天女还子时说"子、孙相承，世为帝王"所要传达的意思。

密启晋帝"请留不遣",且"以金锦赂国之大人,令致间隙,使相危害"。可见早已习惯并且得利于推选制的诸部大人,在神元帝传子意图日显时,业已轻则疑惑,重则纷扰,晋之反间才有"间隙"可乘。两年以后,文帝归国,始祖大悦,"使诸部大人诣阴馆迎之",这实际上是摆明了硬要通过"迎之"来正式明确文帝的储君地位,诸"大人"的不满和图谋也就达到了高潮。接着文帝被害,神元帝必不善罢甘休,甚至欲"尽收诸大人长子杀之",才有乌丸王库贤鼓噪诸部大人,公然对抗而"各各散走",神元帝竟猝死于这一事变,其手创之部落联盟亦因之而瓦解。事情很清楚,如果不是代表传子制的神元帝与代表推选制的诸部贵族大人,尤其是与宣帝以来同为帝族的宗室七姓之间的这种带有根本性的冲突,仅因晋之贿赂反间而杀一深度汉化之沙漠汗,实不足以导致联盟崩溃、神元帝身死的结局①。

　　神元帝身死,以拓跋为首的部落联盟瓦解后,其次子章帝在"诸部离叛,国内纷扰"中被推上了君位②。看起来,传子制竟似

---

① 《晋书》卷三六《卫瓘传》载瓘泰始初拜征北大将军都督幽州诸军事、幽州刺史、护乌桓校尉,正是北边事务的主管者。"时幽、并东有务桓,西有力微,并为边害。瓘离间二虏,遂致嫌隙,于是务桓降,而力微以忧死。"《晋书》卷三《武帝纪》咸宁三年正月:"使征北大将军卫瓘讨鲜卑力微。"马长寿《乌桓与鲜卑》第四章"拓跋鲜卑"二"拓跋部和以拓跋部为核心的部落联盟之形成"以为晋实未出兵,此乃"春秋笔法"。《魏书·序纪》述瓘行间于神元帝五十六年,值晋咸宁元年而非《晋书》所记的咸宁三年。则西晋为除"边害"先行间致隙,再出兵助成其乱的可能暂不宜排除。但若不是神元帝与诸部大人及宗室七姓酋长间围绕着君长传子制发生了尖锐矛盾,则事当非至于此。此亦可见神元帝以来拓跋氏历史演进的关键,母族、妻族或乌丸各部尚非甚要,而在于拓跋氏本身帝族八姓内部亦即"旧人"或"国人"之间的关系。

② 前已述"天女"所生的神元帝是有其异母兄弟的,但他们很可能在圣武帝末年因故"离散"而去,这应当是神元帝身死后,其次子章帝得以继位的一重原因。另一重可能的原因,则是神元帝多年经营传子制,反对他的大人又在太子文帝死后,神元不想善罢甘休的事变中"各各散走",留下来的大人遂依神元帝遗志而推立章帝。又《魏书》卷四一《源贺传》载其"自署河西王秃发樗檀之子",而河西秃发氏之祖匹孤正是神元的异母兄。《魏书》卷一四《神元平文诸帝子孙传》所载诸帝子孙,皆交代其出于何帝,唯有三人不作交代,其中两位被述为道武的"族弟",一位为"国之疏族"。所谓疏族当即《官氏志》所载宗室十姓中的"疏族"车焜氏之后,而这两位"族弟",或者也是神元帝兄弟的后裔?

在悲剧之后得到了喜剧式的贯彻①，但其实并不完全如此。继章帝者为其弟平帝，二帝的兄终弟及，表明他们很可能还是按旧俗由部族大人在"国赖长君"的原则下推举出来的，不过神元帝子孙在君统传承上的优先权，似已在反对传子制的大人们"各各散走"后得到了确认。以神元帝享国五十八年的经营，仍不足以保住"太子"而实行传子制，能够使章帝以后拓跋君长兄终弟及地从其子孙中产生，从而曲折地实现天女口中"子孙相承，世为帝王"的预言，已不失为很大的成就。也正是在这样的背景下，神元帝之子章、平、昭帝兄弟相继未毕，中间忽然插进来一位他们的侄子思帝，便不能不令人产生重重疑问：难道是留下来的部族显贵不乏神元帝当年改革推选制旧俗的心腹，是他们悯于神元帝遗志及文帝之死而最终推选了思帝？或者是思帝凭自身经营而为"父兄所重、百姓怀服"，又借其母族乌洛兰氏之力而夺位成功？诸如此类的疑问，今天可能再也无法解答了，但有两点至此当可得而明确：

第一，章帝的不次登位为君，必与神元帝晚年为实行传子制而明确文帝的"太子"地位有关，至于作为"少子"的思帝何以先于二兄桓、穆帝而上承文帝，前举三条记载可证其中必有蹊跷。以拓跋君统兄终弟及的规则一直盛行到了昭成帝登位的事实来衡量，思帝先于神元之子和平帝之弟昭帝，又跃居其兄桓帝和穆帝之前为君，的确是一件相当反常的事情。而这件反常的事情，对于通过思帝确立文帝在道武帝所承宗统中的地位，对于梳理出道武帝所承神元帝以来父子相嗣七人五帝的宗统来说，又具有绝对重要的意义。

第二，无论思帝身世、地位存在着多少疑团，他的不次为君，不仅意味着其父沙漠汗当年被"矫害"于塞南的无辜，而且首先确认了"太子"文帝在神元帝以来君统中的地位，而这同时也就打开

---

① 《后汉书》卷九〇《鲜卑传》载檀石槐死后，其子和连代立，"众畔者半"；和连死后，兄子魁头立；魁头死，其弟步度根立。可见鲜卑大酋檀石槐死后，同样出现了传子制与国难纷乱相伴，并常借助于兄终弟及来曲折发展的现象。

了文帝长、次子桓帝和穆帝登位为君的大门。从《魏书·序纪》中可以看出，桓、穆二帝的个人才能绝不逊于思帝，封后之族是贲氏，当亦不弱于思帝母族乌洛兰氏①，更不必说他们较之思帝更便利用可能存在的文帝旧部了②。由此可见，思帝为君未几即欲改葬文帝、封后，或正是要消解或统合较自己更有资格登位为君的桓帝、穆帝的政治基础，然此举终因其身世、地位俱有疑问而遭强烈抵制。结果则是思帝欲改葬父母"未果而崩"，桓、穆二帝则与其叔昭帝达成了三分国人、各为其君的局面。

总之，若按汉制礼法来看，思帝就是这样一位身世、地位颇多谜团和争议，又在道武帝所承神元帝以来宗统中不可或缺的君长。正由于其不可或缺，思帝庙看来是非建不可；而谜团和争议的存在，其庙似又无法建在太庙之中。因而宫中别设五帝庙之举，一方面可能是拓跋氏存在着于居处杂祀祖先诸神的旧俗，而道武帝则通过"亲祀"，通过其采用传统的祭仪，表达了尊重和延续此俗的意愿。另一方面，其所设为神元、思帝、平文、昭成、献明帝五庙，又说明其实际上是按汉人庙制明帝系、示正统的要求，利用、规范和改造了以往拓跋氏祭祖的精神实质，使之构成了进一步强调道武帝所承宗统的一个胡体汉用的工具。非但如此，相较于太庙，其胡、汉杂糅的仪节和增设思帝庙的特点，既符于汉制礼典的精神，解决了突出思帝地位以铸成神元帝以来父子七人五帝相嗣之脉的问

---

① 《魏书》卷一一三《官氏志》述神元帝力微时余部诸姓内入者，北方有乌洛兰氏，后改为兰氏。姚薇元《北朝胡姓考》内篇"魏书官氏志所载诸胡姓"第四"四方诸姓"32"兰氏"以为乌洛兰氏当系匈奴部族，汉时已单称兰氏，见《史记》卷一一〇《匈奴传》。又《晋书》卷一二三《慕容垂载记》述其称帝，"追遵母兰氏为文昭皇后，迁祕后段氏，以兰氏配飨"。《晋书》卷一二四《慕容宝载记》述宝为"兰汗"所弑，汗乃慕容垂之季舅，慕容盛之岳父，弑宝后，自称大都督大将军大单于昌黎王。《晋书》卷一二四《慕容盛载记》又载"宝为兰汗所杀，盛驰进赴哀"云云。后兰汗遂为慕容盛所诛，兰汗子兰和、兰杨亦为诛之。并提到兰汗后来杀其兄提，"汗兄弟见提之诛，莫不危惧，皆阻兵背汗"。又提到汗有兄子兰全。是后燕境内兰氏族势甚壮。

② 《魏书·序纪》述思帝以后昭、桓、穆帝三分其国各治一部，昭帝东依宇文部而治，桓帝治代郡参合陂北，穆帝治定襄之盛乐。桓、穆帝所治正是神元帝所都的核心要地。

题；又因其所具的拓跋旧俗形式，回避或消解了时人眼中思帝身世、地位的可能谜团；从而起到了与太庙制相辅相成而共同明确着道武帝所承宗统的作用。

四　神元以下七帝之祀与烈帝、昭成帝兄弟相及

与宫中五帝庙相较，云中及盛乐旧都祀神元以下七帝，虽岁仅三祭，"祀官侍祀"，但其用牲同为"马、牛各一"，似透露此制规格固不若宫中祖神之祀，然亦当有拓跋旧俗为其背景。可为佐证的，如《魏书》卷一〇八之一《礼志一》载明元帝神瑞时，亦于白登西道武帝旧游之处立庙：

> 立昭成、献明、太祖庙，常以九月十月之交，帝亲祭，牲用马、牛、羊，及亲行貙刘之礼，别置天神等二十三于庙左右，其神大者以马，小者以羊。

据上所述，其"帝亲祭""牲用马"和"别置天神二十三于庙左右"等项，正是拓跋祭祀旧俗的体现①。然则云中、盛乐旧都祀神元以下七帝，同样是一种"胡体汉用"的做法，亦即以之利用、规

---

① 《魏书》卷二八《和跋传》述跋为代人，世领部落，太祖因事斩之，且诛其家。"后世祖西巡五原，回幸牙山校猎，忽遇暴风，云雾四塞。世祖怪而问之，群下佥言跋世居此土，祠冢犹存，其或者能致斯变。"是拓跋氏确有故地建祠之俗。又《晋书》卷一一〇《慕容儁载记》述其称帝后，自蓟城迁于邺，"使昌黎、辽东二郡营起庾庙，范阳、燕郡构觊庙，以其护军平熙领将作大匠，监造二庙焉"。案：《晋书》卷一〇八《慕容廆载记》及卷一〇九《慕容皝载记》，述廆先在辽东，后迁昌黎；皝先在昌黎，后迁龙城；慕容儁又自和龙迁蓟城，再迁于邺。又据《晋书》卷一〇七《石季龙载记下》附冉闵事迹，述其被慕容儁所擒，"鞭之三百，送于龙城，告廆、皝庙"。其事当在永和八年，是龙城实有廆、皝之庙。此亦建别庙于"旧都"也，则于祖先旧游之地建庙或立坛祭祀非仅拓跋为然，而有可能是鲜卑各部的共俗。然则《魏书》卷一〇六上《地形志上》载肆州永安郡驴夷县有"代王神祠"，《水经注》卷一三《灢水》述牧牛"山上有道武帝庙"，乃至于《魏书·序纪》及《卫操传》载操树桓帝碑于大邗城颂其功德，就都可以看作鲜卑有旧游之地立祠以祀之俗的表现。

范和改造了拓跋氏旧都祭祖的传统习俗，并为之灌注了道武帝现在所需要的、强调自身所承宗统的新内容。

前文曾述，"七帝"最有可能是神元、文帝、思帝、平文帝、烈帝和昭成帝、献明帝七人。现在则可明白，除这七人直接构成了道武帝所承父子七人五帝相嗣的宗统外，神元帝以下七帝之祀，一方面是在宫中增思帝立五庙的基础上，正式明确了文帝的地位；另一方面，其不计道武帝而增祀烈帝，与宫中增祀思帝以足五庙之数的立意，也是完全相通的。只是由于文帝地位通过宫中增立思帝庙一事基本上已得敲定，祀此七帝的意义，也就不尽在于进一步确立文帝的地位，其新意或强调的重点，当尤其在于烈帝翳槐之祀。也就是说，烈帝在神元帝以来父子七人五帝相嗣的宗统中，也占着一个相当特殊的地位。

事实上，"烈"之为谥，非比寻常。《逸周书·谥法解》曰：

> 有功安民曰烈，秉德遵业曰烈。

《经世大典·君谥》及《后妃谥》分别引有汉末刘熙《谥法注》云：

> 烈，业也。以道德为业，而能尊之也。

又云：

> 民安功成，灼然者也，故曰烈。①

可见在华夏传统，在汉人的谥法理论中，唯功、德灼然者，方得以

---

① 《永乐大典》残本卷一三三四五寘字韵谥字部所录《经世大典》佚文引。中华书局1986年版。魏晋以来谥法著述，多围绕《周书》谥法篇及刘熙注而发展。参见楼劲《〈玉海〉五四〈艺文部〉所存沈约〈谥例序〉文笺解——汉末魏晋几种谥法文献的有关问题》，载《文史》2005年第1辑。

"烈"为谥。更有甚者,道武帝乃北魏开辟之君,于拓跋氏实有再造之功,而明元帝永兴二年上其庙号,亦无非"烈祖"而已。此中原因,在于汉人的典籍和传统中,"烈祖"之号,本有开国创基之君的意味,其义与"太祖"有相当接近的一面①。由此看来,道武帝所定烈帝之谥,本身就意味了对其功德的高度推崇。而之所以如此,又与烈帝在造就道武帝所承父子七人五帝相嗣宗统时的特殊地位密切相关。

这一点在《魏书·序纪》中亦已体现。其所示神元帝以来父子六世七人五帝相嗣的宗统中,烈帝和昭成帝兄弟相继本来就是特例。只是由于二人皆为平文帝之子,神元帝以来父子七人五帝相嗣之脉中的这个兄弟相及的特例,也就仍不足以害及道武帝所承宗统的连贯性②。其实,在天兴太庙建制所曾参考的魏晋掌故中,晋武帝所承宗统,即包括了景帝司马师和文帝司马昭兄弟二人。更何况,晋初太庙采王肃礼说而"祠六世,与景帝为七庙"的做法③,简直就是道武帝于盛乐旧都祀神元以下六世,内加烈帝以为七人的

---

① 《日知录集释》卷二四《艺祖》条引《左传》哀公二年:"卫太子祷曰:'曾孙蒯聩敢昭告皇祖文王,烈祖康叔,文祖襄公。'"顾炎武据此认为,古人常以烈祖谓"始封之君"。其又引唐宋之例,认为:"以太祖为烈祖,太宗为神宗,亦古人之通称也。"至于魏晋以来"烈祖"地位的崇高,《三国志》卷三《魏书·明帝纪》景初元年述帝定宗庙之制,预定已号"烈祖"有曰:"武皇帝拨乱反正,为魏太祖,乐用《武始》之舞。文皇帝应天受命,为魏高祖,乐用咸熙之舞。帝制作兴治,为魏烈祖,乐用章武之舞。三祖之庙,万世不毁,其余四庙,亲近叠毁,如周后稷、文、武庙祧之制。"此事当亦为道武帝定烈帝之谥及明元帝定道武帝庙号之所鉴。赵超《汉魏南北朝墓志汇编》收录的北魏后期《元广墓志》《元维墓志》《元玕墓志》俱称道武帝为"烈祖",南朝萧梁《萧正表墓志》亦称太祖文皇帝萧顺之为"烈祖",可见南北朝俗间仍称太祖为烈祖。

② 《宋书》卷九五《索虏传》称昭成帝什翼犍为穆帝猗卢之孙(称"卢孙什翼犍")。此"孙"倘非泛泛以语"从孙",或属南人传闻之误,或生什翼犍之平文帝后王氏本为穆帝子妃,而后则归于平文帝?由之再联系其前思帝,其后道武帝身世地位之谜,其所承父子七人五帝相嗣宗脉的疑点实颇不少。

③ 《晋书》卷一九《礼志上》载武帝泰始二年正月,"追祭征西将军、豫章府君、颍川府君、京兆府君与宣皇帝、景皇帝、文皇帝为三昭三穆。是时宣皇未升,太祖虚位,所以祠六世,与景帝为七庙,其礼则据王肃为说也"。《晋书》卷二《文帝纪》载咸熙元年三月,司马昭由晋公进爵为晋王,五月追加司马懿为晋宣王,司马师为晋景王。二年八月司马昭卒,九月谥为晋文王。是晋国初开时,实际上已排定了景、文相继为统之序。又《晋书》卷一二《乐志上》载泰始二年命傅玄撰词之《祠景皇帝登歌》,内有"纂宣之绪,耆定厥功……惟天之命,于穆不已"之句,亦点出了晋景帝上承宣帝下启文帝,遂使"天命"传承不绝的历史地位。

现成样板，这应当并不是一种巧合。由此亦可看出，天兴太庙虽最终择行了五庙制，但当时君臣于魏晋以来通行的七庙制必曾深加留意。非但如此，与司马师、昭兄弟权位授受对于晋武帝的意义相仿，拓跋氏烈帝和昭成帝的兄终弟及，对于后来道武帝的地位与帝业，同样具有不可估量的意义。

烈帝翳槐地位的特殊和重要正在于此。试观《魏书·序纪》述神元帝身后，先是其子章帝、平帝、昭帝与其孙文帝子思帝、桓帝、穆帝交叉在位。到穆帝与子六修失和而崩，桓帝子普根及普根幼子在位，然后思帝子平文帝登位。接着便是桓帝之子惠、炀二帝兄弟相及，直到平文帝长子烈帝与炀帝并立而争位成功，传位其弟昭成帝什翼犍，是为献明帝之父，道武帝之祖，这才成就了道武帝所承神元帝、文帝、思帝、平文帝、烈帝和昭成帝、献明帝父子七人五帝相承之脉。即此可见，烈帝实为拓跋君位传承稳定到平文、昭成帝一脉的关键或枢纽。由此再看《序纪》所载烈帝面临的时势，其中有三件事情都有可能使昭成帝无法继位，从而使道武帝所承父子七人五帝相嗣之次无法成立。

一是经神元帝晚年的事变和文帝之子思、桓、穆三帝争统之局，传子观念在拓跋君长传承过程中已明显抬头。《魏书·序纪》载昭帝继思帝登位，与桓、穆帝三分其国各统一部，桓帝统部十一年崩，"子普根代立"。而昭帝崩后穆帝一统三部，晚年为长子六修所弑，六修又被闻难来赴的普根"攻灭"。以此综以《魏书》卷一四《神元平文诸帝子孙列传·穆帝长子六修传》、卷一一一《刑罚志》及《晋书》卷六二《刘琨传》等处所载，穆帝之祸当因其政过苛，部众生隙，尤其是六修、比延二子争位所致。继而普根"立月余而薨"，桓帝之祁后立普根之"始生子"，此子不久又薨，君统转至思帝子平文帝。平文在位五年，祁后又恐平文帝得众"不利于己子"而害帝，大人数十人同时被杀。然后君统又归至桓帝一支，祁后之子惠帝、炀帝依次登位。

很明显，神元帝欲行传子制虽付出了身死国灭的惨重代价，却毕竟已为传子制开出了一条得以不绝若缕地延伸、展开的血路。上列事态也表明，昭、桓、穆三帝以来，兄弟相及规则虽仍在君位传承中起着某种基本作用，但父死子继从观念到实际的发展，应当已经构成了烈帝末年考虑传位问题的一个重要选项①。在此背景下，烈帝舍己子而传弟昭成②，无论其因何而然③，在当时固属极具魄力之举，对后来道武帝所承宗统及其帝业来说，却实在可称是功德无量。

二是烈帝传位昭成帝之事曾有波折。关于此事，合《魏书·序纪》及《神元平文诸帝子孙列传·高凉王孤传》而观，烈帝临终的局面是：长弟什翼犍即后来的昭成帝，其时质于后赵邺都；次弟屈"刚猛多变"，为诸大人所忌；三弟孤"宽和柔顺"，颇有人缘。烈帝虽遗命"必迎立什翼犍，社稷可安"，诸大人却以昭成帝"来未可必，比至之间，恐生变诈，宜立长君以镇众望"，竟杀次弟屈而"共推孤"。结果是孤以为"吾兄居长，自应继位"，毅然"自诣邺奉迎，请留身为质"；石虎则"义而从之"，昭成遂得归国即

---

① 《魏书》卷一四《神元平文诸帝子孙传·高凉王孤传》载其为平文帝第四子，烈帝薨后群臣本欲推立其为君长，而孤则让国于昭成，遂致其"子斤失职怀怨"。《魏书》卷一五《昭成子孙列传·寔君传》载昭成欲传位慕容后之子，其长子寔君遂与斤心怀不满共构难，"尽害诸皇子"。这两条记载皆反映了此期传子观念之进展。

② 《魏书·神元平文诸帝子孙列传》载有烈帝第四子谓、曾孙大头、玄孙齐数人，以此不难推见烈帝子孙甚多。

③ 《魏书》卷一三《皇后传·平文皇后王氏传》载其广宁人，"年十三因事入宫，得幸于平文，生昭成帝。平文崩，昭成在襁褓……烈帝之崩，国祚危殆，兴复大业，后之力也"。是烈帝传位昭成帝一事，昭成帝生母平文后王氏颇有力焉。然烈帝本由国人推立，又坚忍强毅并非庸主，一般情况下是很难想象其在传位问题上受昭成帝之母王氏控制的。在道武帝追尊烈帝，将之纳入己身所承宗统的事实面前，亦难设想烈帝与平文后王氏欲立昭成帝之意竟会尖锐对立。故事实很可能是烈帝与王氏在昭成帝继位问题上意见一致。考虑到前引《宋书·索虏传》称昭成帝什翼犍为穆帝猗卢之孙之事，以及北方各族悉报收继婚制的流行，平文死时少年王氏的婚姻状态必甚复杂，亦不能排除后来由烈帝烝婚王氏的可能。然则昭成帝什翼犍从父算固属烈帝之弟，以母系计实有可能是烈帝之子，于是烈帝何以遗命传位昭成帝？诸大人何以欲立宽和柔顺的烈帝三弟拓跋孤？以及王氏何以得在昭成帝继位时起重大作用？诸事盖无不可涣然得释。

位，并念孤义而"分国半部以与之"。这就表明，兄终弟及规则在当时仍为各方认同，唯"大人"们不欲长弟而欲幼弟继位，意见与烈帝相左。细核之，《序纪》述烈帝登位，实赖母舅之族贺兰氏及诸拓跋大人推奉[1]，而烈帝登位便通好石勒，遣弟什翼犍往质，亦有外结强援，以牵制贺兰氏及诸部大人的意思。七年以后，烈帝以"不修臣职"杀贺兰部帅蔼头，以致"国人复贰"，便可为证。故后来烈帝与炀帝争统，诸部大人已改"奉"炀帝，反倒是石虎接纳了烈帝，奉以第宅伎妾，又出兵助其复位。经过这样的变化，烈帝对石虎已形同附庸，而诸部大人与烈帝嫌隙必深，他们尤其不欲烈帝传位给先通石勒、后结石虎的长弟什翼犍，又受制于传统的兄终弟及原则，便不惜曲以"昭成难归，宜立长君"的口实（这个口实无庸细辨而破绽百出），杀掉了"刚猛"的次弟屈，以便尽快推立"柔顺"的三弟孤。

因而烈帝传位的这场波折，其焦点之一，仍是在传位问题上究竟是听君长的，还是听诸贵族大人的？与神元帝末年发生的传位冲突相比，现在这种矛盾的范围、烈度和展开方式，业已体现了神元帝以来几代君长努力的成果，因而其最终竟喜剧性地以孤宁愿让位于昭成帝而收场了。无论里面是否另有隐情[2]，从《序纪》的记载来看，结果终归是君长一方获得了胜利，而烈帝的遗命及其理所当有的安排，自应起到了最为重要的作用。

三是要传位必先有位可传，因而烈帝与炀帝争夺君统而最终得逞，乃是其能够传位昭成帝，以及昭成帝得以传位道武帝的前提。

---

[1] 《魏书》卷一一三《官氏志》无贺兰氏而有贺赖氏，孝文改为贺氏，当即《皇后列传》所载献明后贺氏之族。参姚薇元《北朝胡姓考》内篇"魏书官氏志所载诸胡姓"第二"勋臣八姓"（3）"贺氏"。

[2] 综《魏书》卷一四《神元平文诸帝子孙列传·高凉王孤传》及《北史》卷一五《魏诸宗室传·高凉王孤传》所载烈帝崩后之事，其行文突出了其国"新有大故，昭成来未可果"，似烈帝之崩亦有蹊跷。而诸大人违烈帝迎立昭成之遗命，竟至杀屈而推孤，又佐证了烈帝之崩的蹊跷。则其"新有大故"，应当非仅烈帝驾崩那么简单，而昭成帝之立，情形亦当较史载更为复杂。

大体自文帝三子思、桓、穆帝争位以致思帝崩殂，昭帝登位而又与桓、穆帝三分国人而治，至桓、昭帝相继去世，穆帝重新一统拓跋部后，文帝诸弟章、平、昭帝子孙实际已退出了君统争攘的旋涡①，从此拓跋君统之争只在文帝子孙间进行。但穆帝子六修弑父，不久即为桓帝子普根攻灭，穆帝一系遂告式微，而桓帝一系相形强大，桓帝的祁后则屡屡主导了普根以来拓跋君长的传承过程。而隐隐可与颉颃者，厥唯思帝一系。

由此看来，平文帝长子烈帝与桓帝季子炀帝争统的局面，既是十年前祁后为保住桓帝一系君统而杀害平文帝一事的延续和反弹，也是数十年中思帝与桓帝二系颉颃局面的高潮和尾声②。接下来的过程，有些上面已经提到，其余亦见于《序纪》毋庸再述，概括说来：烈帝所以能在与炀帝此退彼进的争夺中由弱而强、转败为胜，其绝不言败的坚持和突出的个人才能显然起着十分重要的作用。观其先依赖、再削弱母舅之族贺兰氏，先争取、后制约拓跋诸部大人，并始终利用石赵势力对付炀帝，同时牵制贺兰氏及拓跋诸部大人，其高明与否不论，所体现出来的纵横捭阖、坚忍强毅实足惊人。也正是这样孜孜营求不言放弃十五年后，以"国人六千余落叛炀帝"为标志，炀帝再次被逐而栖身于慕容部，拓跋氏的君统终于重归思帝一系而再未转移。一年后烈帝临崩又遗命传位其弟什翼犍即昭成帝，才成就了道武所承父子七人五帝相嗣的宗统。

上面这三件事情，每一件的落空都足以使道武帝所承宗统无法成立，每一件的落实，据《魏书·序纪》也都主要是因为烈帝的一

---

① 《魏书》卷一四《神元平文诸帝子孙传》载三帝子孙，有章帝后裔因，从道武平中原；章帝后裔乐寿，道武被弑后迎立文成帝；昭帝后裔颓，从道武平中原。而道武帝以前三帝子孙并无重要人物。

② 此端田余庆先生亦已指出。《拓跋史探（修订本）》所收《文献所见代北东部若干拓跋史迹的探讨》——"方山西麓的祁皇墓"中指出："观乎桓、穆以后拓跋历史，正是兰妃后人与封后后人长期反复的权位斗争。"又《魏书·序纪》抑桓、穆、祁后一系而扬思帝、平文一系的史笔是明显的，如同属通好石赵，祁后则直书"祁后遣使通好"，而烈帝则书为"石赵遣使通好"。

力经营才办到的。由此再观其谥号为"烈"的"有功安民""秉德遵业"二义，以及"烈祖"之称在汉人典籍和传统中的分量，烈帝在道武帝心目中的评价和地位，也就大体可知了。因而通过云中旧都七帝之祀，在强调和进一步明确神元帝以来父子七人五帝相嗣之次的同时，又特别纪念和明确烈帝的地位，便成了一件极合乎历史和逻辑的事情。

但尽管如此，在道武所承宗统中，烈帝和昭成帝的兄终弟及，毕竟还是一个并不与儒经礼典、宗庙昭穆之次契合无间的"异常现象"，是故在太庙和宫中五庙的建制中，并未采用晋初以司马师、司马昭"兄弟为世次"的做法，而是在盛乐旧都神元以下七帝之祀中，体现了烈帝的重要性，其祭祀规格则在频次、用牲和祀官侍祀上，都略逊于太庙和宫中五庙。天兴庙制在取鉴儒经礼典及魏晋掌故，利用和改造本族旧俗又立足于本朝历史和现实的问题上，也真可以说用心良苦了。

五　宫中祖神之祀与旁支诸帝的地位

以上太庙和宫中五庙之建，以及云中盛乐旧都神元以下七帝之祀，虽已梳理了道武帝所承宗统，也大体解决了各自要解决的问题，但其一是都只整理了神元帝以来的拓跋君长世系，而未涉及成帝以来十四帝乃至于成帝以上六十七君相传之系，二是即便是对神元帝以来的拓跋近世君长来说，这些做法也只是在祭祀道武帝所承七人五帝相嗣一脉中的祖宗，而并未祀及旁支中的列位君长。问题在于，这些未涉、未祭先人和君长的安排绝非无关紧要。道武帝本人尤其身边的拓跋贵族大人必定要问：神元帝以来这条父子相嗣之脉真的如此重要吗？应当承认，这个问题的确是合情合理的。

事情很清楚，无论是太庙的建制，还是以别种方式来确立"今上"所承宗统，完全是建基于农耕家族生活的汉人文化系的结构要件，是这个系统用以证明大位传承和统治合法性的一种途径。而北族社会的构成和运作方式既与之迥然不同，拓跋氏的传统中，也就本无须这样的"要件"和"证明"。即就祭祖行为来讲，大量民族志素材及其研究都表明，对部落制社会来说，其祖先中一般都会有若干开辟性的或功业特盛的人物备受尊重，但这并不排斥对其余先人的祭祀，因为凡属代代传颂下来的先辈们，都已经过了本族口述史系统基于历史和现实的不断淘洗，也就必定有其值得敬仰和予以尊荣的理由。相应地，众位祖先之间虽亦可能在祭仪的繁简隆杀、祭祀周期长短等方面有所区别，却绝不会像儒经礼典中体现宗法昭、穆之次的宗庙建制那样，其等级规制及相应的取舍竟会如此之讲究而细致繁多，又严格到了近乎苛刻的程度。

但即便是汉人的礼典，也在讲究祖先统系和昭、穆亲疏及有关等级的同时兼顾了全体，以毁庙或不毁庙众主合食于太庙的殷祭合食之礼，即其体现。因而天兴所定"宫中祖神之祀"，恐亦不免有比附礼经所记祫祭之典的意味。再者，道武帝所承父子六世七人五帝相嗣之脉，毕竟还存在着若干如前所述的疑窦，即使有理由将这些疑窦堵住和抹平，但总不能堵住和抹平以后就完事了吧？就把所有其他同期存在的君长和祖先都弃置不顾了？况且天兴元年十二月道武帝登基之时，既已追尊了成帝以来二十八帝及其后号谥，《魏书·序纪》更提到了成帝以前拓跋君长已积六十七世之多，那么除神元帝以来父子七人以外，其他二十一人乃至更远的祖先，似亦断无尊而不祭、一笔带过之理，其显然仍有必要在祭祖之制中有所体现。更何况，当时也确有理由要求正视拓跋氏自身的历史。

只要不是过于蔑视或轻忽，那么，《魏书·序纪》既述拓跋氏早期"世事远近，人相传授，如史官之记录焉"，亦即自有其广泛传唱或巫史相继的口述史系统，也就必有其祖先事迹及相应的君长传承脉络①。再从《序纪》所述来看，神元帝身后联盟崩溃，到烈帝与炀帝争统成功，传位昭成帝，继而至昭成帝末年苻秦灭代后，道武帝于艰难竭蹶之中重新立国。以拓跋部为中心的部落联盟，似乎一直是时聚时散，直至皇始、天兴之际还算不上巩固，就迅速进入了建立专制皇权体制、离散诸部分土定居，从而在新的基础和更大范围内谋求发展的过程。在这样的历程中，拓跋氏早期传统，尤其口述史系统中的祖先传说、君长世系及其对共同历史的记忆，过去必曾起到了维系部族人心，凝聚部族精神并使部族和联盟不断散而重聚的重要作用，在今后也必定还要赖之团结拓跋族人，以为统治的根本。

因而在当时，完全撇开拓跋氏自己的"历史"来另搞一套，无异于把维系拓跋部族成员、凝聚部族精神的命脉废弃不顾，这自然是行不通的。倘依儒经礼典、魏晋故事来削足适履，以致只顾强调父子七人五帝相嗣之脉，而置其他祖先于不顾，亦适足以损害拓跋氏诸部的关系，显然也是不智之举。由之再来体会崔玄伯佐助道武帝定制期间，"未尝謇谔忤旨，亦不诡谀苟容"，而道武帝亦能够对之加以优容或至少含忍于一时，显然就不仅仅是主宾双方的一种人格魅力或道德态度了。②

这就是说，不仅宫中祖神之祀极为必要；作为其准备和依据，天兴元年十二月追尊成帝以下二十八帝号谥之举，除为太庙、宫中五庙和盛乐旧都神元以下七帝之祀提供了选择的基础

---

① 《三国志》卷三〇《魏书·乌丸鲜卑东夷传》裴注引《魏书》述其俗"敬鬼神，祠天地日月辰山川，及先大人有健名者"。是乌丸、鲜卑之俗凡"先大人有健名者"俱祭焉。

② 《魏书》卷二《太祖纪》天兴三年十二月乙未、丙申连下二诏，前诏述帝王天命有归，不可觊觎；后诏述官爵贵贱高下，取决乎人主之用舍。细味二诏，似皆针对拓跋或联盟其他贵族大人而下。大体道武帝当时为建专制皇权秩序，暂与汉族大姓豪酋结盟而厉行削弱北族大人势力；同时又一味加尊神元帝以来父子七人五帝相嗣之统，诸大人贵族因而生怨，"惑于逐鹿之说而迷于天命"，故有前诏之下。同时道武所行汉制尤其汉式官制多任汉族士大夫，而原来诸大人及其鲜卑官称头衔反而显得无关紧要，故道武当时特为改易官制为白鹭之类，"一欲防塞凶狡，二曰消灾应变"。至是又下诏特为申明汉人所任汉官的重要与否，唯人主予权与否而已。

外，更直接担负着划出"祖神"范围，明确拓跋氏早期君长历史地位的任务，以便在依仿汉制定国规模之时，尽可能收聚拓跋诸部人心。由此再考虑《魏书·序纪》载成帝以前六十七世仅一笔带过，所说明者，唯其世统幽都之北，远承黄帝后裔一节。其载成帝以下十四帝，则十帝唯述其谥号名讳及"立，崩"，稍费笔墨者，只有始创联盟的成帝，策划两次南迁的宣、献二帝，以及作为神元帝之父的圣武帝四人，其要显然仍在于交代神元帝创业之基。继而再述神元以下十四帝，方历历数其世系行事，最终遂与道武帝相接。这样的笔法，正是要落实道武帝所承之统，并凸显父子七人五帝相嗣的宗脉。

这种各时期首尾相连，结合了阶段性和统一性而又厚今薄古的笔法，当然已经太武帝及孝文帝以来史臣的不断修订和肯定，但其大旨，恐怕仍当袭自《国记》。其显然已在突出道武帝所承之统的同时，照顾到了在不同时期起到不同作用，最终由道武帝接过其事业的列位祖神的地位问题。同时，由其笔法的详略，似亦可推宫中祖神之祀，不仅必当以已被追尊和有其谥号的成帝以下二十八帝为主，且很可能仍以近世的神元以下十四帝为其重点。再考虑到这十四帝中，神元帝以下父子六世七人五帝相嗣之次，已得太庙、宫中五庙和云中盛乐旧都之祀一再强调，这又可以推知除此七人以外的旁支诸君，当为宫中祖神之祀的要害所在。正是在这样的背景之下，宫中祖神岁仅一祀，牲唯用羊、豕、犬各一，其祭祀规格在当时所定宗庙祭祖之制中居于最低，也就可以理解了。

说到神元帝以来相对于道武帝为旁支的诸君，就不能不首推桓、穆二帝①。如前所述，自思帝享国一年而崩，至昭帝三分其国

---

① 《魏书》卷一四《神元平文诸帝子孙列传·曲阳侯素延传》："桓帝之后也。以小统从太祖征讨诸部，初定并州，为刺史。"此"小统"之名甚可注意，或即"小宗"之谓，乃桓、穆帝等后来确被相对于道武所承拓跋氏大宗而视为旁系小宗之证。

而治，桓、穆二帝同气连枝事常配合，在当时联盟中常起主导作用而又成就卓著，实为神元帝身后拓跋氏由衰转兴的关键人物。而《魏书·序纪》载桓、穆帝行迹甚详，其内容大体当承自《国记》，从中足见天兴君臣对这两位旁支杰出人物的重视。

如《魏书·序纪》述神元帝力微时已与魏晋通好并纳质子，至晋末，桓、穆帝曾联手援晋并州刺史司马腾，屡破刘渊之众，桓帝因而被晋惠帝假以"大单于金印紫绶"①，此乃拓跋为晋藩臣之始②。至穆帝后期一统三部后，仍承桓帝与晋之盟，屡屡出兵助晋并州刺史刘琨，先后击破铁弗刘虎及刘聪、石勒之师，晋怀帝遂进其为大单于，封代公。至晋愍帝又进之为代王，至此拓跋氏又被西晋封王立国。③

这个过程后来显然被赋予了极强的象征意义。如《魏书·序纪》载平文帝二年以来之事：

> 帝闻晋愍帝为（刘）曜所害，顾谓大臣曰："今中原无主，天其资我乎？"刘曜遣使请和，帝不纳……三年，石勒自称赵王，遣使乞和，请为兄弟。帝斩其使以绝之……五年，僭晋司马叡遣使韩畅，加崇爵服，帝绝之。治兵讲武，有平南夏之意。④

---

① 《晋书》卷四《惠帝纪》载光熙元年九月，"进东嬴公腾爵为东燕王"，拓跋猗㐌假大单于印或在此时。《晋书》卷三七《新蔡武哀王腾传》载司马腾永嘉初已由持节、安北将军、都督并州诸军事、并州刺史迁为车骑将军、都督邺城守诸军事。此亦可推拓跋桓帝被假大单于印在惠帝时。

② 《晋书》卷五《怀帝纪》永嘉六年八月辛亥，"刘琨乞师于猗卢，表卢为代公"。《晋书》卷五《愍帝纪》建兴三年二月丙子，"进封代公猗卢为代王"。《资治通鉴》卷八七《晋纪九》永嘉四年《考异》引《刘琨集·与丞相笺》，则述此时晋欲封拓跋猗卢为代公，因道路不通而搁置。

③ 《晋书》卷五《怀帝纪》永嘉六年八月："刘琨乞师于猗卢，表卢为代公。"《晋书》卷五《愍帝纪》建兴三年二月："进封代公猗卢为代王。"

④ 田余庆先生《拓跋史探（修订本）》所附曹永年《关于拓跋地境等讨论二题》之后一题，推测平文帝确已进军离石，为石赵所败而奔乌桓。可备一说。

其后文又载昭成帝承平文帝之志,"以石胡衰灭,冉闵肆祸,中州纷梗",欲"亲率六军,廓定四海,乃敕诸部,各率所统,以俟大举"。平文、昭成帝究竟是否如此可置不论,在天兴君臣眼中,"太祖"平文帝和"高祖"昭成帝的这些举措,不啻是在继承晋祚,或以晋臣身份对付那些篡灭晋朝的乱臣贼子。而能够做出这种诠释的基础,正是拓跋氏自神元帝通好魏晋,至桓、穆二帝又为晋所封的事实①。也就是说,天兴君臣之所以要凸显和肯定桓、穆这两位旁支杰出人物的功业和地位,除其他种种可能的考虑外②,也是在强烈地维护道武帝继续与南、北群雄逐鹿中原的历史资源和政治利益。③

又《魏书·序纪》载平文、昭成帝扩展拓跋氏势力的功业,大肆渲染其时国力之盛,也的确是在桓、穆二帝的基础上达成的。如其述昭成帝二年之事,记有"东自濊貊,西及破洛那,莫不款附"一节④。其述平文帝二年之事,则云其当时已"西兼乌孙故地,东

---

① 这层意思在《魏书》卷一〇八之一《礼志一》载太和十四年八月至十五年正月议本朝行次的群臣奏议中,体现得十分清楚。其载代表主流看法的李彪、崔光之议有曰:"神元、晋武,往来和好。至于桓、穆,洛京破亡,二帝志摧聪、勒,思存晋氏,每助刘琨,申威并、冀。是以晋室衔扶救之仁,越石深代王之请。平文、太祖,抗衡苻、石,终平燕氏,大造中区。则是司马祚终于郏鄏,而元氏受命于云代。"又曰:"神元既晋武同世,桓、穆与怀、愍接时。晋室之沦,平文始大,庙号太祖,抑亦有由。"这些论点鲜明地体现了道武帝尊平文帝为太祖的本意,说明平文帝所以承晋的历史依据,正是神元帝与魏晋通好,桓、穆帝受晋之封的事实。

② 桓、穆二帝皆文帝之子,本属神元帝以来的宗脉,而平文帝、烈帝父子之位实得自桓帝后人之手,这都是势所必然的考虑。

③ 《晋书》卷九《孝武帝纪》太元十一年四月,"代王拓跋珪始改称魏"。这条出自东晋南朝史官系统的记载,说明拓跋珪承袭了桓、穆二帝所创的代王之统,亦为自认正朔的南朝所肯定。

④ 《宋书》卷九五《索虏传》载昭成帝时"北有沙漠,南据阴山,众数十万";《资治通鉴》卷九六《晋纪十八》咸康四年叙其事为"于是东自濊貊,西及破落那,南距阴山,北尽沙漠,率皆归服";胡注:"《新唐书·西域传》曰:宁远者,本拔汗那,或曰拨汗,元魏时谓之破落那,去长安八千里,居西鞬,城在真珠河之北。"

吞勿吉以西，控弦上马将有百万"①。可见《魏书·序纪》的意思，是昭成帝之业承自平文②。实情则是平文帝身后，这一自西而东地带的各个部族有所离心叛散，至昭成帝之时又来"款附"。《资治通鉴》卷一〇四《晋纪二十六》太元元年载苻坚灭代诏，有"索头世跨朔北，中分区域，东宾秽貊，西引乌孙，控弦百万"之语，所谓"世跨"云云，说明苻秦也认为，昭成帝时拓跋氏在北方的势力范围乃承自平文帝。但以穆帝身后拓跋氏的内乱和颓势来判断，平文帝甫在位即能"西兼""东吞"，其基础只能来自桓、穆二帝。《魏书·序纪》述桓帝"度漠北巡，因西略诸国……诸降附者二十余国"，穆帝则迁杂胡北徙云中、五原一带，西渡河击匈奴、乌桓，一统三部后，又得到"东接代郡，西连西河、朔方方数百里"之地，以为拓跋王业之基。这就是说，平文、昭成时期扩展拓跋势力的功业，无非是桓、穆二帝经略之策的延伸罢了。

由此看来，道武帝所承父子七人五帝相嗣的宗统固然需要强

---

① 《资治通鉴》卷九〇《晋纪十二》太兴元年载平文帝击破刘虎之众后，"西取乌孙故地，东兼勿吉以西，士马精强，雄于北方"，盖从《魏书·序纪》之说。胡注则界定"勿吉以西之地，未能兼勿吉也。徒何慕容、令支段氏及宇文部、高句丽，亦非郁律所能制服"。是《魏书·序纪》此处记载似有夸饰。其实从拓跋氏早期势力扩展的常态来判断，所谓"西兼""东吞"，最大的可能是这一广阔地域内的有关部族"降附"或加入了以拓跋部为中心的部落联盟。又《晋书》卷一〇二《刘聪载记》述聪末年，太史令康相上言："石勒鸱视赵魏，曹嶷狼顾东齐，鲜卑之众星布燕、代，齐、代、燕、赵皆有将大之气。"两相印证，可知平文帝大破来犯刘虎军后，已引起刘聪政权深切注意，拓跋部确已隐隐成为当时北方的一大势力。又杨建新《西北民族关系史》第四章"三国魏晋南北朝时期西北各民族的关系"三"鲜卑的西进及其与西北各民族的关系"引用苏联考古界关于四世纪以来葱岭一带乌孙王公墓葬群的研究，以为这正是4世纪初，平文帝西取乌孙之地引致其大规模迁徙的体现。民族出版社1990年版。不过平文帝的西兼东吞，当非一一用武力征服，且上引《魏书·序纪》及《资治通鉴》太兴元年平文帝击破刘虎之文，既述其所取为"乌孙故地"，表明乌孙的迁徙，或非因平文帝时拓跋势力的扩展而引起，杨先生之说虽值注意而尚待证明。

② 平文、昭成帝功业相继，《魏书·序纪》所载甚明。《资治通鉴》卷一三九《齐纪五》建武元年载孝文帝欲迁都洛阳有曰："朕之远祖世居北荒，平文皇帝始都东木根山，昭成皇帝更营盛乐，道武皇帝迁于平城。朕幸属胜残之后，而独得不迁乎？"事与《魏书》卷一四《神元平文诸帝子孙传·武卫将军谓传》附《元丕传》载孝文帝诏群臣之语略有不同，然两处引孝文帝语强调平文、昭成功业相继，仍是完全一致的。

调，但在当时整理成文的《国记》中，为拓跋氏势力扩展和进取中原大业做出了重大贡献的旁支桓、穆二帝，其地位还是得到了重视。而其着眼点，似正是落实在"太祖"平文帝和"高祖"昭成帝对桓、穆二帝功业的继承上的。应当说，在突出宗统诸帝的同时，也正视旁支诸帝的历史地位和作用，这不仅反映了宫中祖神之祀的基本背景，而且两者的用意亦完全相通。

这些事情一旦明确以后，关于天兴元年十二月追尊诸帝号谥时的另两件事情，也就可以恍然大悟了。[①]

一件是《魏书·序纪》载并未在位为君而称帝者，有文帝、桓帝、献明帝三人。这当然是天兴元年追尊的结果，其中，文帝、献明帝既属道武所承宗脉不可或缺之环，又皆身为"太子"，追尊为帝于历史、于现实，皆可谓理所应至而势在必然。但桓帝被尊似属例外。因为依《序纪》所载，昭帝虽三分其国而实居君位，桓、穆虽各治一部而份属藩臣[②]，接着桓帝先于昭帝而薨，昭帝崩后穆帝方总摄三部，复为拓跋氏一统之君。也就是说，桓帝其实从未踞有君位，却被道武帝追尊为帝，因而也得以在宫中祖神之祀中占有地位。这大概是因为天兴君臣既已肯定平文、昭成功业继承了桓、穆，况桓帝在昭帝三分其国前后拓跋势力的重振过程中，的确居于主导地位，其子孙多人又在穆帝至昭成帝期间入承拓跋氏君统，平文帝、烈帝父子正是从桓帝后人手中接过君权的。正因如此，身属

[①] 这两件事情田余庆先生亦已提到，《拓跋史探（修订本）》所收《代北地区拓跋与乌桓的共生关系——〈魏书·序纪〉有关史实解析》七"拓跋内乱与乌桓动向"指出："道武帝在追尊先人之时，对于承认谁，不承认谁的问题，肯定有过细致的思考。文帝沙漠汗和献明帝寔都不曾履位而死，但都获得尊号，因为他们在拓跋大宗中占有不可或缺的位置……道武未尊普根父子，归根到底还是他们与道武本人所承的拓跋法统没有关系的缘故。"

[②] 此端前已论及，这里还可以再举一证：昭帝时期既三分国人而治，桓帝薨后，其部乃由普根统领，昭帝崩后，穆帝一统三部而居君位，其旧部当由六修统领。据《资治通鉴》卷八八《晋纪十》永嘉六年十月"代公猗卢遣其子六修及兄子普根……以攻晋阳"。《考异》引《刘琨集》称六修及普根为"左、右贤王"。这些记载似正可佐证昭帝在位期间桓、穆二帝的藩臣地位。

旁支又从未登位为君的桓帝被尊，也就同样于历史、于现实皆有必要了。

另一件事情则与从未在位者被尊为帝的桓帝形成了鲜明对照，即《魏书·序纪》载六修、普根及普根幼子虽皆实际在位为君[①]，却并不称之为"帝"。也就是说，天兴君臣在追尊诸帝号谥和宫中祖神之祀时，实际上摒除了这三人。衡以当时史事，穆帝身后"国内多难，部落离散，拓跋氏寝衰"[②]。此三人在位短促而乏善可陈，得位由于篡弑攻攘而不甚合法，或如普根幼子之有名无实，似都有可能成为他们不被追尊的理由。但考虑到神元身后拓跋氏的乱离衰颓，思帝在位亦不到一年而崩，拓跋氏君长传承又从来不乏母舅势力干预下的篡弑之事，这些似又不足以为充分的理由。倘直接从后果来看，不尊六修等三人，等于是在拓跋早期帝系中"抹掉"了穆帝四传至平文帝的经过，其所传达的信息是：平文帝在君统上直承穆帝。这样的用意，似乎还是天兴君臣肯定平文、昭成功业承自桓、穆二帝的产物。

据上所述，无论是天兴元年十二月追尊诸帝号谥，还是后来在此基础上建立的宫中祖神之祀，除一般地肯定拓跋氏早期诸位君长的地位和作用外，也尤其是要在强调道武帝所承宗统和正视实际传

---

① 《魏书·序纪》载普根及普根幼子俱称其"立"，惟六修不然。《晋书》卷五《愍帝纪》载代王猗卢（穆帝）卒于建兴四年（316）三月，次年为丁丑。与《序纪》载平文帝元年"岁在丁丑"相合，而平文登位必在普根幼子当年冬季薨后。故自穆帝崩至平文立，相隔至少有十八个月。其间先有六修弑父杀弟之事，继而普根攻灭六修，"立月余而薨"，祁后所立其幼子"其冬"又薨。由此计算，六修弑父后，实际居于拓跋君位约近一年。细观《魏书》卷一四《神元平文诸帝子孙传·穆帝长子六修传》，除述其"少而凶悖"一句外，其余皆述六修功业卓著，及其所以弑父的原因，其行文衬出的是穆帝行事之过分，加之鲜卑、乌桓早期皆有怨则"杀父兄"之俗，可推拓跋口述史系统当不以六修弑父为大过。尤其穆帝为民间"贱妇人"所识而被弑一事，似已透露了六修弑父后，业已登位而发号施令的真相。另《读史方舆纪要》卷四《历代州域形势·后魏起自北荒》条述穆帝四传而至平文，而穆帝、六修、普根、普根幼子至平文帝恰为"四传"，是顾氏亦以六修有为君之实。贺次君、施和金点校：《读史方舆纪要》，中华书局2005年版。

② 《资治通鉴》卷九六《晋纪十八》咸康四年。

承的君统之间取得折中。这是因为在拓跋氏早期的口述史系统中，实际传承的君统既然并不与宗统合一，而天兴所定庙制却确定了君统依附于宗统的原则，两者之间便有了绝不能忽略不计的差异。也正是对这种差异及其相关利害的权衡，使天兴君臣在清理早期历史，追尊诸帝号谥时，既要突出神元帝以来父子六世七人五帝相嗣的宗统，却也不能不兼顾长期以来旁支诸帝入承拓跋氏君统的事实。同时这又不能冲淡，而是要有利于强化道武所承宗统的地位，有利于现实的政治需要和利益诉求。其中所发生的一系列可能的考量和抉择，实际上不仅构成了宫中祖神之祀，也构成了天兴整套宗庙祭祀系统的基本背景。

六 天兴庙制与《序纪》内容析要

综观上面所论的这段历史，皇始、天兴之际，虽已面向中原建都称帝，道武帝及其拓跋族人的内心，仍与茫茫草原上飘扬的代歌同在。但历史已将其推到了南面称帝的位置，现实使他们不能不按汉人眼里的正统方式，来建立太庙及其应有的君统和宗统，以证明道武帝及其子孙驾临神州大地的合法性。在很大程度上，这当然也是平城时期整套礼制领域，乃至于其他各领域建制过程所面临的共同问题和背景。但为天兴庙制所特有，也决定了天兴庙制具有特殊重要性的，是其为向外部标榜正统而建构宗庙及其相应君统和宗统关系的过程，恰好契合了拓跋族内部发展在当时所处历史关头的基本要求。也就是说，在当时，无论是依仿汉制营构太庙，相应改造和规范拓跋氏祭祖的旧俗，还是从拓跋氏历史中理出由父系直系关系所构成的宗统，并且建立起君统附从于宗统的原则；无论是继承拓跋君统从推选制过渡为传子制的趋势，终结这种过渡时期盛行的兄终弟及局面，确立传子制的秩序，还是建立专制皇权体制，削弱诸酋豪大人的作用，确保道武帝自身及其子孙在拓跋君统中的地位；凡此种种重大的历史过程和事态，显然正是在北魏开国规模之时，围绕着庙制问题而达成了千载一时的合拍。

正其如此，天兴庙制的相关问题，就不能不构成了北魏开国史上的一个重要关节点。对之的研究，于今人进一步理解这段历史，也就有了多方面的价值和意义。而以上考察所及，大体可得如下结论：

首先，天兴所建宗庙祭祀之制虽极庞杂，在根本上仍是一个服务于道武帝的专制地位和开辟之业，且又中心突出，用意鲜明，胡、汉之制双轨并行而互渗互补的完整体系。

说这套庙制"中心突出"，即其各项祭祖之制所围绕的轴心，就是要建立道武帝所承父子六世七人五帝相嗣的宗统，以之来取舍和重新梳理出拓跋早期的君统，从而凸显君统附从于宗统的原则。说其"用意鲜明"，即其整套祭祖之制，就是要体现和贯彻上述轴心，以便在理论和实践上终结推选制和巩固传子制，帮助解决困扰拓跋氏多年的君位授受秩序问题，以巩固和维护道武帝及其子孙的政治历史地位和资源。而所谓"胡、汉之制的双轨并行和互渗互补"，"双轨并行"指太庙祀制取自汉人经典及有关故事和观念，是依汉制来祭祀的；而其余各项立庙祭礼，皆在宫中及祖先旧游之地祭祖的拓跋旧习上发展而来，是依国俗来祭祀的，且皆服务于上述中心任务。"互渗"指太庙五庙制的确定及其所示始祖神元帝至太祖平文帝—高祖昭成帝—皇考献明帝这一道武帝所承宗统的骨架，已经糅入了拓跋氏早期君长世系关系的影响。而宫中及在先辈旧游之地依国俗祭祖的对象和仪节，亦皆被按太庙所示宗统及其与君统的关系而作了重新安排，它们都已是胡、汉历史文化因子杂糅之物。"互补"指祭祖之制各有功能，又围绕着中心和用意相互补充。

道武帝所承宗统的骨架，是由依仿汉制的太庙祀制架构起来的，又是由宫中五帝庙祀和云中盛乐的七帝之祀补充完整的，后者依国俗祭祀，适可避免或遮却道武及祖上身世那些不足为外人道的历史尴尬或谜团。又太庙、宫中五帝庙和云中盛乐七帝之祀，只突出了道武所承父子六世七人五帝相嗣的宗统，其余旁支诸帝的地位及其后人的利益，又有依国俗进行的端门内祖神之祀来体现，而这同时也是在维护道武帝及其子孙的历史地位和政治资源。凡此皆可见天兴庙祀的各项具体建制，无不体现了服务于道武帝及其子孙和兼顾胡、汉各方要求的内在理路和苦心经营。故其后虽庙数有加而大体仍旧，直至孝文帝太和年间方议改作①。由此反观《魏书》卷二四《崔玄伯传》所载"太祖常引问古今旧事，王者制度，治世之则，玄伯陈古人制作之体，及明君贤臣往代兴废之由，甚合上意"这段文字，自当尤有会心之感。

其次，天兴所定庙制之况及其与魏收书《序纪》所载拓跋早期君长世事的高度吻合，不仅为后人解读和判别《序纪》有关内容提供了重要线索，更为探讨北魏国史的编修和递嬗过程提供了一个重要的参照坐标。

易代革命后的新王朝，特别是入主中原的少数族所建王朝，其国史撰修过程在总结历史、开辟未来时所可能具有的冲击力，及其所牵动的传统和现实因素，总是远远超过了人们的预料，从而又影响到国史本身的内容和形态。北魏国史编修过程所发生的事端，及其史文中的众多问题，大要亦莫例外。其中有关拓跋早期史文的就有两大公案：一是长期以来史界对《魏书·序纪》内容的重重疑虑，这些疑虑基本上都从道武帝依仿汉人故事来建制的事实，进而推断了《序纪》所本的《国记》亦不免比附造作②。二是太武帝时的"国史之狱"及其影响，又一次为《国记》有关内容罩上了重

---

① 见《魏书》卷一〇八之一《礼志一》。
② 如吕思勉《两晋南北朝史》第三章"西晋乱亡"第八节"鲜卑之兴"，便指出了《魏书·序纪》内容在"造作"中有其"真迹"的问题："拓跋氏之初，盖亦匈奴败亡后北方鲜卑之南徙者。其后得志，造作先世事实以欺人，史事之真，为所蔽者久矣。然即其所造作之语而深思之，其中真迹，固犹可微窥也。"

重迷雾。应当说，这两个问题确都客观存在，但疑虑和迷雾的相当一部分，迄今仍停留于推测，其症结在于缺乏相对中立、可供评介有关推测成立与否的参照系。现在看来，在吕思勉、唐长孺、马长寿、周一良、田余庆等先生研究的基础上，这样的参照系还是有望建立的。即以上面所论的天兴所建庙祭之制来看，这套制度实际上与邓渊所修的《国记》同属皇始、天兴之际面向未来总结历史过程的两个最为重要的侧面，又确切地表明了道武帝对拓跋早期历史尤其君长传承世系的定论，也就正好构成了今人可赖以判断《国记》虚实和解读《魏书·序纪》之文的钥匙。

把天兴所立祭祖之制，与《序纪》所载拓跋氏早期君长世系相参而观，即可发现两者在各个重要环节上存在着丝丝入扣的匹配关系。这自然不是北齐魏收修史与天兴君臣建制心有灵犀的体现，而恰恰是因为《魏书·序纪》的史料源头在邓渊《国记》[①]，而《国记》则与天兴庙制有着不解之缘。可以肯定，天兴庙制的建构，虽必依据了《国记》从拓跋早期口述史系统中清理出来的史实，但其要推崇的道武帝所承宗统，及其所建立的拓跋早期君统附从于这个宗统的原则，也势必会主导《国记》对拓跋早期口述史系统的整理。因而合理的推论便是：天兴庙制的轴心既然是道武帝所承神元至献文帝父子七人五帝相嗣的宗统，那么在这一传承脉络中本就存在着一定疑窦的平帝—思帝、烈帝—昭成帝、献明帝—道武帝三个环节，当是《国记》最有可能曲笔之处。而《国记》中距此宗统越远的内容，除渲染祖宗"图南"事迹以维护道武帝与南北群雄相争的政治资源者外[②]，也越有可能保持拓跋早期口述史系统中"世

---

① 关于北魏国史文本关系之递嬗，参见《史通》外篇《古今正史》"元魏史"条。
② 如《魏书·序纪》述平文帝功业"西兼乌孙故地，东吞勿吉以西，控弦上马将有百万"，前文已引《资治通鉴》胡注而述其中似有夸饰。《序纪》又述平文帝闻晋愍帝罹耗而拒刘曜、石勒、东晋之使，"治兵讲武，有平南夏之意"。田余庆先生《拓跋史探（修订本）》附录一曹永年《关于拓跋地境等讨论二题》以为"图南"之举，实是进兵离石而为石虎大败，遂被桓帝祁后加害而身死。然则《序纪》于此又隐晦矣。

事"的原貌，即便有荒诞离奇之处，也当归咎于这个口述史系统，而很难归咎于天兴以来的成文史系统。

非但如此，皇始、天兴年间建构庙制与修撰《国记》的紧密相关，庙制各项具体规定与《魏书·序纪》笔法和内容的高度啮合，不仅表明了《序纪》内容原出《国记》，更表明《国记》虽历经续修改编，并经历了太武帝朝国史之狱的巨大冲击，但北魏国史系统取本于《国记》来叙说道武帝以前君长世系的基本内容，却并无大变。由此看来，有魏一代统治者对《国记》所述拓跋早期君统和宗统的状况，包括诸帝身世及各重大事件的记载，其认识即或小有波折，总的应一直是被高度认同的[①]。在此基础上反观《魏书》卷二四《邓渊传》述其"谨于朝事，未尝忤旨"；同卷《崔玄伯传》述其"未尝忤旨，亦不苟容"[②]；卷三五《崔浩传》载其性谨慎，为人写《急就章》以百数，"必称'冯代强'以示不敢犯国"[③]。当可明确其实非触秽犯忌之人，况且今存《序纪》内容其实也未晦饰拓跋早期婚俗等事。若再考虑太武帝命玄伯子浩，邓渊子颖等人再修国史[④]，似亦蕴含着父规子随，以士大夫

---

① 即以道武帝所立始祖神元、太祖平文、高祖昭成及皇考献明庙在后世的迁撤之况而言，道武死后庙号烈祖，太庙五庙已足；明元死后庙号太宗，太武帝当时若仍维持五庙制，则献明庙应迁，若改行七庙制则仍存献明预留已庙；太武死后庙号世祖，文成帝同时又追尊景穆帝庙号恭宗，至此已不能不行七庙制而迁撤献明庙；文成帝死后庙号高宗，则应迁撤高祖昭成庙，故后来孝文帝有"远祖平文功未多于昭成，然庙号为太祖"之说。至孝文帝太和十五年重定庙制，改以道武为太祖，所定六庙史载甚明。这一过程正是北魏各期对道武所定帝系宗统高度认同的证明。

② 《魏书》卷二《太祖纪》天兴元年十一月载崔玄伯乃是天兴定制的"总而裁之"者，《国记》之撰洵为当时大事，必亦在玄伯顾问之列。

③ 《四库全书》本《魏书》三五《崔浩传》考证：臣人龙按："《急就章》有'冯汉强'，魏起漠北，以汉强为讳，故改云代强。颜师古曰：《急就篇》序曰避讳改易，渐就芜舛。正指此。郦道元《水经注》广汉并作'广魏'，即其例也。"

④ 《魏书·崔浩传》载当时与修国史者有崔览、高谠、晁继、范亨、黄辅等人，《魏书》卷五二《段承根传》及《阴仲达传》载二人亦与其事。其中崔览又名崔简，为浩弟，见《魏书》卷二四《崔玄伯传》附次子《崔简传》；邓颖乃邓渊之子，见《魏书》卷二四《邓渊传》附子《邓颖传》；晁继乃天兴太史令晁崇之侄，见《魏书》卷九一《术艺晁崇传》附兄子《晁继传》，而晁崇当参与了《国记》中有关天文星象内容的撰作，魏收书《天象志》关于皇始、天兴间天象之载不少，当原出崇之所撰。

崇尚的家法孝道来确保其修书过程在《国记》轨道上进行的意味。因而关于邓渊之死和崔浩之狱的原因，应当还有必要转换思路，继续探讨其所扬"国恶"究属何事，及其究竟因何而大遭非议。

最后，同为道武帝总结历史、面向未来的产物，同为清理拓跋早期君长世系以确保其本人在拓跋氏今后发展中地位的成果，天兴庙制和当时所修《国记》的基本样态，显然都处于拓跋君统从推选制走向传子制这个政治和社会内涵皆极丰富的历史过程的支配之下，也就势必不能不反过来体现这个过程的某些基本问题和线索。

也正是从总结历史、面向未来的角度看，《国记》的修撰和庙制的建构，显非一般讳饰祖先行迹或虚应开国故事之举。理出道武帝所承宗统，以此来重新梳理出君统，从而建立起君统从属于宗统的原则，为的是终结拓跋早期君长授受过程中形成的推举制传统，开辟出传子制继续发展、规范和巩固的道路。这个现象本身就已表明，从君长推举制过渡为传子制，乃是道武帝时期的拓跋氏近世历史的主线之一。据上面的考察已可大体勾勒出这条线索的四个阶段：一是成帝以来为相对较为原始的推举制时期。二是献帝七分国人以兄弟摄领各部，又于生前传位于子圣武帝，这是对各部原有的大人推举、统领体制的重大变革，也是宗室七姓共举拓跋氏为君局面的形成。由此再到圣武帝传位于子神元帝，旨在强调父系直系传承并斩断君位推举制脐带的天女传说出现面世，这是拓跋君位传子制在动荡和变革中起步的时期。三是从神元帝欲传位长子沙漠汗而事变身死以来，拓跋君位一直在神元帝、文帝父子后代中传承，这是君位由父子相继辅以兄弟相及的时期，是传子制在悲剧中浴血发展，而兄终弟及则在喜剧中逐渐消退的过程。四是烈帝和昭成帝以来，传子制的发展在事实和观念上都已开始走过了一个明显的转折点，这使得天兴君臣终于可以在太庙中排出高、曾、祖、祢四庙[①]；但利在推举和兄终弟及的诸部大人贵族对传子制的威胁并未完全消除，其仍然是道武帝亟欲解决的重大问题。

因而就实质而言，拓跋部族君位传承从推举制向传子制的过渡，就是专制皇权体制的建立过程。尽管此一过程的许多情节因史乏其载而难以确知，但从现存有限的资料中仍然不难设想，在当时，朝前走向专制皇权体制的新型君主，和向后维系部族旧习的传统大人尤其是宗室七姓大人，不仅存在过尖锐的冲突，而且许多重大的矛盾，都聚焦到了君位传承是依君长之意传子，还是按大人之利在兄弟中推选这个关键点上。正因如此，道武帝时期传子制的巩固和确立，也就是拓跋氏专制皇权体制终于在与固守传统的贵族大人势力的斗争中建立起来的标志。笔者认为，拓跋君长与贵族大人既利害一致又冲突不断，这样一个矛盾统一体的不断展开，就是神元至道武帝百余年中贯穿拓跋氏政治史的主线。诸如离散部落，子贵母死、国史之狱等事件，及帝族与后族、新人与旧人、内入诸姓与四方诸姓在不同时期与君长发生的特定关系等诸种现象，现有解释也还是要放到这条主线之下，才能得出经得起考验的结论。

---

① 在汉人礼制诸说中，高、曾、祖、祢四庙既是七庙制的核心内容，也是五庙制的主体部分。笔者相信，在皇始、天兴之际神元帝的"始祖"、平文帝的"太祖"和昭成帝的"高祖"地位确定以后，继而确定四亲庙中烈帝和献明帝的地位时，以下三个方案必曾在道武帝和崔玄伯诸人脑中反复盘旋过：平文—昭成—献明—道武帝（其位预留），这是天兴太庙五庙制中的排序。或者是平文—烈帝—昭成—献明帝，这是云中盛乐旧都七帝之祀中的排序，其似乎也是考虑烈帝收婚平文帝后王氏，故昭成按母系乃为烈帝之子的排序。或竟是神元—平文—烈帝—昭成—道武帝（其位预留），这是另一个可能的太庙五庙制方案，也是排除了思帝并考虑到昭成帝收婚献明后贺氏，道武帝按父系计乃为昭成帝之子的排序。当然再往上推溯，关于神元帝以下文帝和思帝的排序，也会有种种基于同样原则的可能考虑。

第六章 《元和姓纂》所叙拓跋昭成帝及其子孙史事

唐代林宝《元和姓纂》（以下简称《姓纂》）一书，除叙氏姓源流、族属子裔外，所存中唐以前其他史料，包括对拓跋氏族源、谱系等事的记载亦颇可贵。然其书南宋已残，至明渐佚，自清四库馆臣从《永乐大典》中将之辑出，到孙星衍、王莹初步董理的嘉庆刊本，近代以来再经罗振玉等校勘和岑仲勉四校，直到20世纪末郁贤皓、陶敏、孙望将之汇为一帙再加整理，遂甚可观[①]。回顾几代学人围绕此书展开的工作，其间接武继轨之迹斑斑可见。尤其是岑仲勉先生所著《元和姓纂四校记》（以下简称《四校记》），非唯于《姓纂》义例、纲目、叙次运思入微多所是正，于诸姓谱系、人物亦博采广证一一订补，更建瓴于现代学理继往开来，遂能不捐其细而愈见其大，一新此书整理的局面，也为中古史界利用《姓纂》所存史料，研究相关问题奠定了坚实的基础。

以下谨就《姓纂》所叙拓跋昭成帝及其子孙史事，基于《四校记》等成果发其意蕴，明其史源，以见唐人眼中北魏开国前后史事与魏书等处所载的诸多不同。由此出发，遂有必要再思昭成帝在

[①] 其校勘整理过程之要，参见郁贤皓、陶敏整理，孙望审订的《元和姓纂（附四校记）》前后收录的各家序文、提要，尤其是岑先生《四校记》诸序、凡例和附录。中华书局1994年版。

拓跋早期诸帝包括代国发展史上的特殊性，同时梳理北魏以来相关记载和传说形成、演变的种种问题，庶得加深对北魏开国史及相关记载的认识，亦以此纪念岑仲勉先生诞辰一百三十周年。

一 《姓纂》记洛阳元氏源流及其叙次之异

《姓纂》卷四《元氏》首引《左传》所记卫大夫元咺之事，述其先食采于元，因以为氏而子孙无闻①。以下分述由拓跋改姓为元的洛阳、太原、纥骨、是云、扶风五支，而于洛阳元氏之下述其族源和诸帝建号、改姓之事及其支裔之况（括号内文字为笔者据《四校记》所加）：

> 自云黄帝子昌意之后，居北土，代为鲜卑君长……昌意三十九代，至昭成帝什翼犍，始号代王，都云中。道武改号魏，即尊号。孝文帝都洛阳，改为元氏。十一代、十五帝、一百六十一年，为后周所灭。献明帝生寔（应作生献明帝寔，前脱昭成帝三字，或作昭成帝生献明帝、寔君）、寿鸠、纥根、翰、力真、阏婆……太武帝生景穆帝，嗣王，生天赐、子推、新成、云、休、桢、胡儿……道武帝生淮南王熙……明元帝晃（《魏书》明元帝名嗣，晃为景穆帝之名）生范……太武帝焘生临淮王、太尉谭……献文帝弘生禧、幹、雍、羽、勰……（文成帝濬）生安乐王长乐……孝文帝弘（《魏书》作宏）生广平王怀……文帝郁律（《魏书》名郁律而生乌孤者为平文帝）生乌孤……

---

① 罗新、叶炜《新出魏晋南北朝墓志疏证》一九六"元氏宫人墓志"述"宫人姓元氏，魏郡人也，善长肇于命族，河朔世其桑梓"。大业三年五十一岁卒于景华宫所。似志主祖上世居河朔，其家谱牒叙为元城元氏之后。是《姓纂》溯元氏至元咺盖亦有当时谱牒为据。

所述拓跋源出黄帝子昌意云云，为北魏通行之说①。以下堪值注意的要节有三：

一是其述昭成帝什翼犍始号代王，都云中，于其前三十九世则一笔带过。这不仅与《魏书·序纪》及《北史·魏本纪一》载昌意以下世数不同②，更与二处所述拓跋氏"号代王"及"都云中"之事迥异。如《序纪》述永嘉以来拓跋桓帝猗㐌、穆帝猗卢助并州刺史司马腾、刘琨抗御刘渊、刘虎、刘聪、石勒，终得陉北五县之地，且被西晋怀帝、愍帝相继封为大单于、代公、代王。是拓跋猗卢始号代王，其后郁律、什翼犍等皆踵其号而已。《魏书·序纪》又述拓跋部自圣武帝诘汾徙至匈奴故地，至神元帝力微三十九年"迁于定襄之盛乐"，自此诸帝虽国势不一而多居此。昭帝禄官三分国人后，统领一部的穆帝猗卢亦居盛乐故城，至其总领各部后更"城盛乐以为北都，修故平城以为南都……于㶟水之阳黄瓜堆筑新平城"。继而昭成帝之父平文帝郁律雄踞代北而国势大张，亦都盛乐，其末年至惠帝贺傉曾徙至东木根山，至炀帝纥那、烈帝翳槐又徙至大宁③，烈帝末又于盛乐故城东南十里筑新城，继立的昭成帝复"移都于云中之盛乐宫"④，并于故城南八里再筑盛乐城。依此则昭成帝只是在惠帝、炀帝以来相继徙至东木根山及大宁后还都云

---

① 《姓纂》在"代为鲜卑君长"后亦引"《宋书》云，李陵之后"。此为南朝国史系统对拓跋族源的记载，从而表明了唐人于拓跋元氏族源两存其说而以北为正的态度。

② 《魏书》卷一《序纪》载昌意少子受封北土，世为君长，积六十七世至成帝毛，再经十三世而至神元帝力微，又历四世而至昭成帝什翼犍。《北史》卷一《魏本纪一》"魏先世"所载略同而文简。《姓纂》述"昌意三十九世至昭成帝"，其后姓氏书袭此说"三十九世"者甚多，当非文有讹误而属别传之说。

③ 田余庆先生在《拓跋史探（修订本）》之"代北地区拓跋与乌桓的共生关系"六"东木根山地名的来历和拓跋立都问题"中指出："拓跋以东木根山为都，前后共历六年……至327年炀帝迁走大宁止。"《序纪》则载惠帝后争立的炀帝、烈帝都于大宁，为时约十二年。

④ 《魏书》所称"定襄之盛乐""云中之盛乐"，是因西汉定襄郡至东汉并入云中郡而皆辖成乐县，其实皆指神元以来所居成乐故城一带。谭其骧先生主编的《中国历史地图集》标之于今内蒙古和林格尔县北。

中，其事固亦甚要①，但汉魏以来的盛乐故城及其左近一带，早自神元帝，至晚自穆帝为代王以来即为其都。由此看来，《姓纂》所述盖为凸显昭成帝地位而隐去了神元以来诸帝事迹，多少有些夸大了昭成帝的功业。

需要指出的是，《魏书》和《北史》的上述记载，应是北魏前期《代记》(《国记》)至于孝文帝以来所修国史的标准口径，且其所载神元及于桓、穆二帝、烈帝与昭成帝诸史事，不少皆可证诸《十六国春秋》《晋书》《资治通鉴》等处所载②。是其事之近实唐宋固多认同，在北魏之时的权威性更毋庸置疑。而《姓纂》所述却与之明显有别，特别是其又截断众流，略过神元、桓、穆、平文诸帝创业开基之功，只以昭成帝建号立都为代魏之始，这就代表了不同于北魏国史的另一种口径。对今天的研究者来说，其间的孰是孰非当然也需予以关注，却更应意识到：在北魏国史编纂以及北齐以来《魏书》的撰定和后续几次重修过程中，关于拓跋氏早期的世系、史事一直都存在着另一些传说和记忆。

二是所谓"十一代十五帝一百六十一年"颇值推究。据《周书》卷三《孝闵帝纪》，西魏恭帝三年（556）十二月庚子禅位，次年正月辛丑北周孝闵帝即天王位，由此上推161年，适为北魏道

---

① 《魏书》卷一四《神元平文诸帝子孙传·武烈将军谓传》附《元丕传》载孝文帝与丕等议迁都之事，称"卿等或以朕无为移徙也。昔平文皇帝弃背率土，昭成营居盛乐；太祖道武皇帝神武应天，迁居平城"云云。可见昭成帝"营居盛乐"确被当时公认为拓跋早期都城史之重大事件。

② 如神元帝力微之事，《晋书》卷三六《卫瓘传》载晋武帝时"幽并东有务桓，西有力微，并为边害"，瓘都督幽州时遂行反间，使"务桓降而力微以忧死"。《资治通鉴》卷八〇《晋纪二》咸宁三年载其事颇详。又如穆帝猗卢助刘琨之事，亦见《晋书》卷一〇二《刘聪载记》及《资治通鉴》卷八七《晋纪九》永嘉四年十月条，《十六国春秋辑补》卷三《前赵录三·刘聪》亦有辑补。猗卢被封代公、代王之事，又见《晋书》卷五《怀帝纪》《愍帝纪》及卷六二《刘琨传》等处。《资治通鉴》永嘉四年十月条《考异》且引《刘琨集·上太傅府牋》，证其于此年六月以前已封代公；又引同集《与丞相牋》述此前桓帝猗㐌已被表为代公，因道路不通"竟未施行"。

武帝皇始元年（396）①。只是这样计年与"十一代十五帝"世系不合，其间似应别有义旨。②

据《魏书》及《北史》帝纪所载，自道武帝至明元帝、太武帝、文成帝、献文帝、孝文帝、宣武帝、孝明帝相继在位，共为八世；加上太武帝的"太子"，且被其子文成帝追尊而列入《魏书》本纪的景穆帝，亦仅九世。而孝明帝以下诸帝，孝庄帝、节闵帝皆献文帝孙，东海王、安定王皆景穆帝玄孙，孝武帝及西魏文帝皆孝文帝之孙，西魏废帝、恭帝皆文帝子，为孝文帝曾孙。以上共为十世十七帝③，而非十一世十五帝。只有不计西魏而仅计北魏帝系，再考虑《姓纂》前文特重昭成帝地位之旨，以此为端计其世系，也就是从昭成帝、献明帝到道武帝以下，计入景穆帝而至孝文帝之孙孝明帝，再加《魏书》列于本纪的孝庄帝、节闵帝、安定王而至孝武帝，则适为十一世十五帝。

然则《姓纂》述拓跋帝系的"十一世十五帝"之说，不仅是从昭成帝算起，又是按北周追尊宇文泰为帝的义例，把北魏帝系和国祚截至孝武帝入关被弑的永熙三年（534）的。由此上溯161年，洵为《魏书·序纪》所载昭成帝什翼犍建国三十四年（373），而此年既是昭成帝"太子"献明帝拓跋寔救父御难的死年，又是其遗腹子道武帝拓跋珪的生年。鉴于昭成帝本是《姓纂》强调的拓跋王

---

① 《北史》卷五六《魏季景传》附《魏澹传》载隋文帝以魏收书褒贬不实，命其别撰魏史，"澹自道武下及恭帝，为十二纪，七十八列传，别为史论及例各一卷，合九十二卷"。是魏澹书正以道武至恭帝计其君统。

② 《魏书》卷一《序纪》史臣曰，先称神元、桓、穆之事表明帝王之兴，"灵心人事，夫岂徒然"。继述昭成帝功业而称其"立号改都，恢隆大业。终于百六十载，光宅区中，其原固有由矣"。其160年之数，似是从皇始元年至西魏恭帝三年留头去尾计算的结果，但其述昭成帝"立号改都"即述"终于百六十载"云云，仍为后人留下了这160年或当自昭成帝时算起的想象空间。

③ 孝明帝以下诸帝中，孝庄帝、东海王、节闵帝、安定王、孝武帝要皆尔朱氏及高氏拥立，而东海王元晔《魏书》不列本纪或不应计入，则为十世十六帝。若不计尔朱氏及高氏拥立的孝庄帝以下诸帝，只计西魏、北周正统所系的孝武帝，下至西魏文帝、废帝、恭帝，上溯至昭成帝则为十二世十五帝。

业开端，其"太子"寔作为道武帝皇考而被追尊献明帝，则因其使"宗庙复存，社稷有主"而被后世视为理所当然①，故《姓纂》述北魏"十一世十五帝"共历"一百六十一年"，恐怕正是指道武帝生年至孝武帝死年的诸帝世系和年数，其"十一世"中本应包括昭成帝、献明帝父子在内。也就是说，《姓纂》的十一世十五帝一百六十一年之说，是与其前文以昭成帝为拓跋王业开端之说配套的。

三是《姓纂》叙洛阳元氏诸帝子孙之次亦有问题。如上引文所示，其首叙昭成帝子孙，次叙景穆帝子孙，其下方依次述道武帝、明元帝、太武帝、献文帝、文成帝、孝文帝子孙而末述平文帝郁律子孙。对这种不循诸帝先后，又非昭、穆之序的叙次，《四校记》以为《姓纂》此处原文在"生安乐王长乐"前当脱"文成帝"三字，及其将文成帝子孙错列于献文帝子孙之后，均属四库辑本从《永乐大典》中摘抄相关文字时的疏误，故宜将之改列于献文帝子孙之前。准此，则《姓纂》这段文字自道武帝子孙以下，仍是按诸帝在位之序依次叙其子孙的。接下来的问题，遂集中于其为何首叙昭成帝子孙而次述景穆帝子孙？又把平文帝郁律子孙列于其末？②

《姓纂》此处述拓跋"自云黄帝子昌意之后"云云，盖以明其族源由来。其下所述"昭成帝什翼犍始号代王，都云中；道武帝改号魏，即尊号；孝文帝都洛阳，改为元氏"；明显是划出了拓跋部发展史上的三个里程碑，而以昭成帝建号立都开其端。故其自昭成帝子孙叙起，说明的是昭成以一身而承昌意以下三十九世之系，也是在着力强调河南洛阳元氏作为北魏宗室，其主干皆为昭成之裔。而其接着提前叙次景穆子孙，亦非全因景穆帝身份地位特殊又子裔

---

① 见《隋书》卷五八《魏澹传》载其重修《魏书》的义例之二。
② 至于其所述诸帝本有多子而不皆被录或唯叙其一，或某帝本有子裔而不见其载，则是《姓纂》只记其子孙在唐仍有官历者的体例使然，不足怪也。

繁茂①，而应与《姓纂》辨诸姓支属的义例及其所录拓跋元氏各支之况相关。观其分述唐时所存元氏五支，纥骨一支晚至武周时方由胡氏改为元氏；其余除洛阳一支直承昭成外，太原一支则书其"称昭成帝后"，是云、扶风两支又分别书其"状称""自云"景穆帝后。其所传递的意思是，自孝文帝改姓而被记入《姓纂》的四支元氏，皆昭成、景穆帝后人，却有"正宗""旁支"以至于托附的不同②。故其于河南洛阳元氏之所以首述昭成帝子孙，其次即述景穆帝子孙，或也是要首先明确当世元氏的"正宗"所在，以此突出书中所录昭成帝、景穆帝不同支裔的正、闰之分。③

至于《姓纂》述平文帝一支于洛阳元氏之末，盖因平文帝在拓跋帝系中位于昭成帝以前之故。这是因为其既竭力突出了昭成帝在洛阳元氏发展史上的地位，也就不应再自乱其例，把平文帝子孙叙次于昭成帝子孙之前。不过，《姓纂》毕竟交代了"昌意三十九世至昭成帝"，其后所录的"纥骨元"氏，则为神元帝以前献帝邻的长兄匹麟之裔，因而与献帝同在此三十九世之列的平文帝一支，自然亦无不叙之理。况且平文帝本是道武帝时所尊的"太祖"，在当

---

① 赵超《汉魏南北朝墓志汇编》收录的神龟三年《元晖墓志》述其昭成六世孙，志文称其宗绪"厥初迈生于商，本支茂于緜瓞"；东魏武定三年《元晔墓志》述其为景穆玄孙，志文提到"穆帝诸子封王者十有二国，莫不政如鲁卫，德励闲平，入长百僚，出踰五等。故能积庆流祉，本枝实繁"。可见北魏宗室中昭成、景穆子裔尤盛，这与《姓纂》所录元氏子孙之况也是大体相符的。以下所引墓志非特注明者皆出于此。

② 《颜鲁公集》卷一一《元结墓碑铭》述其"盖后魏昭成皇帝孙曰常山王遵之十二代孙……高祖善祎，皇朝尚书都官郎中、常山郡公"。《姓纂》载"太原元氏"一支，首述"唐都官郎中元善祎，称昭成帝后"，后文述元结即其玄孙。墓志称其"盖"昭成帝之裔，笔法与《姓纂》述此支"称昭成帝后"类同，似其与洛阳元氏之别乃为当世元氏各支所公认。《金石萃编》卷九八《元结墓碑》述碑在鲁山县学，录文略同。

③ 南宋邓名世《古今姓氏书辨证》卷七《元氏》述拓跋诸帝之裔多本《姓纂》，而景穆帝子孙已置于道武、明元、太武帝相嗣之后。这应当也是因其所叙拓跋元氏已无太原、是云、扶风之支的缘故。

时太庙中位属不祧而尊于"高祖"昭成帝①，直至太和十五年（491）孝文帝重定庙制，改尊烈祖道武帝为太祖，其前诸帝包括神元、平文庙皆被迁撤，且与早期其他诸帝一并被归为"远祖"②。这就透露《姓纂》把平文帝子孙置于洛阳元氏昭成以下诸帝子孙之末的叙次，盖有鉴于孝文帝改尊道武帝为太祖以来平文帝地位跌落的现状。与魏收书为"神元、平文诸帝子孙"专立一传，置于宗室列传之首相比，《姓纂》把平文帝子孙置于洛阳元氏之末的叙次，应是其既要载明洛阳元氏子裔传于当世的脉络统系，又要体现北魏后期以来拓跋诸"远祖"地位已微的现实，更要强调昭成帝地位的结果。

以上三端在具体解释上容可再议，但《姓纂》这段叙说代表了北魏后期至隋唐时人对拓跋早期帝系和史事的某种流行之说，并与《魏书》《北史》承自北魏国史的相关记载殊异其趣，又特别强调了昭成帝什翼犍在拓跋开国历程及北魏宗室世系中的地位，则无论如何都是十分明确的。这一点不能不令人思考昭成帝及其子孙在拓跋氏发展史上的特殊性，亦引人探寻《姓纂》所述之背景和史源，以及北魏国史和北齐至隋唐所修北朝史和后魏史在拓跋早期史事采择上的种种问题。

---

① 《魏书·序纪》述昭成帝之崩，已交代"太祖即位，尊曰高祖"。《资治通鉴》卷一一〇《晋纪三十二》隆安二年十二月己丑载及道武帝即位改元及祭祀建制诸事："追尊远祖毛以下二十七人皆为皇帝，谥六世祖力微曰神元皇帝，庙号始祖；祖什翼犍曰昭成皇帝，庙号高祖；父寔曰献明皇帝。"所述未及平文帝之谥及其庙号太祖，胡注遂据《魏书·序纪》《太祖纪》及《礼志一》所载，补文帝、思帝、昭帝、桓、穆帝至平文帝以来惠、炀、烈帝之谥及争统之事。

② 事见《魏书》卷一〇八之一《礼志一》太和十四年八月议丘泽配尚及十五年四月经始明堂，改营太庙诸节。后文又载太和十五年四月诏称平文帝为"远祖"，且曰"平文既迁，庙唯有六，始今七庙，一则无主"。所谓"庙唯有六"，显指太祖道武及太宗明元、世祖太武、恭宗景穆、高宗文成、显祖献文诸庙而言。是道武以前诸帝至此已皆称"远祖"，遂可推知道武帝所立神元、平文、昭成、献明诸庙，除太祖平文庙外，其余必自文成帝以来逐次迁撤。

二　昭成帝及其子孙史事与拓跋君统之争

昭成帝在拓跋氏发展史上的特殊性，这在拓跋早期史事撰录中也有反映。《魏书·序纪》自神元帝起系年记事，至昭成帝时忽有不少详至其月[1]，由此推想道武帝命邓渊编纂的《国记》，其所据拓跋氏以往存留的传述载录，也是到昭成帝时才备其体式的。而这自然意味着拓跋氏早期史事自此一变其叙录之式而已加详，于昭成帝承前启后的地位则尤不免于刻意崇扬，从而使其传诸后世的形象越发变得高大、翔实起来。《魏书·序纪》述昭成帝在位之事所以系事井然又尤显其要，其源当在于此。以此综诸相关记载，即可看出昭成帝在早期拓跋君长中的优异之处，主要集中在两个方面。

一是其功业甚隆有过于神元以来诸帝。像《序纪》载昭成帝即位于繁畤之北，"称建国元年（约338）"。这是早期拓跋君长包括穆帝被封代王以来的首次建元[2]，其意义至为重大。无论是就建元本身在汉魏以来政治传统中的意蕴，还是对北魏开国前史的诸多事态来说，昭成帝什翼犍即位而建元"建国"，所标志的不仅是以往一系列发展过程的转折点，更是大量重要事件的开端[3]。由此观之，

---

[1] 《魏书·序纪》神元帝力微至昭成帝什翼犍以前记事详至月份者，唯有神元帝三十九年"夏四月，祭天"一例。这显然是因四月祭天自此相承为常的缘故。其后文记昭成帝建国五年"秋七月七日，诸部毕集，设坛埒，讲武驰射，因以为常"。这是《序纪》系事详至某日的特例，其原因亦当是自此以后其日秋射讲武已成惯例之故。

[2] 《魏书·序纪》载神元帝史事，述其"元年，岁在庚子"。其时神元帝落难依附没鹿回部，此"元年"显然并不具有建元性质，而是后来史臣仿《春秋》之体，为定其系年记事之始而书。据其后文载力微四十二年遣子沙漠汗通使曹魏，时当景元二年。《资治通鉴》卷七七《魏纪九》景元二年采记此事，并于此追叙拓跋先世至力微徙居盛乐之事。故"岁在庚子"即为魏文帝黄初元年（220），应自景元二年的干支推溯而来。

[3] 《欧阳文忠公集》之《居士集》卷一六《正统论下》："其私后魏之论者曰：魏之兴也，其来甚远。自昭成建国改元，承天下衰弊，得奋其力，并争乎中国……"其外集卷九《后魏论》又曰："魏之兴也，自成帝毛至于圣武，凡十二世而可记于文字，又十一世至于昭成而建国改元，略具君臣之法。幸遭衰乱之极，得奋其力，并争乎中国。"均强调了昭成建国改元的重要性。

《姓纂》所述昭成帝"始号代王",或即与其始立年号且名"建国"之事相关①;而北魏初年撰录的开国前史之所以名为"《代记》"或"《国记》",恐怕还是应与昭成帝即位"代王"而始号"建国",道武帝则直承于此创立北魏之事相连考虑。②

当然昭成帝地位之要,除拓跋早期史事传录自此加详外,更是因其众多建树对代国发展来说影响深远。《魏书·序纪》接着昭成帝登位建元,即述其于建国"二年春,始置百官,分掌众职",展开了一系列制度建设。具体如《魏书》卷一一三《官氏志》载拓跋氏自神元帝以来与魏晋交好而职司有所改创,至昭成帝则官司轮廓粗备:

> 昭成之即王位,已命燕凤为右长史,许谦为郎中令矣。余官杂号,多同于晋朝。建国二年,初置左右近侍之职,无常员,或至百数,侍直禁中,传宣诏命。皆取诸部大人及豪族良家子弟仪貌端严、机辩才干者应选。又置内侍长四人,主顾问,拾遗应对,若今之侍中、散骑常侍也。其诸方杂人来附者,总谓之"乌丸",各以多少称酋、庶长,分为南北部,复置二部大人以统摄之。时帝弟孤监北部,子寔君监南部,分民而治,若古之二伯焉。

---

① 《文馆词林》卷六六五《后魏孝文帝迁都洛阳大赦诏》,其中提到宣帝南迁,事同公刘;神元北徙,岂异亶甫;"暨昭成建国,渐堵盛乐,何异周文,作邑乎丰"。亦强调昭成帝建国徙都之事。

② 田余庆先生在《拓跋史探(修订本)》之《〈代歌〉、〈代记〉和北魏国史》二"《代歌》、《代记》及其与《魏书·序纪》关系的推测"中,认为:"《代记》应是原始名称,《魏书》以魏为统,是北魏国史,故改《代记》为《国记》。"基此追究魏收书改称《国记》以前至道武帝时此书的名称,据"《真人代歌》"之名及天兴元年六月定国号为魏而又代、魏并称之事,则当时《代记》《国记》之名应可共存互称。二称均呼应了北魏承代而建,代国自桓、穆至昭成、道武帝君统相承的国史口径,兼顾了其间所寓的一系列历史和现实问题。

可见当时所定官制取仿于晋，同时兼顾了北族以大人为治的传统，并以扩大内侍班子便其专制众务，置南、北部大人分统四方来附诸部杂人为其特色①。《魏书》书卷一一一《刑罚志》载拓跋氏至神元帝时尚无囹圄考讯之法，犯罪皆临时决遣；穆帝时以军令行峻法，死者万计而国落骚骇；至昭成帝建国二年方有法律可言：

> 当死者，听其家献金马以赎；犯大逆者，亲族男女无少长皆斩；男女不以礼交，皆死；民相杀者，听其与死家马牛四十九头，及送葬器物，以平之；无系讯连逮之坐；盗官物，一备五，私则备十。法令明白，百姓晏然。

这应当是举其要者言之，但亦足见当时立法也像官制那样，是以强化君权和兼循胡俗为其旨归的②。由此看来，昭成时期的建制活动，不仅承续了神元帝以来的改创职司之举，而是真正创定了道武帝以来诸多建制的基调。

除前面所述移都筑城等事外，官制、法律方面的这些发展，才更为典型地代表了昭成之时政权建设的成就，并可总体地说明代国

---

① 《魏书》卷二三《莫含传》载其子显，"知名于昭成帝世，为左常侍"而有策谋。《魏书》卷二三《刘库仁传》载其母平文帝女，妻亦拓跋宗女，昭成帝任以南部大人。《魏书》卷二五《长孙嵩传》载其父仁，昭成帝时为南部大人。《魏书》卷二六《长孙肥传》载其昭成帝时年十三，选为内侍。《魏书》卷二八《庾业延传》载其父、兄世典畜牧，昭成帝时为中部大人。可见其设官立制之一斑。因而当时是否设有史职虽记载不详，但其军国要政及大人世系之事的记注自此必已改进；下文所述拓跋氏自昭成帝以来"法令明白"，则同样会使文书记录的重要性日趋凸显。

② 当死者可赎及"大逆"者族诛，盖仿汉魏之法，"男女不以礼交"则规范了胡俗，民相杀及盗官物以马牛等财物抵偿应属内亚传统。相类之俗如《金史》卷一《世纪》述其始祖有约："凡有杀伤人者，征其家人口一，马十偶，牸牛十，黄金六两，与所杀伤之家，即两解，不得私斗"，并载"女直之俗，杀人偿马牛三十自此始"。《资治通鉴》卷九六《晋纪十八》咸康四年十一月将此概括为"始制反逆、杀人、奸盗之法"。

声教文明已达前所未有的水平①。而与之同样突出的，则是其在外事方面的诸多功业。《魏书·序纪》继其"始置百官，分掌众职"一事，即述"东自濊貊，西及破洛那，莫不款附"。这大抵是说昭成继承了平文帝时期的势力范围，即位以来周围部落多有归附者②，并与四方各国、各族通使往来。以下《序纪》所述，基本上是当时对外关系的大事节目，包括与前燕、石赵、前凉、前秦等国的交往，对北部高车、没歌等部族的征伐，以及与其西邻铁弗刘氏所部持续不断的和、战。这种向北征战以遏高车等族南下之势而掠其人口、牲畜，向南则在各国之间纵横捭阖而树立代国的大义名分③，向西又持续扩张以征服刘氏所属铁弗等杂胡而进取河西的态势，实已空前明确地展现了一段时期以来拓跋氏发展的总体战略，实际也已奠立了道武至太武帝时期国策的主题。④

因而《魏书》所载昭成帝时期内平外成的功业，确已表明了其在拓跋氏发展史上的划时代地位。而其最为突出的标志，即是代国

---

① 《魏书》卷八五《文苑传》序称"永嘉之后，天下分崩，夷狄交驰，文章殄灭。昭成、太祖之世，南收燕赵，网罗俊乂"。这是以昭成帝时燕凤、许谦诸人归附，为拓跋氏治下文学兴起之始。《魏书》卷一一四《释老志》述拓跋氏与佛教的渊源："及神元与魏晋通聘，文帝久在洛阳，昭成又至襄国，乃备究南夏佛法之事。"此又以昭成帝为拓跋氏与佛教关系的重要一环。又《太平御览》卷三四六《兵部七十七·刀下》引陶弘景《刀剑录》曰："后魏昭成帝建国元年，于赤冶城铸刀十口，金镂赤冶二字隶书。"是拓跋氏当时使用文字之证，其冶锻错嵌之艺亦甚可观。

② 《序纪》述平文帝郁律盛时"西兼乌孙故地，东吞勿吉以西"，亦即自西域至辽东的广阔地带。又《魏书》卷二四《许谦传》载其代人，建国时将家归附昭成；卷二八《李栗传》载其雁门人，昭成时父、祖入国；卷三〇《吕洛拔传》载其曾祖渴侯，昭成时率户五千归国。皆属昭成即位后来归的实例。

③ 《资治通鉴》卷九七《晋纪十九》建元元年七月，"代王什翼犍复求婚于燕，燕王皝使纳马千匹为礼，什翼犍不与，又倨慢无子婿礼。八月，皝遣世子儁帅前军师评等击代，什翼犍率众避去"。其事不见于《魏书》等处，当出崔鸿《十六国春秋》之《前燕录》。由此判断，《魏书·序纪》记事自平文帝起始称东晋及前、后赵为"僭"，记昭成帝事仍循此例而以各国称帝者为僭。这固然是《魏书》义例使然，但也未尝不是平文、昭成帝已与各国颉颃而自矜其位的反映。

④ 《魏书·序纪》述平文帝郁律大破刘虎，又断交石赵、东晋而与前凉通使。这一态势和战略已露端倪。至道武帝复为代王后，亦西灭刘氏，北破高车，继而南取后燕建立北魏，周旋于东晋及北方群雄之间，直至太武帝平定河西而统一北方，皆可说是这一战略的后续展开。

从政权建设、文明形态到综合国力,均在此期得到了跨越式推进,且其已蜕却了晋封之壳,而以黄帝之裔世雄北土又崛起于当世的强盛之国自许①,已俨然漠南霸主而被公认为并峙于北方群雄的一大势力。尽管这自必导致群雄之忌,遭致了前秦灭代之役②,但也恰恰足以说明昭成帝在拓跋氏王图霸业中继往开来、无可替代的地位。

二是昭成帝什翼犍在道武帝所承拓跋氏帝系中位序特要。什翼犍功业虽隆,但其既遭前秦讨伐而国灭身死,终亦一时英雄过眼烟云而已。若非其孙道武帝复为代王又建立北魏,其事留于史乘,也就会像同属拓跋雄主而创建代国的桓、穆二帝那样地位不彰,以至如前秦及南朝国史则更书其逸事以为笑料③。要之,即便昭成帝在拓跋早期史事传录中功业尤盛,事实上也在不少方面奠立了北魏之基,但其地位的特殊重要却非仅凭功业可定,而更有赖于道武帝确立的拓跋氏帝系尤其与昭成一脉相承的直系宗统来确认。

关于道武帝时所定拓跋氏君统、宗统的要旨及相关问题,上章

---

① 《隋书》卷五八《魏澹传》载其修《魏史》义例之二,述"平文、昭成雄据塞表,英风渐盛,图南之业,基自此始"。即强调了平文、昭成帝相继的"图南之业"。《魏书·序纪》述平文帝郁律绝东晋之使,即表明了拓跋代非复晋封旧国的立场,故其述昭成帝时与东晋并无交往。

② 《十六国春秋辑补》卷三四《前秦录四》记建元九年四月太史令张猛释天象有曰:"尾,燕之分野;东井,秦之分野。彗起尾箕而扫东井,灾深祸大。此十年之后,燕灭秦之象。二十年后,当为代所灭。"建元九年为374年,两年后前秦灭代,亦当与此占相关。《资治通鉴》卷一○四《晋纪二十六》太元元年十一月载苻坚灭前凉、代国后酬赏功臣,诏称"索头世跨朔北,中分区域,东宾秽貊,西引乌孙,控弦百万,虎视云中"云云。可见当时拓跋代国势之盛。

③ 《魏书·序纪》载昭成帝三十九年败于前秦,其年十二月死,时年五十七岁。《宋书》卷九五《索虏传》《南齐书》卷五七《魏虏传》《晋书》卷一一三《苻坚载记上》所载与之不同,《十六国春秋辑补》卷三五《前秦录五》及上引《通鉴》太元元年条述此亦互异。有什翼犍被俘至长安入太学习礼而颇戆黠,以及什翼犍子翼珪缚父降秦而被迁蜀等说。近有倪润安《从叱罗招男墓志看北魏道武帝早年入蜀事迹》一文(《四川文物》2014年第2期),据志文述"夫人字招男,河南洛阳人,其先氏胄,出自成都",以证拓跋珪曾入蜀。但志文实谓叱罗氏自代迁洛改姓罗氏,而罗氏出于成都。这本是各家谱牒叙录氏姓源流的常见笔法,其语与《姓纂》于元氏首述其出自春秋元咺,洛阳元氏乃孝文帝改姓而来相仿。故此志实不足为招男祖上世在成都之证。

已详为阐论。神元以来拓跋氏社会的发展和文明进路，已日益以其政治体制的变革为要，并突出地聚焦于拓跋君长是传子还是循旧推举这个根本问题，结果则是与专制君权相连的传子制长期都在部落推举制影响下的兄终弟及之间浴血成长[1]。在道武帝为确立传子制而釐定君统取决于宗统的原则，也为强调自身继统合法性而理出其直承神元帝以来父子六世诸帝相嗣之脉时，其中的神元帝、文帝、思帝、平文至昭成帝五世，其间皆有兄弟相及的旁支君长在位或争立[2]。因而即便抛开拓跋氏婚俗所致的世系难明之惑，就按天兴初年追尊诸帝和建立庙制所示世次来加以梳理，道武帝所承拓跋诸帝父死子继的宗统，实际上要晚至昭成、献明帝父子方确切无疑，神元以来拓跋君统、宗统游离若二的状态，也一直要到昭成帝以来才真正合一了。

质言之，道武帝梳理拓跋帝系而尤其突出神元以来父子六世相嗣的宗统，不仅是要上承历代祖先陆续创立和积累的基业，更是要维护其自身继嗣在位的正当不二，并通过确立君位传子制来巩固专制皇权体制，以利其子孙世世承续北魏国祚。而昭成帝在这一帝系中的特殊重要，正在于其实际上是拓跋君位真正按父死子继规则相嗣的开端，也是拓跋君统、宗统终于合二为一的起点。因而昭成、献明和道武帝祖孙三代相嗣之次，实为天兴所定神元帝以来父子六世相嗣宗统得以成立的关键，而昭成帝在位更可谓其重中之重，乃是道武帝嗣位合法性、正统性的血脉之基。

由此可见，昭成帝在拓跋发展史上地位特重，不仅是因早期拓

---

[1] 关于拓跋君长推举制的内亚背景及其直至东西魏时的余绪，参见罗新《黑毡上的北魏皇帝》，海豚出版社2014年版。

[2] 《魏书·序纪》载文帝为"太子"而死，同年神元帝死后相继即位的章帝、平帝皆为文帝之兄；平帝死后文帝少子思帝在位一年，暴死后由文帝的兄弟昭帝即位，分国三部自统其一，分统另二部的桓帝、穆帝为思帝之兄弟；至穆帝一统三部后不久死于其子六修之乱，六修又被桓帝子普根所灭，普根在位月余即死，其子立后同年亦死，继位的平文帝为思帝之子；平文帝在位五年被普根以来操纵政局的桓帝祁后所害，继立的是桓帝之子惠帝，惠帝死后其弟炀帝即位，四年后又被平文帝长子烈帝夺位；此后七年烈、炀争位而烈帝终胜，三年后临死传位其弟昭成帝。

跋史事传录至其在位而骤详，也不单因其所建功业甚隆，而是这些方面与其在天兴所定拓跋帝系传承中的地位相互烘托、放大的结果①。但昭成帝的这种因缘深厚、特殊重要的地位，一方面成就了道武帝嗣为代王及基此开创的帝业，另一方面也不能不导致新的问题。《魏书》和《姓纂》述昭成地位虽均重要而仍有不小差异，即可视为这类新问题存至后世的某种余绪；而其在道武帝时期的突出表现，则是在推举制和兄终弟及等北族旧俗远未尽褪，专制君权和传子制虽已明确而待巩固的前提下，拓跋君位之争已集中在昭成子孙间展开。就是说，强调昭成帝功业之隆及其于拓跋帝系传承之重，在排除其前诸帝子孙争位的可能性，有助于道武帝按传子制继立为君的同时，也会因献明帝早死的事实而使昭成其他子孙嗣位的合理性相应凸显出来。②

这一点在《魏书》等处所载道武帝前后拓跋君位的争攘中同样体现了出来。《魏书》卷二《太祖纪》载其登国元年正月即代王位，三月其南部大人刘显南走马邑；四月改称魏王，五月护佛侯部帅侯辰、乙弗部帅代题率众叛走；七月代题来降十余日又亡奔刘显；继而拓跋珪即遇其平生最大危机：

> 初，帝叔父窟咄为苻坚徙于长安，因随慕容永，永以为新兴太守。八月，刘显遣弟亢泥迎窟咄，以兵随之，来逼南境。

---

① 正光三年《冯氏妻元氏墓志》述其为昭成曾孙女，志文夸耀其宗绪"代承五运，迭用三正，河图洛玺，世袭相传。故以彪炳玉牒，照灼金书，竹帛已彰，可略而言也"。也强调了昭成帝以来拓跋王业、帝系相传不绝而明载于史册、玉牒。

② 《魏书》等处多强调道武帝为昭成帝"嫡孙"，这是要按君统取决于宗统的原则，明确昭成死后只能由其"太子"献明帝"嫡子"道武帝来继嗣大位，从而排除昭成帝其他子孙嗣位的可能。但《魏书》卷一三《皇后列传》序称"昭成之前，世崇俭质，妃嫔嫔御，率多阙焉，惟以次第为称……太祖追尊祖妣，皆从帝谥为皇后"。其《献明皇后贺氏传》载"后少以容仪选入东宫，生太祖"。拓跋早期"太子""东宫"之类皆为后来尊称，贺氏为后则系追尊，传称其"以容仪选入"已明其实无特殊地位，亦符当时君长嫔妃尚无等级之况，"嫡孙""嫡子"之说显为道武帝以来刻意渲染之辞。

诸部骚动，人心顾望。帝左右于桓等，与诸部人谋为逆以应之。事泄，诛造谋者五人，余悉不问。帝虑内难，乃北踰阴山，幸贺兰部，阻山为固。遣行人安同、长孙贺使于慕容垂以征师，垂遣使朝贡，并令其子贺驎帅步骑以随同等。冬十月，贺驎军未至而寇已前逼，于是北部大人叔孙普洛等十三人及诸乌丸亡奔卫辰。帝自弩山迁幸牛川，屯于延水南，出代谷，会贺驎于高柳，大破窟咄。窟咄奔卫辰，卫辰杀之，帝悉收其众。

窟咄与刘显相结而率兵来逼，前后近五个月方被平息。从"诸部骚动、人心顾望"，左右谋逆、北避阴山以及借兵后燕而叔孙普洛等纷纷亡奔刘卫辰诸事，足见当时拓跋珪几濒绝境①。而推溯其因，端在珪十六岁即代王位又改称魏王，其事已致人心浮动，而窟咄既为昭成之子，前秦灭代时又被徙长安而地位亲要，故其纠合刘显、代题等部来争代王之位，拓跋氏及诸部大人多所认同。以此联系昭成帝得位于其兄烈帝，又因其弟拓跋孤逊让方得登位，至前秦灭代时，孤子斤以昭成不豫"国统未定"，联手昭成庶长子寔君作乱谋位之事②，即可想见当时兄终弟及之风仍盛，凡属昭成子孙本皆有望登位，则其在道武帝时期仍觊觎君位的活跃动态，也就绝非偶然了。

窟咄争立来逼，确实只是揭开了昭成帝子孙在道武帝以来屡有异动的一个序幕。其后续事态史有明文的，如秦明王翰为昭成第三

---

① 《魏书》卷一五《昭成子孙传·窟咄传》载此尤详，其述当时于桓等谋逆，莫题等七姓亦与其事，而后"悉原不问"；安同、长孙贺使后燕借兵，贺竟在途中"亡奔窟咄"；安同借兵还，"窟咄兄子意烈捍之"而阻其归途；道武避至阴山借母族贺兰部自保时，其舅贺染干"阴怀异端，乃为窟咄来侵北部"。皆足见当时形势之凶险。莫题当时动向详见《魏书》卷二八《莫题传》；刘显为铁弗刘虎宗人，昭成时南部大人刘库仁之子；刘卫辰为虎孙，于拓跋屡有叛附。参见《魏书》卷二三《刘库仁传》、卷九五《铁弗刘虎传》。
② 见《魏书·序纪》、卷一四《神元平文诸帝子孙传·高凉王孤传》、卷一五《昭成子孙传·寔君传》。

子而早死,其子卫王仪才略过人,器望尤重,为道武帝进取中原第一功臣,却矜功而"与宜都公穆崇谋为乱",伏武士欲弑帝,后被赐死。毗陵王顺为昭成子地干之子,道武帝平后燕时留守云中,闻帝军败栢肆,不知所在,"欲自立"而未果,后又因御前不敬被废。辽西公意烈为昭成子力真之子,窟咄乱时亦曾附逆,道武帝平中原,以和跋镇邺,意烈"自以帝属,耻居跋下,遂阴结徒党,将袭邺,发觉赐死"①。是昭成之孙在其同辈道武帝在位时,类皆自视为拓跋君位的当然候选人。对之作明白表述的典型,如《魏书》卷一五《昭成子孙传·陈留王虔传》载其为昭成子纥根之子而死于王事,道武帝封其子悦为朱提王,特受亲宠:

> 后为宗师。悦恃宠骄矜,每谓所亲王洛生之徒言曰:"一旦宫车晏驾,吾止避卫公,除此谁在吾前?"卫王仪美髯,为内外所重,悦故云……后遇事谴,逃亡,投雁门,规收豪杰,欲为不轨,为土人执送,太祖恕而不罪。太宗即位,引悦入侍,仍怀奸计……悦内自疑惧,怀刀入侍,谋为大逆。叔孙俊疑之,窃视其怀,有刀,执而赐死。

北魏"宗师"例由拓跋族中位望高者担任②,悦述道武身后继位之序,卫王仪及自身理应居前,意即昭成孙辈和曾孙辈中当以二人为

---

① 以上皆见《魏书》卷一五《昭成子孙列传》,另不谋逆而赐死者,如《常山王遵传》载其昭成子寿鸠之子,道武帝初有佐命勋,"天赐四年,坐醉乱失礼于太原公主,赐死,葬以庶人礼"。又《陈留王虔传》附子《崇传》载"卫王死后,太祖欲敦宗亲之义,诏引诸王子弟入宴。常山王素等三十余人咸谓与卫王相坐,疑惧,皆出逃遁,将奔蠕蠕,唯崇独至。太祖见之甚悦,厚加礼赐,遂宠敬之,素等于是亦安"。亦可见其时情势。

② 《魏书》卷一五《昭成子孙传·秦明王翰传》附子《仪传》载其被赐死后,"子篡,五岁,太祖命养于宫中……恩与诸皇子同"。此固因篡明敏有礼帝甚爱之,但也是道武帝与卫王仪皆为昭成之孙而礼同家人的反映。其后文又载太武帝时,"篡于宗属最长,宗室有事,咸就咨焉"。《魏书》卷一五《昭成子孙传·常山王遵传》附子《素传》载其文成帝时为"宗属之懿,又年老,帝每引入,访以治国政事"。《魏书》载北魏前期室宗领袖唯此二例,此亦可见昭成子孙在文成帝以前位望之高。

最。这就表明道武帝亟欲明确的直系、旁系之别至是仍待巩固①，兄终弟及则颇得人心，因而时人眼中可嗣大位的宗室子孙，实际上皆自昭成帝起叙其伦辈，道武帝父子也不过是其中之一，以至于昭成曾孙拓跋悦对君位的执念，直至明元帝时还在掀起波澜。

《魏书》卷一一二下《灵徵志下》载太平真君五年二月张掖郡奏称曹魏时大柳谷山石所示纹样，至此忽又呈现了"国家祖宗讳，著受命之符"：

> 其文记昭成皇帝讳，"继世四六，天法平，天下大安"，凡十四字；次记太祖道武皇帝讳，"应王，载记千岁"，凡七字；次记太宗明元皇帝讳，"长子二百二十年"，凡八字；次记"太平天王继世主治"，凡八字；次记皇太子讳，"昌封太山"，凡五字。

于是朝廷遣使图写其文，宣告于四海，俾"方外僭窃知天命有归"，且被史官记录存档。石文以昭成帝为北魏首位天命之主，表明其地位特高当时仍为朝野公认。尤其值得注意的是，这个灵徵不只是要明示诸帝的天命有归，更是要强调帝位由昭成、道武、明元、太武直系相嗣的天授之统，其落脚点显然是要配合此年元月皇太子拓跋晃"始总百揆"这件大事。可见册立"太子"之举，毕竟是对北族君长推举旧俗的改革而非无异议，进而命其监国或总统百揆，也无非要巩固"太子"地位，从而需要在人事安排和舆论等方面为之

---

① 《魏书》卷一六《道武七王传·清河王绍传》载其贺夫人所生，地位不若已行子贵母死之法的齐王，即后来的明元帝拓跋嗣。绍天赐六年弒帝，谓群臣曰："我有父，亦有兄，公卿欲从谁也？"长孙嵩曰："从王。"所谓父、兄当指道武帝、明元帝之同辈，可见当时兄终弟及仍属合理，而道武诸子继位权虽似有别而仍大致平等。长孙嵩之态度则表明当时大人亦不以嫡庶为意。《魏书》卷二五《长孙嵩传》载道成崩后，嵩与拓跋他曾率部归刘库仁，刘显谋难时又叛显离去。"时寔君之子亦聚众自立，嵩欲归之。见于乌渥，称逆父之子，劝嵩归太祖。嵩未决，乌渥回其牛首，嵩俚俛从之。"以此联系登国元年长孙贺叛从窟咄之事，又可见自来长孙氏的政治向背，常在昭成子孙及道武帝间依违不定。

扫清障碍①。这就透露拓跋君位的父系直系传承在当时仍有问题，宗室旁系子孙得与直系同预于君位候选者的风习，也还是要借助灵征所示的天授之统来加以祛除②。考虑到拓跋"直勤"之号本代表了远近宗室共享君长继承权利的身份，而此号在太武帝以来也仍颇受重视③，那么昭成帝地位既为举世公认，其子孙也就难说已完全不在时人认同的君位候选者之列。

　　昭成之裔与拓跋君位传承的纠葛，至太武帝以后似已消失。其原因必是专制皇权体制至此已大为巩固，君统从属于宗统的原则进一步明确，道武帝子孙一脉亦已壮大而昭成之泽已斩。但道武帝开国之时昭成地位特高，以致其子孙得以依循拓跋氏传统预于君位承嗣之列的历史和影响，自不会骤绝其绪，而必久留于人们尤其是昭成后裔的记忆之中。《魏书》和《北史》载拓跋宗室子裔皆以诸帝为纲分列专传，足见北魏宗室世系曾几何时已各从本支直系在位之帝叙起④，而这本身就说明其各支皆自有谱牒和历史记忆，也就未必会与国史所载官方口径完全保持一致。《姓纂》述洛阳元氏突出昭成帝一支的做法，即从另一侧面反映了北魏初年的有关史实，体

---

① 《魏书》卷四上《世祖纪上》延和元年正月立拓跋晃为皇太子；卷四下《世祖纪下》载太平真君四年十一月令皇太子副理万机，总统百揆；五年正月皇太子始总百揆；皆伴有人事、仪制等一系列举措。以此观之，道武帝所创"子贵母死"之制除防母后之族掣肘皇权的用意外，也可视为一种明示"太子"继嗣地位的非常方式。

② 其时奏请宣告石文于天下的四位大臣中，乐安王范、建宁王崇为明元之子，常山王素为昭成之孙，恒农王奚斤，其父为昭成所宠。据诸人本传，乐安王范曾预刘洁之谋，事发暴薨；建宁王崇文成帝时预于京兆王杜元宝谋逆，父子并赐死；常山王素文成帝时曾与陆丽拥护传子制；奚斤在拓跋晃临朝听政时为左辅。

③ 参见罗新《北魏直勤考》，《历史研究》2004年第5期。

④ 元氏墓志中亦有父祖皆帝而并叙者，如北周《拓跋育墓志》述其"文成皇帝之曾孙，献文皇帝之孙，高阳文穆王雍之第十子"。《魏书》卷一九中《景穆十二王传中·任城王云传》附《元顺传》述其孝明帝时为吏部尚书兼右仆射，录尚书事高阳王雍欲用三公曹令史朱晖为廷尉评，顺执不从，"雍抚几而言曰：'身，天子之子，天子之弟，天子之叔，天子之相，四海之内，亲尊莫二，元顺何人，以身成命，投弃于地！'"此类皆强调其胄之贵而非史体，如拓跋育，《魏书》即附于《献文六王传上·高阳王雍传》下。参见罗新、叶炜《新出魏晋南北朝墓志疏证》九二"拓跋育墓志"之疏证。

现了其子孙曾与道武帝同自昭成帝起叙其伦辈，且其在原则上皆可嗣位的种种记忆。同时这也应与昭成帝后裔在唐明显盛于元氏其他各支，其相传之说影响也要来得更大的状态分不开。

三　口碑、史乘互动与《姓纂》崇昭成之史源

《姓纂》义例，非子嗣在唐官爵堪称则不录其房支传承人名。其所叙洛阳元氏各支子裔人数，计有昭成子裔186人，景穆子裔62人，道武子裔4人，明元子裔31人，太武子裔12人，献文子裔14人，文成子裔3人，孝文子裔3人，平文帝子裔15人。足见昭成后人魏末以来历经河阴、天保元氏诸劫而仍得不断开枝散叶，至唐已为拓跋诸帝子裔中最盛的一支[①]。在理解和追溯《姓纂》之所以格外突出昭成帝地位的倾向时，这是一个不可忽略的事实。[②]

1991年面世的熙平元年《元睿墓志》，留下了北魏孝明帝时昭成帝一脉关于本支世系及史事传承的渲染，志文开头即曰：[③]

> 君讳睿，字洪哲，河南洛阳人也。六世祖彭城王，昭成皇帝第/七子。分崇峰之云构，派积水之深源，其弈叶连辉，篡戎继德，事/光于国传，声歌于风流矣。

[①] 《张燕公集》卷二五《故吏部侍郎元公碑铭（原注：崔湜撰序）》："公讳字，河南洛阳人也。盖颛顼之裔，十三代祖魏昭成帝，勋格皇天，惠孚庶物，骏启灵命，大昌于后……"此即《文苑英华》卷八九八《职官六》张说《故吏部侍郎元公希声神道碑》，所述昭成"骏启灵命，大昌于后"，即指唐代昭成帝后裔之盛况。

[②] 赵超《汉魏南北朝墓志汇编》及罗新、叶炜《新出魏晋南北朝墓志疏证》收录的2003年前所出北朝元氏墓志，志主为景穆之裔的50方，昭成裔17方，道武、献文裔皆16方，明元裔14方，文成裔9方，平文裔7方，孝文裔6方，太武裔4方，另有10方世系待覈。即便加上近年所出景明五年《元忠墓志》（昭成曾孙）、熙平二年《元长墓志》（平文裔）、开皇十一年《元威墓志》（昭成裔）、开皇十五年《元伦墓志》（昭成裔）等，亦难改变景穆之裔在历年所出北朝元氏墓志中数量最多的事实。这大概可以反映其在北魏后期盛于宗室其他各支的状况，因而昭成子裔至唐名位堪称者数量远超景穆之后的事实，本身就构成了一个有意思的问题。

[③] 录文据罗新、叶炜《新出魏晋南北朝墓志疏证》三四"元睿墓志"。

所述其源高厚，其流绵长之况，固属谀墓之文的常套，但其"事光于国传，声歌于风流"两句，仍可表明北魏建立120年后，昭成帝子裔及其事迹非唯多有入传国史，且亦形诸声歌而流行于世。

将祖宗事迹形诸声歌当然并非昭成帝子孙为然，而是北族记事存史的久远传统。田余庆先生《〈代歌〉、〈代记〉和北魏国史》一文，已揭示了这一传统与《代记》的关联，且其直至迁洛以后，也仍是代人各部各家记其祖宗开基及先人事迹的重要方式。《魏书》卷一〇九《乐志》记太和年间改革歌词乐章之事：

> 七年，中书监高允奏乐府歌词，陈国家王业符瑞及祖宗德美，又随时歌谣，不准古旧，辨郑、雅也。十一年春，文明太后令曰："先王作乐，所以和风改俗，非雅曲正声不宜庭奏。可集新旧乐章，参探音律，除去新声不典之曲，裨增钟悬铿锵之韵。"

高允当时仍掌国史，其奏请乐府歌词及随时歌谣所陈祖宗盛事的错杂不一，既是要将之统一到合乎古圣王雅乐的基调上来，也是要把其内容统一到本朝国史的口径上来①。但旧俗声歌各有统绪，根深蒂固，自然不会随文明太后"除去新声不典之曲"的意旨而骤然归一②，故事实是诸多杂音仍不绝于世，即便国史也须取此拾遗补阙。

---

① 高允掌史事甚久而几无所成，其所事当以义例检讨和史料整理为主，其下得力者有燕国平恒、河间邢祐、北平阳尼、河东裴定、广平程骏、金城赵元顺等。参《魏书》卷四八《高允传》、卷八四《儒林平恒传》。

② 《魏书·乐志》载太和十五年冬孝文帝下诏乐官不得滥吹郑卫之音，十六年又以司乐多"习不典之繁曲"，诏中书监高闾与太乐参议其事，"遇迁洛不及精尽，未得施行"。其后文又载普泰中定乐之事："初，侍中崔光、临淮王彧并为郊庙歌词而迄不施用，乐人传习旧曲，加以讹失，了无章句。后太乐令崔九龙言于太常卿祖莹曰：'……今古杂曲，随调举之，将五百曲，恐诸曲名，后致亡失，今辄条记，存之于乐府。'莹依而上之。九龙所录，或雅或郑，至于谣俗、四夷杂歌，但记其声折而已，不能知其本意。又名多谬舛，莫识所由，随其淫正而取之。乐署今见传习，其中复有所遗，至于古雅，尤多亡矣。"这类"记其声折"不知本意的，显然是鲜卑语的歌谣，直至北齐乐府仍有传习。

《魏书》卷四四《孟威传》载其孝文帝以来曾给事史馆：

> 颇有气尚，尤晓北土风俗。历东宫斋帅、羽林监。时四镇高车叛投蠕蠕，高祖诏威晓喻祸福，追还逃散，分配为民。后以明解北人之语，敕在著作，以备推访。

孟氏尤晓北土风俗，且以明解北人之语"敕在著作"①，其用意不外是要搜访、翻译鲜卑语歌谣传说以备国史采择②。《北齐书》卷二四《孙搴传》载其北魏孝明帝时亦参史事：

> 少厉志勤学，自检校御史再迁国子助教。太保崔光引修国史，频历行台郎，以文才著称……署相府主簿，专典文笔。又能通鲜卑语，兼宣传号令，当烦剧之任，大见赏重。

崔光引孙搴助修国史，显亦因其通鲜卑语，可助其访译北族歌谣传说，以补史之阙遗。③

---

① 本传载其"河南洛阳人"，则似为孝文迁都改姓之代人。《魏书·官氏志》载当时无有改"孟氏"者，然有"壹斗眷氏，后改为明氏"。据《南史》卷五〇《明僧绍传》载其平原鬲人，"其先吴太伯之裔百里奚子孟明，以名为姓，其后也"。姚薇元《北朝胡姓考（修订本）》六一《明氏》以之为"子孙以王父字为氏之例"。据此则壹斗眷氏改姓明氏，亦有可能循例而称"孟氏"。

② 《史通》卷一一《外篇·史官建置第一》述北魏"代都之时，史臣每上奉王言，下询国俗，兼取工于翻译者，来直史曹"。《魏书》卷三八《王慧龙传》附《王遵业传》载其宣武帝时曾"与司徒左长史崔鸿同撰《起居注》。迁右军将军，兼散骑常侍，慰劳蠕蠕。乃诣代京，采拾遗文，以补《起居》所阙"。其诣代京采拾的"遗文"，主要恐非文献记录，而是歌谣传说之类。《魏书》卷一〇五《自序》述崔鸿、王遵业补续《高祖起居注》，但遵业既采拾遗文，似亦有志于补辑此前国史。《隋书》卷三二《经籍志一》经部小学类著录《国语真歌》十卷、《国语十八传》一卷、《国语御歌》十一卷等书，当即史馆采访此类史料至隋仍存者。

③ 《魏书》卷六七《崔光传》附《崔鸿传》载正光元年敕崔光修高祖、世宗起居注，"光撰魏史，徒有卷目，初未考正，阙略尤多。每云：此史会非我世所成，但须记录时事，以待后人。临薨言鸿于肃宗。五年正月，诏鸿以本官修缉国史"。可见崔光至崔鸿皆有鉴国史阙略之多，而尤留意于保存史料。

这类记载表明，代人各部子孙包括拓跋诸帝之裔对其先辈史事和功业不仅各有所传，且其内容不免与国史有所出入而可参考。北魏前期如《魏书》卷二九《奚斤传》载其代人而世典马牧，其父有宠于昭成帝，斤则历事道武、明元、太武帝，爵至王公，位至司空：

> 聪辩强识，善于谈论。远说先朝故事，虽未皆是，时有所得，听者叹美之。每议大政，多见从用，朝廷称焉。真君九年薨，时年八十。

奚斤常追本溯源而说先朝故事，当时北族诸多传统影响仍大，故其所说虽不尽与朝廷认同的一致，却也颇受重视。晚近之例则如《北齐书》卷二八《元晖业传》载其景穆帝玄孙，少险薄，长涉子史，亦颇属文，东魏北齐时位望虽隆而被猜忌：

> 晖业之在晋阳也，无所交通，居常闲暇。乃撰魏藩王家世，号为《辩宗录》四十卷，行于世。

当时元氏已有族灭之虞，故其从事藩王家世的整理辨析，实寓存亡继绝之义，且必有鉴于以往所叙宗室世系存在的问题①。其部帙多达四十卷表明此书所辨甚众，所述拓跋元氏诸帝子孙传承源流甚详。可见当时宗室各支子裔所传祖先史事、谱系，与定于一尊而书于国史的宗室世系和相关史事必定有着不少差异。②

---

① 《魏书》卷一〇五《自序》列《辩宗录》为魏收撰《魏书》参考的几种要籍之一，可见其内容甚受时人所重。《隋书》卷三三《经籍志二》史部谱系类著录元晖业《辩宗录》已仅二卷，是其唐初大部已佚；隋志另又著录"《后魏皇帝宗族谱》四卷"，似为周齐以来所纂，其修撰背景恐亦与《辩宗录》相类。

② 《魏书》卷一〇八之一《礼志一》载太和十五年四月经始明堂，改营太庙。诏曰："祖有功，宗有德，自非功德厚者，不得擅祖宗之名，居二祧之庙。仰惟先朝旧事，舛驳不同，难以取准。今将述遵先志，具详礼典，宜制祖宗之号，定将来之法……"所述"先朝旧事，舛驳不同"，即各部各家所传多有出入，而定祖宗之号，则所以统一其说而为将来之法。

这是因为国史对宗室史事的裁剪叙次，必以朝廷政策为其口径，而孝文帝以来这方面的基本趋势，正是以进一步明确宗法制度和围绕"今上"定其亲疏为特点的①。前已指出太和十五年重定庙制，太祖道武以前诸帝皆被归为"远祖"。这就为北魏宗室远、近划出了明确界限，诸远祖子裔自此遂为"远属"，其封爵、得官及礼法等方面特权亦与太祖子裔骤然有别，况且同属太祖子裔，时移世迁之后亦当继续准此别其远、近和地位待遇②。其事当然会对宗室成员处境产生深远影响，对疏远之属则冲击尤大。《魏书》卷一九上《景穆十二王传上·京兆王子推传》附《元遥传》载其景穆之孙，至孝明帝初年除其属籍：

　　　　遥大功昆弟，皆是恭宗之孙，至肃宗而本服绝，故除遥等属籍。遥表曰："……今朝廷犹在遏密之中，便议此事，实用未安。"诏付尚书博议以闻。尚书令任城王澄、尚书左仆射元晖奏同遥表，灵太后不从。

是景穆之孙自此亦成宗室远属，此事背景并不单纯③，却仍不失为孝文帝以来相关政策的延续。堪值注意的是，对此持保留意见的元

---

① 参见张鹤泉《北魏后期诸王爵位封授制度试探》，《中国史研究》2012年第4期；王安泰《再造封建：魏晋南北朝的爵制与政治秩序》第二章"魏晋南北朝的爵制变化与政治秩序"第三节"北朝爵制的变化"二"北魏孝文帝以降的爵制变革"，台大出版中心2013年版；[日]窪添庆文《北魏的宗室》，陈巍译，《西夏研究》2015年第4期。

② 《魏书》卷七下《高祖纪下》太和十六年正月乙丑："制诸远属非太祖子孙及异姓为王，皆降为公，公为侯，侯为伯，子男仍旧，皆除将军之号。"《魏书》卷一〇八之二《礼志二》载熙平二年七月江阳王元继上表，以己太祖曾孙，而预拜庙庭及出身为官当时已受限制，称"斯之为屈，今古罕有"，请付博议。灵太后从博士李琰之议，"祖祧之裔，各听尽其玄孙"。《魏书》卷一一一《刑罚志》载永平三年尚书李平请按宗室亲疏，定其可免刑讯者的范围，诏"诸在议请之外，可悉依常法"。而《正始律》议亲条的规定是"非唯当世之属籍，历谓先帝之五世"。凡此可见太和以来宗室特权变化之要，其大体皆以五服定其亲疏，出服者除其属籍，而凡不祧之祖宗，其子孙待遇尤优。

③ 参见《魏书》卷一六《道武七王传·京兆王黎传》附《元叉传》、卷三一《于栗磾传》附《于忠传》。

遥、元澄皆为景穆之孙，元晖则是昭成玄孙，三人代表的正是当时宗室各支子裔中新、旧"远属"的态度。由此推想，早在文成、献文帝时献明、昭成庙相继迁撤①，至孝文帝又进一步贯彻宗法原则，将道武以前诸帝后裔纷纷摒出属籍之时，面对既往特权待遇骤降的现实，包括昭成在内的拓跋早期诸帝后裔，自然也会鸣其不平而追念旧俗，又尤其会缅怀其祖先创定国基的功业，更加珍视那些足以弘扬其荣光的传颂和记忆②。

除身份变疏待遇骤降的悲情外，国史记宗室世系不能不以"今上"为中心来定其远近亲疏，也是刺激这类传颂记忆长存不衰的一个要素。这一点在昭成子裔那里似要来得更为突出，因为昭成帝在奠定北魏国基诸帝中地位本就特殊，而太和以来七庙皆太祖道武一脉，其地位的至尊至上不能不影响到官方记载对昭成子孙世系的叙次。这方面虽资料缺甚，但也不是无迹可寻，《册府元龟》卷二六四《宗室部·封建三》记后魏宗室封爵，至昭成帝子孙而笔法忽变③，如：

> 卫王仪，道武兄秦王翰子……从平中山，进封卫王。
> 常山王遵，道武兄寿鸠之子，道武初有佐命勋，赐爵雒阳公，后封常山王。
> 陈留公虔，道武兄纥根之子，登国初赐爵陈留公。

---

① 太和十五年所定庙制改以道武为太祖，与显祖献文为二祧，当时行七庙制而暂定六庙史载甚明。永平五年《元诠墓志》述其迁都时曾赴代"奉迎七庙"，亦可证此。循此推之，孝文崩后庙号高祖，七庙已备；至孝明帝时世宗宣武帝神主入庙，则太宗明元帝之庙自应迁撤，其地位及其子孙待遇亦当相应降杀。

② 《北史》卷五《魏本纪五》西魏文帝大统二年正月"祀南郊，改以神元皇帝配"；十一月，"追改始祖神元皇帝为太祖，道武皇帝为烈祖"。这显然是要像北魏初年那样在始祖神元帝力微之下团结拓跋帝族诸姓，也是对孝文帝以来抑诸远属政策的反弹，且可视为大统十五年全面恢复胡姓的前声。

③ 《册府元龟》此处记神元至烈帝子裔封爵，以及道武以来诸帝子裔封爵，皆如实记其为某帝子孙或某帝兄弟，唯昭成帝之裔笔法如此。

毗陵王顺，纥根弟地干之子，登国初赐爵南安公……进封为王。

辽西公意烈，地干弟力真之子，道武平中原，意烈有战获勋，赐爵。

再参看《魏书·昭成子孙列传》，其载秦明王翰为"昭成皇帝第三子"，常山王遵为"昭成子寿鸠之子"，陈留王虔为"昭成子纥根之子"，毗陵王顺为"昭成子地干之子"，辽西公意烈为"昭成子力真之子"。不难看出，魏收书无非写实而已，《册府元龟》所记则纯以道武帝为中心叙次昭成帝子孙的宗室身份。以此结合前述北魏初年的君位候选者中，道武帝及其兄弟皆曾一并自祖父昭成帝起叙其伦辈的习惯，即可推知《册府元龟》上引文所示笔法，正是要刻意与此划清界限，以突出道武帝的一尊地位，故其所据应是孝文帝以来国史对宗室封爵的记录①，而其体现的正是北魏后期昭成已为"远祖"，其子孙之贵至此已端赖其为道武近属的官方口径。

据上所述，元晖业所以于亡国之际著就《辩宗录》，除据实删订诸帝支属谱系以存亡继绝外，显然亦有针对国史相关记录纠谬正误和弘扬景穆地位的隐曲；同理，昭成子裔自孝文帝以来面对地位骤然下降的现实②，以致国史记其祖先封爵亦隐去昭成而突出道武，

---

① 《隋书》卷三三《经籍志二》史部起居注类著录"《后魏起居注》三百三十六卷"，《旧唐书·经籍志》及《新唐书·艺文志》史部起居注类著录此书皆为二百七十六卷。似其至宋大部犹存。

② 今存昭成帝后裔墓志多详叙其官历，也就更为具体地反映了北魏后期其地位跌落的现实。如太和二十三年（志未载葬年，此为卒年）《元弼墓志》述其为昭成玄孙，"释褐起家为荆州广阳王中兵参军"。永平四年《元保洛墓志》述其昭成六世孙，"父故太拔侯，出身城阳王府法曹参军，后除并州铜鞮令；身出身高阳王行参军，后除恒州别驾"。这类起家官，位望显然难与太祖后裔初除多秘书郎、太子洗马之类相比。

则其尤为珍视本支谱系及其世代相传的昭成功业①，也就几乎是必然的反应了。由此再看《姓纂》分外突出昭成帝地位的倾向，除昭成功业、地位本就甚隆，姓氏之书又特须明其当世人物谱系的义例使然外，这显然也是对北魏国史口径的一种突破，而昭成帝之裔自北朝后期以来对其祖先功业颂扬尤力，且因其支派最盛而影响越来越大，恐怕也是相当重要的背景。

从今存相关记载推溯，《姓纂》格外突出昭成帝地位的倾向可谓渊源有自，且承北齐、周、隋以来对昭成帝的评述而有所发展。从前引《魏书·灵征志》记太平真君五年张掖郡所奏石文，即可看出《姓纂》以昭成为拓跋帝位相嗣之统的开端确有所本，但其说显然不符孝文帝以来国史突出道武帝地位的口径，与《序纪》述神元以来诸帝各有功业的状态亦不无扞格。如果说魏收书总体还是取准于北魏国史，把昭成帝功业放在神元、桓、穆、平文帝所奠基础上来叙说的，那么在隋唐所修北朝及后魏史中，把昭成帝视为拓跋帝系和王业开启者的倾向就已日益明显了起来。

《北史》卷一九《献文六王传·彭城王勰传》附《元韶传》载北齐文宣帝天保十年诛诸元氏，以厌除旧布新之天象：

> 五月，诛元世哲、景式等二十五家，余十九家并禁止之。韶幽于京畿地牢，绝食，啗衣袖而死。及七月，大诛元氏，自昭成已下并无遗焉。

其述当时前后死者达七百二十一人而其状至惨，是为河阴之变后元

---

① 永平四年（卒年，葬日不详）《元伴墓志》述其昭成之后，光州史君之元子。志文哀其去世，有"伤澜源之绝浦，哀桂渚之断淑"之句。这显然因其为本房元子，故叹本支已绝。这也可见昭成子裔各房于其传承之脉所记甚晰。

氏宗室的又一劫①。所述"昭成已下并无遗焉"甚可注意②，这倒不是因为当时所诛元氏人数史载有异，或事实上元氏宗室还有不少幸免于难③，而是史官此处乃以"昭成已下"来概括元氏宗室。《北齐书》卷四一《元景安传》载其昭成五世孙，高祖即陈留王虔，父永为奉朝请，永兄祚袭爵陈留王，子景皓嗣：

> 天保时，诸元帝室亲近者多被诛戮。疏宗如景安之徒议欲请姓高氏，景皓云："岂得弃本宗，逐他姓，大丈夫宁可玉碎，不能瓦全。"景安遂以此白显祖，乃收景皓诛之，家属徙彭城。由是景安独赐姓高氏，自外听从本姓。

是当时元氏被诛多为"帝室亲近者"，而昭成后裔本为"疏宗"，除个别如景皓者外，盖仅配流而仍从本姓④。据此可知史官述"昭成已下并无遗焉"，实际是以昭成以下来代表北魏诸帝子裔，其义实与《姓纂》述洛阳元氏主干皆为昭成之裔略同。

至于强调昭成帝开创北魏国基之说，如《北史》卷二一《燕、许、崔、张、邓传》末论曰：

---

① 河阴之变所诛除朝臣外亦多元氏，赵超《汉魏南北朝墓志汇编》所录北魏元氏墓志，死于武泰、建义或永安元年四月十三日者不下25方，虽死地及葬日不一而皆同年同月同日罹难。
② 《北齐书》卷二八《元韶传》所载略同，亦述"昭成已下并无遗焉"。然此卷所传元氏诸人，元斌、元孝友、元晖业俱天保二年被害；元韶天保十年被害，元弼、元坦死年不详，其中元坦天保时坐子诽谤当死，诏并宥之，坦配北营州而死。
③ 《廿二史考异》卷三八《北史一》以为"《齐本纪》云杀'三千人'，恐史家已甚之词"。又考其时因种种原因得免者，指出其中除改姓者可考数人外，另有"元士将昭成之后，武成时官将作大匠"。已明当时昭成之裔仍有幸免者。
④ 其后文载永弟之子景豫，"及景安告景皓慢言，引豫言相应和。豫占云：'尔时以衣袖掩景皓口，云：兄莫妄言。'及问景皓，与豫所列符同，获免。自外同闻语者数人，皆流配远方。豫卒于徐州刺史"。是当时昭成子孙尚有被流配而存者，且除景安外仍从本姓，如元豫后来官至徐州刺史。《北史》卷五三《元景安传》所载与此略同，唯述景豫后官东徐州刺史。

> 昭成、道武之时，云雷方始，至于经邦纬俗，文武兼资。燕凤博识多闻，首膺礼命；许谦才术俱美，驱驰艰虞。不然，何以成帝业也。

这是以昭成为北魏"帝业"的开端，《姓纂》述洛阳元氏以昭成、道武、孝文帝为拓跋发展三大里程碑，于此亦可见其由来。又同书卷九三《僭伪附庸传》序称：

> 魏自昭成以前，王迹未显。至如刘、石之徒，时代不接，旧书为传，编之《四夷》。有欺耳目，无益湘素。

这同样是以昭成帝为北魏王迹显现之始，其说与隋时魏澹书口径相近而有所发展。《隋书》卷五八《魏澹传》载隋文帝以魏收书褒贬失实，诏澹别成《魏史》，其义例与魏收多所不同而要者有五，其二曰：

> 魏氏平文以前，部落之君长耳。太祖远追二十八帝，并极崇高，违尧舜宪章，越周公典礼……但力微天女所诞，灵异绝世，尊为始祖，得礼之宜。平文、昭成雄据塞表，英风渐盛，图南之业，基自此始。长孙斤之乱也，兵交御坐，太子授命，昭成获免。道武此时，后缗方娠，宗庙复存，社稷有主，大功大孝，实在献明。此之三世，称谥可也。自兹以外，未之敢闻。

魏澹书以为神元帝力微被尊始祖堪称"得礼之宜"，而拓跋帝系和王业则当以平文帝郁律为其开端。这种起点的确定，显然关系到对北魏开国前史和拓跋早期诸帝各种问题的权衡，相比于魏收书所述的神元、桓、穆帝时"王迹初基"，其在时期上已大为推后，但较之上引《北史》述昭成始开王业帝基之说则又在前。也就是说，在北齐、周、隋以来把北魏帝基开端逐渐由神元推后到平文以至昭成帝的过程中，魏澹书似乎构成了一个过渡环节①，至唐初所撰《北史》，特崇昭成帝之况则已近乎尘埃落定。

隋唐时修撰之后魏史，另有隋代卢彦卿《后魏纪》、平绘《中兴书》及唐张大素《后魏书》、元行冲《后魏国典》等②。凡此诸书皆早亡佚，其详不知，但其修撰缘起，类皆有鉴于魏收书的义例失衷、褒贬乖异，故其补辑史事阙遗的成分皆在其次，而要旨在于再覈义例，修正其叙事、评论的口径③。而这无疑意味着时论公议对其修书的更大影响，其中亦当包括北族各部各家对自身祖先的颂扬在内。若就昭成帝地位评价而言，其后裔至唐在拓跋元氏各支中声势尤盛的状态，自又会在上面所述北齐、周、隋以来看法的基础上推波助澜。

---

① 《魏书·序纪》末史臣曰："帝王之兴也，必有积德累功博利，道协幽显，方契神祇之心……神元生自天女，桓、穆勤于晋室，灵心人事，夫岂徒然。昭成以雄杰之姿，包君子之量，征伐四克，威被荒遐，乃立号改都，恢隆大业，终于百六十载光宅区中，其原固有由矣。"所论昭成之功最巨，却仍强调其所承乃神元、桓、穆帝之业。《魏书》卷二三《卫操、莫含、刘库仁传》末史臣曰："始祖及桓、穆之世也，王迹初基，风德未展。操含托身驰聚之秋，自立功名之地，可谓志识之士矣。"其称神元、桓、穆时"王迹初基"，显然与《序纪》所述一致，而《序纪》正体现了北魏国史述拓跋早期诸帝的标准口径。而《北史》卷二〇《卫操、莫含等代人功臣传》末论曰："神元、桓、穆之际，王迹未显，操、含托身驰骤之秋，自立功名之地，可谓志识之士矣。"此论全袭魏收之语，却把"王迹初基"改成了"王迹未显"。这就观照了魏澹书把拓跋王业之始推后至平文帝时的看法，更与上引《北史》所论昭成帝时王迹始显之说保持了一致，可见隋唐之际认定的北魏帝基之始正在进一步推后到昭成帝时期。

② 诸人修书之事，见《北史》卷三〇《卢玄传》附《卢怀仁传》、《隋书》卷五八《魏澹传》、《旧唐书》卷六八《张公谨传》附记其子张大素之事、《新唐书》卷二〇〇《元行冲传》。另有唐代高峻所著《小史》之类尚不在其内，参见孙猛《日本国见在书目录详考》0462高氏《小史》五十卷之考证，上海古籍出版社2015年版。

③ 《北齐书》卷三七《魏收传》述魏收书于诸人物家世德业抑扬失当，"众口諠然，号为'秽史'"，修改诏行后仍难平息异议。其余波至隋不绝，《隋书》卷二《高祖纪下》开皇十三年五月癸亥，"诏人间有撰集国史、臧否人物者，皆令禁绝"。此诏禁私撰魏齐周史，即欲为魏收以后修史尤其人物家世的纷争画上句号。依理而推，这类家世之说自然也会涉及北魏宗室支裔的亲疏贵贱。另参《史通》卷一二《外篇·古今正史第二》、中华书局点校本《魏书》末附的宋刘攽等所上《魏书目录叙》。

唐代元行冲所撰的《后魏国典》即为之提供了证据，《旧唐书》卷一〇二《元行冲传》载其为昭成之孙常山王素连后裔，玄宗时历职清要，且参照其祖爵被封常山郡公，开元十七年卒。又载其曾撰《魏典》三十卷，事详文简，为学者所称，传文且载其书内容之一是：

> 初，魏明帝时，河西柳谷瑞石有牛继马后之象，魏收旧史以为晋元帝是牛氏之子，冒姓司马，以应石文。行冲推寻事迹，以后魏昭成帝名犍，继晋受命，考校谣谶，特著论以明之。

关于曹魏时张掖大柳谷石文的"牛继马后之像"，《魏书》及唐代所修《晋书》《建康实录》皆以东晋元帝实乃牛氏之子释之[1]。但在元行冲所撰《后魏国典》中，却改循前述太平真君五年大柳谷石文所示昭成帝首得天命的灵征，对此做了昭成帝什翼犍继西晋司马氏受命系统的解释。这一新的解释，完全合乎隋唐时期对北魏昭成帝评价愈趋崇重的现实，同时也典型地反映了唐时昭成后裔强调其祖先功业、地位不遗余力的状态。

四　昭成帝评价的阶段性及"三十九世"说由来

讨论至此，庶几已可解答本章开头就《姓纂》叙洛阳元氏之文提出的三个问题：其于神元帝前后拓跋早期帝系之所以一笔带过，而以昭成帝建号立都为拓跋国史的开端；其述"十一世十五帝一百

---

[1] 《魏书》卷九六《僭晋司马叡传》、《晋书》卷六《元帝纪》、《建康实录》卷五《中宗元皇帝》建武二年三月记事。《史通》卷一七《外篇·杂说中第八》述此乃沈约《晋书》所说，而为《魏书》等处所袭。《晋书》卷三一《后妃传上·武悼杨皇后传》载东晋成帝时议复其配享之事，卫将军虞潭议称"太宁二年，臣忝宗正，帝谱泯弃，罔所循按"。是西晋末宗室谱牒毁于乱中，诸帝子孙世系失其所据，这也是"牛继马后"之说得以传播的一个背景。

六十一年"的北魏帝系和国祚，之所以要从昭成而非神元、平文或道武帝算起；其之所以把洛阳元氏宗室主干各房支裔皆列为昭成之后，而把平文帝之裔附于末尾述之；这都是因为《姓纂》取准的，乃是昭成地位在当时已远超拓跋早期诸帝的流行看法。其史源则应包括了唐代元氏后人尤其是声势最盛的昭成之裔所传谱牒和歌颂，同时也取鉴了隋唐所修北朝史及后魏史对拓跋早期诸帝的有关评述。

　　本章的考察当可表明，突出昭成帝在北魏开国史上地位的倾向，当然是以其功业甚隆的史实为据的，但亦有其曲折起伏的发展过程。在道武帝复为代王进又创建北魏之时，强调昭成帝地位既是其解释自身王业所基的需要，又是其力图确立拓跋君位传子秩序的必然，为此也就不能不承受昭成子孙因此得与道武帝共叙伦辈而地位特殊的后果。在拓跋君位按父系直系相嗣的原则一时未被公认的前提下，昭成子裔可预于君位候选者之列的状态，在明元帝时尚有波澜，直至太武帝时隐隐仍有其痕。这类在昭成帝荣光之下发生的事态，自不能不长留于其子裔的记忆之中，并且形诸声歌、谱牒而构成了其家史主题。

　　到文成、献文帝时献明、昭成庙相继迁撤，尤其是到孝文帝进一步推行宗法制度，重定庙制而严别宗室的远近亲疏，太祖道武帝地位自此至尊至上，昭成帝地位遂不能不像其他"远祖"那样不断跌落。承此发展的结果，则是诸"远属"范围不断增加而身份、待遇同趋于低下，加之国史记宗室世系和史事，又理当循此别其远近，定其轻重，即采择代旧歌谣传说亦不能不取准于此。在此种种刺激之下，北朝后期以来，包括昭成帝在内诸"远祖"后裔对其祖先功业史事的记忆和传颂，亦当因其身为疏属痛感不平而日渐高涨。

　　由此再到北齐、周、隋，元氏宗室屡经大劫之余，其近属子裔幸免者显然远不若疏属之多，他们与拥护或不满于孝文帝以来政策的其他各色人等，都不免会要在后魏史撰写中存其各自的故国之思和辉煌家世。但魏收所修之史仍大体取准于北魏孝文帝以来的国史口径，并在义例和人物门第抑扬方面留下了一系列问题，遂使后魏史重修一时成风。从唐初以来所修北朝史和后魏史所示状态来看，这类史乘与存诸私家的谱牒传说在当时已形成了更多的互动，在确认昭成帝为北魏帝系、王业奠基者的评价上，则明显存在着相互影响和靠拢的态势，而与魏收书所述则有不小差异。这也可见时移境迁之后，在再无必要据元氏宗室亲疏来别其轻重，又以修正魏收书义例、褒贬为其主旨的前提下，其书的修撰自亦不能不更多地受到舆论影响。而昭成之裔既然已成元氏宗室最为繁盛和影响最大的一支，其崇尚昭成帝地位的立场，也就势必体现于这些史乘的相关结论之中。要之，《姓纂》叙洛阳元氏之所以呈现了上述三大问题，其背后所蕴大概正是这样一种历史。

最后还须一提的是，《姓纂》所叙"昌意三十九代至昭成帝什翼犍"，不仅世数远少于《序纪》所载，而且全然不见于今存此前的记载。不难设想其出于北族尤其是北魏帝族十姓及昭成之裔的谱牒或传说。《新唐书》卷七五下《宰相世系表五下》述洛阳元氏出自拓跋氏，叙其族源有曰：

> 黄帝生昌意，昌意少子悃，居北，十一世为鲜卑君长。平文皇帝郁律二子：什翼犍、乌孤。什翼犍，昭成皇帝也，始号代王，至道武皇帝改号魏，至孝文帝更为元氏。

其述昌意少子名"悃"，又"十一世为鲜卑君长"，均为《魏书·序纪》所无，但与《姓纂》"三十九世"之说若可合符；至于其述昭成始号代王，道武改号为魏及孝文改姓之大节，则与《姓纂》完全相同。岑仲勉先生《四校记再序》已证《新表》内容大略依本《姓纂》，洵为相关学术史上的一大贡献，而若具体到上引《新表》

所叙拓跋元氏之文，却仍应看到其间毕竟不同，尤其《新表》述昌意少子名"悃"而"居北"，则为《姓纂》所无。由此推想，两者除皆依本拓跋元氏后人包括昭成子裔所传谱牒、歌谣之类加以删订外，也还存在着各有所本而别加取舍的状况。

倘再进一步推寻其取本之况，南宋罗泌《路史》卷一四《后纪五·疏仡纪》之《黄帝上》有曰：

> 昌意逊德，居于若水。有子三人，长曰乾荒，次安，季悃……悃迁北土，后为党项之辟，为拓跋氏。至郁律二子，长沙漠雄，次什翼犍，初王于代。七子，其七窟咄，生魏帝道武，始都洛为元氏。十五世百六十有一年，周、齐灭之（原注：十一世十五帝）。有党氏、奚氏、达奚氏、乞伏氏、纥骨氏、什氏、乾氏、乌氏、源氏、贺拔氏、拔拔氏、万俟氏、乙旃氏、秃发氏、周氏、长孙氏、车非氏、兀氏、郭氏、俟亥氏、车辊氏、普氏、李氏，八氏十姓，俱其出也。①

其中所述拓跋郁律以下诸事，与《魏书》等处所记相当不同，说道武帝"始都洛为元氏"则属明显错误，可见其必据晚近相关姓、族传说而来。但其述"什翼犍初王于代"，仍与《新表》《姓纂》相同；称魏室共历十一世十五帝百六十一年则同《姓纂》，记昌意少子名"悃"而"迁北土"，又与《新表》相同。由于《路史》这里已交代党氏、奚氏以至党项八氏十姓"俱其出也"，也就可断这

---

① 其下原注："八氏：细封氏、往利氏、费听氏、颇超氏、野辞氏、房当氏、米禽氏、拓跋氏；十姓者，兄伊娄氏、娄氏、丘敦氏、敦氏、万俟氏、俟氏，叔乙旃氏为叔孙氏，（疏）属车辊氏为车氏也。后魏改元览为元氏，太武赐秃发傉檀为源氏，周闵赐车瑶为车非氏。又是云氏者，任城王子避难是云家而姓，至隋而复。景元氏者，出自景昇，冒姓，乃元载之祖。而郭崇播党氏，赐也。他详余论。"所述细封等八氏，与《旧唐书》卷一九八《党项羌传》同；"后魏"以下之事多可与《魏书》《周书》等处所载相证；是云氏之况则与《姓纂》述是云元氏略同而较简。

些错杂不一的说法，大多来自于此类氏姓部落的族源传说。据此又可联想，其中不少皆已自附为当时拓跋元氏中声势最盛的昭成之裔，而其传说则至宋代仍得以某种方式留存于世。这似乎就是《姓纂》《新表》所记拓跋元氏史事既相类同又有异文的背景[①]，今已不见于诸处所载的"昌意三十九世至昭成帝什翼犍"之说，亦必存于这些姓、族的传说而为《姓纂》所取。由此结合前面所论，即应承认这类传说虽参差不齐且有错谬，却仍是真实传承于相关姓族而被记录润饰的历史记忆，对其与北朝至唐宋有关记载的相互关系和影响，中古史界至今仍亟待予以充分关注和研究。

---

① 《姓纂》卷一〇《拓跋氏》："……孝文帝迁洛阳，改为元氏。开元后右监门大将军、西平公、静边州都督拓跋守寂，亦东北番也。孙乾晖，银州刺史；姪登岘，今任银州刺史。"这是以拓跋元氏为党项八姓中的拓跋氏所出，其所据自是拓跋守寂以来相传之说。《古今姓氏书辨证》卷三八《代北人姓·拓跋氏》："……太和二十年正月丁卯，诏改姓元氏。自是拓跋氏降为庶姓，散在夷狄。唐时党项以姓别为部，而拓跋氏最强。有拓跋赤辞与从子思头，其下拓跋细豆皆降，擢西戎州都督，赐姓李……"所述孝文帝改姓后拓跋氏降为庶姓，亦如《路史》述道武帝始都郝洛同属显谬，是其所据亦为晚近谱牒、传说之类，又尤其以党项拓跋李氏的族源传说可能最大，《路史》上引文所本亦然。

第七章　探讨拓跋早期历史的基本线索

在北魏早期历史的研究，尤其是拓跋代至北魏建立这个重要历史过程的研究上，田余庆先生《拓跋史探》一书的面世，对相关学术史来说无疑是一座重要的里程碑。这在学界同人陆续对此的引据及所作评骘中已有体现。在此需要特别强调的是，此书关心、探讨的各大问题，包括书中揭示的魏晋以来塞北、华北地区的政治生态和民族关系，更包括田先生由此梳理、总结的拓跋早期历史围绕专制皇权体制发生、发展而呈现出来的基本线索，不仅对于北魏史，而且对于整部北朝史乃至于我国历史上各北族政权的研究来说，都具有提纲挈领而开辟新路的重大意义。本章即拟在研习田先生此书内容的基础上，着重就其研究的背景与成就加以归约和申说，同时也欲对其中提出的若干重大问题有所发挥与探讨，以有助于对拓跋早期历史发展线索的认识与理解。

一　北魏的历史地位与研究拓跋早期历史的重要性

有两种史家，一种是没有洞察力的史家，另一种是有洞察力的史家，田先生是有洞察力的史家。有两种研究，一种是由简而繁穷其枝叶的研究，另一种是举重若轻明其要津的研究，田先生的研究总是能举重若轻化繁为简。有两种著述，一种是消除了许多问题的著述，另一种是提出了许多问题的著述，田先生的《拓跋史探》，就是后一种著述。

　　此书所探乃拓跋早期历史①，诚如田先生所述，这是中古史上一个著名的"模糊区域"。而所谓"模糊"，一个重要的由头，在于拓跋早期史料甚少而又争议颇大。大抵除遗址、墓葬考古及若干碑铭外，现存拓跋早期史的基本史料，主要是北齐魏收所修《魏书》的有关部分，特别是记载最为集中的《序纪》，再就是散存于《三国志》《晋书》及原出南、北各朝国史系统的相关记载，乃至《资治通鉴》等后人书中转录的、关于鲜卑拓跋部史事的零星资料。如此盘点起来，其不仅总量贫乏，大多止于一鳞半爪，且南、北、胡、汉记叙错杂，探讨为难，多少线索只在明暗之间。即就魏收书而言，唐时刘知几《史通》外篇《古今正史·元魏史》叙述了北魏国史的文本递嬗关系，其中有关拓跋早期历史的记载，源头多在道武帝时邓渊编纂的《国记》。而《国记》的可靠性向来有三大疑问：

　　一是拓跋部族早期并无文字，先世之事只有口耳相传之说。按各国、各族口述史系统的常态，其中必多神话传说之类，据此修成的《国记》自亦很难据为信史。

　　二是道武帝开国规模而编修《国记》，本有浓厚的总结历史开辟未来之意。而这样的立场预设，意味着其中不免会据现实要求而有附会造作之处。

　　三是《国记》在太武帝朝续修时又掀起过巨大波澜，主持修史的崔浩及连带诸臣，大都因暴扬"国恶"而被族诛。则事变之后，原书的违碍之处自然会再被涂抹删改。

　　正其如此，拓跋早期史事，从其口述史的源头，到成文史的最早两次编修，就已决定了其内容的扑朔迷离和疑团重重。近世史家精博者，如吕思勉先生曾言："拓跋氏之初，盖亦匈奴亡后北方鲜

---

① 所谓拓跋早期历史，指天兴元年道武称帝以前的拓跋部发展史，包括桓、穆帝以来的代国历史在内，此即田先生书中说的拓跋"开国前史"。

卑之南徙者。其后得志，造作先世事实以欺人，史事之真，为所蔽者久矣。然即其所造作之语而深思之，其中真迹，固犹可微窥也。"故吕先生一方面引据《序纪》所述拓跋远祖迁徙之迹，以及神元帝力微以来史事，以证拓跋早期发展过程。另一方面又指出了《序纪》存在的有关问题："云（成帝）统国三十六者，四面各九国也；云大姓九十九者，与己为百姓也。自受封至成帝六十七世，又五世至宣帝，又七世至献帝，再传而至神元，凡八十一世，九九之积也。自成帝至神元十五世，三与五之积也。九者，数之究也；三与五，盖取三才、五行之义，比拟于三皇五帝。无文字而能悉记历代之名，而世数及所统国数，无一非三、五、九之积，有是理乎？"①吕先生以三、五、九等数及"无文字而能悉记历代之名"为无此理，显然是不熟悉民族志材料所致的误断②。以民族学家而精研民族史的马长寿先生，则指出《魏书·序纪》："本是根据'人相传授'的传说写成的，认为任何一种传说，其中必然是有真有伪。史学家能够下一番辨别真伪，留真去伪的工夫，拓跋鲜卑的原始真实面貌，仍然可以使它大致恢复起来。"③除少数持论极端者外，吕先生和马先生这种观察角度虽有所不同，然对《序纪》内容皆有信有疑，在大量狐疑间视其为大体可靠，许多史实又难确证的认知状态，可说是有较大代表性的。这本身就说明了拓跋早期历史的模糊程度，以及欲治拓跋早期史的现代学者，在基础史料上所面

---

① 上引文皆见吕思勉先生《两晋南北朝史》上册第三章"西晋乱亡"第八节"鲜卑之兴"。

② 在各族早期史诗或歌谣的叙事范型中，涉及数字时往往都有一套"定数"，我国古代则三、五、九等皆是这类定数的构成元素，这类数字所指之数固非史实，但其在有关史诗歌谣中，却是无比真实的。至于口述史追溯族源达数十世或上百代亦非罕见，如《西南彝志·谱牒志》中，一般都清晰叙述了十几个祖先世代，再辅以"五十代""七十代"乃至"三百六十代"之类的概述。民族志调查亦表明，彝族高级毕摩可以清晰背诵的祖先世系多达七十余代，而彝族归魂歌《指路经》各篇，亦常包括了归魂路径各段前后相连的数百个地名，这都表明口述史在某些场合和问题上的记录能力和水平，往往远远超过了现代人的预料，有无文字记录其实并不能作为否定其可以记忆大量早先史事的标准。

③ 见马长寿《乌桓与鲜卑》第四章"拓跋鲜卑"—"拓跋鲜卑的起源和迁徙"。

临的僵局。

若仅仅是模糊，倒也罢了，因为模糊和未知的区域是无穷无尽的，人类绝无可能、也无须狂妄到要逐一去"以有涯济无涯"。问题在于，拓跋早期史这个模糊区域，对于中古史研究来说十分重要，必须将之纳入考察的视野。

这种重要性，主要当然是来自北魏这个拓跋部所创建的北方王朝。要之，北魏一朝既是永嘉以来北方地区自乱而治的转折点，在魏晋南北朝史中具有关键的承前启后地位；也是自汉至唐社会变迁过程中，许多积深蕴厚的问题从纠结爆发走向舒展缓和的关键时期[1]；更是阿尔泰语系各族第一个在中原地区站稳了脚跟的王朝，是北方部族与中华民族关系史上的一个极其重要的界标[2]。而所有围绕着这三点发生和发展的种种问题，都必须深入到道武帝以前拓跋部族的发展史中，来求得很大一部分解释的背景。

这里还要特别强调一下上述的后一点，因为其不仅直接关联和说明着前两个态势，也是拓跋早期史及其研究极大地关系到中国和世界史的部分。学界皆知，北方草原部族的存在和发展，及其与中原居民和中央王朝的关系，乃是决定中华民族的基本构成和总体性格，决定中国史特点和走向的很少几个顶级问题之一。而中华民族和中国在东亚大陆长期稳定地存在和发展，对阿尔泰语系各族，进而对整个欧亚大陆人类历史的变迁和发展过程来说，同样是一个具有决定意义的介入和影响因素。在这样一个历史格局中，创建了北魏王朝的鲜卑拓跋部，实际上既是中国史上第一个在中原地区站稳

---

[1] 史界常强调北魏在大量隋唐事态形成过程中的地位，其实北魏在汉代以来许多事态消解过程中的地位，至少是同等重要的。如土地问题、阶级问题、民族问题、意识形态问题、制度转型问题，等等，这些问题从纠结爆发到舒缓消解的过程，莫不如此。

[2] 这里所说的"北方部族"，不像［法］勒尼·格鲁塞《草原帝国》一书"序言"所说的那么广阔，是"伸展于欧亚大陆中部和北部的一条长方形草原地带"，亦即 Eurasian Steppes 上的所有部族。而只是指中国北部各族，具体兼指阿尔泰语系中的通古斯、突厥、蒙古语支各族而言。

了脚跟,并且统一了北方地区的草原部族,也是世界史上第一个完全吸纳了北族因子的中国因素。换言之,拓跋部族及其创建的北魏,不仅空前深切地影响了中华民族和中国历史的进程,影响了东北亚这个世界史上著名的民族迁徙策源地中,各族存在、发展和相互关联的大势;而且也在北方部族中,成功地树起了一个扎根塞北而统治中原地区的样板,也就不可避免地构成了影响和改变各部族传统迁徙格局和今后发展方向的重大因素。

正如陈寅恪先生的研究所昭示的那样,各少数部族与中央王朝的关系,及其对历史进程的影响,经常是由这些部族自身的社会发展形态,由相关各族之间的互动连带关系决定的[①]。以此结合上面指出的事实,足见拓跋早期史的种种问题,无论是其族源和迁徙过程,还是其部族社会结构和基本组织体系的变迁,或者诸部族间的相互关系格局,在说明其为何得以在中原地区站稳了脚跟,并且巩固地统治了整个北方地区,亦即其何以成为永嘉乱后北方地区治乱盛衰消长的转折点,成为自汉至唐社会历史变迁的重要枢纽,以至于其为何能以草原部族而构成中国因素,从而影响了此后东北亚以及整个欧亚大陆民族关系和文明发展,都将具有极其重大的价值和意义。

问题既若此之重要,史料又稀缺而可疑,要推进其研究的困难亦不言而喻。尤其是魏晋南北朝史研究另有一宗奇特之处,从近代史学兴起至今约百年之中,这块史学园地真似独得上天之眷顾而宗匠辈出、大师云集,一流学者聚集的密度,及其各领域被深耕细耨的程度,堪称我国史坛之最。试想,在陈寅恪、唐长孺、马长寿、周一良等顶尖学者先后建树的一个个里程碑式的成果面前,一个后来的治史者,又怎能不在高山仰止之下,油然而兴余生也晚之感呢?故尔直到近些年,北朝和北魏历史的研究,更不必说是拓跋早

[①] 见陈寅恪《唐代政治史述论稿》下篇"外族盛衰之连环性及外患与内政之关系"。

期史的研究，给人的印象的确很容易是：可以解决的问题殆已网尽，连博士论文的选题和填充前辈学者所搭骨架的工作，亦显剩义无多而须挖空心思，而留下来的问题则似暂无条件解决。看起来，除非在新资料的发现上另有机缘，抉发北魏历史特别是拓跋早期历史问题的前景，似乎已山穷水尽，难以为继了。

评论一项学术研究之所以历来皆甚困难，最难的就是衡量的标杆难树。可以认为，上述几点，就是评介田余庆先生《拓跋史探》所含研究工作的几根最为重要的标杆。除此之外，即便还有另外的标杆，也要在这个基础上再来树立。就基本面上总括说来，田先生这次选定的，实在是一项意义深远又困难重重的研究。说意义深远，是因为其不仅关系到魏晋南北朝史或北魏一朝的研究，也关系到了整部中古史发展递嬗的枢纽，关系到了东北亚古代民族关系格局的转移。说困难，是其并没有多少新材料可据，旧史料又充满了疑团和问题，可资借鉴的杰出成果不少，仍足发挥和阐扬的余地不多。因而《拓跋史探》所收各文的研讨，不只是一如既往地体现了田先生过去开题运思的法眼，惯解难题的才华，更体现了一个真正的史家在追求历史真谛时的勇气和胸襟。而田先生这项研究所取得的成就，固亦主要倚仗了他那田氏标牌式的史识和理论架构能力[①]；更以令人吃惊的谙练程度，示范式地在解析拓跋史诸长期悬而未决之题时，融贯综用了文献学、民族学（人类学）和考古学方法。也正是因此，田先生此番对早期拓跋史的探讨，也再次超越了自己以往的研究高度[②]。

[①] 在田先生的著述中常可看到：大量现象之间的联系和因果链条既被建立，有关问题及其演变的脉络随之便被凸显，而与之相应的结构性理解或新的诠释体系，也就蕴含其中了。这也许是田先生所示理论架构工作中最为优美的部分。

[②] 就大节来看，田先生对汉末以来青徐豪霸的研究，甚或是东晋门阀政治的研究，虽亦创见披纷而胜义迭出，然其基本命题及其研治范式，却仍踵迹前辈而有轨可循。而《拓跋史探》一书展示的内容，虽不乏缺环歧误而大可完善，却已从无路处开路，几乎是独自辟出了探讨拓跋早期历史的一条新路。从其冲击力和影响力来看，肯定能极大地推进整个魏晋南北朝史的研究。

二　拓跋早期历史研究的若干重大问题

田余庆先生《东晋门阀政治》一书的最终结论有曰："从宏观来看东晋南朝和十六国北朝全部历史运动的总体，其主流毕竟在北而不在南。只是北方民族纷争，一浪高过一浪，平息有待时日，江左才得以其上国衣冠、风流人物而获得历史地位，才有门阀政治及其演化的历史发生。"

这是在1986年，从中不难看出，田先生的目光已经投向了江北，投向了代北茫茫的草原。一晃十余年过去，到1998年，《北魏后宫子贵母死之制的形成和演变》一文发表于《国学研究》第五卷，将届七十五岁高龄的田先生，围绕着道武帝时"子贵母死之制"和"离散部落之举"背后的史实和联系，深入探讨了神元帝力微以来君位传承的要害，及其常与"后族"关联的种种问题。继而在2000年，《中国史研究》第3至4期连载田先生《代北地区拓跋与乌桓的共生关系——〈魏书·序纪〉有关史实解析》一文，在前文所示后族问题常为乌桓问题的基础上，正面考察了拓跋与乌桓关系的各个侧面，及其对于拓跋早期发展史的意义。接着，《历史研究》2001年第1期发表了田先生《代歌、代记和北魏国史——国史之狱的史学史考察》。继前文对《序纪》有关内容的解读之后，此文又揭出了拓跋部族从口述史到成文史，从部族史诗到王朝国史演变过程的种种窍要，这又为重新考虑和更为深入地解读拓跋早期史料，包括北魏国史系统牵连的问题，提供了一把至关重要的钥匙。2002年，田先生将此三文及相关诸文辑集成《拓跋史探》，在其《前言》中开头便道：五胡十六国这个破坏性特强的时期的结束，归根结底是五胡之间及其主体部分与汉人之间关系发展和逐渐融合的结果。"但是，在这漫长过程行将结束而又尚未结束的时候，为什么是拓跋部而不是别的部族，担当了促生催死的任务呢……我要强调的是，没有拓跋部在代北百余年的发育，也就没有足以稳定地统一北方的北魏。"

就这样，读到这些文章的学者，已亲身见证了魏晋南北朝研究史上重要的一笔。上引《东晋门阀政治》一书结尾和《拓跋史探》一书开头的这些文字，十分清楚地把拓跋部在代北百余年的发育，与未来北方地区的统一和稳定，与一个时期内南北全部历史运动主流部分的走向，也就与前面所述"整部中古史演变递嬗的枢纽和古代东北亚民族关系格局的转移"，紧紧联系到了一起。正是在这样的背景下，以上述三篇文章为代表，田先生此番研究的主要贡献可以归结为：从君位传承与后族的关系，以及拓跋与乌桓的共生关系入手，通过对一系列史实和问题的重新梳理，揭出了神元至道武帝百余年中，拓跋部发展过程所围绕的专制皇权的逐渐树立与族际关系的日趋融合这两大主题。同时又针对《魏书·序纪》这份拓跋早期史的基本史料，理出了拓跋部从口述史到成文史演变递嬗及相关问题的发展线索。于是，从自身社会形态到族际关系，又从基本问题到基本史料，田先生都提出了新的命题，理出了新的线索，拓展了新的方法，诠释了新的事实。这也就搭起了新的研究框架，开辟了早期拓跋史研究较以往更为开阔的新前景。

以下即围绕此三文来论其主要成就和启示：

《北魏后宫子贵母死之制的形成和演变》，乃是田先生此番研究早期拓跋史的核心文章，其他各文展开的种种问题，几乎都已包含其中。后来田先生把此文的构思写给《学林春秋》收录，就已再清楚不过地表明了其在田先生心中的分量。而此文的成就，首先当然是出色地完成了"子贵母死"这一奇特制度来龙去脉的考察。可以说，这个史界长期不甚清楚的问题，至此已得到了确解或现时条件下的最优解。而能够弄清此制来龙去脉的关键，端赖田先生在隐微的记载后面，抉出了神元帝以来拓跋部君长传承往往"母强子立"的史实，并且理出了百余年中拓跋部君位传承常与后族相关这根重要的线索。也正是在这根线索所示的历史前提下,直到道武帝登位称帝,建立和巩固专制皇权秩序之时,也就有了强烈的必要,来抑制或预防母后和后族的势强干政,以至于危及君位传承秩序。这就充分说明了"子贵母死"之制的基本背景,并把此制与道武帝的"离散部落"之举,在同一政治需要和同一线索之下,紧紧地联系到了一起,从而又有力推进了对"离散部落"这个拓跋建国史上重大事件的认识。毋庸置疑,对北朝史,对鲜卑拓跋部历史,对一项具体的制度史研究来说,在有关研究已沉寂多年以后,这些已足以构成相关学术史上的第一流成果了。

但文章至此虽已结束,田先生提出的问题却毋宁说刚刚开始。因为在材料稀少及其所含信息多已流失的情况下,"子贵母死"及"离散部落"这两个具体的事件,显然是不足以承载拓跋部从部落联盟上升为专制皇权国家的基本内涵,难以完全说明这样一个基本历史过程的种种问题的。正如田先生后来指出的,问题一旦放到了"拓跋部向专制皇权国家发展的主线索"下,就势不能不超越"子贵母死"及"离散部落"这种具体的政治制度和举措,甚至也不能不超越神元帝以来拓跋部君位传承常与后族相关这根具体的线索,而是必须进一步考虑与之关联的各种事件和现象。这样一来,相应的研究也就不能不从制度史或政治史的范围,进而进入民族史、社会史、文化史等相关领域;又从一般的历史学方法,发展为综合运用历史学、民族学或人类学、考古学等对象本身所要求的多种手段了。

尤其是田先生在文中指出:神元帝至道武帝的历史,"实际上也是两种继承秩序的激烈竞争",是部落大人支持下的更为古老的兄终弟及制,与代表专制君主制方向的父死子继制的消长过程。而"皇后和母后干预继承秩序,在艰难的斗争中为父死子继制开辟道路,也是拓跋社会发展的客观需要"。此文《小结》中田先生又说:"子贵母死,出现在拓跋部向文明攀登的一个特定阶段……它的出现,符合拓跋部摆脱无序继承的纷扰,以及巩固父子继承制度的需要,符合进一步消除强大外戚干预拓跋事务的需要,更为根本的是符合拓跋部从部落联盟共主地位上升为专制国家皇帝的需要。"很明显,在此文观照的拓跋部从部落社会向专制皇权国家演进的总线索下,田先生再次敏锐地洞察了专制皇权的形成过程,乃从相对于生产关系的另一个侧面,集中反映和浓缩了当时拓跋部族组织和社会形态的演进和发展。而其焦点,则洵为君位传子秩序的逐渐形成,也就是这一秩序在君长与包括后族在内的各种贵族势力的关系架构中,曲折演变和不断推进的过程①。这就提示和开辟了在此文基础上,继续研究拓跋部专制皇权体制形成和社会演进过程的广阔道路。

因此,当学界今天回头再看田先生此文的贡献时,相较于前述具体成果,田先生的这些只是明确提出来,而未及在文中正面展开论述的线索和问题,应当具有更为重大的影响和价值。这是因为,把专制皇权的形成和发展,作为当时拓跋部族组织和社会形态变迁的一个缩影;又把君位传承从兄终弟及到父死子继制的过渡和发展,作为当时拓跋部专制皇权形成、发展过程所汇聚的焦点,才能真正升华"子贵母死""离散部落"等一系列重大历史事件的内涵,也明显构成了在早期拓跋史研究中具有根本意义的新命题②。而相较于君位传承常与母后和后族相关的线索,这种传承常在君长与诸部大人,包括后族势力在内的关系格局中演进的线索,无疑也要更具有概括力和丰富的内涵。由此再观察和诠释拓跋部早期历史

---

① 此文四"离散部落与子贵母死"述:时代、社会和历史的"诸多因素造就了道武帝拓跋珪,使他得以从部落联盟君主向专制国家皇帝角色演变。他势弱时,不能不沿着旧有轨辙,引外家部族介入拓跋内部事务,平息诸父诸兄对君位的挑战。势强后,却不能继续承受外家部族对拓跋君权的影响和控制,力求摆脱外家部族"。这已经说明了拓跋部君位传子制的发展过程,其实并不限于母后和后族而是处于更大的部族、集团关系格局之中。
② 唐长孺《魏晋南北朝史论丛》所收《拓跋国家的建立及其封建化》一文,即可视为从生产关系角度考察拓跋建国史的代表作。

的种种记载，那么与拓跋部族经济、社会和政治演进相关的许多史实和问题，也就足可更为深入地加以认识和刷新了。正如学术史上时可见到的那样，无论是一个学科，还是一个研究领域，能够解决难题固然高明，但这个过程还能进而为研究提出新的命题，新的线索，并且示范新的方法和揭示新的史实，那么其贡献就只能用杰出方能形容了。

《代北地区拓跋与乌桓的共生关系——〈魏书·序纪〉有关史实解析》一文，既是上文提出的，后族问题就其部族背景而言往往是乌桓问题的展开，是对拓跋早期发展史中的"乌桓因素"的具体构成及其影响的正面探讨，更是从拓跋与乌桓的关系出发，对当时代北地区以拓跋部为主导的部族关系，乃至于对后来北魏所以能稳定地统一北方地区的民族融合背景的"宏观考察"。同时，此文也是一篇就有限材料之所及，对久已盘旋于田先生心头的论题作多角度、多侧面探讨的文章，故其又头绪纷然而线索交错[①]。要而论之，其成就及其揭示的重大问题有四：

一是清理了拓跋早期发展过程与乌桓密切相关的大量史实。

二是确立了神元帝以来，拓跋与乌桓在代北地区东、西相向互动、共生交融关系的人文地理格局。

三是揭示了乌桓在拓跋部主导的部落联盟内部新、旧人关系格局中的作用和地位。

四是理出了道武帝前，两种代北乌桓在趋异和趋同的复杂分化组合中，相继融入拓跋部治下的线索。[②]

也正是由于部族之间这种密切关联的史实，势必要求拓跋史和

[①] 本文结构大体可分三部分：一是首尾两节的解题和总结。二是第二至七节分头论述代北地区拓跋与乌桓关系的基本格局，乌桓因素对拓跋早期历史的影响及其相继融入拓跋治下之况。三是第八至十节分头论述前燕、前秦对代北地区的控制及其所体现的民族关系中的乌桓因素，并以屠各乌桓的崛起和衰败直接说明了北魏建国之基。

[②] "两种乌桓"，在唐长孺先生的概括中，即汉以来作为东胡之乌桓和魏晋以来作为杂胡之乌桓。田先生称之为"上谷以西乌桓"和"屠各乌桓"，而合称之为"代北乌桓"。

乌桓史这两个以往联系不够的研究领域的通气接头①。于是，正如田先生此文所示范的，各种乌桓史研究的成果，均被放到了拓跋史的视界之内，成了帮助认识拓跋早期诸多历史问题，解读魏收书《序纪》内容的重大因素。同理，对于拓跋史的深入研究，也相应构成了认识乌桓，认识这个匈奴之后、鲜卑之前北方草原要角的大量历史问题的重要基础②。即此可见，此文不仅在所涉论域大大推进了以往的认识，更开创了拓跋史、乌桓史研究，以及当时两族关系所代表的塞北和华北地区民族关系研究的新生面。

除具体解决的问题外，田先生此文时时观照的，正是拓跋早期历史必然关涉的、塞北和华北地区族际关系不断走向融合的主题。因为这一主题所包含的两大内容：包括北方地区民族关系从趋异走向趋同的过程，北方地区民族关系形成新的强势中心的过程，后来确都聚焦到了拓跋与乌桓的关系上。

综观1—4世纪北方民族关系的大局③，近三百年中，从匈奴衰落至鲜卑崛起，中间似有乌桓为塞上主角，而又始终没有形成一个强势的政治中心④。这是此期北方草原各族得以一波又一波南下，其种种能量汇于其南部边缘而左冲右突，轻易就掀翻了刚刚统一了

---

① 以往这方面有代表性的研究，如马长寿先生《乌桓与鲜卑》一书就乌桓、东部鲜卑和拓跋鲜卑分别论之，其第二章"乌桓"则有两个小节论及"乌桓、鲜卑、匈奴、汉朝之间的关系""边郡乌桓的活动以及他们与鲜卑、匈奴、汉族的融合"，其中于拓跋与乌桓的关系虽已涉及而未深论。

② 马长寿先生在《论突厥人和突厥汗国的社会变革》一文《前言》中指出："每一族的历史，特别是少数族落的历史，必须放在整个国家或地区的历史范畴中加以研究，然后才能理解各族历史的全貌。"收入《马长寿民族学论集》，人民出版社2003年版。田先生关于乌桓与拓跋关系的见解，完全符合马先生归结的这个民族史研究的方法论原则。

③ 自东汉永元元年（89）窦宪大破北匈奴，至道武帝拓跋珪登国元年（386）于牛川即代王位，为时近三百年。参见［日］内田吟风《匈奴西迁考》二"北匈奴西迁年表"，收入余大钧等译《北方民族史与蒙古史译文集》，云南人民出版社2003年版。

④ 从2世纪中叶到3世纪40年代，八十余年间北方草原依次出现了在鲜卑大人檀石槐、轲比能统率下"尽据匈奴故地"的两次大联盟，其固然是鲜卑代匈奴而兴的重要标志，却皆为时短暂而内部关系极为松散。参见马长寿《乌桓与鲜卑》第三章"东部鲜卑"四"促进鲜卑部落军事联盟实现的若干因素"。

南方地区的西晋王朝，而又难以巩固统治持续发展的基本原因。同时，这也是从华北到塞北，以往存留下来的匈奴余部、武力强悍而部落分散的乌桓、正在陆续抵达塞北地区的鲜卑，也包括汉人豪宗和羯胡等族在内，发生多中心杂胡化趋异现象，导致出五胡十六国纷乱错综局面的基本背景[①]。因此，从民族关系的角度来看，北方地区的统一和五胡时期空前乱局的结束，自必有赖于各族之间趋同势头的发展，又尤其有赖于足以阻遏南来各族浪潮冲击的新强势中心的形成。

这显然是一个过程的两个侧面，没有趋同的势头，强势中心就难以出现和巩固；而没有强势中心，也无法遏止北下部族的纷纷冲击和多中心趋异现象，难以保障和完成各族矛盾的消化和诸多族群的融合。就是说，魏晋以来北方地区的民族融合过程，不仅像许多学者反复研究和强调的那样，是以各族群主体部分生活方式的逐渐农耕化和汉化（或合称封建化）为基础的[②]；而且也如田先生此文所示，是以集中代表和促进了这个势头的拓跋部大魏王朝的建立，以组织形态更加松散也变得越发孱弱了的乌桓等族，终于依附和融合于因专制皇权体制的逐渐建立而不断强大起来的拓跋鲜卑治下，为其转折性标志的。

事实上，在魏晋以后北方民族关系不断走向融合的大趋势中，强势中心的形成显然已经上升为问题的主要方面。前秦的短暂统一便是一种征象，一种呼唤。但无论是氐胡所建的前秦，还是慕容鲜卑统治的前燕等地区强权，统观五胡十六国其兴也勃、其亡也倏的一个基本原因，是它们都没有以本族为核心融会各部，形成巩固的族际联盟以为统治的中坚。相比之下，倒是长期发育和耕牧于代北

---

① 这个多中心杂胡化现象的中心地区并不是在华北，而应是在塞北，在匈奴及盟下余部与乌桓及鲜卑开始集中冲撞的漠南，而华北的事态，不过是塞北事态在汉人地区的延伸罢了。

② 这方面迄今最为优秀的代表作，仍是唐长孺《魏晋南北朝史论丛》所收《晋代北境各族"变乱"的性质及五胡政权在中国的统治》一文。

的鲜卑拓跋部,自献帝以来已经形成了国族十姓之间的巩固联盟,神元帝以来仍在以之为核心,不断聚散着更多的部落,从而逐渐具备了充当这个历史角色的资格。而真正使之从资格变成现实的关键之一[①],便是神元帝以来不断伸缩和变化着的拓跋部落联盟或酋邦内部,其族际关系正在日益走向融合的过程。而田先生此文着重讨论和提示的几个族际关系头绪:包括旧人和新人即拓跋国姓与部分乌桓部落和汉人之间的逐渐融合,"两种乌桓"的具体构成及其相继融入拓跋部治下的过程,拓跋部与鲜卑慕容部、匈奴贺兰部等其他内附诸姓渐趋融合的关系。凡此种种,显然已经勾勒出了拓跋部主导下,其联盟不断整合和强大起来的要素轮廓。

由上可见,近300年中塞上的民族关系主角,终于由匈奴、乌桓让位于鲜卑的过程,不仅是整个北方地区和魏晋南北朝治乱盛衰的转折过程,也不仅是汉—唐社会历史和东北亚民族关系大局的转移过程,而且是拓跋部为核心的国族十姓联盟来到代北,逐渐走向专制皇权体制,又几经聚散而依附、融入了更多草原部落的建国过程。而代北地区拓跋和乌桓的关系,正是在这个充满各种复杂反应过程的后100年中,同时催化和孕育了拓跋部专制皇权的逐渐树立,内外部族际关系的不断融合这两大主题,也牵扯和折射了围绕于此而展开的各种要素,因此又上演了许多由此着眼方可以豁然开朗的历史活剧。而这些,也正是田先生此文所不断谈到和反复提醒学界的内容。历史至此才可以重新研究,才可以在新的方向、线索、问题和方法上基于前人又超越前人。

在"子贵母死"和"共生关系"二文深入解读《魏书·序纪》,搭出新的研究框架后,《代歌、代记和北魏国史——国史之狱的史学史考察》一文,正面探讨了《序纪》这份早期拓跋史基础资料的种种问题。其首先揭示了拓跋部及同期其他草原部落古老的

[①] 另一个关键,当然是田先生《子贵母死》一文所示专制皇权秩序尤其是君位传子制的逐渐建立。

口述史系统,直至他们进入中原后很久仍在发挥重要记叙功能的事实。同时又理出了从拓跋口述史系统中叙事歌谣的发展线索,即自道武帝开国规模时整理出《真人代歌》,再由邓渊等人据以编撰为《国记》,经国史之狱有所删削涂饰后,再辗转构成魏收书《序纪》蓝本的基本过程。在此同时,田先生又把邓渊之死和崔浩之狱相连考虑,讨论了拓跋部从口述史到成文史的发展过程与其政治、社会历史转折过程的关联,及其所赋予修史活动的特定负担。总的看来,此文实际上是通过下列两个方面,重构了早期拓跋史研究的史实或史料。①

一方面,是田先生从此已经把《序纪》的解读,安放到了北方草原部落的口述史系统这个可称唯一正确的基础之上。因为在此基础上,就一定要意识到前文字时期,各族保存、传承文明和体现传统的机制,会与其进入文字时期后,或与其周围早已拥有成文史传统的邻居迥然不同。也一定要考虑处于这种发展阶段上的部族,其史料出于口述史及相关的巫觋、习俗系统者,在比重和地位上,显然要远远超过其有关史事进入周围地区典籍系统的文字资料。由此就势必要问:如何来研究这些尚未进入或刚刚受到文字社会影响的部族史,怎样来建构这些部族的史料系统?如何区分这个主要由口述史所构成的系统本身的真实和"史实的真实",怎样架起沟通这两种"真实"的桥梁?这就开启了以民族学或人类学、考古学、文献学乃至于叙事学、民俗学、宗教学等多种手段综合研究的广阔道路,也为祛除长期以来围绕魏收书《序纪》"真伪"问题而形成的重重迷雾,开启了一扇决定性的窗口。

另一方面,是这样一个基础的稳固奠立,《魏书·序纪》及其

---

① 学术史已无数次表明,在资料上,富于戏剧性的"藏宝再现故事"实属可求而不可得的旷世奇缘。而真正主导着研究的进展,也真见史家功力的是,当讨论开始在新的方向、线索、问题和方法下进行时,以往处于视野之外的大量史实才会浮现,许多旧的材料和史实从此增添了新的意义。

研究的意义，也才真正凸显出来了。在以往北魏史或中古史学史对《序纪》的种种怀疑、辨析和研究中，有两个重要问题很少被人提及。一是《序纪》不仅是我国历史上留存至今的第一部较为完整的草原部族"史前史"，也是4世纪以前欧亚草原各部族，借助邻族文字而留下来的第一部相对完整的口述史记录。二是《序纪》也是我国古代史籍所录北方草原部族族源和迁徙传闻中，特别是在《十六国春秋》到《晋书》载记，以及《北齐书》《周书》《北史》等书所录北方有关族、姓源流的口述史遗存中，相对来说最为完整的一份。因而揭示《序纪》的史源与所本，探讨影响其成文过程的种种问题，辨析有关史实与记载之间的联系，对于北魏史和整个北朝史各领域的研究，对于揭示北方草原部族的源流、迁徙和发展过程，当然也对进一步勾勒当时北方各草原部族口述史系统的状态来说，都具有远远超出早期拓跋史和中古史学史的基础意义。

此外，田先生此文从邓渊之死出发，深入探讨拓跋国史系统与有关历史过程的连带关系，也是一个富于启示和值得重视的研究方向。因为对于尤重传统的我国古代王朝来说，特别是对入主中原的少数族所建王朝来说，其国史撰修过程在总结历史、开辟未来时可能具有的冲击力，及其所牵动的传统和现实因素，总是远远超过了人们的预料。对拓跋部来说，其口述史到成文史的转折过程，同时也是从部族社会走进专制皇权国家的过程，因而其追本溯源的国史编修过程所具有的现实政治意义，所牵扯的君长和贵族大人及不同族姓之间的矛盾格局，所充斥的文明与野蛮、传统与现实、脆弱与顽固的纠葛，及其这一切所潜藏着的爆炸性，都不能不反过来影响到国史系统本身的内容和形态，就更不必说是有关史官的命运了。

三 拓跋部向专制皇权国家体制发展的基本线索

体察《拓跋史探》处理所涉问题的三个层面：凡各文直接要解

决的问题，基本上求得了确解或现时的最优解；而田先生从中洞察的问题症结，又尤其令人有目光如炬、烛照幽微而豁然贯通之感。但在进一步将种种探索落实到"拓跋部向专制皇权国家发展的主线索"之下时，亦即田先生此番研究相较于前人开辟最深、创见最巨之处，则虽脉络头绪历历可数，思想火花缤纷灿烂，却也出现了若干不够连贯的缺环和歧误。笔者愿坦率指出，上面所述早期拓跋史研究的主题和线索，依田先生书中表述的理路，是确切无疑的，但在田先生的具体行文中，却并不总是非常清楚的。这倒不一定是"只缘身在此山中"，也未必是"穷思立说"而高年精力难以久注之故，而恰恰是其研究的问题重大而资料匮乏，几乎处处皆须在无路处开辟之所致。故田先生名书以"探"，屡屡强调所示各端"旨在探路"，除深愿引起共同探索外[①]，也正是因为身为史家，自然深知凿空之艰，开辟之难，而既然选择了卓越，认准了不朽的事业，也就再无理由拒绝挫折。

以下试在田先生所示拓跋部向专制皇权国家发展的主线索下，就其必然要涉及而《拓跋史探》各文未能完全展开或有所歧误之处，择其要者略抒己见。希望能芟芟补补，让田先生新辟的这条探讨拓跋早期历史基本线索的道路更加通畅和坚实，更希望学界同人能够共同对此展开深入探讨，并且以此告慰田先生：我们跟上来了。

一是起点问题。以君位传承秩序的确立来探讨专制皇权形成过程的种种问题，以此观照拓跋部社会形态和政治组织的演进过程，正是田先生此书精识之所在。但要准确勾勒相关的历史主题和线索，就一定要明确其演进的起点何在。就是说，神元帝力微前后拓跋部的君位传承秩序，是在一个什么样的历史前提下演进的呢？

就民族志调查和人类学业已建立的一般进化顺序而言，既然是

[①] 《拓跋史探》多处呼吁了"共同探索"的愿望，其中所收曹永年先生之文正说明了田先生这一至愿。

从部落社会走向专制皇权体制，就会有君位传承从推举制走向世袭制的发展过程。从民族志揭示的各族酋长会议机制来看，推举制通常都是要推出一位"兄弟"来做君长，故与兄终弟及的继承法有内在相通之处。在较为原始的婚姻关系中，"兄弟"正如"姐妹"，可以是群婚范围内的所有同性成员，也就只有当"兄弟"仅限于某一父祖的子孙时，兄终弟及才是父死子继之制的一种曲折的发展或过渡形式。

具体到鲜卑拓跋部，不少证据表明，其推举制向传子制的转折，是发生于献帝时期。

理由一，是《后汉书》卷九〇《鲜卑传》："自檀石槐死后，诸大人遂世相袭也。"而据陈寅恪先生研究，献帝拓跋邻正是檀石槐辖下的西部大人之一。①

理由二，是《魏书》卷一一三《官氏志》："献帝时七分国人，使诸兄弟各摄领之。"《魏书》卷一〇八之一《礼志一》载拓跋君长西向祭天的旧俗，须由宗室子弟七人陪祭。《资治通鉴》卷一五五《梁纪十一》中大通四年则载北魏皇帝登位的"代都旧制"，须"以黑毡蒙七人……帝于毡上西向拜天"。由此推断，献帝以来业已形成了宗室七姓共奉拓跋氏子孙为君的格局。②

理由三，是《序纪》述拓跋君位传子，正自献帝传位其子诘汾始。且述圣武帝诘汾崩后其子力微立，神元帝力微崩后其子悉鹿立，章帝悉鹿崩后其弟绰立，平帝绰崩后兄子弗立，从

---

① 《资治通鉴》卷七七《魏纪九》景元二年胡注，以檀石槐所统西部大人推演为《序纪》中的宣帝推寅。万绳楠整理《陈寅恪魏晋南北朝史讲演录》第六篇"五胡种族问题"四"鲜卑"考其时期，断其当为亦号推寅的献帝拓跋邻。黄山书社1987年版。

② 马长寿《乌桓与鲜卑》第四章"拓跋鲜卑"二"拓跋部和以拓跋部为中心的部落联盟之形成"认为，这是从较为原始的推举制，发展成了推举对象限于宗室八姓尤其是拓跋氏的世选制。但综合诸处所载，笔者以为马先生所概括的，也有可能是献帝令兄弟七人分领国人以前的情形，因为献帝既传子诘汾，其君位传承事实上已经是七姓共奉拓跋部子弟为君，而已不再是君长从宗室八姓之中推举出来的局面。

此拓跋君位皆在神元帝子孙内部父子相继或兄弟相及。故献帝传位其子，实际上是揭开了拓跋君位传承以父子相继辅以兄弟相及的新纪元。

当然其实际过程绝非如此简单。从推举制发展到传子制，不啻是从公天下到家天下，从部落制到国家制度的一种决定性转折。是军事民主制遗存不断减弱，专制皇权秩序则逐渐增长，向后看的传统保守势力渐消，向前进的革新势力渐长的过程。凡此之类，均堪称是拓跋部族组织、社会形态和观念领域的一场革命，也就难免会有重重波折。《魏书·序纪》载献帝在世而传子诘汾，似其挟七分国人的余威而强行传位于子，已自情况特殊。其又载圣武帝诘汾传位其子力微之际，"西部内侵，国民离散"，以致诘汾崩后力微竟须隐名埋姓，依于没鹿回部大人窦宾①。且载神元帝力微欲传位其子沙漠汗，而诸大人谗杀之，力微欲"尽收诸大人长子杀之"，竟至事变乱生而身死。直至章帝悉鹿立后，仍"诸部离叛，国内纷扰"。所有这些父崩子立之间的国难②，都表明献帝以来拓跋部君长的传子制正在冲破传统的推举制，在代表新方向的君长与代表旧势力的部落大人间的激烈斗争中浴血前进，这也就是当时拓跋君位传承制度演进的起点。

也正是在这样的起点上，才可以把献帝以来君位传承之际的种种波澜和事件，放到传子制的建立，放到拓跋部专制皇权秩序逐渐形成的过程中来加以认识和评价③。在此基础上，也才可以较为完

---

① 综《元和姓纂》卷六《源氏》《晋书》卷一二六《秃发乌孤载记》及《魏书》卷四一《源贺传》等处所载，诘汾另有长子匹孤率部远走河西。故前已指出力微实是匹孤幼弟，当时圣武帝欲传子而崩，其情势之危殆，似已不得保其众子。

② 《后汉书》卷九〇《鲜卑传》载檀石槐死后，其子和连代立，"众畔者半"；和连死后，兄子魁头立；魁头死，其弟步度根立。同样出现了传子制与国难纷乱相伴并常须借助于兄终弟及来曲折发展的现象。

③ 如前所述，卫瓘行反间计而沮害神元帝"太子"沙漠汗，神元帝晚年围绕传子制与诸大人的尖锐矛盾，神元帝身后章帝、平帝及沙漠汗少子思帝相继得立，以及昭、桓、穆三帝并立而最终又由沙漠汗之子平文帝承统诸事，均须在此背景下来加以认识。

整地解读《序纪》所载献帝以来有关世事,包括那个著名的"天女传说"①,从而才能借以拉出献帝以来君位传承从推举制转变为传子制的完整线索。即其经重重波澜至章帝以来步入父子相继在兄弟相及中曲折发展的阶段,再到昭成帝以来传子制方渐稳定而并未巩固,进至道武帝而开始确立君统从属于父系直系宗统的发展脉络。这就使得从属于此的各种头绪,包括母、后之族介入和影响君位传承过程的头绪在内,真正与"拓跋部向专制皇权国家发展的主线索"紧密地啮合到了一起。

二是结构问题。在考虑拓跋部专制皇权逐渐形成、族际关系不断融合这两大主题时,后族问题和乌桓问题,确是相互关联而极具影响的重大因素,这也正是田先生此番研究洞察幽微之所在。那么这些因素是处于一个怎样的结构中,又怎样来评价其作用和地位呢?

据《魏书·序纪》和《官氏志》所载,献帝"七分国人,使诸兄弟各摄领之"而传子诘汾。以拓跋氏为首的部落联盟,自此不仅形成了七加一(稍又扩展为九加一)部的核心或中坚,形成了七部和九部共奉拓跋氏子孙为其君长的格局,而且也明显地变革了各部原来的大人推举和统领体制。这无疑是以拓跋部为首的部落联盟结构的一次重大转折②。在此基础上,神元帝以来先后聚散于这个

---

① 从《魏书·序纪》载"时人谚曰:'诘汾皇帝无妇家,力微皇帝无舅家'"判断,这个传说显当流行于神元帝在位期间,但亦不排除圣武帝时开始流行的可能。其"皇帝"之名原当是鲜卑语所称的盟主,据《周书》卷一《文帝纪上》所述宇文部先人普回得"皇帝玺"的传说,把联盟之主比附为"皇帝"的习惯,在鲜卑族靠近阴山一线后业已形成。分析拓跋部的"天女传说",神元帝知其父而不知其母,正是要强调君位传承中的父系直系关系。神元帝为天女所诞而无母无舅,不仅是要割断其血统来自某种婚姻关系的脐带,隐去其母、舅之族的存在;更是要淡化其出于八姓之一的凡人身份,是要着重强调其作为天之后裔充当八姓共主的地位。尤其是天女以所生男授圣武帝时说:"此君之子也,善养视之。子孙相承,当世为帝王。"更直接是圣武帝和神元帝欲立君位传子制的告白。前已指出《魏书》卷一三《皇后传》末史臣曰:"始祖生自天女,克昌后叶",便说出了天女传说甚便于神元帝"子孙相承世为帝王"的基本功能。

② 姚薇元《北朝胡姓考》内篇第一《宗族十姓》以为八姓之纥骨氏、十姓之乙旃氏皆属高车之部落。此或献帝任檀石槐联盟之"西部大人"前后依附拓跋氏之部,从而透露了献帝"七分国人"之前,以拓跋氏为首的联盟构成之况。因而献帝以兄摄领纥骨氏,以叔父之胤摄领乙旃氏,自必改变了这两个高车部落原来存在的大人推举制,同时也表明"七分国人"之举,确为各部融入"国姓",联盟进一步巩固的过程。

联盟，或发生过一定附属关系的"内入诸姓"和"四方诸姓"，又分别构成了联盟的一般或外围成员①。这样一个构成状况，大略可以直接视为道武帝建国以前拓跋部族际关系的基本结构。而在当时情势下，既然是族际关系的基本结构，也就不能不是决定各重大事件和过程的基本政治结构。

因此，就在神元帝身后不久，这一结构的相关内容已被时人概括为"旧人"和"新人"之间的关系②。所谓"旧人"，亦称"国人"，指拓跋部人，献帝以来自然是指宗室十姓成员。而"新人"则指"乌桓"和"晋人"。由于"乌桓"在当时也是来附"诸方杂人"非鲜卑者的统称③，故旧人与新人的关系，很大程度上就是宗室十姓与来附各部和汉人之间的关系。如果把拓跋氏单列为一极，也就有了拓跋君长与宗室九姓大人，以及来附各部大人和汉人豪宗之间的关系④。可以认为，此即主导和制约着神元帝以来至道武帝前后专制皇权逐渐形成，族际关系不断融合的基本结构。

为什么说其主导和制约了族际关系的融合过程呢？前已指出，魏晋以来北方地区民族关系从趋异走向趋同的过程，是与一个新的

---

① 马长寿《乌桓与鲜卑》第四章"拓跋鲜卑"二"拓跋部和以拓跋部为中心的部落联盟之形成"，兼采了姚薇元先生《北朝胡姓考》的有关研究，述神元帝时七十五个内入诸姓族源可考者三十一，属匈奴者六，属丁零包括高车者六，属柔然者三，属乌桓及东部鲜卑者九，属其余东西各族姓氏者七。这反映了拓跋部为首的联盟在族属上的一种更为具体的构成状态。

② 见《魏书》卷一四《神元平文诸帝子孙传·穆帝长子六修传》及《魏书》卷二三《卫操传》附《卫雄传》。又《资治通鉴》卷八九《晋纪十一》孝愍帝建兴四年述六修事胡注云："旧人，索头部人也；新人，晋人及乌桓人也。"盖从《魏书·卫雄传》概括而来。

③ 这是因为在匈奴衰落和鲜卑崛起间，乌桓曾在塞北不少地方扮演过历史主角，东汉、魏晋又常以"护乌桓校尉"兼护上谷以西匈奴余部和有关鲜卑或杂胡部落。故当时草原上有不少族源复杂的"小种"匈奴或杂胡，已被笼统地称为"乌桓"，就像汉代依附于匈奴联盟的小种部落也可以统称为匈奴一样。在当时，这个统称又是与作为部族专有名词的"乌桓"，与《魏书》卷一一三《官氏志》载内入诸姓有"乌丸氏，后改为桓氏"的特称一起并存的。

④ 《魏书·官氏志》述内入诸姓，乃"神元皇帝时，余部诸姓内入者"；四方诸姓则"岁时朝贡，登国初太祖散诸部落，始同为编民"。与《魏书·序纪》所载相参，内入诸姓有可能只是神元帝盛乐祭天大会的参与者，四方诸姓则是自来与拓跋部发生某种附从关系者。但以神元帝以来史事而论，前者常有叛散疏离者，后者亦有关系紧密者，故两者界限恐非甚明，盖有所区别而未可截然分为较早或较晚融入两大势力。

强势中心的形成,因而也是与专制皇权秩序的形成和巩固过程相辅相成的。在当时,拓跋部与北族各部族关系走向融合的过程,与拓跋部为首的联盟走向专制皇权国家的过程,实际上是交集在拓跋君长与宗室九姓及内入诸姓、四方诸姓和汉人豪宗的关系之上的。故其各族融合的最终进程也就可以一言以蔽之:无论是匈奴余部或高车之部,还是广义或狭义的乌桓之部,抑或是东部鲜卑如宇文氏或慕容氏等部,都先后相继并入了拓跋部治下,最终则皆成了纳入其所建专制皇权秩序的臣民编户[①]。

由此再看乌桓各部与拓跋的融合过程,那么很清楚,作为统称的"乌桓",其中相当一部分,正如田先生研究所明确的,在屠各匈奴趋异过程中衍来的铁弗乌桓和独孤乌桓,其种族文化背景与拓跋部的差异相对较大,遂须晚至道武帝建国称帝以后,方得兼并和完全融入拓跋部治下。而作为部族专称的乌桓,《后汉书》卷九〇《乌桓鲜卑列传》和《三国志》卷三〇《魏书·乌桓鲜卑传》裴注引王沈《魏书》,既已述其言语习俗与鲜卑同,则其与拓跋部的融合过程也就与东部鲜卑一样,主导因素并不是种族文化问题而是政治关系问题。当然无论是广义还是狭义的乌桓,其与拓跋部之间,一是在农耕化或汉化过程中部落组织日益松散乃至于消弭,二是在同样的过程中逐渐建立了适应于此的专制皇权秩序而组织愈趋严密。其间共生互补乃至于融合的基础,实际上也正是走向专制的权力中心与走向定居的小农经济之间的关系。

现在再把拓跋君位传子制所集中体现的专制皇权秩序的建立过程,放到这个结构中来观察,则各种势力的可能角色、反应和作用、地位实已大体可知。

首先,《魏书·官氏志》载"国之丧葬祠祀,非十族不得与也",而至晚自神元帝以来的拓跋旧俗,则是君长必西向祭天而登

[①] 无论其部族组织是离散还是暂不离散,或者是一段时期以后生产和生活方式的变迁,其指向都是《魏书·官氏志》所述的"同为编民"。

位，其时必须安排宗室七部各一人为之陪祭。这就是说，在拓跋部的传统中，有权推举或被推举为君长的，只是宗室十姓成员尤其是八姓成员①。因而相对于其他各部族，宗室十姓无疑是拓跋君长最为强固的支持力量。而在宗室十姓内部，他们又是变革种种传统包括废止推举而建立传子制的最大阻力。

其次，内入诸姓及四方诸姓时附时散，其态随联盟之况变动不居，《魏书·官氏志》谓为"兴衰存灭，间有之矣"。但大体说来，在建立传子制和从部落酋长向专制君主的发展过程中，当君长与宗室七姓或九姓矛盾尖锐时，自须拉拢和亲信内入诸姓或四方诸姓大人②。倘其势转强危及君权，自然又须依靠宗室来限制或打击他们。而若宗室九姓与之矛盾突出时，君长亦可左右逢源。其间的种种攻守平衡、纵横捭阖，皆在情理之中。③

最后，《魏书·官氏志》载宗室"十姓百世不通婚"，故而后族倘非汉人，就是内附诸姓或四方诸姓成员，而其中非鲜卑者皆可泛称"乌桓"。由此可见，母、后之族在传子制和专制皇权建立过程中的作用和地位，很大程度上不过是"新人"或内入诸姓和四方诸姓利益的体现者。所不同的，只是其依附君权的一面尤其突出，君权强大时母、后之族常因此而强，及其过强威胁到君权而须削弱时，又多一重亲情血缘的牵扯罢了。④

---

① 这自然是因为另二姓本非兄弟，一为叔父之胤，一为"疏属"。
② 《魏书·序纪》载神元帝晚年之变，乌丸王库贤"亲近任势"，在庭中磨砺斧钺，扬言"上欲尽收诸大人之子杀之"，俨然以刽子手自任。这就反映了作为内入诸姓的乌桓诸部，在当时本来颇受神元帝亲信的事实。
③ 唐长孺《魏晋南北朝史论丛》所收《拓跋国家的建立及其封建化》一文，已经勾勒了旧人、新人与君长利益的这种关系格局，田先生在"共生关系"一文中，更以相当篇幅勾勒了新、旧人分野及其逐渐走向融合的过程。但两位先生都未详论其要，特别是他们对新人和旧人的界定，都还存在着一定的问题。
④ 因而神元帝以来，君长常与后族结盟而抗宗室七或九姓大人，待后族势强，自又须联国人以抑后族。这个君长在宗室和后族之间平衡捭阖的格局的焦点问题，也就是君位传子秩序的建立。当然此仅就其大体而言，由于国、姓之间或部族内部各部之间关系复杂，后族各部或乌桓各部与皇权的关系，当然还会有许多差异而不能一刀切。

也正是这个早期拓跋史中客观存在着的,以拓跋君长为一极,宗室七姓或九姓贵族为一极,内入诸姓和四方诸姓贵族为又一极,或者再加上依附拓跋的汉人豪宗为另一极的部族、集团关系结构,不仅有助于解读《序纪》所载早期拓跋史的种种问题,也有助于恰如其分地认识母后之族或乌桓各部在早期拓跋史中的地位。综合当时的各种事态来看,正是这种在专制皇权建立和族群关系融合的总趋势下不断演化着的结构关系,直接决定了诸如"子贵母死"①、离散部落②、史官命运③,以及其他种种拓跋早期历史和北魏史重大事件及制度设置的基本背景。

　　三是《序纪》解读问题。揭示《序纪》的史源为拓跋早期的叙事歌谣,及其编撰为《国记》的脉络线索,从而使这份珍贵史料价值愈显,求索有门,这正是田先生此番研究的重大贡献。但《国

---

　　① 《魏书·太祖纪》载道武帝登国元年即代王位,"复以长孙嵩为南部大人,以叔孙普洛为北部大人",二年班赐功臣七十三人,长孙嵩赫然居首。是北魏建国时,宗室七姓或九姓在百余年围绕传子制发生的波折中,其维护传统的桀骜必已明显收敛而开始驯服于专制君权。但君权强大而国姓势弱,母、后之族可能成为重大问题,加之传子制虽已建立而尚未巩固,为杜绝母后弄权而兄终弟及,遂有子贵母死之制的建立。

　　② 离散部落的直接效应,是部族组织消亡和专制皇权秩序的巩固,故仅仅将之与母、后之族相联系来解释,显然是难以充分的。又马长寿《乌桓与鲜卑》第四章"拓跋鲜卑"二"拓跋部和以拓跋部为中心的部落联盟之形成"指出,道武帝离散部落、分土定居之法,并不针对八姓或十姓,而是针对的四方诸姓和内入诸姓。而八姓、十姓之妻除汉人外皆出于此,故田先生述离散者往往是后族,也是可以的。

　　③ 《陈寅恪魏晋南北朝史讲演录》第十五篇《北魏前期的汉化(崔浩问题)》,以为崔浩之死的要因,乃在于社会阶级而不在夷、夏之别或佛、道斗争,确为卓识。其实《序纪》并不讳言弑父杀妻及烝报之婚的事实,且其述拓跋早期帝系世事大体保留了道武帝时期的面貌。又崔浩平生不犯国讳甚为谨慎,其所撰则主要是太祖末年和明元帝史事,其与同时续修《国书》的邓颖分别为初修《国记》的崔玄伯及邓渊之子,二人若于续书中暴扬国恶,实不啻明言其父之非。从这种种迹象来推判,崔浩之死,正应是道武帝以来建立和巩固专制君权的过程,势不能不经常与汉人豪宗结盟而限制国人和各部贵族的势力,遂使诸国人或贵族对汉人豪宗怨入骨髓的结果。故在守旧势力一方,正所谓欲加之罪,何患无辞。而在君长一方看来,又必是国本若摇,汉人可弃而事后又呼可惜。由此看来,崔浩之狱应并非"国史之狱"而是"汉人豪宗之狱",实质上仍是旧人与新人矛盾在新时期的继续。而《国书》之撰,适一导火索耳,倘非新、旧矛盾,区区著书之事,又何至于灭人宗族又竭尽折辱惨毒之能事乎?邓渊之死,似亦当作如是观。

记》来源的真实,显然并不等于其所记内容的真实,"国史之狱"更为之遮上了重重迷雾。然则又当如何解读《序纪》的有关记载,并且辨识其可靠与否呢?

略加概括可知,《序纪》记载的主要内容和发展线索有三:

其一是拓跋族源及迁徙事项,这当然是各族口述史歌谣共同的母题。

其二是部落的聚散盛衰及其与魏晋的关系,其很明显是在维护道武帝凝聚部众和"图南"大业的政治资源。

其三是拓跋早期帝系,包括君位传承之次(君统)及其前君与后君的世系关系(宗统),这一部分比重最大,并且是《序纪》当之无愧的主干和轴心。

详观《序纪》的叙事体例、内容安排、笔法详略等项,其绝大部分行文,都是在依据道武帝登位后"追尊成帝以下及后号谥"的精神而梳理历史[①],以明确献帝以来拓跋君位传子制的发展历程[②]。尤其是理出道武帝所承神元帝、文帝、思帝、平文帝、烈帝和昭成

[①] 前已指出,《魏书》卷二《太祖纪》载帝天兴元年十二月登位,"追遵成帝以下及后号谥",此即《魏书·序纪》自成帝始记帝号之原因。关于这次追尊祖先之举的精神实质,则已集中体现于《魏书·序纪》载沙漠汗与献明帝从未在位而被道武帝"追谥",而普根父子虽曾在位而未受尊号之事。田先生在《共生关系》一文第七"拓跋内乱与乌桓动向"中指出:"道武帝在追尊先人之时,对于承认谁不承认谁的问题,肯定有过细致思考。文帝沙漠汗和献明帝寔都不曾履位而死,但都获得尊号,因为他们在拓跋大宗中占有不可或缺的位置。准此……道武帝未尊普根父子,归根到底还是他们与道武帝本人所承的拓跋法统没有关系的缘故。"就已经说明了这次追尊祖先之举的实质,正是要确立献帝、圣武帝、神元帝直至道武帝所构成的父子传承脉络。

[②] 《魏书·序纪》记成帝以下君位传承惟书"崩、立"二字,记献帝传子圣武帝诘汾后方有世系关系,意寓此前乃部落推举制时期,此后才是传子制辅以兄终弟及的发展期,故其君长方有父子兄弟世系之可言。继而《序纪》记圣武帝事唯天女传说一事,旨在说明神元之"神"及传子为天意。其记神元帝事,除德化服众、盛乐祭天大会并与魏晋通好外,大半篇幅皆述其欲传位长子文帝沙漠汗而事变身死之波折,以为此后神元帝之子章帝、平帝、昭帝,文帝之子思帝、桓帝、穆帝交叉登位的传子制发展时期张本。

帝、献明帝父子六世七人五帝相承之脉①，从而凸显神元帝以来君位传承之次渐以父子直系关系为其轴心的趋势，建立起维护和巩固传子制秩序的君统服从宗统的原则。

但也正因如此，就更要对《序纪》内容的可靠性提出疑问了。人们会问：即便从《国记》到《序纪》未有波折，这难道就是准确可靠的史实吗？且不说南北史籍载道武帝身世的出入和史界的怀疑，也不说婚姻关系的复杂，往往使得拓跋早期的父子兄弟关系含混不清，随便从流传至今的各族史诗中拿一部来看，君长世系部分所占的比重都不是太大。显然，这里面的删繁就简，取舍选择，仍然有着极多的讲究。再者，道武帝于开国之际撰修《国记》，难道真是在戎马倥偬中忽发奇想，要想留下本族早期的一份实录信史，而不是因为有其迫切的需要总结历史开辟未来，不是想要通过历史来巩固自己及其子孙"世为帝王"的地位？事情很清楚，就现有条件而言，除个别点上的是非外，要总体地说《序纪》准确度高、可信性大，或者总体地反对这种判断，最终还是需要从《魏书》所载道武帝开国规模的一系列举措入手，来弄清《国记》编撰的用意和原则，寻找《序纪》所示基本内容的佐证或反证，从而得以相对跳出太武帝以来国史系统的种种纠葛来做出判断。

有一点在此先可以肯定下来，《魏书·序纪》所示基本内容的佐证，的确是大量存在着的。比如，田先生书中在讨论早期拓跋君位传承过程时，就已涉及了庙制问题并作了深刻论断②。循此提示加以考察，

---

① 《魏书·序纪》记桓、穆帝事以其与西晋的关系为中心，是因为这种关系直接促进了拓跋代国的建立，极大地推进了拓跋部的发展，又构成了道武帝南向争统的一宗重要资源，也是因为桓、穆二帝与思帝皆文帝之子的缘故。继而《序纪》记事仍围绕文帝三子思、桓、穆帝后代的帝位之争展开，穆帝身后，先是桓帝子普根及普根幼子在位，然后思帝子平文帝登位，接着普根弟惠、炀帝兄弟相及。再到平文长子烈帝翳槐争位成功，传位其弟昭成帝什翼犍，是为献明帝之父，道武帝之祖。这才成就了道武帝所承神元帝、文帝、思帝、平文帝、烈帝和昭成帝、献明帝父子六世七人五帝相承之脉，而烈帝实为拓跋君位传承稳定到平文帝后裔一脉的关键或枢纽。

② 如"子贵母死"一文二"拓跋部早期君位传承中后妃的作用"谈到天兴二年宫中"五帝庙之立，从庙制上确立了拓跋大宗的地位，排除了兄终弟及的传承秩序"。

便可发现《魏书》卷一〇八之一《礼志一》所载天兴二年建立的整套宗庙祭祖之制，正好展现了道武帝对其所承拓跋氏帝系的四种考虑。由于前面已对此作了详尽的讨论，这里只需要略加概括以见其要：

其一是太庙四庙，是为始祖神元帝、太祖平文帝、高祖昭成帝和皇考献明帝庙。其所遵用的，显然是《礼记·丧服小记》及其郑玄注所述的五庙制[①]，又据《礼纬》和《孝经纬》之义，预留一庙以为道武帝身后地步。其所强调的，无疑是始祖神元帝以下，平文帝—昭成帝—献明帝—道武帝父子四世相承的宗脉。

其二是宫中五帝庙。所谓五帝是在太庙四帝的基础上增加了平文帝父思帝弗之位，从而勾勒了思帝—平文帝—昭成帝—献明帝—道武帝父子五世的宗脉。

其三是云中盛乐祖宗旧游之地祀神元以下七帝。这七帝当是在宫中五帝的基础上增加了思帝之父文帝沙漠汗和昭成之兄烈帝翳槐，从而又完整地建构了神元帝—文帝—思帝—平文帝—烈帝和昭成帝—献明帝—道武帝父子六世七人五帝相嗣的宗统。

其四是端门内祖神之祀，其所祀当为道武帝登位时追尊的成帝以下诸帝，甚至包括所有拓跋口述史系统中的祖先。然其重点似仍应放在神元以下诸帝，尤其是不列于上述宗统而在拓跋早期发展和代国建立史上特具地位的桓、穆二帝。

由此可断，与《序纪》所载的情况高度一致，天兴整套庙祭之制的基本宗旨，也是要清理拓跋早期帝系，梳理出道武帝所承神元以来父子七人五帝相承之统，同时兼顾此外诸帝尤其是在拓跋代国形成和发展史上地位重要的桓、穆二帝的历史地位，维护与之相应的政治资源。此即道武帝当时总结历史开辟未来的具体内涵，其目的又尤其是要建立君统附从于宗统的原则，以尽可能巩固君位传子制和专制皇权体制。

[①] 见《礼记·丧服小记》"王者禘其祖之所自出，以其祖配之，而立四庙"之文，特别是郑玄注《丧服小记》不提五庙的昭穆内涵，而是强调"始祖感天神灵而生……高祖以下与始祖而五"一段。

关于天兴二年这套祭祖之制与《序纪》所载拓跋早期帝系的关系，仅是上面所列举的，两者之间在基本用意和内容上的紧密啮合，特别是其与道武帝所承神元以来父子六世七人五帝的宗统的全面匹配，已足够令人印象深刻了。而这当然绝非偶然，因为在道武帝开国之际，《国记》的撰作和庙制的构思，本来就是相互配合的，其事前面亦已详论①。也正是在如此紧密的匹配关系中，除可以看出《国记》编撰和庙祭建制在基本用意和宗旨上的一致外，还可以得到两个重要的推论。

一是只要《魏书·礼志一》所载天兴庙祭之制未经太武帝以来大幅删改②，那么从魏收书《序纪》内容与天兴庙祭之制的高度啮合，即可推断《序纪》在很大程度上保留了《国记》的基本内容③。既然如此，关于太武帝时期"国史之狱"及国史撰作的其他

---

① 这种匹配关系在后赵已经展示，《晋书》卷一〇五《石勒载记下》："太兴二年，勒伪称赵王……改称赵王元年，始建社稷，立宗庙，营东西宫……命记室佐明楷，程机撰《上党国记》，中大夫傅彪、贾蒲、江轨撰《大将军起居注》，参军石泰、石同、石谦、孔隆撰《大单于志》。"此《上党国记》与《大将军起居注》及《大单于志》相并，似亦为羯人之"早期史"，《史通》外篇列之于《古今正史》中，是为拓跋氏撰《国记》之先河。至赵王十一年勒自称赵天王时，"尊其祖邪曰宣王，父周曰元王"，旋即帝位，"改元曰建平，自襄国都临漳，追尊其高祖曰顺皇，曾祖曰威皇，祖曰宣皇，父曰世宗元皇帝"。此世系亦当据《上党国记》而来。

② 这个可能性似乎不大。第一，庙制全为道武帝考虑，而后世之删削必为当世考虑，而《魏书·礼志一》中并未体现这一点，倒是记载了明元帝接续道武帝所立庙制的有关措施。第二，据《魏书·高允传》，太武帝朝续修《国书》未涉太祖开国时事，庙制又未犯禁忌，实无必要大肆篡改。故《国书》有关天兴庙制的记载，似当照录《国记》。第三，据《魏书》卷七上《高祖纪上》及卷六二《李彪传》，北魏国史设《志》在太和十一年十二月，其时太祖以来旧令亡失，世事十不存一。故《魏书·礼志一》所载太祖朝礼事当别无来源，仅从《国书》有关部分摘编而成，而当时情势，更无必要再行删削涂饰。

③ 这方面的佐证还有不少，如《魏书·邓渊传》载《国记》内容"惟次年月起居行事而已"，简直就是《魏书·序纪》以道武之前二十八帝传承世系为基本内容的写照。又如《魏书·序纪》述拓跋氏远承黄帝之裔昌意至始均一脉，积六十七世而至成帝，也正是《魏书》的《太祖纪》及《礼志一》载天兴元年十二月帝登大位，"追尊成帝以下及后号谥"，崔玄伯等奏"国家继黄帝之后，宜为土德……数用五，服尚黄"的产物。又《魏书》卷五七《高佑传》载太和十一年佑共李彪上奏："惟圣朝创制上古，开基长发，自始均以后至于成帝，其间世数久远，是以史弗能传。"似亦可证《序纪》一笔带过的成帝以前六十七世，乃是《国记》本未叙次。至于《国记》当初篇幅十余卷，远多于魏收书《序纪》的一卷，亦不难解释为其续经改编部分内容确被删削，尤其是太和十一年以来国史从编年改为纪传体，有关内容许多散入了诸纪传表志。

波折对《国记》所记早期拓跋史的影响，就不宜作过高估计了。

二是从四套庙祭之制的出入和互补可以推断，恰恰是神元以下父子七人五帝相嗣的世系，并非《魏书·序纪》中最为可信的部分。这不仅是因为其刻意营构之迹颇显，令人联想刑事证据学关于受益者即作案者的推理原则；更是因为道武帝将祭祖之制分为四套办法，除去其兼顾旧俗与汉制的意味外，恐怕正是因为拓跋早期婚姻关系颇为紊杂，致使君位传承世系不次而昭穆难讲，尤其是文帝、思帝、烈帝、道武帝前后君统和宗统关系不甚明朗之故。换言之：承袭了《国记》基干的《魏书·序纪》，其最有可能曲笔之处，恰恰是直接与神元至道武父子七人五帝相嗣之脉相关之处。反倒是距此宗统越远的内容[①]，才越有可能保留拓跋早期口述史系统中"世事"的原貌，即有荒诞离奇也当归于这个口述史系统的问题，而很难归咎于天兴以来的成文史系统。

四　拓跋早期史料与史学的"模糊区域"

最后还要简单谈谈"模糊区域"的探讨问题，也是有些好意的读者对田先生此书抱有不必要遗憾的地方，以此来结束本章。

首先要明确，所谓"模糊区域"的存在，与史料的多少并不必然相关。史料少会有模糊区域，史料多就没有了？换个角度还应当说，史料多了，清晰区域扩大了，模糊区域也就随之变大了。就是说，正是因为我国古代史料之多、之系统，为世界史上所罕见，才会有如此大量的模糊区域。而对文档和物品遗存很少，甚至根本没有文字遗存的国家、民族和地区古代史来说，肯定不仅会鲜有清晰

[①] 渲染祖宗"图南"事迹以维护道武帝与南朝相争的政治资源的部分当在其外，因为这一部分也是较易曲笔之处。具体如《魏书·序纪》述平文帝功业"西兼乌孙故地，东吞勿吉以西，控弦上马将有百万"。前已考其文有夸饰。《资治通鉴》卷九〇《晋纪十二》太兴元年亦据此载平文击破刘虎之事，胡注即针对其西兼乌孙，东吞勿吉之说而加以明确："勿吉以西之地，未能兼勿吉也。徒何慕容、令支段氏及宇文部、高句丽亦非郁律所能制服。"

区域,连模糊区域亦必罕见了。由此看来,所谓模糊区域,正应是黑暗与光明的过渡地带。完全没有史料的黑暗地带是无法研究的,史料中已非常清楚的光明地带是无须研究的,只有既存在着史料,又不甚清楚的模糊地带,才是史学研究和探索应当纵横驰骋的广阔园地。

这里有必要注意到,在《拓跋史探》一书的前言中,田先生一方面谈到了模糊区域的探索对于整部中古史研究的重要性,提到了"但开风气不为师"与学术进步的关系,这实际上已从史学史和史学学角度明确了模糊区域探讨的必要。而另一方面,田先生又在反复地说明,此番研究的资料稀少而结论难下,旨在提供思路和头绪,以期引起共同探讨,甚至说了"戒惧愚诬"的重话。这些话很明显并不是讲给外人,而是讲给史界同人听的。这不免让人感慨于我国史界的现状:如果连田先生也要在探索模糊区域时如此战战兢兢、如履薄冰,那就要问:最近这些年来的学风,是一种并不拘谨甚至是开阔大气的学风吗?最近这些年来的史界,是一个让人们大胆探索、推陈出新的史界吗?在这里面,学界同人这些年来共同参与推进的发展过程,又有些什么经验和教训可以总结呢?

无数学术史经验和教训都表明,特定清晰和模糊区域格局的停滞不前,通常也就是旧的研究范式和框架,非调整或改变已再难推动该学科和领域前进的标志。当此之时,若要推进认识,就须充实或修改研究的范式和框架,这才会有新的问题、新的事实、新的理论,也才会有新的模糊和清晰格局。在魏晋南北朝史领域,20世纪30年代以来,以陈寅恪先生为代表的文化史学的研究路子[①],主要通过种族文化背景来透视门阀社会的种种问题,为这个领域的清晰区域和模糊区域划出了一个大的格局。到40年代以来,以唐长孺先生为代表的社会史学路子[②],主要以生产关系和阶级关系来透

[①] 此当以30年代陈寅恪先生在清华大学开讲《魏晋南北朝史》为标志。
[②] 此当以唐长孺先生《魏晋南北朝史论丛》大部分文章的写作年代为标志。

视各种社会问题也包括种族文化问题,为这个领域的清晰和模糊区域划出了又一个格局。50年代以来,后者越长而前者渐消,直到80年代以后,有关路子各个方向的研究几已穷其枝叶而难为继,至田先生《东晋门阀政治》出,才构成了这条路子的一个转机。继而田先生《拓跋史探》正面切入早期拓跋史,抓住这个深关中古史演变枢纽和东北亚民族关系转移的模糊区域,围绕着拓跋部从部落社会向专制皇权国家发展的总线索,主要通过政治问题来探讨这个多民族时期的多元发展过程,以此涵盖了以往魏晋南北朝史各重要命题又形成了新的研究框架。就其内涵和方向而言,田先生所开启的这种研究,似已在开始形成一个同时接续陈寅恪先生和唐长孺先生所代表的学术路子的合题,因而也已在区划着又一个清晰和模糊区域格局的轮廓。

对模糊区域的探讨,必须有较深的史料榨取功夫,亦必有赖于较高的理论素养,两者缺一不可。故高明为之必胜义叠出而发人所未发,庸手为之必画虎反成犬而惨不忍睹。此理甚明,毋庸赘述。但这里仍有必要强调理论和史料相为发明的问题,因为辗转递嬗到世纪之交,我国史坛正处于有史以来理论和史料关系最为乖张的一种氛围,处于两个极端互不接头通气的状态:一头是那些偏好理论的史家以心学式的易简法门,接连抛出了各种从理论到理论的"理论"——在这里材料永远是挥之即去的配角。另一头是那些酷爱实证的史家做着朴学式的密实功夫,不断辨正着那些从事实到事实的"事实"——赋事实以意义的概念框架则早已成了先验之物而不再被审视。也正因为久处于这种乖张的氛围,田先生探讨早期拓跋史这个模糊区域的艰苦工作,竟然会变得易于受人误解了。人们似乎已经忘了史料学上的一个基本现象和原理:大匠眼里材料多,小才手下少证据。某一领域和专题的史料范围,不仅是由相关文档物品等遗存的总量决定的,更是由研究的观念和范式来划分的。因而在有关观念和范式不变的前提下,史料的多少,就会由遗存总量的增长与否来决定；而反之，在这种遗存总量不变的前提下，材料的多少亦可以由研究观念和范式的变化来决定。由此看来，从陈寅恪、唐长孺到田余庆等先生之所以能见人所常见，发人所未发，在史料总量并未大幅增长的地方极大地推进有关研究的发展，原因端在其研究观念和范式较之以往更切合于事理，也就能发现和利用更多隐晦又关键的材料和线索[①]。当然他们的研究观念和范式，并不是现成地得之于书本，而是先在大量撩人耳目的记载和现象后面，发现问题纽结和脉络之所在，以之指导研究并涣释其他各相关问题，又验证和修正其结论，从而才建立起关于该领域和事态的特定诠释体系的。

  在科学史、科学学和哲学认识论上，模糊区域的价值及其与清晰区域的界域和相互关系，大概可以认为是一个从理论到实际都有了若干定论的问题。不仅史学，任何学科和领域的研究工作，其基本设定总是最考量学者的洞察力和创造力，也具有最为根本的意义。在此前提下，新的拓展和发挥当然也还是需要洞察力和创造力，但大量问题其实已是勤奋、毅力问题和语言、逻辑问题。而这种基本问题的设定，正发生于模糊区域，也只发生于模糊区域。质言之，有问题或问题很多的地方，就是模糊区域；没有问题或问题较少的地方，就是清晰区域。模糊区域就是学术领域的前沿，是所有原创工作的密集地，也是学术探索不断向前推进的关键所在。因而任何时期、地区、领域、专题历史的研究，无论其史料多么翔实、多么丰富，只要有探索，就会有模糊区域，就会有模糊区域与清晰区域的关系问题，两者其实是任何学科和领域的一对密切互动的侧面。特定学科范式下形成的清晰区域的格局，势必导致相应的

---

  ① 曾见有人把"一代材料必有一代学问"之说的合理处无限夸大，甚至把陈寅恪先生和唐长孺先生归结为敦煌吐鲁番文书再现人世所催生出来的杰出学者。这不仅严重低估了陈先生和唐先生的成就和学问，且有违于"人能弘道"的哲理，也是对陈、唐二先生治学经历和路径的无知。

模糊区域，而模糊区域探讨的成果，又必然导致清晰区域的种种变化或位移，乃至于学科范式的改写，这也就是学科发展的一般过程。

　　学术史上经常可见，一方面，模糊和清晰区域的研究，都为学术发展所必需，乃是学术领域和学科进步相辅相成的两个侧面。另一方面，尽管所有史家都会不同程度地面临模糊区域和清晰区域的关系，具体到个别史家，却仍然会有选择和志趣的不同。笔者相信，像田先生这样的史家，毋宁说是不喜欢，甚至是不屑于清晰区域的研究，而一定要把他们的主要精力，放在模糊区域的种种问题上的。很明显，有洞察力和没有洞察力的史家，穷其枝叶的研究和明其要津的研究，消除了问题的著述和提出了问题的著述，都是史学作为一个系统整体发展所必要而相辅相成的部分。但在笔者看来，英雄在群众基础上发挥的作用，总还是要比群众重要一些吧？